Beständig neu

850 Jahre Dom zu Brandenburg an der Havel

Beständig neu

850 Jahre Dom zu Brandenburg an der Havel

Im Auftrag des Domkapitels
herausgegeben von Rüdiger von Schnurbein

vbb verlag für berlin-brandenburg

Die Festschrift wurde gefördert von:

Ernst von Siemens Kunststiftung

Wir danken für die Unterstützung im Jubiläumsjahr:
Hauptförderer:

Land Brandenburg – Ministerium für Wissenschaft, Forschung und Kultur
Ostdeutsche Sparkassenstiftung gemeinsam mit der Mittelbrandenburgischen Sparkasse
Förderverein Dom zu Brandenburg e.V.
Evangelische Kirche Berlin-Brandenburg-schlesische Oberlausitz

Förderer:

Investitionsbank des Landes Brandenburg ILB
Eckard Wegner Stiftung
Curacon Wirtschaftsprüfungsgesellschaft
Staatsbibliothek zu Berlin Preußischer Kulturbesitz
DB Mobility Networks Logistics
StWB

Medienpartner:

kulturradio rbb 92,4
rbb Fernsehen
Märkische Allgemeine
Tagesspiegel

850 Jahre Dom zu Brandenburg
3.5.–31.10.2015
Gottesdienste Konzerte Vorträge Ausstellung
Neu Beständig
www.dom-brandenburg.de

1. Auflage 2015

Binzstraße 19, D–13189 Berlin
www.verlagberlinbrandenburg.de

Umschlag: Stephanie Raubach, Berlin unter Verwendung eines Fotos von Christian Muhrbeck, Berlin
Satz und Gestaltung: Ralph Gabriel, Wien
Druck: druckhaus köthen GmbH & Co. KG, Köthen
Printed in Germany

ISBN 978-3-945256-26-8

Inhalt

Der Dom heute

Anhang

Grußwort des Bischofs der Evangelischen Kirche Berlin-Brandenburg-schlesische Oberlausitz

Bischof Markus Dröge

Als der Brandenburger Domherr Heinrich von Antwerpen an der Wende vom 12. zum 13. Jahrhundert in seinem *Tractatus de captione urbis Brandenburg* die Grundsteinlegung des Domes auf das Jahr 1165 datierte, konnte er noch nicht ahnen, dass diese Notiz einmal zu der wichtigsten historischen Quelle der Stadt und der Markgrafschaft Brandenburg werden sollte. Mit dieser ältesten Quelle beginnt Brandenburgs Weg in der Geschichte. Und sie ist von Anfang verbunden mit dem Dom St. Peter und Paul. Mit ihm wird die Geschichte Brandenburgs zugleich als eine Geschichte des christlichen Glaubens erzählt.

Der Dom, der auf der höchstgelegenen Stelle der Dominsel errichtet wurde, ist schon von Weitem zu sehen. Erhaben ragt der Turm empor, der unseren Blick in den Himmel lenkt und daran erinnert, dass unser Leben sich nicht in dem erschöpft, was vor Augen liegt. Er lädt uns ein, die geistige und geistliche Weite unseres Daseins zu entdecken. Wenn wir den Dom heute als ein historisches und altehrwürdiges Bauwerk wahrnehmen, dann war das in den Gründungszeiten anders. Damals war der Dom St. Peter und Paul hochmodern. Er war das erste vollständig in unverblendetem Backstein aufgeführte Bauwerk der Mark Brandenburg. Die folgenden Generationen haben dann immer wieder ihre Spuren hinterlassen und so das Erscheinungsbild der Kirche sowohl von außen als auch im Innenraum geprägt. Die vorliegende Festschrift erzählt diese Veränderungsgeschichte durch die Jahrhunderte hindurch bis heute auf eindrückliche Weise. Sie macht deutlich, wie sich das Motto des Domjubiläums „beständig neu“ in die Geschichte des Domes eingezeichnet hat: Altes wurde bewahrt und Neues hat seinen Platz gefunden. So ist der Dom zu dem besonderen Ort geworden, den wir heute kennen.

Der Dom zu Brandenburg war als Bauwerk niemals ein Selbstzweck. Er diente seit je her und bis heute der Ehre und dem Lobe Gottes. Das ist entscheidend. Hier gewinnt das Evangelium Gestalt mitten in der Welt. Über die Jahrhunderte hinweg sind wir mit den Menschen verbunden, die sich an diesem Ort versammelt haben und die unter ganz anderen Bedingungen gelebt haben als wir. Politische Systeme kamen und gingen, Kriegs- und Friedenszeiten wechselten sich ab, Wohlstand und Freiheit, Armut und Unterdrückung hat das Land gesehen. Frauen und Männer, Kinder und Familien, Arme und Reiche haben gebetet, den Raum mit ihrem Gesang gefüllt; sie haben getrauert, Trost erfahren, gefeiert und gelacht. Wie wunderbar! Sie alle haben die Kraft dieser Kirche gespürt. Diese Kraft spüren wir bis heute, wenn wir in den Brandenburger Dom eintreten. Er ist ein Ort des lebendigen Glaubens. Die vielen Andachten, Gottesdienste und Veranstaltungen, die im Dom stattfinden, sind dafür beredtes Zeugnis.

Ich danke den vielen Menschen, die sich im Rahmen des 850-jährigen Jubiläums mit vorbildlichem Engagement einbringen und damit der Bedeutung des Domes und der aktuellen Botschaft der Kirche Ausdruck verleihen. Dieses Engagement ist nicht begrenzt auf das Festjahr 2015. Das Domstift, das Domkapitel und viele weitere Personen kümmern sich mit Leidenschaft und Herzblut um die Erhaltung des Bauwerks und um den Dom als Glaubensort. Das ist eine ehrenvolle und zugleich herausfordernde Aufgabe.

Das 850-jährige Jubiläum ist eine hervorragende Chance, alle Menschen einzuladen und sie mit hineinzunehmen in die Geschichte und die Gegenwart des Domes, die zugleich die Geschichte der Mark Brandenburg und des christlichen Glaubens widerspiegelt: „beständig neu“.

Mit allen guten Wünschen für das Jubiläumsjahr bin ich Ihr

M. Dröge

Beständig neu! Zum Sinn des Domjubiläums

Wolfgang Huber

Der Brandenburger Dom markiert den Beginn der christlichen wie der politischen Geschichte der Mark Brandenburg. Auf der heutigen Dominsel stand die „Brandenburg", nach welcher der Dom, die Stadt an der Havel, die Mark Brandenburg und das heutige Bundesland benannt sind. An diese Anfänge erinnert die Tatsache, dass der innere Bereich um den Dom „Burghof" heißt. Im Doppelklang von „Dominsel" und „Burghof" drückt sich die Wechselwirkung von politischer und geistlicher Geschichte aus, wir begegnen eben der „Wiege der Mark".

Die Geschichte des Domstifts geht bis auf das Jahr 948 n. Chr. zurück. In jenem Jahr gründete Otto I. auf der Burginsel ein Bistum, das der Christianisierung der Wenden gewidmet war. Dieses ging freilich bereits 983 im Liutizenaufstand verloren; die deutsche Herrschaft wurde hinter die Elbe zurückgedrängt. Erst Mitte des 12. Jahrhunderts pflanzte Albrecht der Bär sein Banner über der Burg auf und eröffnete damit eine geschichtliche Entwicklung, die bis zum heutigen Tag nicht mehr unterbrochen wurde (siehe dazu den Beitrag von Lutz Partenheimer in diesem Band). 1161 rief Bischof Wilmar das Domkapitel ins Leben. Als dieses sich vier Jahre später, vom Gotthardstift kommend, auf der Burginsel niederlassen konnte, war der Weg zur Errichtung des Doms geebnet. Am 11. Oktober 1165 erfolgte die Fundamentweihe, die als Gründungsdatum des Doms gilt. Wir stehen auf den Schultern derer, die vor uns waren.

Zugleich ist die Geschichte dieses Orts voller Abbrüche und Neuanfänge. Zu ihnen gehört die Jahrhunderte dauernde Verweltlichung des Doms, dessen Eigentum in selbstständige Pfründen der Domherren aufgelöst wurde. Da der Landesherr zugleich die Möglichkeit zur Berufung von Domherren hatte, nahm das Domkapitel, wie ein späterer Kurator bissig schrieb, den Charakter einer „Staatsdienerbelohnungsanstalt" an. Ein berühmter Politiker wie der preußische Freiherr vom Stein kaufte sich eine Pfründe als Kapitalanlage, ohne je persönlich nach Brandenburg zu kommen. Jahr für Jahr bezog er die Erträge; als er nach zwei Jahrzehnten in Geldnöte geriet, verkaufte er die Pfründe wieder zum Einstandspreis. Auch eine politische Verwendung der Domkirche – ein „Missbrauch", wie Spätere meinten – war angesichts des direkten Zugriffs der Landesherren auf das Domstift unschwer möglich; so tagte die Preußische Nationalversammlung im Revolutionsjahr 1848 für einige Zeit im Brandenburger Dom (siehe dazu den Beitrag von Rüdiger v. Schnurbein in diesem Band).

Doch es war die durch solche Wirrnisse hindurch bewahrte Eigenständigkeit, die über Jahrhunderte hinweg die Basis für ein Gemeinwesen erhielt, zu dem nicht nur Archiv und Museum, sondern auch Bildungseinrichtungen, Landwirtschaft und Forsten gehörten und gehören. Auf dieser Grundlage wurde nach dem Ende des Zweiten Weltkriegs der geistliche Auftrag von Dom, Domkapitel und Domgemeinde erneuert. Unter der weitsichtigen Leitung von Albrecht Schönherr, der das Amt des Domdechanten von 1946 bis 1999 innehatte, blieb das Domstift in den Jahrzehnten der DDR autark.

Man feierte 1948 das tausendjährige Jubiläum des Bistums und 1965 das achthundertjährige Jubiläum des Doms. Dieses Jubiläum motivierte zu bemerkenswerten Renovierungsbemühungen; freilich blieben die Probleme der unzureichenden Gründung des Doms ungelöst.

Nach der Vereinigung Deutschlands konnte in gemeinsamer Anstrengung kirchlicher, staatlicher und gesellschaftlicher Träger das Leben um den Dom weiterentwickelt und neu gestaltet werden; es gelang, nicht nur die Gebäude rund um den Burghof zu erneuern, sondern vor allem die Domkirche vor dem drohenden Einsturz zu bewahren und zu renovieren. So erstrahlt der Dom St. Peter und Paul zum Jubiläum in neuem Glanz.

Abbrüche und Neuanfänge kennzeichnen diese Zeit. Doch im Zentrum steht eine Kirche, deren Grundstein vor 850 Jahren „im Namen unseres Herrn Jesus Christus" gelegt wurde und in der über all die Jahrhunderte Gottesdienste im Namen des dreieinigen Gottes gefeiert wurden. Die Domkirche bildet ohne jeden Zweifel

Tausendjähriges Jubiläum der Bistumsgründung, 1948

Festgottesdienst zum achthundertjährigen Jubiläum der Grundsteinlegung, 1965

das bauliche Zentrum des Domareals; sie bildet ebenso dessen geistlichen Mittelpunkt. Der geschichtliche Bogen spannt sich von den Gottesdiensten der frühen Kleriker über die Einführung der Reformation bis hin zu den Friedensgebeten des Jahres 1989 und den jährlichen Standortbestimmungen am Tag der Deutschen Einheit in unserer Zeit. So groß ist dieser Spannungsbogen, dass man sich immer wieder des bleibenden Zentrums erinnern muss, der Verpflichtung auf den „Namen unseres Herrn Jesus Christus", der gottesdienstlichen Feier im Namen des dreieinigen Gottes.

Wer einer solchen Tradition gerecht werden will, hat damit einen bleibenden Auftrag: Gott zu loben und den Menschen nahe zu sein. Immer wieder geht es darum, den Glauben an Christus mit dem Leben der Menschen in der eigenen Zeit zu verbinden. Die Rolle, die der Dom als Ort von Friedensgebeten und öffentlichen Debatten in der Friedlichen Revolution des Jahres 1989 gespielt hat, ist dafür ebenso ein ermutigendes Beispiel wie die Erinnerung an die Märtyrer der NS-Zeit, die in der Krypta ihren Ort hat.

Die Erinnerung an wichtige Traditionen und ermutigende Beispiele fordert uns dazu heraus, Neues zu wagen. Zum Festhalten an dem Auftrag, der einer christlichen Kirche zu allen Zeiten gegeben ist, gehört die Bereitschaft, neue Formen zu suchen. Bei manchen dieser Formen mag sich im Nachhinein herausstellen, dass sie zu sehr am Zeitgeist orientiert waren, um dauerhafte Bedeutung zu erlangen. Andere erweisen sich als überzeugende Gestaltungsweisen für die Aufgabe, um die es geht: die Weitergabe des Evangeliums von Generation zu Generation. Das Ineinander von bleibendem Auftrag und wechselnden Formen ist prägend für das Motto des Jubiläumsjahrs: beständig neu.

Beständig neu: Das ist nicht nur ein Programm für das, was kommt. Es beschreibt auch den Weg des Brandenburger Doms durch die Geschichte. Auf verschiedenartige Weise lässt sich das verdeutlichen. Ein anschauliches Beispiel ist die Wechselwirkung zwischen Liturgie und Kirchenbau. Über die Jahrhunderte hin wurde der Innenraum des Doms unterschiedlich gestaltet; die Prinzipalstücke – also insbesondere Altar, Taufstein und Kanzel – wurden an unterschiedlichen Orten platziert; darin zeigt sich nicht nur ein Wandel im Verständnis des Gottesdienstes, sondern noch mehr: ein Wandel im Verständnis der christlichen Existenz.

In der ältesten Raumgestaltung folgt der Dom der Idee von der christlichen Existenz als Lebensweg. Der Taufstein ist im Eingangsbereich der Kirche, im sogenannten Narthex, platziert, denn die Taufe ist das Eingangstor zum christlichen Leben. Das Triumphkreuz und der Kreuzaltar in der Vierung verweisen auf das Zentrum des christlichen Glaubens: den Kreuzestod Jesu Christi, durch den die Glaubenden die Vergebung der Sünden empfangen und das Tor zu ewigem Leben bei Gott offen sehen. Hinter dem Triumphkreuz symbolisiert der Hohe Chor die Hoffnung, die über die Begrenztheiten des irdischen Lebens hinausreicht. Zugleich bildet er, durch einen Lettner abgegrenzt, den besonderen gottesdienstlichen Raum für die Kleriker.

Nach der Reformation wird die Dreiteilung der Kirche in Narthex, Schiff und Hohen Chor in eine zweiteilige Gliederung überführt. Der Laienaltar wird abgebrochen. Vermutlich gibt es neben der Kanzel noch einen kleinen Altar. In den Plänen dieser Zeit ist aber nur der Hochaltar auf dem Hohen Chor eingezeichnet. Auf der Südseite wird eine Domherrenempore errichtet, die ebenso wie die Kirchenbänke auf die Kanzel ausgerichtet ist. Die Krypta wird durch eine zentral angeordnete Freitreppe verbaut. Diese Treppe bildet den Übergang zum Hohen Chor, auf dem sich neben dem Hochaltar alle überflüssigen Kunstwerke befinden – ein Zeichen dafür, dass seine eigenständige geistliche Funktion als besonderer gottesdienstlicher Ort der Kleriker wie als Vorschein des Himmelreichs nicht mehr im Blick ist.

Daran knüpft die Umgestaltung an, die unter Karl Friedrich Schinkels Leitung im 19. Jahrhundert erfolgt. Die Freitreppe zum Hohen Chor wird nun auf dessen ganze Breite ausgedehnt. Der Liturg steht wieder vor dem Hauptaltar im Hohen Dom – in ein und demselben Raum mit den Gläubigen, aber in großem Abstand und hoch über ihren Köpfen, sodass sie ihn teilweise nicht sehen und er sie nur schwer erreichen kann. So dokumentiert diese Gestaltung ein Gegenüber zwischen dem geistlichen Amt und der Gemeinde, wie es kaum schroffer zum Ausdruck kommen kann. Zwar ist die Trennung zwischen dem Gottesdienstraum des Klerus und demjenigen der Laien aufgehoben, doch eine nicht minder scharfe Trennung zwischen Pfarrer und Gemeinde ist an ihre Stelle getreten.

Anlässlich der Tausendjahrfeier der Havelstadt Brandenburg (1929) wird der Altar wieder näher an die Gemeinde herangerückt; er befindet sich nun auf „halber Treppe" zwischen Hohem Chor und Kirchenschiff. Die Einsicht setzt sich durch, dass der Altar, an dem das Abendmahl gefeiert wird, für die feiernde Gemeinde erreichbar sein muss.

Entwurf zur Umgestaltung des Innenraums von 1927

Zum achthundertjährigen Jubiläum des Doms im Jahr 1965 wird die Lösung Karl Friedrich Schinkels endgültig verlassen. An die Stelle der breiten Freitreppe treten Seitentreppen zum Hohen Chor; das Kirchenschiff wird wieder erkennbar mit der Krypta verbunden. Die Ausrichtung der Bänke auf die Kanzel wird aufgehoben; stattdessen werden sie konsequent nach Osten orientiert und damit dem vor der Krypta errichteten, gottesdienstlich verwendeten Altar deutlicher zugeordnet als der Kanzel. Zu einer konsequenten Orientierung am mittelalterlichen Vorbild kommt es allerdings nicht. Der Taufstein hat inzwischen seinen Ort auf dem Hohen Chor, der dadurch im liturgischen Vollzug zur Taufkapelle wird.

Die Taufe wird nun nicht mehr im Eingangsbereich der Kirche, sondern am Ende des Wegs durch den Kirchenraum gefeiert. Ungeplant spiegelt sich darin eine verbreitete Vorstellung, nach welcher die Schwelle zur Taufe für viele Menschen eine hohe Hürde darstellt.

Weitere Schritte folgen. Inzwischen sind die Kirchenbänke durch Stühle ersetzt. Die dadurch ermöglichte Flexibilität kommt nicht nur der Lebendigkeit großer Schulgottesdienste zu Gute. Sie ermöglicht auch eine Anordnung bei Konzerten oder besonderen Veranstaltungen, bei denen die Stuhlreihen nach Westen ausgerichtet sind und auch der Hohe Chor für Besucher bestuhlt ist. In diesen erweiterten Gestaltungsmöglichkeiten kommt die Öffnung der Kirchenräume für verschiedenartige Veranstaltungen zum Ausdruck. Diese Öffnung hat sich bewährt. Ihr Prüfstein liegt allerdings in der Frage, wie die Vielfalt der Nutzungen auf den gottesdienstlichen Auftrag bezogen und für ihn transparent bleibt.

Wie wird der Kirchenraum sich angesichts neuer Herausforderungen weiter wandeln? Wird die Einladung zur Taufe als dem Eingang zur christlichen Existenz eines Tages wieder in einer anderen Stellung des Taufsteins erkennbar werden? Wird die Ausrichtung des evangelischen Gottesdienstes auf die Predigt in der Gestaltung des Kirchenraumes bei Gelegenheit oder auf Dauer einen deutlicheren Ausdruck finden? In welcher Weise kann bei kirchenmusikalischen Veranstaltungen deren geistlicher Charakter auch in der räumlichen Anordnung wahrnehmbar werden? Wird man den Kirchenraum zur Feier des Abendmahls in Gestalt einer Wandelkommunion neu gestalten? Wird die Einladung zu Besinnung und persönlichem Gebet auch außerhalb der Gottesdienstzeiten zur Geltung kommen und die Menschen erreichen?

Taufgottesdienst auf dem Hohen Chor, Ostern 2012

Der Dom bietet zahlreiche Möglichkeiten, solche Fragen zu beantworten; in ihnen kann sich die Offenheit für vielfältige Nutzungen mit einer Stärkung der geistlichen Ausstrahlung verbinden. Das würde einer Ausrichtung entsprechen, die der frühere Domdechant Albrecht Schönherr in ein Wort seines Lehrers Dietrich Bonhoeffer zu fassen pflegte: „Innerste Konzentration für den Dienst nach außen". Jede Generation muss für diese Verbindung von Sammlung und Sendung, von Konzentration und Weite neue Formen finden. Der Dom wird solchen Formen Raum bieten: beständig neu.

In einem solchen Motto klingt das Selbstverständnis einer Kirche an, die durch die Reformation gegangen ist und zugleich weiß, dass sie die Reformation ständig vor sich hat. Nach dem Verständnis der Reformatoren um und nach Martin Luther bestand die Erneuerung der Kirche darin, dass sie sich auf ihre Wurzeln besann und sich auf das gründete, was ihr Bestand gab: das Wort Gottes, wie es ihr in der Heiligen Schrift des Alten und des Neuen Testaments gegeben und in den kirchlichen Bekenntnissen bezeugt war. Doch zugleich bestand für die Reformatoren kein Zweifel an der Notwendigkeit, die biblischen Zeugnisse immer wieder neu auszulegen und von Missverständnissen zu befreien. Martin Luthers Ringen um das richtige Verständnis der Gerechtigkeit, die vor Gott gilt, war dafür das einprägsamste Beispiel. Durch beharrliches Studium eines neutestamentlichen Dokuments, nämlich des Römerbriefs des Apostels Paulus, fand er, was als die entscheidende Entdeckung der Reformation gilt: das Vertrauen auf Gottes freie Gnade, die den Menschen gerecht macht. Seine Werke sind nicht der Grund dafür, dass er vor Gott Anerkennung findet; sie folgen vielmehr daraus, dass er sich von Gott angenommen weiß.

„Beständig neu" lässt sich in diesem Sinn als ein Impuls verstehen, der in allen christlichen Konfessionen Kraft entwickeln und fruchtbar werden kann. Die Lehre von der Rechtfertigung allein aus Gottes Gnade, die im Jahrhundert der Reformation noch als Zankapfel galt, wurde im Jahr 1999 von den lutherischen Kirchen und der römisch-katholischen Kirche als gemeinsame Einsicht bekräftigt. Damit sind nicht alle Hindernisse für ökumenisches Zusammenwirken beseitigt, in wichtigen Einsichten haben die Kirchen jedoch zusammengefunden. Beständig neu.

Die Bereitschaft zu andauernden Bemühungen um Reform und Reformation gilt als ein Kennzeichen der evangelischen Kirche. Die lateinische Kurzformel dafür heißt: „Ecclesia semper reformanda". Die Reformation beschränkte sich nicht auf ein einmaliges Geschehen, sondern ist ein ständiger Prozess. Theologen konnten schon im 17. Jahrhundert erklären, man könne sich nicht damit abfinden, dass der „Fortschritt" der Reformation aufgehalten werde, die Kirche sei auf Erden eben so gestaltet, dass sie mehrfach zu reformieren sei. Doch der Gefahr, dass solche erneuten Reformationen im Sinn eines allgemeinen Fortschrittsglaubens gedeutet würden, traten weitsichtige Theologen schon früh entgegen.

Dazu sahen sie sich vor allem durch die Frage genötigt, wer der Träger und das Subjekt einer solchen Reformation ist. Die zitierte Formel wird zumeist so verstanden, als habe die Kirche sich selbst zu reformieren, als sei die Reformation ein Resultat menschlichen Handelns. Martin Luther sah die Dinge anders. Er betrachtete das „reine Evangelium" als die „Angel aller Dinge" und als „Summe der Reformation". Die Besserung der kirchlichen Verhältnisse wird zuallererst nicht durch menschliches Handeln ausgelöst, sondern von Gottes Wort und seinem lebendigen Geist erwartet. Diese Besserung kommt unerwartet, also neu. Auf sie kann man sich nur einstellen, indem man beständig auf Gottes Wort hört und zu ihm umkehrt.

Noch der große Berliner Theologe Friedrich Schleiermacher, der zu Beginn des 19. Jahrhunderts durchaus in einer fortschrittsfreudigen Atmosphäre wirkte, warnte davor, den Weg der Kirche als andauernde Verbesserung („Melioration") zu verstehen. Die „Kirchenverbesserung" habe es vielmehr mit der beständigen Rückkehr zum Ursprung, also mit andauernder „Correction" zu tun. Das „immerwährende Fortschreiten" trage den Charakter der „Wiederherstellung", in der sich die Kirche immer wieder neu der Übereinstimmung mit den ersten Zeugen des christlichen Glaubens vergewissere.

Deshalb ist es nicht erstaunlich, dass die fortschrittsfreudige Formel von der Kirche als „ecclesia semper reformanda" erst sehr spät gefunden wurde. Die Hoffnung darauf, dass sich der reformatorische Fortschritt Schritt für Schritt durchsetzen lasse, wurde der Sache nach im 19. Jahrhundert formuliert. Doch die Formel selbst begegnet, wie es scheint, erst in der Mitte des 20. Jahrhunderts. Sie taucht, wie Michael Bush und Theodor Mahlmann gezeigt haben, zum ersten Mal kurz nach dem Ende des Zweiten Weltkriegs bei dem berühmten evangelischen Theologen Karl Barth sowie in dem Titel einer Festschrift für den Theologen Ernst Wolf aus dem Jahr 1952 auf. Die verbreitete Vorstellung, es handle sich um einen genuinen Ausdruck reformatorischen Selbstbewusstseins, ist insofern alles andere als selbstverständlich.

Schon bald hatte die Formel ökumenische Auswirkungen. Der katholische Theologe Hans Küng unterstellte ihr bereits 1960 eine „Geschichte", die es jedoch gar nicht gab. Man braucht deshalb nicht den Umweg über die lateinische Sprache, um das Selbstverständnis einer Kirche zu beschreiben, die ihre Lehre und ihr Leben beständig an den eigenen Ursprüngen überprüft. Das Vertrauen, dass die Erneuerung der Kirche sich nicht menschlichem Fortschrittsstreben, sondern dem Hören auf Gottes Wort und dem Vertrauen auf seinen Geist verdankt, kann sich in den schlichten Worten äußern: beständig neu.

Die Umgangssprache unterscheidet gewöhnlich zwischen dem Beständigen und dem Neuen. Die biblische Sprache verbindet beides miteinander. Besonders einprägsam geschieht das in der Bitte des Psalmisten um einen „neuen, beständigen Geist“ (Psalm 51,12). Im Neuen Testament wird das als neu empfundene Gebot Jesu, die Liebe zu Gott mit der Liebe zum Nächsten zu verbinden, als Aufforderung zur „beständigen Liebe“ bezeichnet (1. Petrus 4,8). Das Neue kann nämlich nur durch Beständigkeit festgehalten werden; deshalb beschreibt die Apostelgeschichte die Lebensweise der frühen christlichen Gemeinde mit den Worten: „Sie blieben aber beständig in der Lehre der Apostel und in der Gemeinschaft und im Brotbrechen und im Gebet“ (Apostelgeschichte 2,42). Die Weitergabe des Evangeliums, die gelebte Gemeinschaft, der gestaltete Gottesdienst und das gemeinsame wie das persönliche Gebet: das sind die beständigen Lebensvollzüge, in denen der christliche Glaube neu bleibt.

Doch die christliche Lebensform ist, einer Aussage Martin Luthers folgend, nicht nur ein „Neusein“, sondern auch ein „Neuwerden“. Deshalb ist sie nicht nur von einem „neuen, beständigen Geist“, sondern ebenso von einem „beständig neuen Geist“ geprägt. In ihrer Nähe zu den Menschen und ihrem Dienst an der Welt stehen die christlichen Kirchen immer wieder vor unvorhergesehenen Herausforderungen, wie man sich anschaulich an jeder Etappe der Entwicklung verdeutlichen kann, in deren Mitte der Dom zu Brandenburg stand. Für die Umkehr zu Neuem kennt die christliche Sprache die Worte „Umkehr“ und „Buße“.

Dass das ganze christliche Leben Buße sei, heißt es am Beginn von Martin Luthers 95 Thesen vom 31. Oktober 1517. Außer an den für den Ablasshandel seiner Zeit verantwortlichen Erzbischof Albrecht von Magdeburg schickte Luther diese Thesen auch an seinen eigentlichen kirchlichen Vorgesetzten, den Bischof von Brandenburg Hieronymus Schultz. Nach Brandenburg also war die Aufforderung adressiert, im beständigen Hören auf das Evangelium zu Neuem bereit zu sein. Auch darum taugt „Beständig neu“ als Motto für das Jubiläum des Doms St. Peter und Paul.

Dom und Domstift 2015 – Wo stehen wir heute und wie geht es weiter?

Cord-Georg Hasselmann

Jubiläen sind in aller Regel Anlass zum Feiern wie zu nachdenklichen, gelegentlich auch verklärenden Rückblicken. Es wird Bilanz gezogen, Rechenschaft abgelegt wie beispielsweiese in den Festschriften aus den Jahren 1948, 1965, 1998 und 2011. Herausgegeben zu den Jubiläen der Gründung des Bistums (948), des Domkapitels (1161) und des Domes (1165), beleuchten sie in vielfältiger Weise die Geschichte von Bistum, Domstift und Dom in Brandenburg an der Havel während der vergangenen knapp elf Jahrhunderte. Die Festschrift zum 850-jährigen Jubiläum des Domes will einen weiteren Beitrag dazu leisten. Mit den nachfolgenden Gedanken soll weniger die Vergangenheit beleuchtet, als der Versuch einer Standortbestimmung unternommen werden, verbunden mit Hinweisen auf die vor uns liegenden Aufgaben.

Status und Aufgaben

Nicht jeder Dom hat heute als Träger und Grundstückseigentümer ein Stift, nicht jedes Stift einen Dom. In Brandenburg an der Havel sind Dom und Domstift, wenn auch nicht untrennbar, so doch seit nunmehr immerhin 850 Jahren aufs Engste miteinander verbunden, in einer spannungsvollen, über die Zeiten recht wechselhaften Beziehung zwischen Kirche und Staat. Hervorgegangen aus einem Prämonstratenser-Konvent samt Novizenschule, das mit der Stiftskirche St. Gotthardt in der heutigen Altstadt von Brandenburg an der Havel lag, war das Domkapitel spätestens seit der Reformation im Wesentlichen eine vom Landesherrn abhängige Versorgungsanstalt vor allem des Adels. Ab 1705 wurde mit der Ritterakademie zusätzlich eine Bildungseinrichtung für die Zöglinge des märkischen Adels eingerichtet. Durch alle Zeiten hindurch blieb der Dom jedoch immer auch ein Ort des Gottesdienstes (Grünbaum 1948; Schößler 2011).

Erst mit dem Neuanfang 1946 wurde die Frage, ob das Domstift zur kirchlichen oder zur staatlichen Sphäre gehört, eindeutig geklärt und wurden Zweck und Aufgaben des Domstifts neu definiert. In § 1 Abs. 1 der insoweit bis heute unverändert gebliebenen Satzung (Amtsblatt EKBO, 2014, S. 96ff.) heißt es unzweideutig: „Das Domstift Brandenburg ist eine Einrichtung der Evangelischen Kirche."

Juristisch gesehen, ist das Domstift, wie es an derselben Stelle der Satzung heißt, „seit jeher eine Körperschaft öffentlichen Rechts". So wie auch die evangelische Kirche und andere Kirchen und Religionsgemeinschaften (nicht-staatliche) Körperschaften öffentlichen Rechts sind. Wohl nicht von ungefähr wurde der Hoheitsakt, auf den sich der Status des Domstifts zurückführen lässt, von den Satzungsgebern im Unklaren gelassen („seit jeher"). Legt man die Satzung zugrunde, so ist das Domstift jedenfalls seit 1946 eine rechtlich unabhängige, sich selbst und eigenverantwortlich verwaltende, nach öffentlichem Recht strukturierte und handelnde nichtstaatliche Einrichtung der evangelischen Kirche. Das Domstift unterliegt deshalb auch nicht der staatlichen, sondern allein der Aufsicht des Konsistoriums der Evangelischen Kirche Berlin-Brandenburg-schlesische Oberlausitz (EKBO; vgl. § 1 Abs. 5, § 9 Abs. 1 der Satzung). Dass einzelne, besonders bedeutsame Maßnahmen (wie die Veräußerung des Domstiftsvermögens) nicht nur der Genehmigung des Konsistoriums, sondern auch der des Landes Brandenburgs bedürfen (§ 9 der Satzung), steht dem nicht entgegen, sondern unterstreicht nur das besondere, jahrhundertealte Verhältnis zwischen dem Land und dem Domstift.

Mit dem Status korrespondiert der Zweck des Domstifts. Nach § 2 der Satzung gehören hierzu vor allem die Pflege des Gottesdienstes auf der Dominsel, die Unterhaltung des Domes und der Kurien und Nebengebäude (insbesondere der ehemaligen Ritterakademie), die Bildung und Schulung kirchlicher Kräfte für das geistliche Amt und andere kirchliche Aufgaben, die Förderung der theologischen Wissenschaften, der kirchlichen Kunst, der Kirchenmusik, des Museums, des Archivs und der Bibliothek. Ferner die Förderung der kirchlichen (öffentlichen) Schulen und der sozialdiakonischen Einrichtungen sowie die Erfüllung anderer, dem Domstift von Kirchenleitung oder Synode übertragener kirchlicher

Aufgaben. Wohl zum ersten Mal seit der Reformation obliegen dem Domstift nunmehr wieder ausschließlich kirchliche Aufgaben (Stolpe 2011, S. 114 f.). Das Arbeitsprogramm ist damit vorgegeben. Es ist umfangreich und in weiten Teilen heute so gültig wie 1946, auch wenn sich die Schwerpunkte verlagert haben. Manches fehlt, wie die erst später hinzugekommene Verwaltung der domstiftseigenen landwirtschaftlichen Güter und des Domstiftsforstes.

So klar die Satzung den Zweck des Domstifts umschreibt, so sehr schweigt sie allerdings zur Finanzierung der sich daraus ergebenden Aufgaben, insbesondere zur Finanzierung der sich aus der Unterhaltung des Domes und der dazugehörigen Gebäude ergebenden Baulasten. Nur an einer versteckten Stelle spricht die Satzung von „Erträgen des Domstifts" (§ 4 Abs. 8 der Satzung), ohne allerdings deren Quellen auch nur anzudeuten. Schon 1965 wies der langjährige Kurator des Domstifts Kurt Grünbaum daraufhin, dass sich die „Hoffnung, daß [das Domstift] mit seinem Vermögen (...) eine wirkungsvolle Hilfe im kirchlichen Bauwesen werden würde, (...) nicht erfüllt" habe (Grünbaum 1965, S. 100). Daran hat sich bis heute nichts geändert.

Die nächsten Abschnitte enthalten, dem Satzungsauftrag folgend, einen Überblick über die derzeitige Situation des Domstifts und die aus seiner Zweckbestimmung folgenden, vor uns liegenden Aufgaben.

Die Pflege des Gottesdienstes auf der Dominsel

Bei dem Begriff „Pflege des Gottesdienstes" geht es nicht um die Zuordnung eines *ius liturgicum*, sondern um die Gewährleistung und Gestaltung der Gottesdienste im engen Zusammenwirken mit der Domgemeinde. Bei der Sanierung des Domes während der letzten Jahre wurde sehr darauf geachtet, dass Gottesdienste stets gefeiert werden konnten, sei es im Hauptschiff, sei es im Hohen Chor. Jetzt nach Abschluss dieser Arbeiten sind Gottesdienste jeder Art wieder uneingeschränkt im gesamten Dom möglich. Gottesdienste werden an jedem Sonntag und an allen kirchlichen Feiertagen gefeiert. Hinzu kommen die wöchentlichen Andachten der beiden evangelischen Schulen, die Einschulungs- und Abiturgottesdienste, die Gottesdienste der Gruppen des Amts für kirchliche Dienste (AKD) unter Einschluss des Pastoralkollegs, das Mittagsgebet an jedem Werktag sowie die Vesper donnerstags um 18 Uhr. Mittagsgebet und Vesper finden teils in der gleichfalls wiederhergestellten Krypta des Domes, teils in der Petrikapelle statt.

Die Pflege des Gottesdienstes bezieht sich laut Satzung aber nicht nur auf den Dom, sondern auf die Dominsel insgesamt. Gemeint ist hiermit in erster Linie die Petrikapelle, die der Domgemeinde vor allem als Winterkirche dient. Daneben ist sie ein Ort für Konzerte, Vorträge, Lesungen und Ausstellungen gerade auch zeitgenössischer Kunst. Dass Gottesdienste und Andachten von dem seit Anfang des Jahres 2015 geltenden Eintrittsgeld für Dom und Museum ausgenommen sein würden, war bei allen Diskussionen, die es zu diesem Thema naturgemäß gab, selbstverständlich.

Eine der Hauptaufgaben in der Zukunft wird es sein, die Domgemeinde personell zu stärken und mehr Menschen Anlass zu geben, mit uns Gottesdienste auf der Dominsel zu feiern. Zwar liegt die jahrzehntelange Drangsalierung der Christen zu Zeiten der DDR hinter uns (Stolpe 2011, S. 114 ff.), die Aufgabe, Menschen für die Botschaft Jesu Christi zu gewinnen, ist aber nicht nur nicht weniger wichtig, sondern auch nicht wesentlich einfacher geworden. Bestand die – vom Domstift rechtlich unabhängige – Domgemeinde vor 50 Jahren noch aus etwa 1 000 Gliedern (Grünbaum 1965, S. 96), so sind es heute rund 530, also kaum mehr als die Hälfte. In der Stadt Brandenburg an der Havel, die neben dem Dom über mehrere andere große schöne Kirchen verfügt, waren dem Zensus 2011 zufolge gerade einmal 12,2 % der Bevölkerung evangelisch. In den angrenzenden Landkreisen Havelland und Potsdam-Mittelmark waren es immerhin 19,5 % beziehungsweise 22,8 % (Zensus 2014).

Die missionarische Arbeit von Domgemeinde und Domstift muss also – wie in der Vergangenheit auch – über die Stadt Brandenburg hinausreichen. Gottesdienste, aber auch alle anderen festlichen Anlässe und Arbeiten auf der Dominsel, müssen offen und attraktiv sein nicht nur für die Gemeindeglieder vor Ort, nicht nur für gelegentliche Besucher aus der Stadt, sondern auch für Menschen der weiteren Umgebung, gegebenenfalls bis nach Berlin. Das kann die kleine Domgemeinde aus eigener Kraft nicht leisten. Sie ist von zentraler und essentieller Bedeutung. Aber auch alle anderen Bereiche und Einrichtungen des Domstifts, wie die Musik, das Museum oder die Schulen, müssen mitwirken und die Stärkung und das Wachstum der Domgemeinde als eigenes Ziel annehmen.

Innenraum der Petrikirche nach Westen

Neben der Ausstrahlung in die Region bleibt es aber dabei, dass der Dom eine evangelische Kirche der Stadt Brandenburg an der Havel ist, auch wenn die Dominsel politisch erst seit 1929 zur Stadt gehört. Der Dom, das heißt alle, die am oder für den Dom arbeiten, müssen alles vermeiden, was als Abschottung oder Hochmut verstanden werden könnte. Im Gegenteil: Es geht um Öffnung für die Menschen dieser Stadt, für ihre Bedürfnisse und Präferenzen. Der Dom ist in erster Linie die Kirche der Brandenburger. Auch heute geht es darum, alles zu tun, um für die Menschen vor Ort, in dieser weitgehend säkularisierten Stadt, da zu sein. Das bedeutet zuallererst, sie ernst zu nehmen, gleich ob sie unseren Glauben teilen oder nicht. Und zwar nicht neben oder gar in Abgrenzung zu den anderen christlichen Gemeinden, sondern mit ihnen zusammen, konkret also vor allem mit den Christinnen und Christen der Gemeinden St. Katharinen und St. Gotthardt. Eine herausragende Gelegenheit, auf die Menschen in Stadt und Land zuzugehen, sie auf den Dom und das Leben auf der Dominsel aufmerksam oder neugierig zu machen, bieten die sechsmonatigen Feierlichkeiten aus Anlass des Domjubiläums.

Die Unterhaltung des Domes und der Kurien und Nebengebäude

Das Domstift ist Eigentümer des Burghof genannten Geländes auf der Dominsel, auf dem der Dom, die Klausur und die Kurien (das heißt die ehemaligen Wohngebäude der früheren Domherren) stehen, rund 30 denkmalgeschützte Gebäude. Der Dom ist eine „ewige Bauhütte". Seit Jahrhunderten wurde und wird hier gebaut, und ein Ende ist nicht in Sicht. Sowohl in der Festschrift zum 850-jährigen Jubiläum des Domkapitels (Hellberg/Malter 2011) wie auch in vielen Beiträgen dieser Festschrift wird detailliert über die Bau- und Restaurierungsarbeiten vor allem während der zurückliegenden knapp 20 Jahre berichtet (siehe die Beiträge von Peter Bartram, Lennart Hellberg/Birgit Malter und Dietmar Rathert). An dieser Stelle mag es deshalb genügen, darauf zu verweisen, dass nach der in den 1990er-Jahren akut notwendig gewordenen statischen Sicherung des Domes, der Neudeckung des Daches und vielfältiger Restaurierungsarbeiten, nicht zuletzt an der bald 300 Jahre alten Wagner-Orgel, im

Inneres des Domes nach Osten während der Renovierung

Sommer 2014 nun auch die Arbeiten an der Restaurierung des Innenraumes der Domkirche erfolgreich abgeschlossen werden konnten. Der Dom zeigt sich jetzt innen wie außen in einem seit Langem nicht mehr gekannten Glanz.

Neben dem Dom wurden die Nordklausur, die Petrikapelle und verschiedene Kurien restauriert und die Freiflächen neu gestaltet. Auch hierüber wurde in der Vergangenheit und wird in dieser Festschrift von kundiger Seite ausführlich berichtet (siehe zusätzlich zu den Genannten den Beitrag von Roland Schneider).

Dass der Abschluss dieser äußerst aufwändigen und in vielfältiger Hinsicht sehr schwierigen Aufgaben mit dem 25. Jahrestag der Wiedervereinigung Deutschlands und dem 850-jährigen Jubiläum der Grundsteinlegung des Domes zusammenfallen würde, war anfänglich weder geplant noch abzusehen. Auch das erfüllt uns mit großer Freude und Dankbarkeit. All diese Arbeiten wären ohne den großen Einsatz, die Expertise und das „Herzblut" vieler Menschen nicht möglich gewesen, denen, ohne sie hier namentlich zu nennen, ausdrücklich noch einmal gedankt sei. Sie wären aber auch nicht möglich gewesen ohne die umfangreiche und großzügige finanzielle Unterstützung von privater und öffentlicher Seite – vor allem des Landes Brandenburg, der Bundesrepublik Deutschland, der Evangelischen Kirche Berlin-Brandenburg-schlesische Oberlausitz und des Fördervereins Dom zu Brandenburg. Auch diesen Menschen und Institutionen sei sehr gedankt. Die Sanierung des Domes, der anderen Gebäude und die Neugestaltung der Freiflächen haben bislang rund 50 Millionen Euro gekostet – ein Betrag, der vom Domstift allein nicht hätte aufgebracht werden können. Ohne diese finanzielle Unterstützung wäre ein Teil des Domes mit hoher Wahrscheinlichkeit eingestürzt und viele Bereiche der Klausur, wie etwa die Nordklausur, wären verfallen. Unterlassene Sanierung führt früher oder später zu Leerstand, und Leerstand führt über kurz oder lang zu Verfall.

Zur Zeit der Abfassung dieses Beitrages werden gerade die Gebäude Burghof 2 und Remise für ein neues Restaurant und Café umgebaut. Die Bauarbeiten sollen im Spätsommer 2015 abgeschlossen sein.

Das sich aus dem Zustand der Gebäude ergebende künftige Bauprogramm steht weitgehend fest: Dringend sanierungsbedürftig sind die Ostklausur und die sich an ihrem Nordende anschließende sogenannte Spiegelburg. In der Spiegelburg, dem ältesten Teil der Domklausur, wird zurzeit ein wesentlicher Teil des Domstiftsarchivs, einschließlich der Bibliothek, aufbewahrt, allerdings unter recht problematischen Bedingungen. Hier besteht konkreter und dringender Handlungsbedarf.

Während die Kurie Burghof 10 restauriert wurde und zur Zeit unter anderem vom Rentamt des Domstifts genutzt wird, vermittelt das derzeit nur teilweise genutzte Nachbargebäude (Burghof 11) einen Eindruck vom Bauzustand vieler Gebäude auf dem Burghof vor Beginn der Bauarbeiten Mitte der 1990er-Jahre. Eine Sanierung dieses Gebäudes ist auch von der Klärung seiner künftigen

Nutzung abhängig. Ohne externe Finanzierung kann das Domstift aber weder die Ostklausur noch die Spiegelburg noch Burghof 11 sanieren, das ist die nüchterne Realität. Neben der Aufrechterhaltung des laufenden Betriebes ist folglich das Bestreben aller am Dom Beteiligten darauf gerichtet, für diese Finanzierung zu sorgen.

Die Bildung und Schulung kirchlicher Kräfte für das geistliche Amt und andere kirchliche Aufgaben

Dieser Aufgabe kam das Domstift über mehr als ein halbes Jahrhundert (1951 bis 2006) durch das Predigerseminar nach, dessen Träger anfänglich das Domstift selbst war. Es wurde aufgebaut, geleitet und maßgeblich geprägt von seinem ersten Direktor, dem früheren Dechanten und Ehrendechanten des Domstifts, Altbischof Albrecht Schönherr, der es nach dem Vorbild des von Dietrich Bonhoeffer geleiteten Predigerseminars der Bekennenden Kirche in Finkenwalde gestaltete (Kuhn 2011). Im Jahr 2006 entschied die Kirchenleitung der EKBO, dieses Predigerseminar zu schließen und stattdessen mit drei anderen Landeskirchen ein gemeinsames Predigerseminar in Lutherstadt Wittenberg zu betreiben.

Bereits seit 1993 unterhält das heutige Amt für kirchliche Dienste der EKBO auf der Dominsel einen ständigen Veranstaltungsort, in dem unter anderem Gemeindepädagoginnen und -pädagogen ausgebildet und eine Vielzahl anderer Kurse, Seminare und sonstiger Veranstaltungen der kirchlichen Erwachsenenbildungsarbeit angeboten werden (siehe den Beitrag von Matthias Spenn). Diese Veranstaltungen finden im Gebäude Burghof 5, der alten Propstei und späteren Dechanei, statt, dem schönsten Barockgebäude des Burghofes. Es wurde ab 1714 von dem später durch seine vielen Barockbauten (insbesondere die Potsdamer Garnisonkirche) berühmt gewordenen brandenburgisch-preußischen Baumeister Philipp Gerlach erbaut. Im Jahre des 850-jährigen Domjubiläums jährt sich auch zum 300. Mal die Fertigstellung des Rohbaus dieses Gebäudes (Helle 2005).

Das Domstift und das AKD sind übereingekommen, dass das AKD seine kirchliche Bildungsarbeit in Zukunft in einem erheblich größeren Umfang als bisher in den Gebäuden des Domstifts auf der Dominsel durchführen wird. Neben dem Hauptsitz des AKD in Berlin-Charlottenburg soll der Burghof der zentrale Veranstaltungsort des AKD sein – vor allem für seine mehrtägigen Veranstaltungen. Hiermit wird nicht nur dem Satzungsauftrag des Domstifts nachgekommen, sondern es wird auch dem Status des Domstifts als einer Einrichtung der Landeskirche sowie des Bekenntnisses der EKBO zum Domstift als einem ihrer besonderen Identifikationsorte sichtbar Rechnung getragen.

Die Förderung der theologischen Wissenschaften, der kirchlichen Kunst, der Kirchenmusik, des Museums, des Archivs und der Bibliothek

Die sachgerechte Aufbewahrung, Erhaltung und Zugänglichmachung des Domschatzes gehört zu den wesentlichen Aufgaben des Domstifts. Zu diesem Domschatz gehören die Altäre genauso wie die Sammlungen des Museums, einschließlich der bedeutsamen, weit über Brandenburg hinaus bekannten Sammlung liturgischer Gewänder und anderer Textilien (Reihlen 2004) sowie die Bestände des Archivs und der Bibliothek. Das Dommuseum wird anlässlich des 850-jährigen Jubiläums eine große Ausstellung über die Geschichte des Domes im Kontext der Regional- und Landesgeschichte zeigen. Die Bestände des Museums sind so umfangreich, dass es hierbei auf Leihgaben praktisch nicht angewiesen sein wird.

Blick in die Domstiftsbibliothek

Kreuzigung Christi, Stickerei auf dem Hungertuch, um 1290

Zum ersten Mal seit dem Ende des 19. Jahrhunderts wird auch die gotische Studienbibliothek wieder an ihrem alten Standort im oberen Kreuzgang zu sehen sein. Diese Bibliotheksbestände werden heute überwiegend in der Staatsbibliothek zu Berlin aufbewahrt. Die Planungen des Museums gehen bereits heute über das Jubiläumsjahr des Domes hinaus und richten sich auf das Jahr 2017, den 500. Jahrestag der Reformation.

Die Bestände des Domstiftsarchivs sind das am weitesten zurückreichende erhaltene Gedächtnis des Landes Brandenburg, beginnend mit der vom späteren Kaiser Otto I. unterzeichneten Stiftungsurkunde des Domstifts. Das Archiv, einschließlich der Bibliothek, mit seinen rund 125 000 Einheiten an Büchern, Urkunden, Akten, Karten, Plänen und Bildern stellt eine der bedeutendsten Quellenbestände der brandenburgischen Orts- und Regionalgeschichte dar. Neben dem Eigenbestand (einschließlich des Archivguts der Ritterakademie) enthält es umfangreiche Deposita, insbesondere von Kirchenbibliotheken und Pfarrämtern (Schössler 1998, S. 104 ff.).

Dom, Domgemeinde und -stift sind in der glücklichen Lage, schon seit Jahrzehnten eine weit überdurchschnittliche Kirchenmusik anbieten zu können. Nicht zuletzt dank tatkräftiger Hilfe aus dem Domkapitel und dem Kirchenkreis verlief die Stafettenübergabe im Kantorenamt im Herbst 2012 reibungslos. Die Sommermusiken, längst zu einer Institution geworden, erfreuen sich anhaltend großer Beliebtheit. Der Domchor („Brandenburger Kantatenkreis") konnte im September 2014 in einem ausverkauften Sonderkonzert im Dom zum Abschluss der Restaurierung des Dominneren das Publikum von seiner Qualität überzeugen. Im Jubiläumszeitraum wird es eine Vielzahl von Konzerten unterschiedlichsten Zuschnitts geben; auch in den Folgejahren wird die Kirchenmusik eines der entscheidenden Medien der Verkündung der guten Nachricht bleiben. Die Kirchenmusik des Brandenburger Domes ist untrennbar verbunden mit der großen, von 1723 bis 1725 gebauten und nahezu vollständig erhaltenen Wagner-Orgel – ein wunderbares Erbe.

Das Domstift will aber nicht nur die in seinem Besitz befindlichen Kunstschätze der Vergangenheit bewahren und der Öffentlichkeit zugänglich machen, die kirchenmusikalische Tradition fortsetzen, sondern auch Gegenwartskunst und Neue Musik darbieten. Über lange Jahre wurde beispielsweise in der Petrikapelle zeitgenössische Kunst gezeigt. Gemeinsam organisiert von der Kunst- und Kulturstiftung der EKBO, der Stiftung St. Matthäus, die ihren Sitz am Dom zu Brandenburg hat, und dem Förderverein Dom zu Brandenburg e. V., sollen in regelmäßigen Abständen Künstlerinnen und Künstler der Gegenwart als „Artists in Residence" eine Zeitlang auf dem Burghof leben und arbeiten, und zwar in enger Zusammenarbeit mit den beiden evangelischen Schulen.

Der erste Abiturjahrgang auf den Stufen der Ritterakademie, 2012

Jugendhaus café contact

Die Förderung kirchlicher Schulen und sozialdiakonischer Einrichtungen sowie die Erfüllung anderer dem Domstift von Kirchenleitung oder Synode übertragener kirchlicher Aufgaben

Wenn es eine grundlegende Veränderung des Lebens auf dem Burghof nach der Friedlichen Revolution gab, dann war es die Neugründung der beiden Evangelischen Schulen: der Grundschule im Jahre 2000 und des Gymnasiums sechs Jahre später. Initiiert und aufgebaut wurden sie von einem vor allem von engagierten, ehrenamtlich arbeitenden Eltern gebildeten Schulverein, der bis zum Jahr 2006 auch Träger der Evangelischen Grundschule war. Träger beider Schulen ist heute die Evangelische Schulstiftung in der EKBO. Die Schulen sind ein weiterer Beleg für das gemeinsame Handeln von Landeskirche und Domstift. An beiden Schulen lernen zurzeit zusammen rund 600 Schülerinnen und Schüler; der dritte Abiturjahrgang hat im Sommer 2014 das Gymnasium verlassen. Die Schüler beider Schulen beleben den Burghof und tragen, nicht zuletzt aufgrund der wöchentlichen Andachten im Dom und der zahlreichen festlichen Schulgottesdienste, das geistliche Leben mit. Dass die Grundschule teilweise die Räume der Ritterakademie nutzt, kann auch als ein Wiederbeleben der Bildungstradition des Domstifts verstanden werden (Bussche 1989; Schulenburg 2011). Die Schulen, der Hort und der Kindergarten sind ein Alleinstellungsmerkmal, Teil der Identität des Domstifts.

Als Schulen in freier Trägerschaft sind sie auf Schulgeld angewiesen, was einen nicht zu vernachlässigenden Wettbewerbsnachteil im Vergleich zu den staatlichen Schulen der Stadt darstellt. Die Herausforderung für beide Schulen, für die Lehrkräfte, die Eltern und die Schulstiftung besteht deshalb darin, den deutlichen Mehrwert dieser Schulen erkennbar zu machen.

Auch wenn es das bereits 1555 gegründete St. Petri-Hospital nicht mehr gibt, arbeitet das Domstift auch heute noch in unterschiedlicher Form eng mit mehreren sozialdiakonischen Einrichtungen vor Ort und der näheren Umgebung zusammen. So wird das alte Krankenhausgebäude Domlinden 23 nunmehr vom kreiskirchlichen evngelischen Jugendhaus

„café contact“ genutzt, dessen Wurzeln an den Anfang der 1980er-Jahre zurückreichen und das sich im Schatten des Domes um Jugendliche und junge Erwachsene mit sozialen Handlungseinschränkungen aus der Stadt Brandenburg und ihrer Umgebung kümmert. Zu nennen ist auch der Verein SinAlkol e. V., der auf dem seit 1173 zum Domstift gehörenden Gut Kieck ein sozialtherapeutisches Langzeitzentrum mit 45 Therapieplätzen zur Betreuung von Suchtabhängigen betreibt, oder die vom Landesausschuss für Innere Mission (LAFIM) betriebene Wohnstätte „Lindenhof“ auf dem Domstiftsgut Grabow. Schon 1950 überließ das Domstift dem damals so genannten Jungmännerwerk der evangelischen Kirche ein Stallgebäude und umliegendes Gelände direkt am Beetzsee, das „Haus am See“ (Grünbaum 1965, S. 99). Heute betreibt dort die Perspektivfabrik gGmbH, hinter der der CVJM und die Henry Maske Stiftung stehen, ein Gästehaus primär für Jugendliche.

Landwirtschaft und Forsten

Zum Domstift gehören die Domstiftsgüter Grabow und Mötzow, insgesamt rund 1 200 Hektar überwiegend landwirtschaftlich genutzte Fläche. Bis zum Ende des Zweiten Weltkrieges verpachtet, übernahm das Domstift die Güter, einem SMAD-Befehl folgend, in die Eigenbewirtschaftung (Müller 2011). Seit 2001 sind die Flächen wieder langfristig verpachtet und werden zum Anbau von Spargel, Beerenfrüchten und Getreide genutzt (siehe den Beitrag von Isabel Thiermann). Insbesondere der vom Pächter Thiermann betriebene „Vielfruchthof Mötzow“ mit seiner Gastronomie erfreut sich im weiten Umkreis großer Beliebtheit.

Während die Landwirtschaft mit Ausnahme der Zeit von 1945 bis 2001 verpachtet war, wurde der Domstiftsforst in Seelensdorf stets selbst bewirtschaftet. Da an anderer Stelle in dieser Festschrift die Arbeit des Forstamtes im Einzelnen dargestellt wird (siehe den Beitrag von Friedrich Hinz; auch Hinz 2011), genügt an dieser Stelle ein Hinweis auf die grundlegende, von Anfang an bestehende Bedeutung der Forstwirtschaft für das Domstift. Land- und Forstwirtschaft sind seit jeher wichtige ökonomische Grundlagen des Domstifts, und daran soll sich auch in Zukunft nichts ändern.

Hackschnitzel fallen in der Zerspaneranlage im Sägewerk des Forstamts an

Ausblick

Dass es gelungen ist, über die Jahrhunderte hinweg, auch in den Umbrüchen der Reformationszeit, des Dreißigjährigen Krieges, des Ersten und des Zweiten Weltkrieges und der deutschen Teilung im Domstift Brandenburg die Einheit und Zusammengehörigkeit von christlichem Glauben und Verkündigung mit Kunst und Kultur, Schule und Bildung sowie mit dem Wirtschaften auf eigenen Acker- und Forstflächen zu erhalten, ist für alle heute mit dem Domstift Verbundenen Anlass zu großer Dankbarkeit und Freude sowie Verpflichtung und Auftrag für die Zukunft.

Mit großem Einsatz und unendlich viel Begeisterung unzähliger Menschen war es während der vergangenen 25 Jahre möglich, nicht nur den Dom zu stabilisieren und zu restaurieren, sondern auch die vielen Aktivitäten und Einrichtungen des Domstifts den geänderten Anforderungen der Zeit seit dem Ende der DDR anzupassen oder neu zu konzipieren. Dass all das möglich sein würde, war keinesfalls sicher, als sich Anfang der 1990er-Jahre eine Gruppe von engagierten Menschen um Otto Graf Lambsdorff, einen ehemaligen Zögling der Ritterakademie und späteren Ehrendomherrn, und Vicco von Bülow in der Initiative „Rettet den Dom“ zusammenfanden, um den akut gefährdeten Dom vor dem Einsturz zu bewahren. Großen Anteil hieran hatte auch der von Graf Lambsdorff, Professor Knud Caesar und anderen gegründete Förderverein (siehe den Beitrag von Knud Caesar), ohne dessen sehr erfolgreiche Spendenwerbung die Sanierung des Domes nicht möglich gewesen wäre. Uns alle, die später dazugekommen sind, erfüllt dieses Engagement von am Ende doch wenigen, aber von der Sinnhaftigkeit ihres Einsatzes überzeugten Christinnen und Christen mit großer Dankbarkeit. Diese Menschen haben einen weiteren, unverzichtbaren Grund für die heutige Arbeit am und für den Dom gelegt.

Für Dom und Domstift als Einrichtung der Landeskirche galt seit dem Amtsantritt Albrecht Schönherrs und gilt auch heute noch das Kirchenverständnis Dietrich Bonhoeffers, wonach die „Kirche nur Kirche [ist], wenn sie für andere da ist." Weder Dom noch Domstift sind Selbstzweck. Sie müssen vielmehr „an den weltlichen Aufgaben des menschlichen Gemeinschaftslebens teilnehmen, nicht herrschend, sondern helfend und dienend" (Bonhoeffer 1998, S. 560).

In den vorstehenden Abschnitten wurden einige der Aufgaben aufgezeigt, die sich in diesem Sinne für das Domstift derzeit und künftig stellen.

Darüber hinaus geht es nunmehr aber auch darum, den Dom, die Klausur und die Kurien, soweit sie nicht für das Domstift und seine Einrichtungen (einschließlich der Schulen) selbst genutzt werden, zu öffnen und noch mehr als in der Vergangenheit der Allgemeinheit zur Verfügung zu stellen. Die Gebäude des Domstifts auf der Dominsel, insgesamt immerhin rund 15 000 Quadratmeter Gebäudenutzfläche, sollen von Kirchengemeinden und -kreisen, von Unternehmen und Familien, von staatlichen, kirchlichen, diakonischen und privaten Institutionen und Einrichtungen genutzt werden können. Hierzu sollen die noch nicht sanierten Gebäude der Klausur und der Kurien saniert, eine neue und größere Gastronomie gebaut und ein zeitgemäßes Tagungsmanagement eingerichtet werden.

Natürlich verlangt all das auch eine hinreichende Finanzierung. Das Domstift muss mittelfristig so wirtschaften können, dass die laufenden Einnahmen die laufenden Kosten (ohne Baukosten) decken und über die Zeit Rücklagen aufgebaut werden können. Gemessen an den Herausforderungen, die frühere Generationen auf dem Burghof gemeistert haben, können wir aber insgesamt dankbar für das Erreichte sein und guten Mutes nach vorne schauen. Das Motto des Domjubiläums „Beständig Neu" gilt für den Dom genauso wie für die beschriebenen Aufgabenbereiche des Domstifts.

Lit.: Bonhoeffer 1998; Bussche 1989; Grünbaum 1948, 1965; Hellberg/Malter 2011; Helle 2005; Hinz 2011; Kuhn 2011; H. Müller 2011; Reihlen 2004; Schößler 1998, 2011; Schulenburg 2011, Stolpe 2011

Beate marie virginis in Liezeka degebant,
unde originem assumpserant, Cleri solemni
processioni pariliqz prosecutione, in supra
dictam urbem, ex consensu matris sue
Liezeken, transponens in sedem Episcopij sui
vj. Idus septembris satis provide collocavit,
eisqz villas Borgelitz, Muselitz, Bukowe,
Borne, Rytz, ut beniuolos ad transmutandum
faceret contulit, quatenus climate idolorum spurc
itijs deo laudes nunc incessanter agerentur,
ubi antea per multa annorum milia, inutiliter
perturbatur, Eodem siquidem anno prefatus
Epus Wilmarus bonum inceptum meliori
fine consumare disponens Basilica Beati
petri apli fundamento xvij pedum suppo
sito v. Idus octobris in noie dni nri Jhesu
Christi devotus fundavit

Explicit tractatus de urbe Brandenburgk
qualiter de gentilitate ad Christianitatem
conversa est, ac postmodum a Jaczone prin
cipe polonie nocturno supplantata, sed tande
a marchione Adelberto diutina obsidione
requisita. Wilmarus xiij. Brandenburgensis
Epus quondam prepositus Lezkensis et supra
dictum est. Sifridus dni Adelberti filius ma
anis xiiij. Brandenburgensis Epus tempore
Ottonis marchionis fratris sui, Baldramus
xv. Brandenburgensis Epus, gloriose et beate

Das historische Umfeld der Grundsteinlegung

Die Entstehung der Mark Brandenburg und die Wiedererrichtung des Bistums Brandenburg

Lutz Partenheimer

Sowohl die Mark Brandenburg als auch das Bistum Brandenburg weisen einen komplizierten und wegen der dünnen Quellenlage noch längst nicht hinreichend erforschten Entstehungsprozess auf, der von 928/29 bis 1157 beziehungsweise 1165 dauerte. Einen Gründungsakt, etwa so, dass der deutsche König die Mark Brandenburg geschaffen und Albrecht den Bären zum ersten Markgrafen ernannt hätte, gab es nicht. Dagegen war ihr „Vorgänger", die sogenannte Nordmark, 965 vom ostfränkisch-deutschen Herrscher Otto I. gebildet worden. Er errichtete auch das Bistum Brandenburg – nach traditioneller Auffassung 948, seit 1998 ist dafür auch das Jahr 965 in der Diskussion.

Aus der Mark Brandenburg ging 1815 unter Abtrennung der westlich der Elbe gelegenen Altmark und Einbeziehung der bisher zum Königreich Sachsen gehörenden Niederlausitz sowie weiterer ehemals sächsischer Gebiete um Belzig, Jüterbog, Dahme und Baruth die preußische Provinz Brandenburg hervor. Diese wiederum bildete die Basis für das 1947 (ohne die an Polen gelangte Neumark östlich der Oder) entstandene Land Brandenburg, das 1952 durch die Bezirke Potsdam, Cottbus sowie Frankfurt (Oder) ersetzt und 1990 neu gegründet wurde.

Nachdem germanische Stämme das Gebiet zwischen Elbe und Oder bis zum 5./6. Jahrhundert im Zuge der Völkerwanderung weitgehend verlassen hatten, rückten im 7./8. Jahrhundert aus dem heutigen Polen und dem böhmischen Raum Slawen nach. Sie wurden damit Nachbarn des germanischen Verbandes der Sachsen, die Karl der Große um 800 unter fränkische Herrschaft brachte. Die Franken – ebenfalls Germanen – saßen ursprünglich an der Rheinmündung und hatten um 500 die Reste römischer Herrschaft in Gallien (dem späteren Frankreich) beseitigt, wobei ihr König Chlodwig das Christentum annahm. Die Sachsen besiedelten etwa das heutige Niedersachsen, Westfalen, Holstein, die Altmark und die Gegend um den Harz. Bei ihnen entwickelte sich in der zweiten Hälfte des 9. Jahrhunderts unter ostfränkischer Oberhoheit – das Frankenreich war 843 in drei Teile zerbrochen – ein Stammesherzogtum. 919 wurde der Sachsenherzog Heinrich König des Ostfrankenreiches, also ungefähr des Gebietes zwischen Elbe, Saale, Böhmerwald, Alpen, unterer Maas und Nordsee.

Wahrscheinlich im Winter 928/29 griff Heinrich I. die von den damaligen sächsischen Chronisten „Heveller" („Havelleute") genannten Slawen an, die sich selbst als „Stodoranen" bezeichneten, und nahm ihre Fürstenresidenz ein, die vermutlich nach der Mitte des 9. Jahrhunderts errichtete Brandenburg. Der falsche Name „Brennabor" für die Anlage geht auf die von einem böhmischen Jesuiten 1677 erfundene Form „Branny Bor" zurück. Von der großen, durch die Havel sowie breite Gräben und mächtige Wälle aus Holz und Erde geschützten Burg auf der heutigen Brandenburger Dominsel gibt es keine oberirdischen Reste mehr. Der Feldzug wurde dann über den Meißner Raum bis nach Prag fortgesetzt. Wahrscheinlich versuchte der Herrscher so die Ostflanke seines Reiches vor den Einfällen der Ungarn zu sichern, die seit etwa 900 immer wieder in den ostfränkischen Staat einfielen, nachdem sie die westslawischen Siedlungsgebiete durchquert hatten.

In der Folge begnügte sich Heinrich I. mit einer lockeren Oberhoheit über diese Regionen, die ihm Tribute entrichten mussten. Sein Sohn Otto I., seit 962 auch Inhaber der 476 erloschenen, aber 800 für Karl den Großen erneuerten (West-)Römischen Kaiserwürde, wollte die Unterworfenen stärker ins Reich integrieren. Dazu ernannte er Markgrafen (Grenzgrafen), die die Slawenlande verwalten, Rebellionen verhüten beziehungsweise niederwerfen und Einfällen von außen entgegentreten sollten. Der bedeutende Markgraf Gero stand vermutlich dem großen Raum zwischen Saale, Elbe, Elde, Peene, Oder, Neiße und Erzgebirge vor. Nach dessen Tod (965) bildete der Kaiser daraus kleinere Marken, für unser Gebiet – den nördlichen Bezirk der Mark Geros – die Nordmark, die im Süden ungefähr vom Fläming begrenzt wurde. Für ihren Bereich entstanden wahrscheinlich auch 965 zur Christianisierung der Slawen die Bistümer Havelberg und Brandenburg, deren Gründung man bisher ins Jahr 948 gesetzt

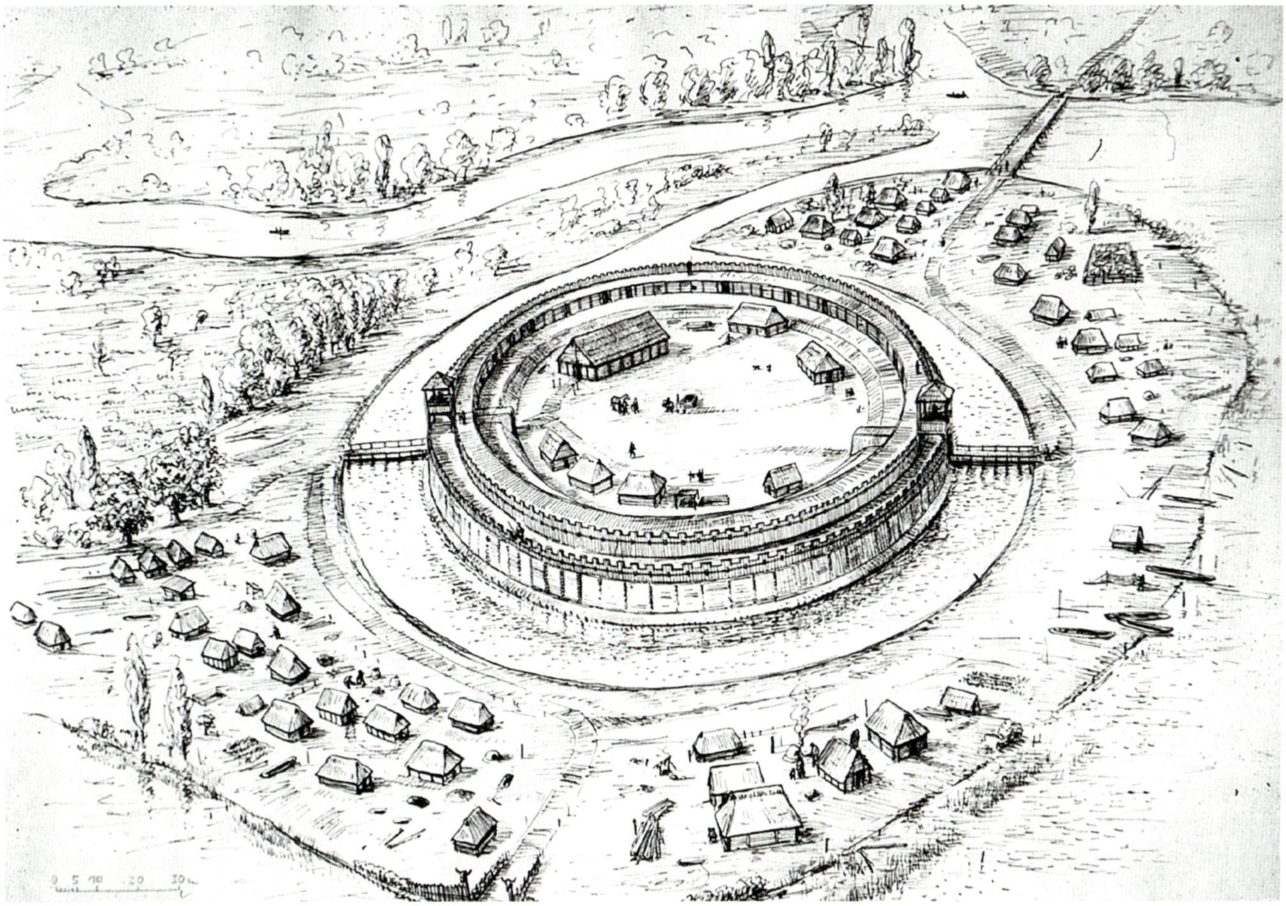

Rekonstruktionszeichnung der Brandenburg (Bernd Fischer, Zeuthen), Phase 3/4, erste Hälfte des 10. Jahrhunderts

hat (Assing 2002/2003). Sie wurden dem 968 eingerichteten Erzbistum Magdeburg unterstellt.

983 beseitigte ein großer Slawenaufstand die Herrschaft des sich langsam zum deutschen Staat wandelnden Ostfrankenreiches im Raum nördlich des Flämings. Dabei wurden die Bischofssitze Havelberg und Brandenburg zerstört. Die Erhebung ging vermutlich von Rethra – dem Hauptheiligtum des Stammesverbandes der Lutizen – aus, das die Archäologen etwa im Gebiet zwischen der Müritz und dem Tollensesee (bei Neubrandenburg) suchen. Mehrere von König Otto III. geführte Feldzüge gegen die Brandenburg konnten sie nicht oder nur vorübergehend wieder in sächsische Hände bringen. Im Zusammenhang mit diesen um 1000 eingestellten Kämpfen wurden 993 Potsdam und 997 wahrscheinlich Beelitz (oder Belzig?) erstmals erwähnt. Ottos Nachfolger Heinrich II. schloss 1003 sogar ein Bündnis mit den heidnischen Lutizen gegen Polen. Die erneute Besetzung der Nordmark und die Wiedererrichtung des Bistums Brandenburg rückten in weite Ferne. Am Anspruch auf das Gebiet zwischen Elbe und Oder hielt das deutsche Reich jedoch fest. So besetzten die Könige die entsprechenden Markgrafen- und Bischofsämter auch weiterhin.

Sollte die Gründungsurkunde des Brandenburger Bistums nachträglich erstellt und auf 949 (nicht 948!) datiert worden sein, wofür einiges spricht, wären dafür spätestens 1003 sowie die bald darauf folgenden Jahre zu erwägen. Denn damals hatte der Bischof von Brandenburg dafür nämlich gleich mehrere Anlässe: Das seit 968 bestehende Bistum Merseburg war 981 unter anderem mit dem Argument aufgelöst worden, dass kein Dokument mit der Zustimmung des Bischofs von Halberstadt zur Bildung der Merseburger Diözese existiere. Diese errichtete der König erst 1004 neu, allerdings stark verkleinert. Auch die Bistümer Havelberg, Zeitz und Meißen besaßen keine Gründungsurkunden. 983 war der Brandenburger Bischofssitz zerstört worden, Rückeroberungsversuche hatte man um 1000 aufgegeben, neue schienen wegen des Bündnisses Heinrichs II. mit den Lutizen vorerst unwahrscheinlich. Spätestens in dieser ziemlich aussichtslosen Lage könnte der Bischof von Brandenburg beschlossen haben, durch die Fälschung einer Gründungsurkunde seines Bistums wenigstens die Ansprüche auf Diözese, Rechte und Zehnten schriftlich zu sichern. So würden sie mit dem Pergament vielleicht in hoffentlich irgendwann wieder besseren Zeiten doch noch zu realisieren sein. Möglicherweise besteht ein Zusammenhang mit der Urkunde von 1010. (Diesen Hinweis verdanke ich Dr. Rüdiger Freiherrn von Schnurbein.) Darin nimmt König Heinrich II. die Brandenburger Kirche in seinen Schutz und gewährt ihr das Recht der freien Vogtwahl sowie die uneingeschränkte Verfügung über den Zehnten im Hevellergau und in den anderen Gauen des Bistums. Da diese allerdings nicht namentlich erscheinen, könnte der damalige Bischof Wigo mit der eventuell gleichzeitig erfolgten Anfertigung der „Gründungsurkunde" auch deshalb die schriftliche Aufstellung und damit eine Sicherung für später bezweckt haben.

Während des gesamten 11. Jahrhunderts waren die zwischen Ostsee und Fläming ansässigen Slawen wieder unabhängig. Doch schwächten sie sich in der zweiten Hälfte dieses Zeitraumes selbst, vor allem durch zwei verlustreiche Kriege der lutizischen Kernstämme gegeneinander. Bei der Wiederaufnahme der Ostpolitik des deutschen Reiches spielte jetzt weniger das Königtum – wie noch im 10. Jahrhundert – die führende Rolle. Heinrich IV. musste mit vielen seiner Fürsten und dem Papsttum kämpfen. Es waren nun vor allem ostsächsische Adelsgewalten, die wieder den Blick auf die nach wie vor vom Reich beanspruchten und immer noch heidnischen Slawengebiete richteten. So wollten sie ihre Chancen in dem damals einsetzenden Prozess verbessern, in welchem die Fürsten begannen, die ihnen unterstehenden Besitzungen im Streit untereinander und mit der Krone zu erweitern und zu festigen. In diesem Sinne wurden auch Erzbischöfe, Bischöfe sowie Äbte aktiv, die von den Königen im Rahmen des sogenannten Reichskirchensystems seit der Mitte des 10. Jahrhunderts als Stützen des Herrschers gegen Rebellionen der Herzöge und Markgrafen mit Gütern und Rechten gestärkt worden waren. Nun gingen die Kirchenfürsten wie ihre weltlichen „Kollegen" ebenfalls daran, sich durch Burgenbau, Gründungen von Siedlungen, Rodungen, Fehden und andere Maßnahmen größere und festere Machtkomplexe zu schaffen.

Ab etwa 1100 begannen die Magdeburger Erzbischöfe und ostsächsische Fürsten erneut, in die slawischen Gebiete einzudringen. Auch Graf Otto der Reiche von Ballenstedt, dessen Besitz vor allem zwischen dem Ostharz und der Muldemündung lag, gehörte zu ihnen. Er entstammte dem mit seinem Großvater Esico 1036 erstmals erwähnten Geschlecht, das nach der alten Burg Askania bei Aschersleben später die Bezeichnung „Askanier" erhielt. Ottos Name steht unter dem berühmten Schreiben, mit dem ostsächsische Fürsten und Bischöfe die Großen im restlichen Sachsen, Lothringen und Flandern wahrscheinlich 1108 dazu aufriefen, nach dem Vorbild des 1096 begonnenen Kreuzzuges ins Heilige Land das ostelbische Heidentum zu bekämpfen. Die dort lebenden Slawen seien schlimme Götzendiener, besäßen aber zum Siedeln bestens geeignetes Land, heißt es in der Quelle. Zu dem Zeitpunkt war die 1100/01 durch den Markgrafen der Nordmark eroberte Brandenburg wohl bereits wieder in stodoranischer Hand. Graf Otto von Ballenstedt schob anscheinend um 1110 seinen Einfluss von Bernburg aus über die Elbe in Richtung auf die Hevellergrenze bei Görzke im Fläming vor.

Etwa gleichzeitig ließ Bischof Hartbert von Brandenburg, dessen Name auch unter den Absendern des Aufrufes zum Slawenkreuzzug von 1108 erscheint, südöstlich von Magdeburg Götzenbilder zerstören und in Leitzkau – wo zum Jahre 1017 ein früherer Hof des damaligen Brandenburger Bischofs Wigo erwähnt ist – eine hölzerne Marienkirche errichten. Ihr Chor wurde bald darauf durch einen Steinbau ersetzt und 1114 von Hartbert geweiht. Als Ausstattung wies der Bischof der neuen Kirche den Zehnten im Raum zwischen den Flüssen Ihle und Nuthe zu.

Nach dem Tode Graf Ottos des Reichen von Ballenstedt (1123) setzte dessen Sohn Adalbert die väterliche Ostexpansion fort. Er ging durch seinen ihm schon von Zeitgenossen gegebenen Beinamen als „Albrecht der Bär" in die Geschichte ein. Um 1123/25 brachte er Pribislaw-Heinrich, einen zum Christentum übergetretenen Angehörigen der Stodoranendynastie, dazu, ihm die Nachfolge im Brandenburger Slawenfürstentum zuzusichern und Otto, dem ältesten Sohn des As-

Die Einnahme der Brandenburg durch Albrecht den Bären am 11. Juni 1157, Lithographie von Adolph Menzel (1834). Allerdings wurde die Feste nicht erstürmt, sondern zur Kapitulation gezwungen

kaniers, als Taufpate mit der Zauche das südlich der Havel zwischen Brandenburg und Potsdam gelegene Land zu schenken. Damit wollte der Hevellerprinz wohl Albrechts Unterstützung erkaufen, um auf den Brandenburger Fürstenthron zu gelangen. Dort saß ein gewisser Meinfried, möglicherweise Pribislaw-Heinrichs älterer Bruder, der 1127 ermordet wurde. Danach konnte Pribislaw-Heinrich – vielleicht mit Albrechts Hilfe – die Herrschaft auf der Brandenburg antreten. Das Hevellerfürstentum lag in der Nordmark, mit der Kaiser Lothar III. Albrecht den Bären 1134 belehnte.

Der Askanier übernahm die Vogtei (den Schutz und das Richteramt) der 1138/39 beziehungsweise 1144 gegründeten Prämonstratenserstifte Leitzkau (südöstlich von Magdeburg) und Jerichow (südöstlich von Tangermünde). Der Leitzkauer Konvent war durch Bischof Wigger von Brandenburg gebildet und zum provisorischen Domkapitel seines Bistums bestimmt worden. Rückhalt für die Ausübung der Jerichower Vogtei boten askanische Besitzungen in der späteren Altmark. Der Markgraf war auch Vogt des Mutterklosters der beiden neuen Konvente, des Stifts Unser Lieben Frauen in Magdeburg. Ein maßgeblich von Albrecht dem Bären geführtes sächsisches Heer zog 1147 im Wendenkreuzzug von Magdeburg über Havelberg sowie Malchow bis Demmin und Stettin, verschonte aber das dem As-

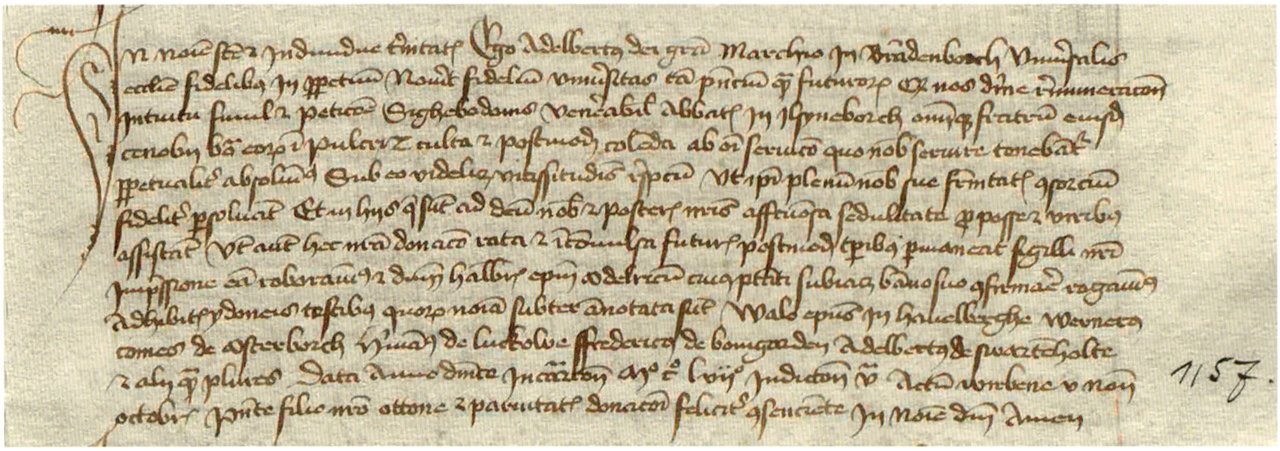

Abschrift der in Werben an der Elbe am 3. Oktober 1157 ausgestellten Urkunde Albrechts des Bären, in der sich der Askanier nach der Überlieferung erstmals selbst „Markgraf in Brandenburg" nennt. Der Text des heute verschollenen Originals wurde im 15. Jahrhundert im Kloster Ilsenburg am Harz in ein Copialbuch eingetragen

kanier als Erbe versprochene Stodoranenreich. Wahrscheinlich konnte der Bischof von Havelberg dabei seinen Sitz wieder beziehen, wo nun der Dombau begann.

1150 starb Fürst Pribislaw-Heinrich, und Albrecht der Bär besetzte gemäß der rund 25 Jahre alten Vereinbarung die Brandenburg – verglichen mit den blutigen Kämpfen Heinrichs des Löwen gegen die Slawen im späteren Mecklenburg eine bemerkenswert friedliche Machtübernahme. Trotzdem legte er sich den für ihn schon seit etwa 1140 manchmal in der königlichen Kanzlei benutzten Titel „Brandenburgischer Markgraf" auch jetzt nicht zu, denn damit wollte der Herrscher offensichtlich ausdrücken, dass Albrecht auch das Brandenburger Erbe nur im Auftrag der Krone zu verwalten habe. Der Askanier strebte aber östlich der Elbe offenbar zunächst die Errichtung einer vom Reich unabhängigen Herrschaft an. Möglicherweise deshalb unterblieb ab 1152 in den Urkunden des neuen Königs Friedrich Barbarossa auch jede Bezeichnung des Markgrafen nach der Brandenburg.

Wahrscheinlich im März 1157 entriss ein gewisser, angeblich mit Pribislaw-Heinrich verwandter Jaxa Albrecht dem Bären die Brandenburg durch Bestechung der aus Sachsen und Slawen bestehenden Besatzung, die der Askanier 1150 dort zurückgelassen hatte. Jaxa war ein polnischer Magnat und kam „mit einem großen Polenheer". Da seine Operationsbasis bei diesem Husarenstreich vielleicht Köpenick, der Fürstensitz der Spreewanen (Spreeslawen) bildete, ist er meist als „Jaxa von Köpenick" bekannt. Der Markgraf sammelte mit Erzbischof Wichmann von Magdeburg ein Heer und belagerte die Brandenburg, aber eben nicht die Heveller, deren rechtmäßiger Herr er 1150 geworden war, sondern die polnische Mannschaft, welche ihm die Stodoranenresidenz entrissen hatte. Am 11. Juni 1157, einem Dienstag, zog der Askanier in die kapitulierende alte Hevellerfeste ein und ließ dort als Siegeszeichen sein Banner aufpflanzen.

Vom endgültigen Übergang der Brandenburg unter deutsche Herrschaft berichtet vor allem der *Tractatus de urbe Brandenburg* des sogenannten Heinrich von Antwerpen, über den Christina Meckelnborg in diesem Band informiert.

Als Gegenleistung für die Hilfe musste Albrecht dem Magdeburger Erzstift wohl unter anderem die alten Slawenburgen Spandau und Potsdam überlassen. Nachdem Jaxa ihn gezwungen hatte, die Brandenburg zurückzuerobern, begann der Askanier selbst, seinen höchsten Titel auf sie zu beziehen.

Am 3. Oktober 1157, einem Donnerstag, fertigte ein Schreiber die erste überlieferte Urkunde Albrechts des Bären an, in der der Fürst „Markgraf in Brandenburg" genannt wurde.

Wegen der Rückeroberung der Brandenburg und des Titelwechsels des Askaniers gilt 1157 als „Geburtsjahr" der Mark Brandenburg. Die Nordmark verschwand aus den Quellen. Kaiser Barbarossa stellte dem Askanier – vermutlich Anfang 1158 – einen Burggrafen von Bran-

Bischof Wilmar von Brandenburg gründet 1161 das Brandenburger Domkapitel

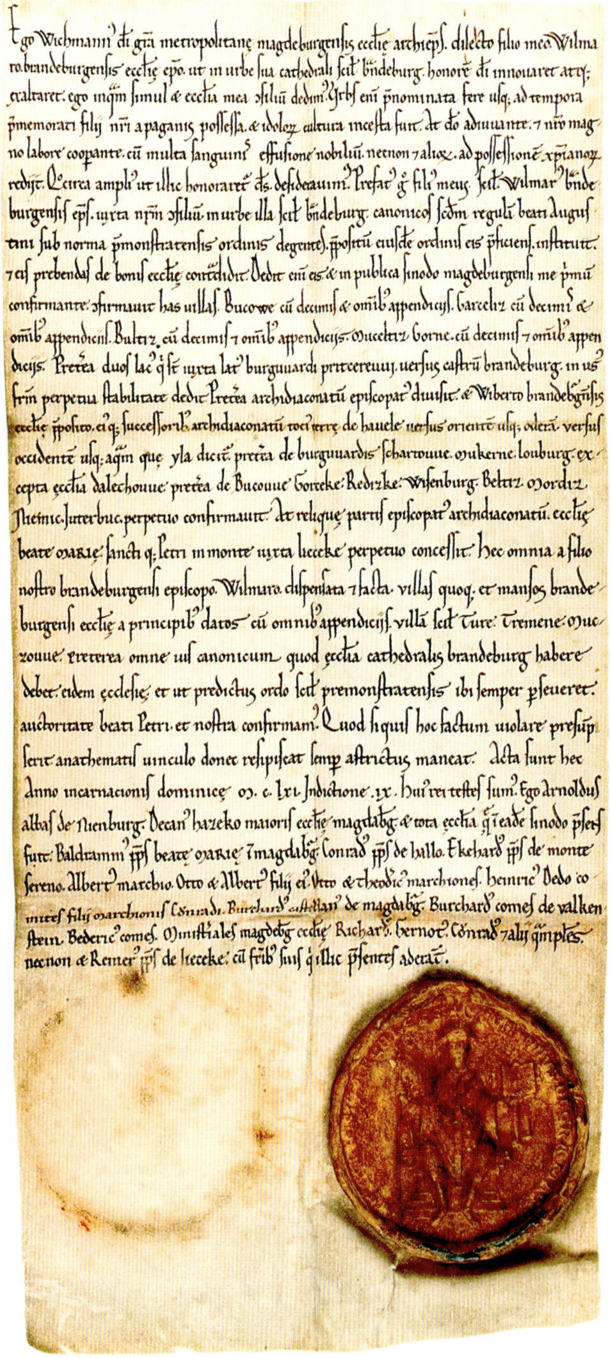

Erzbischof Wichmann von Magdeburg bestätigt 1161 die Errichtung des Brandenburger Domkapitels

denburg zur Wahrung der Reichsrechte zur Seite. Der entstammte einem mittelelbischen Adelsgeschlecht, das wohl inzwischen mit der Errichtung einer eigenen Herrschaft um die vormals slawische Burg Belzig begonnen hatte.

Nach einem Besuch Jerusalems 1158/59 holte Albrecht der Bär Siedler in seine neue Mark Brandenburg. Sie kamen aus der Altmark, den askanischen Stammbesitzungen am Harz, aber auch aus Flandern und vom Rhein. Holländer kehrten der damals von schweren Sturmfluten (1158, 1163, 1164) geplagten Heimat den Rücken und begannen ihre neuen Wohnsitze – unter anderem bei Havelberg – durch Deiche an Elbe und Havel zu schützen. Als Albrecht um 1160 mit der Einrichtung eines Marktes die Entwicklung des Dorfes Stendal zur Stadt förderte, bezeichnete er Brandenburg und Havelberg sowie die altmärkischen Orte Werben, Arneburg, Tangermünde, Osterburg und Salzwedel als Burgen seiner Mark.

1161 erhob Bischof Wilmar von Brandenburg den Prämonstratenserkonvent, den der Vorgänger Wigger aus Leitzkau an die Gotthardtkirche in der späteren Brandenburger Altstadt geholt hatte, zum Domkapitel. Dessen Stelle hatte bisher das Leitzkauer Stift provisorisch vertreten. Das neu eingerichtete Domkapitel zog 1165 auf die Brandenburg, wo der Bischof noch im selben Jahr an dem seinen Vorgängern im 10. Jahrhundert von Kaiser Otto I. zugewiesenen Sitz den Grundstein des Brandenburger Domes legte.

Von 1166 bis 1170 kämpfte Albrecht der Bär mit Heinrich dem Löwen aus dem Hause der Welfen, der sich 1142 als Herzog von Sachsen gegen den Askanier – dem diese Würde 1138 von Barbarossas Vorgänger verliehen worden war – durchgesetzt hatte. Die letzte von Albrecht überlieferte Handlung vollzog sich aber wieder in der von ihm begründeten Mark Brandenburg. Er wohnte am 16. August 1170 der Weihe des Havelberger Domes bei. Bald darauf starb der Askanier am 18. November dieses Jahres. Sein Todes- sowie der Geburtsort sind unbekannt. Beigesetzt wurde Albrecht der Bär wahrscheinlich im erhaltenen Westbau der heute verschwundenen Klosterkirche auf dem Schlossberg zu Ballenstedt am Harz. Diese Region gelangte mit den väterlichen Stammlanden bis zur Mulde an den jüngsten Sohn Bernhard, der 1180 nach dem Sturz Heinrichs des Löwen auf Befehl Barbarossas doch noch die sächsische Herzogswürde an die Dynastie der Askanier

Urkunde Bischof Wilmars von Brandenburg von 1166 über den 1165 erfolgten Umzug des Brandenburger Domkapitels auf die Dominsel

bringen konnte. Auf ihn gehen die Familienzweige der Herzöge von Sachsen-Wittenberg (ausgestorben 1422), Sachsen-Lauenburg (erloschen 1689) sowie der Fürsten – ab 1806/07 Herzöge – von Anhalt zurück, die bis 1918 regierten.

Albrechts des Bären ältester Sohn Otto I. übernahm die Mark Brandenburg, die sich nun deutlicher aus der Menge aller vom Vater beherrschten Gebiete herauszuheben begann. Ab 1172 bezeichnete ihn auch die königliche Kanzlei – und nun stets – als „Brandenburgischen Markgrafen". Die Mark war als neues Fürstentum innerhalb des deutschen Königreiches anerkannt, doch Otto und seine Nachfolger ließen einen Einfluss der Krone in ihrem Herrschaftsgebiet kaum zu. Otto I. gründete 1180 in Lehnin in der Zauche das erste märkische Kloster, das ihm und späteren Markgrafen auch als Grablege diente.

Die Askanier erweiterten die Mark Brandenburg im 13. Jahrhundert zu einer der größten Landesherrschaften im deutschen Staat. Sie schalteten den königlichen Burggrafen und kleinere selbstständige Adelsgeschlechter aus, drängten die Mecklenburger, Pommern, Magdeburger sowie die wettinischen Markgrafen von Meißen und der Lausitz zurück, gründeten Städte und Dörfer und machten die Bischöfe von Brandenburg, Havelberg sowie Lebus von sich abhängig. Um 1250 überschritten die Askanier die Oder und begannen mit der Errichtung der Neumark. Durch ihre bemerkenswerten Erfolge gelang es den Markgrafen von Brandenburg, einen Platz im Kollegium der sieben Kurfürsten zu erhalten, das zwischen 1198 und 1298 entstand. Nur noch diese Landesherren hatten das Recht zur Wahl des deutschen Königs, was Kaiser Karl IV. mit der Goldenen Bulle von 1356 bestätigte. 1320 erlosch die Linie der Markgrafen von Brandenburg aus dem Hause der Askanier. Der 1314 zum König gewählte Ludwig der Bayer aus der Dynastie der Wittelsbacher besiegte 1322 einen Rivalen um den deutschen Thron. Daraufhin erhob er seinen ältesten Sohn, der ebenfalls Ludwig hieß, 1323 zum Markgrafen von Brandenburg. 1373 nahm Kaiser Karl IV. – aus dem Geschlecht der Luxemburger – den Wittelsbachern die Mark ab. Dieses Gebiet konnte sein Sohn Sigismund nicht selbst regieren, da er deutscher und ungarischer König war. So ernannte er 1415 einen Vertrauten, Burggraf Friedrich VI. von Nürnberg, zum Markgrafen und Kurfürsten von Brandenburg, womit die über 500-jährige Herrschaft des Hauses Hohenzollern über das Land begann.

Lit.: Assing 2002/2003; Heinrich 1999; Müller/Neitmann/Schopper 2009; Partenheimer 2007; Partenheimer/Stellmacher 2014; Schmidt 1973; Schultze 1961

Der *Tractatus de urbe Brandenburg*

Christina Meckelnborg

Im Jahr 2015 wird das 850-jährige Jubiläum des Domes zu Brandenburg, genauer der Gründung des Domes zu Brandenburg, gefeiert. Die Kenntnis davon, wann dieses Ereignis stattfand, ist dem *Tractatus de urbe Brandenburg* zu verdanken, der einzigen Quelle, die über die Geschehnisse in der Burgstadt Brandenburg in der Mitte des 12. Jahrhunderts berichtet. Die kleine, nur drei Seiten umfassende Schrift ist das älteste erhaltene Zeugnis brandenburgischer Geschichtsschreibung. Nachdem dort im letzten Abschnitt berichtet wird, dass der Brandenburger Bischof Wilmar (amtierte um 1161 bis 1171) 1165 die Chorherren aus der St.-Gotthardt-Kirche in der Brandenburger Vorstadt auf die Burg Brandenburg führte und sie dort am 8. September an seinem Bischofssitz ansiedelte, heißt es im Schlusssatz: „In demselben Jahr hat der erwähnte Bischof Wilmar (...) die Basilika des heiligen Petrus, des Apostelfürsten, auf einem Fundament von 24 Fuß am 11. Oktober im Namen unseres Herrn Jesus Christus ehrfürchtig gegründet." Seither gilt der 11. Oktober 1165 als der Tag der Gründung des Domes zu Brandenburg.

Der Inhalt des *Tractatus de urbe Brandenburg*

Der *Tractatus* handelt davon, wie die Burgstadt Brandenburg schrittweise in den Besitz Markgraf Albrechts (um 1100–1170) überging. Die Erzählung beginnt damit, dass der Slawenfürst Pribislaw († 1150), der den Taufnamen Heinrich trug, aufgrund der rechtmäßigen Erbfolge in seiner Familie die Herrschaft über die Brandenburg und das ganze angrenzende Gebiet erlangte. Dieser Pribislaw/Heinrich bemühte sich darum, sein Volk vom heidnischen Götzendienst abzubringen und zum Christentum zu bekehren. Da er keinen Erben hatte, setzte er Markgraf Albrecht zum Erben seiner Herrschaft ein. Als er ringsum Ruhe hergestellt hatte, führte er zusammen mit seiner Frau Petrissa ein gottgeweihtes Leben. Mit Hilfe Bischof Wiggers von Brandenburg (amtierte 1138 bis 1160) holte er Prämonstratenser-Chorherren von einer Peterskirche herbei – der Ort der Kirche wird nicht genannt – und siedelte sie an der St.-Gotthardt-Kirche in der Vorstadt der Brandenburg an. Aus Liebe zu Gott verzichtete er auf seine Krone und brachte sie am Reliquienschrein des heiligen Petrus Gott dar. Als sein Ende nahte, erinnerte er seine Frau daran, die Brandenburg nach seinem Tod Markgraf Albrecht zu übergeben. Nachdem er gestorben war, hielt Petrissa seinen Tod drei Tage lang geheim und rief unterdessen Markgraf Albrecht herbei. Dieser kam mit einer starken Schar Bewaffneter und nahm die Brandenburg quasi nach Erbrecht in Besitz. Nachdem er also das uneingeschränkte Verfügungsrecht auf der Brandenburg erlangt hatte, vertrieb er die heidnische Bevölkerung und überließ die Bewachung der Burg Männern seines Vertrauens. Die Kunde davon erreichte den polnischen Fürsten Jaczo (um 1125/30–1176), einen Verwandten Pribislaws/Heinrichs. Der erhob Ansprüche auf die Brandenburg und drang mit einem großen Heer in die Burg ein. Daraufhin sammelte Markgraf Albrecht mit Hilfe Erzbischof Wichmanns von Magdeburg (amtierte 1154 bis1192) und weiterer Fürsten und Edler ein großes Heer, zog vor die Brandenburg und belagerte sie. Nach vielem Blutvergießen auf beiden Seiten übergaben die Verteidiger die Brandenburg gezwungenermaßen an die Belagerer, nachdem ihnen mit Handschlag freier Abzug zugesichert worden war. So erhielt Markgraf Albrecht die Brandenburg am 11. Juni 1157 zurück, zog mit großem Gefolge in die Burg ein, pflanzte an erhöhter Stelle ein Banner auf und dankte Gott für den Sieg. Hier endet der erste Teil des *Tractatus* und es folgt der bereits erwähnte Abschnitt über die Aktivitäten Bischof Wilmars im Jahr 1165.

Die Überlieferung des *Tractatus de urbe Brandenburg*

Die Inhaltsangabe des *Tractatus* folgt der Textfassung, die in einer Handschrift des Thüringischen Hauptstaatsarchivs Weimar (EGA, Reg. O 157) überliefert ist. Diese Handschrift gehört zum Nachlass des Humanisten Georg Spalatin (1484–1545). Es ist eine Sammelhandschrift, in

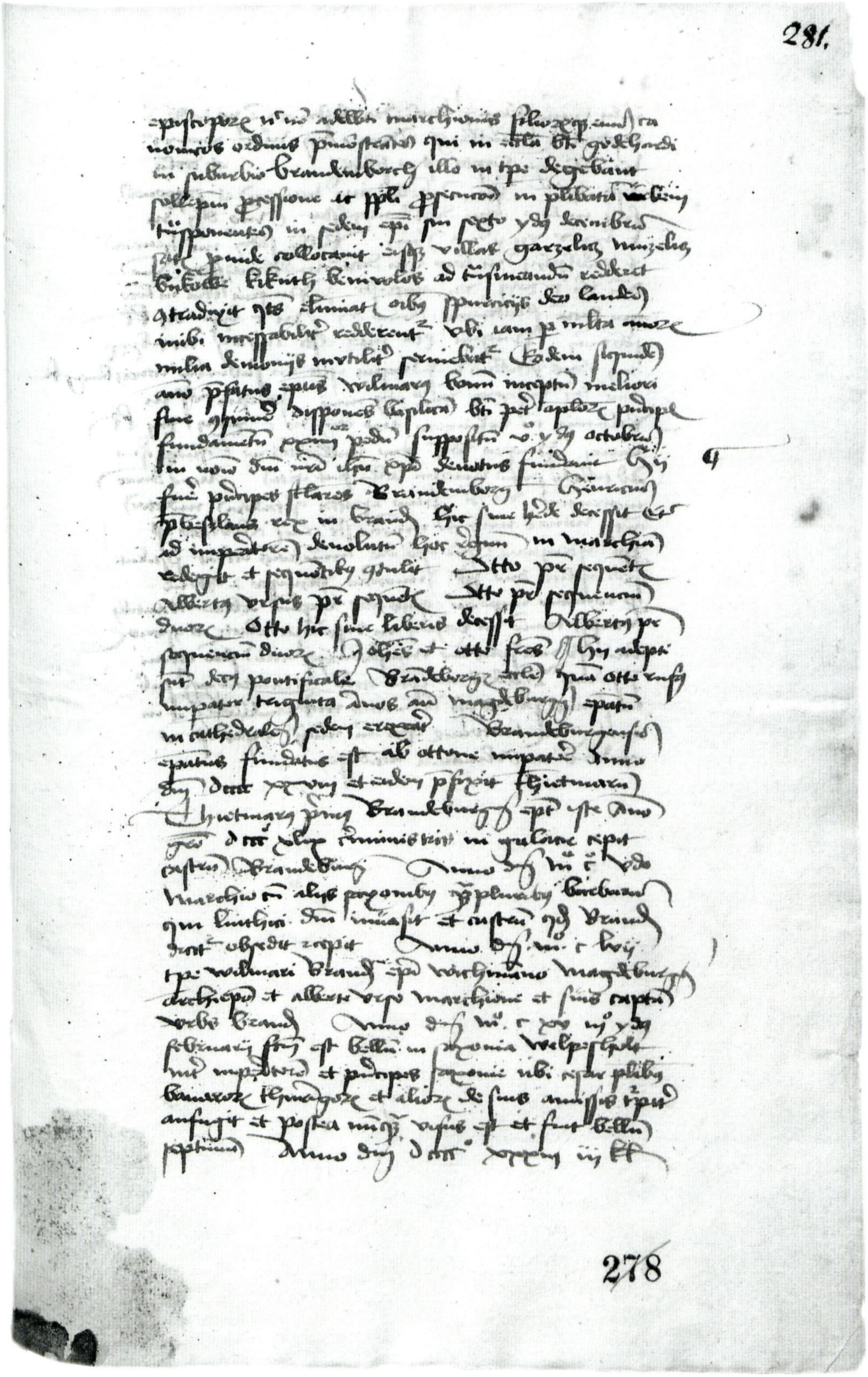

Tractatus de urbe Brandenburg (Weimarer Fassung)

der zahlreiche Faszikel mit Materialien vereint sind, die Spalatin für seine Arbeit als Hofhistoriograph Kurfürst Friedrichs III. von Sachsen (1463–1525) benötigte. Einer dieser Faszikel, den Spalatin mit dem Titel „Die Alte Hertzogen Zw Sachssen" versah, enthält neben einer Chronik der sächsischen Herzöge (Blatt 274r – 278v) den *Tractatus de urbe Brandenburg* und weitere kleine Brandenburgensia (Blatt 278v – 281r) in einer Abschrift des 15. Jahrhunderts (Abbildung auf S. 36). Der *Tractatus* der Weimarer Handschrift wurde erstmals 1995 von der Verfasserin identifiziert und in zwei Publikationen 2001 und 2011 vorgestellt. Dass er fast 500 Jahre lang unentdeckt blieb, liegt vor allem wohl daran, dass er aufgrund einer Blattvertauschung, die in einer früheren Stufe der Überlieferung geschah, auseinandergerissen und mit den kleinen Brandenburgensia vermischt wurde, sodass der Text für einen Leser unverständlich war. Bringt man jedoch die Texte in die richtige Reihenfolge, stellt sich heraus, dass die Weimarer Handschrift den *Tractatus* weitaus besser und in einer reineren Version überliefert als die Handschrift, durch die er bisher einzig bekannt war, nämlich eine Handschrift des Landeshauptarchivs Sachsen-Anhalt in Magdeburg (Cop., Nr. 390).

Die Magdeburger Handschrift besteht aus acht Konvoluten zu verschiedenen Stiften und Klöstern des Erzstifts Magdeburg, unter anderem zu dem östlich der Elbe zwischen Magdeburg und Zerbst gelegenen Prämonstratenserstift Leitzkau. In diesem Leitzkau-Konvolut befindet sich der *Tractatus de urbe Brandenburg* (Blatt 57v – 60v), eingefügt in eine Schrift, die den Titel *Fundatio Ecclesie Letzkensis* trägt (Blatt 53r – 63r), die man aber eher als *Leitzkauer Textsammlung* bezeichnen sollte, da sie Texte vereint, die über die „Gründungsgeschichte der Leitzkauer Kirche" hinausgehen. Die *Leitzkauer Textsammlung* ist eine Abschrift aus der Mitte des 16. Jahrhunderts, die in der erzbischöflichen Registratur in Magdeburg gefertigt wurde (Abbildung auf S. 39). Sie besteht aus zwei Teilen, einem chronologisch angeordneten ersten Teil, der von einem Konventualen des Leitzkauer Stifts vermutlich in den 1260er- oder 1270er-Jahren aus verschiedenen mehr oder weniger mit Leitzkau zusammenhängenden Texten, darunter dem *Tractatus*, kompiliert, mit eigenen Texten aufgefüllt und mit einem Brandenburger Bischofskatalog umrahmt wurde, und einem Anhang mit Urkundenauszügen, der den 1290er-Jahren zuzuweisen ist. Qualität und Wert dieser Sammlung sind äußerst gering. Einer der besten Kenner der *Leitzkauer Textsammlung*, Hans-Dietrich Kahl, bezeichnete sie 1964 als „ein wahrhaft betrübliches Machwerk", das insbesondere in dem Eigengut des Leitzkauer Kompilators „nur ausnahmsweise und mit größter Vorsicht benutzbar" sei.

Die Magdeburger Fassung des *Tractatus de urbe Brandenburg*

Angesichts der Tatsache, dass Leitzkau in der Weimarer Fassung des *Tractatus de urbe Brandenburg* mit keinem Wort erwähnt wird, verwundert es, dass er in der Magdeburger Handschrift inmitten von Texten zur Leitzkauer Kirche steht. In der Tat unterscheiden sich die beiden Fassungen diesbezüglich vollkommen voneinander. Ein Vergleich mit der Weimarer Fassung ergibt, dass die gesamte Leitzkau-Thematik dem *Tractatus* in der Magdeburger Handschrift aufgesetzt ist. Schon seit Langem war auch ohne Kenntnis der Weimarer Handschrift erkannt worden, dass der Magdeburger *Tractatus* zugunsten Leitzkaus verfälscht wurde, das ganze Ausmaß der Interpolationen und Umarbeitungen zeigt sich jedoch erst jetzt. Für die Einbindung in die Leitzkauer Textsammlung wurde der *Tractatus* passend gemacht. Schon im Vorspann versichert der Leitzkauer Kompilator, der Autor habe darlegen wollen, „dass die Kirche des heiligen Petrus ebendieser Burg" – gemeint ist die Brandenburg – „eine Tochtergründung von St. Marien in Leitzkau ist", und fügt hinzu: „wovon sich alle Leser in der folgenden Schrift überzeugen können". Entsprechend lässt er keine Gelegenheit aus, Leitzkau in größeren oder auch kleineren Zusätzen im *Tractatus* zu verankern. Wie er dabei vorging, macht der folgende Vergleich deutlich. In der Weimarer Fassung findet sich noch ziemlich am Anfang folgender Satz über Pribislaw/Heinrich: „Dieser holte zuerst die Kanoniker des heiligen Petrus, des Apostelfürsten, aus dem Prämonstratenserorden auf Ermahnung und mit Hilfe Wiggers, des Brandenburger Bischofs, herbei." Daraus wird in der Magdeburger Fassung durch etliche Zusätze ein Satzungetüm, in dem das Wort „Liezeka" gleich viermal vorkommt: „Daher rief der erlauchte König Heinrich zuerst die Kanoniker der Kirche des heiligen Petrus, des Apostelfürsten, aus dem Prämonstratenserorden, die im Dorf Leitzkau ansässig waren, nämlich Wigger, Walter, Gerhard, Johannes, Rikwin, Siger, Hilderad, Moises und Martin, nachdem sie aus Leitzkau Bücher, Messgewänder, Kelche, Essgeschirr und Geld zur Errichtung eines Konvents in Brandenburg mit sich genommen hatten, mit Hilfe und Rat, auf Ermahnung und mit tatkräftiger Unterstützung Wiggers, des Bischofs von Brandenburg, des Gründers der Marienkirche auf dem Berg Leitzkau, aus dem Dorf Leitzkau herbei." Wie dieses Beispiel eindrücklich belegt, wollte der Leitzkauer Kompilator durch seine Interpolationen das höhere Alter und die Vorrangstellung des Leitzkauer Mutterklosters gegenüber dem Brandenburger Domstift umfassend und anschaulich beweisen. Unausgesprochen steht dahinter die Absicht, die domkapitularen Rechte, die Leitzkau seit der Wahl Bischof Wiggers 1138 bis zur Einsetzung des Domkapitels auf der Brandenburg 1161 besaß, wiederzuerlangen, vor allem das Bischofswahlrecht, das in den 1260er- und 1270er-Jahren, in denen die interpolierte Magdeburger Fassung des *Tractatus* vermutlich entstand, Gegenstand von Auseinandersetzungen zwischen Leitzkau und Brandenburg war.

Die Weimarer Fassung des *Tractatus de urbe Brandenburg*

Ohne die Leitzkau-Interpolationen ist der Text der Magdeburger Fassung im Großen und Ganzen identisch mit dem der Weimarer Fassung. Doch auch diese bietet nicht die Originalfassung des *Tractatus de urbe Brandenburg*, sondern wurde ihrerseits interpoliert. Insbesondere muss der gesamte Abschnitt über Bischof Wilmar als Zusatz angesehen werden. Ein gewichtiges Argument dafür liefert das Incipit, sozusagen die Überschrift des Textes, in der Weimarer Handschrift: „Es beginnt der Traktat über die Burg Brandenburg, wie sie zuerst vom Heidentum zum Christentum bekehrt wurde und später von Jaczo, einem Fürsten Polens, hinterlistig erobert, doch schließlich von Markgraf Albrecht durch lange Belagerung in Besitz genommen wurde." Hier werden nur die Ereignisse bis zur Inbesitznahme der Brandenburg durch Markgraf Albrecht 1157, nicht aber die Verlegung des Bischofssitzes auf die Brandenburg und die Grundsteinlegung des Brandenburger Domes durch Bischof Wilmar 1165 erwähnt. Einige sprachlich-stilistische Eigenheiten, durch die sich der Wilmar-Teil von dem vorangehenden Albrecht-Teil unterscheidet, seine auffällige Detailfülle und die sachlichen Fehler, die er enthält, indem er beispielsweise ein falsches Datum für die Übertragung einiger Dörfer nennt oder eine anachronistische Bischofszählung anwendet, bestätigen, dass der Wilmar-Teil nicht zum ursprünglichen *Tractatus* gehört. Als Quellen des Wilmar-Teils lassen sich drei Urkunden des Domstifts Brandenburg ausmachen, nämlich Wilmars Urkunde aus dem Jahr 1161 über die Einsetzung des Domkapitels auf der Brandenburg, die dazugehörige, zeitgleich ausgestellte Bestätigungsurkunde Erzbischof Wichmanns von Magdeburg und eine weitere Urkunde Wilmars vom Anfang des Jahres 1166, in der dieser die Überführung des Domkapitels auf die Brandenburg bekannt gibt. Aus diesen Urkunden griff der Interpolator einzelne Formulierungen oder Satzteile heraus und stellte sie geschickt in einen anderen syntaktischen und inhaltlichen Zusammenhang. Auch in den Albrecht-Teil fügte er unter Anwendung derselben Mosaik-Technik einige Formulierungen aus den Urkunden ein, die man beim ersten Lesen des *Tractatus* gar nicht bemerkt. Nimmt man all diese Zusätze der Weimarer Fassung zusammen, zeigt sich, dass der Interpolator, der vermutlich ein Angehöriger des Brandenburger Domstifts war und daher auch die drei Urkunden kannte, gewissermaßen eine kleine Geschichte der Wiederherstellung des Bistums Brandenburg einfügte in Ergänzung zum politischen Geschehen, auf das die Erzählung des ursprünglichen *Tractatus* sich einzig konzentrierte. Dies legt sogleich eine Antwort auf die Frage nach der Intention und Datierung der Interpolationen nahe. Sie passen in die 1230er-Jahre, das heißt in die Zeit des Brandenburger Zehntstreits, und könnten eine Reaktion von bischöflicher Seite auf die Argumentation der Brandenburger Markgrafen im Prozess vor der römischen Kurie sein. Diese begründeten nämlich ihre Ansprüche auf den Zehnten in einem bestimmten Teil der Mark damit, dass sie allein das Land christianisiert und die Bischöfe es daher ihnen zu verdanken hätten, dass sie den Bischofssitz auf der Brandenburg wiedererrichten konnten. Wenn der *Tractatus* jedoch „bewies", dass auch die Bischöfe einen Anteil an der Inbesitznahme der Bran-

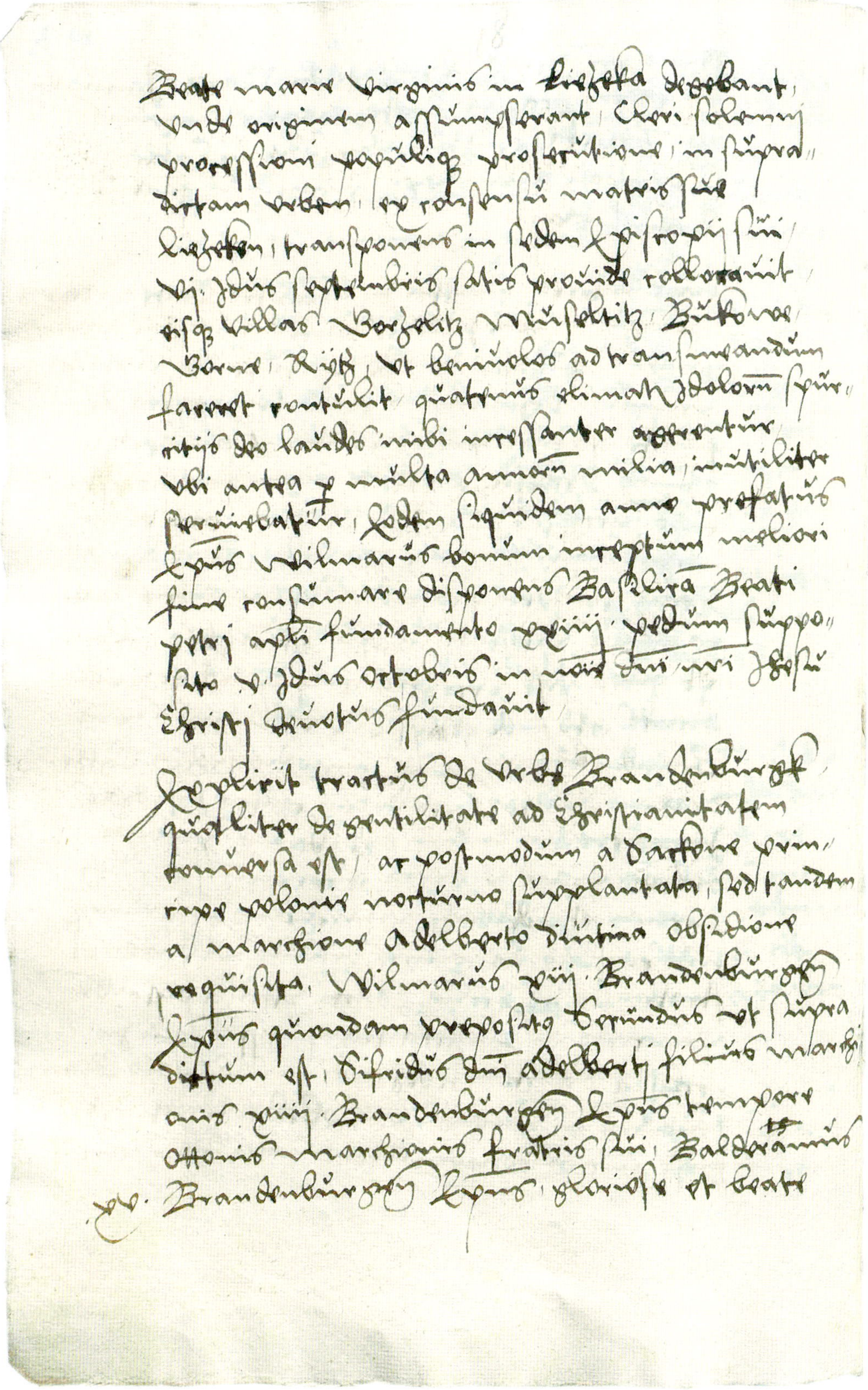

18

Beate marie virginis in liezeka degebant,
unde originem assumpserant, Clero solemni
processioni pariliter proseruitione in supra
dictam urbem, ex consensu matris sue
liezeken, transponens in sedem episcopii sui
vj. ydus septembris satis provide collocavit
eisque villas Borgelitz Wuseltitz Butkowe
Bone, Ritz, ut beniuolos ad transferendum
facere contulit, quatenus climata idolorum spur-
citijs deo laudes inibi incessanter offerentur
ubi antea per multa annorum milia inutiliter
perurebantur, Eodem siquidem anno prefatus
episcopus Wilmarus bonum inceptum meliori
fine consumare disponens Basilica Beati
petri apostoli fundamento xxiiij pedum suppo-
sito v. ydus octobris in nomine domini nostri Jhesu
Christi devotius fundavit

Explicit tractatus de urbe Brandenburgk
qualiter de gentilitate ad Christianitatem
conuersa est, ac postmodum a Jaczone prin-
cipe polonie nocturno supplantata, sed tandem
a marchione Adelberto diutina obsidione
requisita. Wilmarus xiiij Brandenburgensis
episcopus quondam prepositus secundus ut supra
dictum est. Sifridus domini Adelberti filius marchi-
onis xiiij Brandenburgensis episcopus tempore
Ottonis marchionis fratris sui, Balderamus
xv. Brandenburgensis episcopus gloriose et beate

Tractatus de urbe Brandenburg (Magdeburger Fassung)

denburg hatten, war damit der markgräflichen Argumentation die Grundlage entzogen. Ob das kleine Werk jedoch einen wie auch immer gearteten Einfluss auf den Vergleich hatte, der 1237 zwischen den Markgrafen und dem Bischof zustande kam, muss dahingestellt bleiben.

Die originale Fassung des *Tractatus de urbe Brandenburg*

Entfernt man die Zusätze des Brandenburger Interpolators aus der Weimarer Traktatfassung, wird der ursprüngliche *Tractatus de urbe Brandenburg* sichtbar. Darin treten nur Pribislaw/Heinrich, seine Frau Petrissa, Markgraf Albrecht und Jaczo als handelnde Personen auf. Die Erzählung reicht bis zur Inbesitznahme der Brandenburg durch Markgraf Albrecht im Jahr 1157 und gipfelt in dem Schlusssatz: „So gewann also der oben genannte Markgraf Albrecht im Jahr der Fleischwerdung des Herrn 1157 am 11. Juni die Burg Brandenburg mit Hilfe göttlicher Gnade sehr siegreich zurück; er hielt mit großem Gefolge freudig Einzug, und nachdem er an einem erhöhten Ort die Siegesfahne aufgestellt hatte, stattete er Gott, der ihm den Sieg über die Feinde gebracht hatte, mit Recht Dank ab.“ Auffällig ist, dass in diesem Satz erstmals ein konkretes Datum genannt wird, während es bis dahin nur unbestimmte oder relative Zeitangaben gab. Dies ist nicht nur dadurch bedingt, dass die ganze Erzählung auf das Ereignis vom 11. Juni 1157 hin ausgerichtet ist, sondern hängt vor allem mit der Absicht des Werkes zusammen. Wie der Inhaltsangabe zu entnehmen ist, sind in den kurzen *Tractatus* erstaunlich viele Hinweise auf die Besitzverhältnisse der Brandenburg eingestreut. Es wird beispielsweise berichtet, dass Pribislaw/Heinrich die Herrschaft über die Brandenburg „aufgrund der rechtmäßigen Erbfolge in seiner Familie“ innehatte, dass er Markgraf Albrecht „zum Erben seiner Herrschaft machte“ und dass dieser „die Brandenburg quasi nach Erbrecht in Besitz nahm“ und „das uneingeschränkte Verfügungsrecht auf der Brandenburg erlangte“. Letzten Endes verbirgt sich hinter der Erzählung eine Abhandlung zur Besitzrechtsgeschichte der Brandenburg aus markgräflicher Sicht, die dazu dienen sollte, die Inbesitznahme der Brandenburg durch Markgraf Albrecht 1157 zu legitimieren. Dafür wären nachprüfbare Daten – falls es sie überhaupt gab – nur hinderlich gewesen. In Wirklichkeit hatte Markgraf Albrecht nämlich keinerlei Besitzrechte an der Brandenburg. Diese gehörte vielmehr seit ottonischer Zeit als Reichsburg dem König. Allerdings hatte König Otto I. bei der Gründung des Bistums Brandenburg im Jahr 948/49 die eine Burghälfte der Kirche übertragen. Die Markgrafen gaben sich mit dieser besitzrechtlichen Situation nicht zufrieden. Albrechts Sohn Markgraf Otto I. setzte in den 1170er-Jahren alles daran, das uneingeschränkte Verfügungsrecht auf der Brandenburg zu erlangen. In diesen Kontext fügt sich der *Tractatus* mit seiner historischen Beweisführung gut ein, sodass man die originale Fassung in die 1170er-Jahre datieren kann.

Der Autor des *Tractatus de urbe Brandenburg*

Einstimmig wird in der Literatur zum *Tractatus* ein gewisser Heinrich von Antwerpen als Autor genannt, dessen Name zusammen mit einigen ergänzenden Angaben zu seiner Person im Vorspann zum *Tractatus* in der Magdeburger Handschrift überliefert ist. Dort schreibt der Leitzkauer Kompilator in dem ihm eigenen ungeschickten Latein, das sich auch in der deutschen Übersetzung widerspiegelt: „Nach dem Ablauf von Jahren stellt sich oft die Frage nach dem Vergangenen, wenn die Sache selbst nicht durch das Zeugnis eines Schreibenden bestätigt worden ist. Daher hat Heinrich, genannt von Antwerpen, Prior in Brandenburg unter Propst Alberich, aufgezeichnet, als er ein junger Mann war, wie die Burg Brandenburg, nachdem zuerst die Slawen von dort vertrieben worden sind, jetzt im Besitz der Christen ist und dass die Kirche des hl. Petrus derselben Burg eine Tochtergründung von St. Marien in Leitzkau ist, wovon sich alle Leser in der folgenden Schrift überzeugen können, wobei er folgendermaßen schrieb (...).“ In der Tat gab es unter Alberich, der von 1216/17 bis 1231 das Amt des Brandenburger Dompropstes innehatte, einen „Heinricus prior“, der in Urkunden der Jahre 1216/17 bis 1227 mehrmals vorkommt. Sollte dieser Heinrich identisch sein mit Heinrich von Antwerpen, wie allgemein angenommen wird, müsste man annehmen, dass er in jungen Jahren, als er den *Tractatus* schrieb, zunächst Markgraf Otto I. nahestand, bevor er Mitglied des Brandenburger

Domkapitels wurde. Denn dass der *Tractatus* mit seiner markgräflichen Sichtweise von einem Angehörigen des Domstifts stammte, ist kaum anzunehmen. Es gibt jedoch grundsätzliche Zweifel an der Person des Autors. Misstrauisch macht vor allem, dass dieser einzig durch den Leitzkauer Kompilator bezeugt ist, den man getrost als Geschichtsfälscher bezeichnen kann. Sollte Heinrich von Antwerpen wirklich der Autor des *Tractatus* sein, würde man seinen Namen auch im Incipit der Weimarer Fassung als der älteren Überlieferung erwarten. Es spricht daher einiges dafür, dass der Leitzkauer Kompilator den Autor erfunden hat. Er verknüpfte den echten Brandenburger Domprior Heinrich mit dem fingierten Autor Heinrich von Antwerpen und setzte ihn für seine Zwecke ein, um sein Anliegen, die älteren Rechte Leitzkaus darzulegen, glaubwürdiger zu machen. Aus demselben Grund verlegte er auch die Abfassung des *Tractatus* in die Jugend des Autors, denn dadurch rückte er diesen in größere Nähe zum Geschehen. Damit bediente er sich eines in den Vorworten fiktionaler und historiographischer Literatur nicht seltenen Kunstgriffs, durch Beibringung eines fiktiven Gewährsmannes seiner eigenen Erzählung eine höhere Glaubwürdigkeit zu verschaffen. Wer der echte Autor war, muss offenbleiben. Nur so viel ist klar: Er war ein in sprachlich-stilistischer und erzähltechnischer Hinsicht versierter Geschichtsschreiber, der den *Tractatus* in den 1170er-Jahren für Markgraf Otto I. von Brandenburg oder sogar in seinem Auftrag schrieb.

Lit.: Sello 1888; Kahl 1964, S. 6 ff., 142–147, 477 ff., 513 ff.; Schich/Strzelczyk 1997, S. 34, 41; Bentzinger/Meckelnborg 2001, S. 13–26; Partenheimer 2007, S. 120–151; Meckelnborg/Riecke 2011, S. 467–494; Meckelnborg 2015

Zur Baugeschichte des Domes

Neue archäologische Untersuchungen unter der Domklausur

Dietmar Rathert

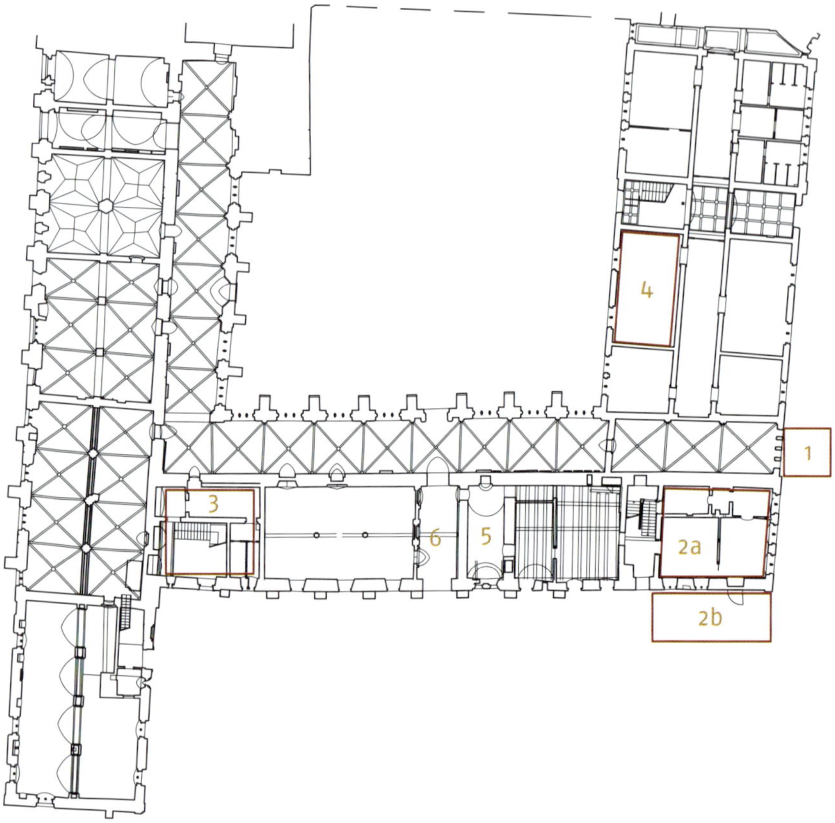

Lage der Fundplätze:
1 Ziegelbrennofen aus der ersten Hälfte des 13. Jahrhunderts
2 Nordwestecke der Klausur
  2 a Gotischer Gewölbekeller
  2 b Fundamente und Mauerzüge außerhalb der Nordklausur
3 Arbeitsraum der mittelalterlichen Warmluftheizanlage für das Winterrefektorium
4 Bestattungen im Keller der Ritterakademie (ehemaliger westlicher Kreuzgangflügel)
5 Glasfunde (Trinkgefäße um 1600)
6 Ofenkacheln mit Darstellungen aus dem Neuen Testament (um 1600), Gewölbeauffüllung über einem Keller

Im Zuge des langjährigen Gesamtprojekts zur Sanierung der Domstiftsbauten sind die komplette Instandsetzung des Nordflügels und damit einhergehend der Umbau zu Museum, Archiv, Restaurierungswerkstatt und Grundschule anspruchsvolle Aufgaben. Erste Bauarbeiten begannen bereits im Jahr 2002. Unterteilt in verschiedene Bauabschnitte, die in unterschiedlichen Zeiträumen ausgeführt wurden, sind die Bauarbeiten derzeit noch nicht vollständig abgeschlossen. Sämtliche Maßnahmen fanden unter bau- und bodendenkmalrechtlicher Abstimmung statt. Dabei sollten Bodeneingriffe, die eine archäologische Dokumentation erforderten, aus denkmalpflegerischen und finanziellen Gründen weitgehend minimiert werden. Trotzdem ließen sich diverse kleinere und größere Bodenaufschlüsse, die umfangreiche archäologische und bauhistorische Erkenntnisse zutage brachten, nicht vermeiden. In diesem Beitrag können nur einige der wichtigsten Funde und Befunde vorgestellt werden.

Wünschenswert wäre nach Abschluss der Baumaßnahme eine Gesamtdarstellung der vielfältigen bau- und bodendenkmalpflegerischen Ergebnisse, die die Kenntnisse zur Entwicklung der Domklausur anhand zahlreicher neuer Beobachtungen erheblich erweitern würde.

Ein herausragender archäologischer Befund, der an dieser Stelle nicht erwartet werden konnte, trat an der Westseite der Domklausur im Anstoß von West- und Nordflügel auf. Bei einer recht begrenzten Baumaßnahme, der Erneuerung des Fundaments zur nördlichen Außentreppenanlage, wurde ein mittelalterlicher Ziegelbrennofen, ein archäologisch relativ selten auftretender Befund, partiell freigelegt.

Aufsicht – Ziegelbrennofen: unten die Wandung, oben die Brennkammer mit den Abdrücken der eingestellten Ziegelrohlinge

Ansicht – Wandung des Ziegelbrennofens

Backsteine für den Dom – ein runder Ziegelbrennofen aus der ersten Hälfte des 13. Jahrhunderts

Der Grabungsschnitt verlief in einer Länge von 6,00 m entlang der neogotischen Fassade des Westflügels. Er besaß eine Breite von ca. 1,40 m und war durch zahlreiche Ver- und Entsorgungsleitungen erheblich gestört. Trotzdem zeigte sich der aufgedeckte Ofen in einem außerordentlich gut erhaltenen Zustand. Erfasst wurde eine rund geführte Lehmwandung in einer Stärke von 1,20 m. Sie war außen stufenförmig angelegt und bestand aus gebrannten Abfallziegeln in Form von halben Backsteinen und Fehlbränden. Innen schlossen ungebrannte halbe Backsteinrohlinge an, die durch die Hitze der Brennkammer zunehmend angeziegelt waren.

Im Innenraum fanden sich mindestens zwei Brennflächen als verziegelter Lehmverstrich, die auf mehrere Brennphasen hindeuteten. Darunter wurde auf Baugrundtiefe eine sorgfältig gelegte Backsteinlage aufgedeckt, die die rundliche Struktur der Außenwandung aufnahm und zunächst als gepflasterte Sohle der Brennkammer interpretiert wurde. Beim Anschnitt stellte sich jedoch heraus, dass nur die Oberfläche der großformatigen Backsteine angeziegelt war, sodass hier von eingestellten Ziegelrohlingen für einen Brand ausgegangen werden muss. Der Ofen war in eine große, mit Lehm ausgekleidete Baugrube hineingesetzt, die von Südosten aus mindestens 1,00 m eintiefte. Danach wäre der Ofen nordwestlich in Windrichtung zur ehemals stark abfallenden Uferkante der Dominsel ausgerichtet gewesen. Es wäre möglich, dass die Brennfläche hier zu ebener Erde lag, da Luftzüge, ein Feuerungsraum oder Feuerungskanäle, ein Kamin etc. nicht gefunden wurden. In Verbindung mit einem früheren Bodenaufschluss an der Fassade der gegenüberliegenden Domdechanei, bei dem Reste der Ofenanlage beobachtet wurden, lässt sich eine Ausdehnung von etwa vier bis fünf Metern erschließen.

Dieser Altbefund konnte auch für eine Datierung in Anspruch genommen werden, da die Lehmschicht des Ofens über einem dendrodatierten Holzbau aus der Zeit um 1198 lag. Weiterhin war ein Terminus post quem im Rahmen einer älteren Fundamentsondage im Zuge der

Sanierungsarbeiten am nordwestlichem Keller zu belegen, indem die Bogenfundamente der bauhistorisch um 1240 datierten Nordklausur eindeutig den Ofen schnitten. Somit lässt sich der Nutzungszeitraum des Ofens außergewöhnlich eng auf die erste Hälfte des 13. Jahrhunderts eingrenzen.

Gegen eine funktionale Deutung als Ziegelbrennofen ließe sich die runde Grundform anführen, da die bekannten mittelalterlichen Brennöfen ausschließlich rechteckig angelegt sind (Tonezzer 2002, S. 101–115). Größe, Bauart der Wandung und insbesondere die Backsteinrohlinge im Inneren deuten jedoch auf eine Bestimmung als Ziegelbrennofen hin. Vergleicht man die Maße der Rohlinge mit den Backsteinformaten, die am Dom verwendet wurden, so lässt sich die Ofenanlage einer intensiven Bauphase zuweisen, in der unter Bischof Gernand (1222–1241) die Errichtung der Bunten Kapelle (Weihe 1235), Umbauten zwischen Langhaus und Krypta des Domes sowie der Ausbau der Domklausuren stattfanden. Zwar ist auf der Dominsel, im Stadtgebiet Brandenburgs sowie im Umland eine große Anzahl an neuzeitlichen Ziegeleien bekannt, ein mittelalterlicher Ziegelbrennofen wurde bisher jedoch nicht archäologisch erfasst. Durch die eng einzugrenzende Datierung des Ofens und die Übereinstimmung mit den Ziegelmaßen, die während der regen Bautätigkeit unter Bischof Gernand verwandt wurden, kann eine domstiftseigene Ziegelproduktion in der ersten Hälfte des 13. Jahrhunderts als relativ sicher gelten.

Die Nordwestecke der Klausur als hervorgehobener „Sonderbereich“

Während des Teilprojekts zur Wiederherstellung der Fassade der Nordklausur und zur Sicherung der einzelnen Kelleranlagen unter dem Nordflügel waren umfangreichere Bodeneingriffe notwendig, da unter anderem die komplette Freilegung der nördlichen und westlichen Außenwand geplant war, um die Fundamente trockenlegen zu können. Außerdem befanden sich unter dem Nordflügel mehrere separate Kelleranlagen, die zum Teil stark einsturzgefährdet waren und in Ihrer Substanz gesichert werden mussten, sodass auch hier eine archäologische Begleitung notwendig wurde.

Angesichts erheblicher Bauschäden und notdürftiger Sicherungen zeigte sich die Nordklausur recht verwahrlost. Bereits in den 1970er-Jahren musste der Nordflügel wegen Baufälligkeit weitgehend leergezogen werden und war seitdem ungenutzt. Hinzu kam, dass in der ersten Hälfte des 19. Jahrhunderts die Fassade in ihrer Struktur ganz erheblich ‚bereinigt' worden war (siehe den Beitrag von Roland Schneider in diesem Band). Die Strebepfeiler, die man damals abgeschlagen hatte, wurden wieder aufgemauert. Vorher waren deren Fundamente archäologisch freigelegt worden.

Der Versuch, die Keller von außen abzudichten, scheiterte jedoch an den äußerst massiv auftretenden Baubefunden an der Nordseite der Klausur. Bei einer Breite des Schnittes von durchschnittlich 1,50 m waren auf einer Länge von ca. 17,00 m unterschiedlichste Baustrukturen erhalten, die die hervorgehobene Bedeutung der Nordwestecke der Klausurgebäude unterstrichen. Hier befindet sich im Obergeschoss ein repräsentativer Raum, dessen bauzeitliche (13. Jahrhundert) Nordwand mit zwei Doppellanzettfenstern und einem mittig gelegenen Portal erhalten ist. Aus historischen Quellen ist für das Portal ein Verbindungsbau auf einem Schwibbogen bekannt, der zur ehemals gegenüberliegenden Propstei geführt hat. Bemerkenswert ist weiterhin ein Rücksprung innerhalb der Fassade mit einem Gesimsprofil, das unmittelbar östlich an das Portal anschließt.

Die bei der geplanten Fundamentabdichtung freigelegten mehrphasigen Baubefunde werden zwar in einem Zusammenhang mit der oben genannten Architektur zu sehen sein, eine eindeutige Interpretation ist beim gegenwärtigen Erkenntnisstand jedoch nicht gegeben.

Als älteste Befunde sind zusätzlich zu den neu rekonstruierten wandhohen Strebepfeilern der gesamten Nordfassade dicht an der Nordwestecke die Fundamente dreier niedrigerer Strebepfeiler ergraben worden, die nach Ausbruchspuren in der aufgehenden Wand bis zum Obergeschoss gereicht haben. Diese ursprünglich 0,60 m tiefen Strebepfeiler sind dann zu massiven, ca. 1,20 m x 1,20 m großen Fundamentblöcken erweitert worden, die möglicherweise dazu dienten, eine Art Galerie für den repräsentativen Raum im Obergeschoss getragen zu haben.

In einer späteren Bauphase wurde zwischen den beiden westlichen Fundamentblöcken ein längsschmaler Raum mit einer Länge von 3,20 m und einer Breite von 1,20 m eingezogen. Die Nordseite war mit einer zur Hälfte erhaltenen Wand aus Backsteinen im mittelalterlichen Format (29,0 cm x 13,5 cm x 8,0/8,5 cm) abgeschlossen. Die gegenüberliegende, an einem Keller gelegene Südseite bot durch den im 16./17. Jahrhundert

Abgestütztes Kellergewölbe

erfolgten späteren Einbau einer Treppe keinerlei Aufschlüsse mehr.

Bemerkenswert ist der in großen Partien erhaltene Fußboden des Raumes aus quadratischen Ziegelplatten, die bei einer Höhe von 4,5 cm eine Seitenlänge von 16,0 cm besitzen. Die Platten sind diagonal verlegt und durch zurechtgeschlagene Bruchstücke sorgfältig an die seitlich angrenzenden Fundamentblöcke und an die Nordwand angepasst worden, folglich muss der Raum jünger als die quadratischen Fundamentblöcke sein. Eine Nutzungsfunktion dieses extrem schmalen Raumes ist nur schwer zu bestimmen. Die absolute Höhe des erhaltenen Ziegelplattenfußbodens von ca. 30,45 m über Normalhöhennull ließe sich in Bezug zu der halbrunden Treppenanlage stellen, die in den hier anschließenden gotischen Gewölbekeller führt. Der Scheitelpunkt eines Fundamentbogens, der in die obere erhaltene Treppenstufe integriert worden ist, liegt bei ca. 30,30 m über Normalhöhennull. Eine weitere Steinlage ist als Auftritt zu ergänzen, sodass ungefähr das Höhenniveau des Ziegelplattenbodens erreicht wäre. Der schmale Raum mit dem Plattenboden könnte somit als Vorraum zum nachträglich eingebauten Keller zu deuten sein. Dieser in der Nordwestecke der Klausur gelegene gotische Kellerraum mit einem annähernd rechteckigen Grundriss von 7,00 m x 8,30 m war vor den Sanierungsarbeiten nicht mehr zugänglich beziehungsweise nur unter Gefahr zu betreten. Das Gewölbe war bereits partiell eingestürzt, die übrigen Partien mussten durch eng gestellte Drehsteifen flächig abgestützt werden.

Die ursprünglich einheitliche Raumstruktur der Kelleranlage mit vier Bandrippengewölben über einem Mittelpfeiler war im 16. Jahrhundert stark verändert worden. Nach Aufhebung der Prämonstratenserregel im Jahr

Steinpackung als Schutz gegen aufsteigendes Wasser

Mittelpfeiler mit freigelegter Basis; im Bildvordergrund die später eingebrachte Feldsteinschüttung als kapillarbrechende Schicht

1507 wurde mittig eine Zwischenwand mit Einbindung des Mittelpfeilers eingezogen, die den Raum in zwei Hälften unterteilte. Im Zuge dieser Umnutzung wurde später für den westlichen Raum ein separater Eingang an der Nordseite angelegt. Weiterhin war das Fußbodenniveau in einem ganz erheblichen Maße aufgefüllt worden, sodass die Proportionen des Kellers in Bezug zur Raumhöhe stark verändert waren.

Nachdem das Gewölbe saniert und die Zwischenwand herausgenommen worden war, konnte der aufgefüllte Boden abgetragen werden. Dabei trat fast unmittelbar unter der Oberfläche eine horizontale Lage aus eng gelegten Feldsteinen auf, die sich flächig über den gesamten Kellerraum erstreckte. Eine Feldsteinpflasterung als Fußboden widersprach nicht nur dem sonst anzutreffenden hohen Qualitätsniveau der Kellerausstattung. Die Steine waren auch so unregelmäßig und kantig gelegt, dass sie sich nicht zum Begehen eigneten.

Gegen eine simple Deutung der Steine als Auffüll- oder Bauentsorgungsmaterial sprach die Tatsache, dass sie zu bewusst flächig ausgebreitet und zu sorgfältig an den Mittelpfeiler und an die Treppe angepasst waren. Die Lösung der Frage ergab sich wenig später, als zur Erkundung des Kelleraufbaus und der Fundamenttiefe drei Suchschnitte, unter anderem einer am Mittelpfeiler, tiefer angelegt worden sind. Über Nacht hatten sich die Sondagen mit Grundwasser angefüllt. Der hohe Grundwasserspiegel dürfte auch in historischer Zeit ein Problem dargestellt haben. Der Kellerraum wurde daher noch im Mittelalter aufgefüllt, wie durch die wenigen Keramikfunde der Sandaufschüttung bestätigt werden konnte. Die oben angesprochene Feldsteinschüttung diente dabei als kapillarbrechende Schicht.

Hinweise auf ein ursprüngliches mittelalterliches Fußbodenniveau erbrachte die Sondage zur Freilegung des Mittelpfeilers. Hier war eine um ca. 15,0 cm vorkragende Pfeilerbasis aus konkav an der Oberseite abgerundeten Formsteinen erhalten, die eindeutig auf Ansicht errichtet war und somit eine historische Fußbodenebene belegte. Allerdings korrespondierte dieses sehr tief, im Bereich des gegenwärtigen Grundwasserspiegels liegende Höhenniveau mit keinem der weiteren Baubefunde, sodass der Pfeiler vielleicht einer früheren Bauphase angehören könnte oder eher als Relikt einer Bauplanänderung erhalten geblieben ist.

Für eine isolierte Betrachtung des Mittelpfeilers sprechen einige Indizien. Eine in ihrer halbrunden Anlage außergewöhnliche Treppe führt von der Nordseite her in den Raum herab. Die zur ursprünglichen Erschließung des Gewölbekellers gehörende Treppenanlage lag mit der unteren Stufe um ca. 30,0 cm höher als die Basis des Pfeilers und belegt somit ein anderes Laufniveau. Weiterhin war ungefähr mittig der Westwand eine aus Ziegeln gesetzte Vorlage fragmentarisch erhalten, die wohl in Bezug zum Mittelpfeiler stand. Erwähnenswert ist in dieser Hinsicht, dass die Gewölberippen – nicht ganz symmetrisch platziert – direkt auf dem wie abgetrennt wirkenden Mittelpfeiler wenig

Gewölbekeller im Nordwesten der Klausur nach abgeschlossener Sanierung, Blick auf die Ostwand

organisch auflagen. Der Pfeiler könnte also für die gegenwärtig erhaltene Einwölbung des Raumes sekundär genutzt worden sein.

Als Bauabfolge ist festzuhalten, dass im 13. Jahrhundert an der Nord- und Westseite Umfassungsmauern eines nicht unterkellerten Baus über Fundamentbögen errichtet worden sind. Bei einer nachträglichen Unterkellerung wurden die Fundamentbögen ausgemauert und anschließend die Pfeiler und Gewölbe eingebracht. Vielleicht gehörten der sehr tief gelegene Mittelpfeiler und die Vorlage an der Westwand zu einem früheren Keller, der kurzfristig umgebaut werden musste. Doch wird sich dies letztendlich nicht beweisen lassen.

Die jetzt wiederhergestellte, äußerst einheitlich wirkende gotische Kelleranlage weist auch im Detail außerordentliche Qualität auf. Das Bandrippengewölbe, die halbrunde Treppenanlage, die mit Stempeln verzierten Konsolen, die harmonisch mit Nischen und Tür gegliederte Ostwand stellen Architekturelemente dar, die weniger an einen profanen Keller als vielmehr an einen repräsentativen öffentlichen (oder privaten) Raum im Souterrain denken lassen

Insgesamt ist der Nordwestteil der Nordklausur durch den sich zum kleinen Burghof öffnenden Hocheingang und das palasartige Fenstermotiv in auffallender Weise hervorgehoben, die funktional in eklatantem Widerspruch zu einer Klausur steht. Es wäre zu überlegen, ob es sich hier um einen gegen die Klausur abgegrenzten Sonderbereich eines hohen und nicht an den Klausurzwang gebundenen Funktionsträgers aus der Mitte des 13. Jahrhunderts, etwa des Priors des Stifts, handelt.

Blick vom Dachgeschoss in den ‚entkernten' östlichen Raum der Nordklausur; oben rechts der freigelegte Vor- oder Arbeitsraum der mittelalterlichen Warmluftheizung

Eine mittelalterliche Warmluftheizanlage für das Winterrefektorium

Der Einbau eines Aufzugs im östlichen Raum der Nordklausur, der für die Unterfahrt einen Bodeneingriff von 1,20 m Tiefe benötigte, erforderte hier eine archäologische Begleitung. Dabei trat der in der Archäologie seltene Fall auf, dass das zu erwartende Bodendenkmal nicht nur konkret benannt werden konnte, sondern bereits in Teilen dokumentiert worden war: Zu Beginn der 1920er-Jahre wurde in das bis dahin als profaner Lagerraum genutzte Winterrefektorium die Bücherei der Ritterakademie verlegt. Bei den damaligen Instandsetzungsarbeiten des zweischiffigen, mit Kreuzgewölben versehenen gotischen Raumes, der unmittelbar östlich an den Nordflügel anschloss, wurde eine mittelalterliche Warmluftheizanlage angeschnitten, in Gänze erforscht und in knapper Form vorbildlich dokumentiert. Der Leiter der Maßnahme, Regierungs- und Baurat Conrad Dammeier, veröffentlichte die Ergebnisse 1921 in der Zeitschrift *Die Denkmalpflege* und fügte dem Artikel detailgenaue Zeichnungen hinzu. Der Aufsatz endete mit der Bemerkung „Dem verständnisvollen Interesse des Domkapitelverwalters Herrn v. Derschau ist es zu danken, daß diese Anlage so genau erforscht und daß dafür gesorgt werden konnte, sie auch fernerhin zugänglich zu erhalten.“ (Dammeier 1921, S. 64 f.)

Zwangsläufig kam bei der gegenwärtigen Baumaßnahme die Frage auf, was nach fast 90 Jahren tatsächlich als Bau- und Bodenbefund erhalten ist und in welchem Zustand sich die mittelalterliche Heizanlage befindet. Der östliche Raum der Nordklausur wurde nämlich in der Nachkriegszeit vollkommen ‚entkernt' und hatte durch den Einbau einer umlaufenden modernen Treppe sowie einer Toilettenanlage auch massive Bodeneingriffe erfahren. Nach dem Abtrag des Betonbodens und der rezenten Deckschichten zeichnete sich der Grundriss des im Nordflügel gelegenen Vor- oder Arbeitsraumes der Warmluftheizung komplett im Planum ab. Als schließlich die Verfüllung herausgenommen war, kam ein weitgehend intakter und annähernd rechteckiger Raum ans Licht. Er maß ca. 2,60 m in der Länge und in der Breite ca. 1,60 m. In einer Tiefe von 1,70 m befand sich eine unebene Lage aus Feldsteinen, die partiell Rußspuren aufwiesen. Hierbei handelte es sich um eine Verfüllung aus dem Jahr 1921 mit Bestandteilen der Heizanlage, da die unregelmäßig liegenden Steine mit angeziegeltem Lehm, gebranntem Sand- und Ziegelstaub sowie Holzkohle- und Rußpartikeln vermischt waren.

An den Stirnwänden und als Schräganssatz zur Auflage an den Längswänden hatten sich Spuren eines Tonnengewölbes erhalten, das allerdings schon 1921 nur mehr rudimentär existiert hatte. Um die Bausubstanz der Anlage zu sichern, waren Mauerpartien, die durch die Hitzeentwicklung während der Nutzungszeit stark gelitten hatten, 1921 ausgebessert worden. So zeigte sich in der Nordwand eine kleine rechteckige, mit einem rauchgeschwärzten Schrägstein abgedeckte Nische unversehrt analog der Zeichnung und Beschreibung des Artikels. Dagegen war die größere, mit einem Spitzbogen über-

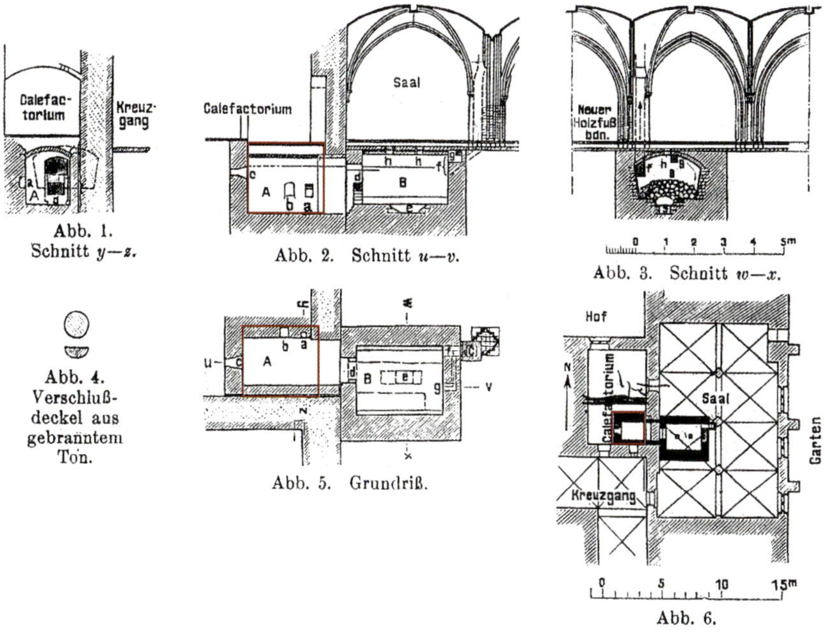

Übersichts- und Detailzeichnungen zur mittelalterlichen Steinofenluftheizung; rot markiert der in der Nordklausur gelegene und 2009 freigelegte Vorraum der Warmluftheizanlage (aus: Conrad Dammeier, *Mittelalterliche Heizanlage im Domkloster in Brandenburg an der Havel*, 1921)

wölbte Lichtnische durch eine Ausbesserung zugesetzt und nur noch zur Hälfte erhalten.

Die östliche Stirnwand, die zur eigentlichen Heizkammer unter dem Fußboden des Winterrefektoriums führte, war komplett – ohne Einbindung in die Seitenwände – während der 1920er-Jahre neu errichtet worden, sodass Details, wie sie auf der Zeichnung Dammeiers zu sehen sind, verdeckt wurden. Der Abzugskanal in der gegenüberliegenden Stirnwand, der wahrscheinlich dazu diente, die in den Vorraum eintretende Warmluft nach oben in das vermutete Calefactorium (Wärmeraum) zu leiten, war dagegen noch als zugesetzte Partie in der Wand zu erkennen.

Insgesamt zeichnete sich die Bauaufnahme von 1921 durch eine hohe Detailgenauigkeit aus, die in den freigelegten und erhaltenen Befunden eindeutig nachzuvollziehen war. Nach der Beschreibung des Autors handelte es sich bei der Gesamtanlage um eine mittelalterliche „Steinofenluftheizung“. Der bei der gegenwärtigen Baumaßnahme aufgedeckte Heizraum am Ostende der Nordklausur stellte den Arbeitsraum oder das „Vorgelege“ dar. Die in diesem Vorraum während des Anheizens entstehende Wärme mag für ein darüber gelegenes Calefaktorium mitgenutzt worden sein. Die eigentliche Heizkammer befand sich jenseits der Ostwand der Nordklausur unter dem Winterrefektorium der Ostklausur. Die beiden Kammern waren durch eine Öffnung miteinander verbunden. Im Fußboden der Heizkammer befand sich eine „Abtreppung“ oder Vertiefung, über die Feldsteine gewölbeartig aufgeschichtet waren. In der östlichen Stirnwand befanden sich zwei Rauchabzüge, die über einen der Mittelpfeiler nach außen geleitet wurden. Nach dem Anheizen wartete man ab, bis sich die Rauchentwicklung gelegt hatte und die Feldsteine, die als Wärmespeicher dienten, vollkommen durchgeglüht waren. Danach wurden die Rauchabzüge geschlossen und die warme Luft konnte nach der Herausnahme von Verschlusssteinen, die im Fußboden eingelassen waren, in das Refektorium einströmen.

Während der Baumaßnahme in den 1920er-Jahren wurden „unten im Schornstein sieben Stück linsenförmige Verschlussdeckel aus gebranntem Ton“ (Dammeier 1921, S. 65) verlagert vorgefunden. Drei solcher Exemplare waren im Winterrefektorium ohne Kennzeichnung

Verschlusssteine, die nach dem Anheizen der Heizkammer aus dem Fußboden genommen werden konnten

Bestattung im Keller der Ritterakademie, ursprünglich im ehemaligen westlichen Kreuzgangflügel gelegen, zur Hälfte durch eine Mauerzunge des 19. Jahrhunderts gestört

ihrer Herkunft aufbewahrt worden und dürften wohl aus der Untersuchung von 1921 stammen. Ein Detail der Heizanlage ist also auch durch Fundstücke zu belegen.

Diese äußerst effektive Warmluftfußbodenheizung stellte in der Regel ein Privileg der gesellschaftlichen Oberschichten dar. Sie ist vorzugsweise in Klöstern und Burgen, aber auch in stattlichen Bürgerhäusern zu finden. Die zahlreichen Grabungen in Stadtkernen der letzten Jahre zeigten, dass solche Warmluftheizanlagen in Bürgerhäusern weiter verbreitet waren als bisher angenommen. Die Steinofenheizanlage in der Ostklausur scheint nach der Dokumentation von 1921 in einem besonders guten Zustand erhalten zu sein, sodass über eine Freilegung der Anlage für die Öffentlichkeit nachzudenken wäre.

Bestattungen im Keller der Ritterakademie

Mit dem teilunterkellerten Schulneubau der Ritterakademie in den Jahren 1869 bis 1871 wurde der mittelalterliche Klausur-Westflügel mit Ausnahme der teilweise aus Feldsteinen bestehenden Fundamentzüge komplett abgetragen. Die archäologische Erwartungshaltung war zudem eher gering, da es sich um einen minimalen Bodeneingriff handelte. Zur Einrichtung einer neuen Brandmeldezentrale mussten zwei kleine Mauerzüge neu gesetzt werden, deren Streifenfundamente bei einer Gesamtlänge von ca. 5,00 m und einer Breite von 0,50 cm nur 0,60 m tief unter das Kellerniveau herab reichten. Unmittelbar unter dem gegenwärtigen Kellerfußboden traten jedoch in beiden Fundamentgräben Bestattungen zutage.

Die Holzreste der einfachen Kastensärge waren gut erhalten, das Knochenmaterial teilweise zersetzt. Die Bestattungen befanden sich nach ihrer Lage ungefähr mittig im ehemaligen westlichen Kreuzgangflügel. Beide Gräber waren streng West–Ost ausgerichtet mit Blickrichtung nach Osten. Das südliche Grab war durch den Einbau einer Wandzunge des 19. Jahrhunderts nur vom Schädel bis zum Becken erhalten, beim nördlichen fehlte der höher gelegene Schädel, der wohl beim Verlegen des Ziegelfußbodens bis auf den Unterkiefer abhandengekommen war. Das südliche Grab enthielt im Bereich des Beckens eine einfache eiserne Gürtelschnalle.

Nach dem Verzeichnis der Gräber und Grabplatten durch Alphonse de Vignoles aus dem Jahr 1703 ist für den gesamten Westflügel nur ein Grab verzeichnet. Die beiden Schnitte im Keller der Ritterakademie belegen, dass jedoch von einer wesentlich höheren Anzahl an Bestattungen im westlichen Kreuzgang auszugehen ist.

Lebensstandard am Dom um 1600

Abschließend sollen noch zwei herausragende Fundkomplexe aus der Nordklausur vorgestellt werden: So fanden sich im Gewölbekeller in der Auffüllung über der Feldsteinlage sowie in der Auffülle des östlich anschließenden Kellerraumes diverse, zumeist sehr klein zerscherbte

Glasfragmente. Überwiegend handelt es sich um farblose oder hellgrün/hellblau durchscheinende Bruchstücke dünnwandiger Trinkgefäße. Einige weisen eine einfache oder gekerbte Fadenauflage auf, andere Fragmente entstammen sogenannte Achtkantbechern. Ein größer erhaltenes Fragment zeigt einen aus Glasfäden gewickelten Fuß mit einem konischen Hohlschaft, der mit nach oben gerichteten Nuppen besetzt ist. Der Ansatz zur nicht erhaltenen Kuppa ist durch einen Halsfaden abgesetzt. Das Glas gehört zum Typ „Berkemeier“, einem Vorläufer des Römers, der als ein für den Weingenuss verwendetes Trinkgefäß im 16. und 17. Jahrhundert gebräuchlich war. Derselben Zeitspanne gehört auch ein weiteres Glas an, das zwar noch als Fundkomplex zusammenlag, aber zum Teil in feinste Scherben zersplittert war. Anhand einiger größerer erhaltener, für den Glasaufbau markanter Partien ließ sich eine zeichnerische Rekonstruktion anfertigen, die ein Kelchglas mit Spiralfaden am Schaft und gekerbter Fadenauflage am Kelch zeigt.

Insgesamt bilden die Glasfunde einen kleinen Komplex, der Einblick in die Ess- und Trinkkultur am Dom in der Zeit um 1600 ermöglicht.

Der zweite Fundkomplex, der hier vorgestellt werden soll, besticht allein durch seine Anzahl: so wurden an die 600 Fragmente eines Kachelofens gefunden, die in der Verfüllung über einem Tonnengewölbe eines Kellers entsorgt worden sind. Der über dem tonnengewölbten Keller im Erdgeschoss liegende ursprünglich größere mittelalterliche Raum, wohl als Standort des Ofens anzunehmen, wurde im 18. Jahrhundert durch den Einbau einer Küche umgenutzt und verändert. Bei den Ofenkacheln handelt es sich um rot gebrannte Irdenware mit einer schwarzen Glasur. Neben Fragmenten zum architektonischen Aufbau des Ofens sowie Verzierungselementen fanden sich zahlreiche Bruchstücke mit bildlichen Darstellungen, die Szenen des Neuen Testaments wiedergeben. Einige Szenen sind in zweifacher Ausfertigung vorhanden, sodass ein paralleler Aufbau der Bildtafeln am Ofen zu konstatieren ist. Die Bildtafeln sind im Detail, insbesondere in ihrer Menschen-, Tier-, Landschafts- oder auch Architekturdarstellung von sehr hoher Qualität. Als Szenen sind „Der gute Hirte“, „Die Kreuzigung“, „Einzug in Jerusalem“ und anderes dar-

Glasfragmente mit Fadenauflage und Fragment eines Nuppenglases mit gewickeltem Fuß, um 1600

Zeichnerische Rekonstruktion eines Trinkglases mit Fadenauflage

gestellt. Die Szenen selbst sind von einem aufwendigen Rahmen aus Karyatiden, über die sich ein Bogen spannt, umgeben. In den Zwickeln der Bögen sind Putten eingefügt, während sich am Sockel ein schmaler Streifen mit Inschrift zur Szene befindet. In einem dieser Inschriftbänder ist die Jahreszahl 1587 vermerkt, sodass eine auf das Jahr genaue Datierung für den Ofen gegeben ist. Ein derart großer zusammenhängender Fundkomplex eines ‚nachreformatorischen' Kachelofens mit biblischen Szenen ist in unserem Raum relativ selten und als unerwar teter kunsthistorischer Glücksfall zu bewerten. Zuden wird, ähnlich wie bei den Glasfunden, punktuell ei Licht auf den Wohnkomfort geworfen, wie er am Dor um 1600 anzutreffen war.

Lit.: Vignoles 1703; Eichholz 1912; Dammeier 1921; Tonezze 2002

Ofenkachel mit der Inschrift „Einzug Christi in Jerusalhem – 1587" (aus zwei Kachelfragmenten mit paralleler Darstellung fototechnisch zusammengefügt, Birgit Malter/ Thomas Bartel)

Änderung im Bauplan: Zum Einbau der Krypta

Carljürgen Gertler

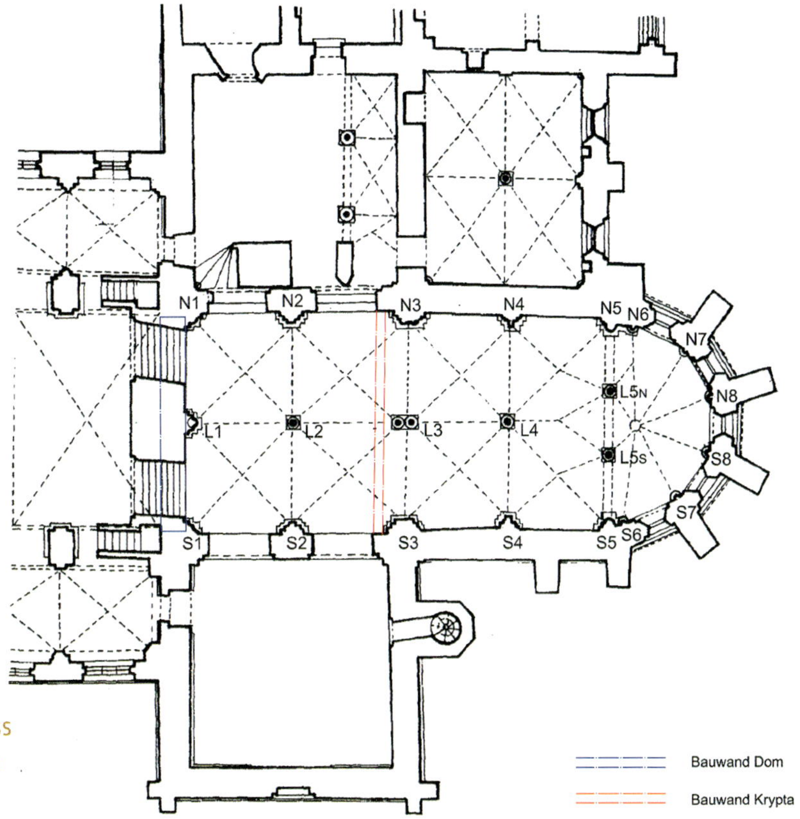

Abb. 1: Krypta, Grundriss (Umzeichnung von Sabine Herrmann nach einem Grundriss in der Plankammer des Brandenburgischen Landesamts für Denkmalpflege)

Die noch jüngst in der Neubearbeitung des Dehio-Handbuchs Brandenburg von 2000 vertretene Ansicht über Zeitstellung und Baugedanke der Brandenburger Domkrypta setzt deren nachträglichen Einbau in das erste Drittel des 13. Jahrhunderts, ungeachtet der implizit hingenommenen, auch nicht mehr hinterfragten Konsequenz, dass die Brandenburger Anlage weiterhin als Nachfolger der verwandten und noch im ursprünglichen Zustand des 12. Jahrhunderts erhaltenen Krypta der Prämonstratenser-Stiftskirche Jerichow gesehen wird.

Unsere Untersuchung kommt in dieser Frage zu neuen Erkenntnissen. Die Begründung für die daraus resultierende Umkehrung des Brandenburg-Jerichow-Verhältnisses wurde wegen der vorgegebenen Begrenzung des Beitragsumfanges jedoch zurückgestellt und wird später nachgereicht. Auch wurde darauf verzichtet, nochmals auf die komplizierten gründungsgeschichtlichen Bedingungen in der Anfangszeit des Domes einzugehen, die für den Kryptaeinbau den architektonischen Rahmen bestimmten. Kurz behandelt werden sie im Kleinen Kunstführer von 2009, während eine ausführliche Darstellung auf der Basis vorausgegangener Untersuchungen des Verfassers bei Erörterung der Brandenburg-Jerichow Frage vorgesehen ist.

Die zweischiffige Hallenkrypta des Brandenburger Domes, die sich unter Vierung, Chor und Apsis erstreckt, 1,55 m eingetieft und bis 3,80 m über Mittelschiffsniveau aufsteigend, gehört nach ihrer unter späterem Umbau noch deutlich erkennbaren ursprünglichen Anlage mit einem entwickelten, in gemauerten Wandvorlagen gegenwärtigen romanischen Gewölbesystem zu den großen norddeutschen Schöpfungen dieser Baugattung im 12. Jahrhundert. Doch unter den zeitgenössischen romanischen Krypten behauptet sie mit ihrer nur zweischiffigen Halle, während jene gewöhnlich dreischiffig disponiert sind, und der Öffnung ihres Vierungsteils in paarweise angeordneten Arkaden gegen Mittelschiff und

Abb. 2: Blick aus dem Mittelschiff des Domes auf Krypta und Chor

Abb. 3: Krypta nach Südwesten

Abb. 4: Krypta nach Nordwesten

Querhausflügel eine Ausnahmestellung. Nach Art einer Laube kommuniziert sie allseits mit der Oberkirche (Abbildungen 1, 2, 3).

Ohne Nachfolge blieb die Brandenburger Krypta deshalb nicht, wie die nach Planänderung um den Laubenteil erweiterte und dann zweischiffig ausgeführte Jerichower Krypta zeigt, die wohl ursprünglich als dreischiffige Chorkrypta angelegt war.

Raumform und Wandgliederung

Bei ihrer Entstehung im 12. Jahrhundert war die Krypta der erste und einzige zur Wölbung bestimmte Bauteil des romanischen Domes. Die Einteilung ihrer Halle in zwei durch einen später beseitigten Scheidbogen getrennte Raumteile mit eingezogener, ursprünglich halbkreisförmiger Apsis, wo der Altar steht, richtete sich nach der Raumfolge der Oberkirche aus Vierung, Chor und Apsis, die das Vierungsquadrat als Grundmaß hat. Die zweischiffige Anlage der Krypta und die Bindung beider Teilräume der Halle an das Quadrat gestatteten deren Untergliederung in jeweils vier wiederum quadratische Joche als Voraussetzung für die Einwölbung mit romanischen Kreuzgratgewölben auf rundbogigen Gurt- und Schildbögen über einer schon ursprünglich in Werkstein gearbeiteten freistehenden Mittelsäule (L2, L4) und begleitenden Wandpfeilern (N2, S2, N4, S4). Unter der Scheidbogenzäsur zwischen den Raumteilen wechselt das Stützenformat zu stärkeren Hauptstützen, weshalb mit Friedrich Adler von Stützenwechsel gesprochen werden kann (Abbildungen 4, 7). Hauptstütze auf der Mittelachse der Krypta ist eine Zwillingssäule, deren Anordnung das Doppelsäulenmotiv der Hauptpfeiler der

Abb. 5: Krypta, Blick von Südwesten auf die Apsis (aus: *Inventar der Bau- und Kunst-Denkmäler in der Provinz Brandenburg*, bearb. v. Rudolf Bergau, Berlin 1885)

Wandvorlagen aufnimmt (N3, L3, S3; Abbildungen 6, 7). Noch heute bezieht die Kryptenhalle aus der wechselnden Stützenstärke eine belebend wirksame Rhythmisierung, obgleich das zur Raumeinheit strebende Rippensystem der gotischen Zweitwölbung des 14. Jahrhunderts mit der Beseitigung des trennenden Scheidbogens auch die additive Zerlegung der Kryptenhalle in eigenständige Raumteile abgeschwächt hat. Die im ersten Drittel des 13. Jahrhunderts unter Bischof Gernand (1222–1241) angeordnete Abschrankung der Apsis von der Kryptenhalle durch eine dreiteilige Säulenarkade, die den ursprünglich wohl über mittlerer Freisäule geschlagenen Apsiseingangsbogen ersetzte, hat die gotische Wölbung dagegen belassen.

Dass der Wechsel von Haupt- und Nebenstütze so vernehmlich das Raumerlebnis beeinflussen kann, geht auf die aktive Einbeziehung der Wandvorlagen in die Entwurfsgestaltung zurück. Ihre Reihen laufen mit der im Ausbau des 14. Jahrhunderts erhaltenen ursprünglichen Säulenstellung synchron, formal aber bleiben sie eigenständig (Abbildungen 1, 4). Wieder setzt sich die Brandenburger Konzeption über gewohnte Anordnungen hinweg, ähnlich wie in der Wahl von Zweischiffigkeit und Vierungslaube. Denn im entwickelten Kryptenbau des 11./12. Jahrhunderts sind Wandvorlagen oftmals kaum mehr als eine zurückhaltend und monoton auftretende Begleitung der Freisäulen, manchmal sogar weniger, während prägender Faktor der Raumerscheinung die stolze Phalanx der Freisäulen ist. Demgegenüber ist der plastisch differenziert behandelten Wandgliederung unserer Krypta ein bedeutsamer Anteil auch an der gedanklich-dekorativen Strukturierung des Raumes zugewiesen. Grundlegend ist die voll entwickelte und sich kraftvoll von der Wand absetzende Gliederung der Vorlagen mit starker Vorderstufe (Stirnseite) zur Aufnahme des Gurtbogens und doppelt abgetreppter rechteckiger Rücklage für Gewölbegrate und Schildbögen. Die weitere Durchbildung der Vorlagen richtet sich nach ihrer Lage im Raum und zum liturgischen Zentrum. So markieren die Eckvorlagen mit stämmiger Halbsäule und Würfelkapitell als Vorderglied einen raumumgreifenden dekorativen Rahmen, dem der Übergang zur Apsis durch einen vermittelnden Eingangsbogen integriert war. Dessen seitliche Auflager sind in den Säulen der Vorlagen N5 und S5 erhalten, deren Rücklage bei dieser Anordnung nur halbseitig ausgebildet ist (Abbildung 5).

In der Formgebung der Backsteinkapitelle, die sich in den als umgekehrte Schildkapitelle gegebenen Basen spiegelt, sind zwei Typen zu unterscheiden: das Würfelkapitell mit Rund- oder Dreieckschild und, als seltene Abart, das „Schweifschildkapitell", wie wir es hier nennen wollen (Abbildungen 8, 9, 10). Ersteres tragen die Säulen aller Eckvorlagen mit Ausnahme der südwestlichen sowie das Säulenpaar der Hauptvorlagen, hier mit Wechsel von Rund- und Dreieckschild (Abbildung 6). Angeregt vielleicht durch das an Kapitellen der romanischen Reformbaukunst verbreitete Eckmotiv der „Hirsauer Nase", tragen die Rundschildkapitelle der östlichen Eckvorlagen sowie des nördlichen Hauptpfeilers seitlich über abgefaster Würfelkante kurze,

Abb. 6: Krypta, Kapitelle und Kämpfer der Wandvorlage S3

Abb. 7: Krypta, Wandvorlage N3

Abb. 8: Krypta, Wandvorlage N3, rechte Säulenbasis

Abb. 9: Krypta, Wandvorlage S5, Rundschildkapitell

ohrenartig abstehende oder tropfenförmig hängende Schild-Fortsätze. Dagegen verbindet sich am Kapitell der südwestlichen Eckvorlage (S1) des Vierungsteils der hier geschweifte Schildkontur mit dem der benachbarten Würfelseite kranzartig über die gemeinsame Kapitellkante hinweg, deren in der Bewegung des Schildkonturs geschwungene Abfasung ein aufgesetztes Kügelchen schmückt (Abbildung 10). Das Würfelkapitell mit geschweiften Schilden begegnet vor 1164 im Mittelschiff der Basilika des steiermärkischen Augustiner-Chorherrenstifts Seckau, das vom ostfälischen Hamersleben besiedelt wurde, sowie ebenfalls im dritten Viertel des 12. Jahrhunderts in der Krypta der bayerischen Klosterkirche Bergen bei Neuburg. Mit den Würfelkapitellen der Wandvorlagen gehen offenbar auch ihre profilierten Kämpfer auf die Bauzeit zurück, vielleicht auch die fragmentarisch erhaltene Deckplatte des nördlichen Hauptpfeilers (N3) mit geschachter Schräge (Abbildung 6). Die übrigen Kämpfer aus reliefierten Platten oder Konsolbruch sind Spolien.

An den Langseiten der Kryptenhalle wechselt die Figur der Vorlagenstirn zum Wandpfeiler über rechteckigem Grundriss. Doch ist das Säulenmotiv nicht aufgegeben, sondern der Frontseite von Haupt- und Nebenpfeilern des Ostteils paarweise integriert zur Auszeichnung der dem liturgischen Zentrum näher liegenden Standorte (N3, S3, N4, S4). An den Wandpfeilern des Vierungsteils (N2, S2) begnügte man sich dagegen mit einem einfachen Rechteckprofil.

Die Stirnseite der Wandvorlagen mit integriertem Säulenpaar hat den halben Grundriß einer Kombination aus zwei um 90° gegeneinander gedrehten Quadraten, sodass zwischen den Säulen auf den Ecken des äußeren wandparallel liegenden Quadrats die Pfeilerkanten des

Abb. 10: Krypta, Wandvorlage S1, Schweifschildkapitell

Abb. 11: Krypta, Kapitelle der Wandvorlage N4, der später zugefügte Kämpfer in Zweitverwendung

diagonal stehenden inneren hervortreten (Abbildung 7). Die östlichen Nebenpfeiler (N4, S4), die den Grundriss der Hauptpfeiler in reduzierter Stärke wiederholen, unterscheiden sich von diesen durch ihre wohl auf frühromanische Formgedanken zurückgehende Kapitellbildung (Abbildung 11). Vielleicht lebt darin eine lokale Variante des Würfelkapitells wieder auf, die sich aus den schildförmigen Schnittflächen halbierter, dem Säulenschaft angearbeiteter Kalotten zusammensetzt. In der Brandenburger Version umschließen sie, friesartig mit der alternierenden Kantenbekrönung des Pfeilerkerns zusammengefasst, im Rechteck die Vorlagenstirn. Während sich das Vorbild für den gegliederten Pfeilerquerschnitt aus Ecksäulen und mittlerer Kante in der Krypta des Ballenstedter Hausklosters der Askanier findet, so bereits von Friedrich Adler gesehen, könnte das seltene Kalottenschildkapitell von einem Pfeiler in der frühromanischen Krypta des hochadligen Damenstifts Vreden angeregt sein (Abbildung bei Thümmler 1998, Abb. 218). Über mögliche Beziehungen der Askanier zu Vreden, das zur Bremer Kirchenprovinz gehörte, schweigen aber die Quellen. Deshalb muss die Frage nach den Beweggründen, die zu der im 12. Jahrhundert anscheinend singulären Wiederaufnahme der altertümlichen Kapitellform führten, offen bleiben.

Von den Freisäulen auf der Mittelachse der Krypta datiert die westliche Wandsäule (L1) noch in das letzte Drittel des 12. Jahrhunderts. Die anderen wurden beim Umbau der Kryptahalle im ersten Drittel des 14. Jahrhunderts durch spätromanische Stützen in Zweitverwendung ersetzt, die mit Ausnahme der zweiten Säule von Westen stilistisch dem Apsisumbau des zweiten Viertels des 13. Jahrhunderts nahe stehen (Gertler 2009). Die Wandsäule (L1) hat ein flach reliefiertes Würfelkapitell, das aus einem fertig ausgearbeiteten querrechteckigen Kapitell mit figuralem Schmuck auf seiner Breitseite und einem oberen Zusatz zusammengesetzt ist (Abbildungen 12, 13, 14). Das eingeschlossene „Kapitell im Kapitell" schmückt eine langohrige männliche Maske mit struppigem Schopf zwischen Blattranken und kleinen oberen Eckköpfen, der sich das nachträglich zugefügte, aber technisch und stilistisch gleichartig behandelte Oberteil mit gegenständig liegenden Blattranken zupasst.

Die Maske steht in der Nachfolge eines „Wilde-Mann"-Kapitells der Krypta von Kloster Riechenberg bei Goslar; hinzugekommen ist auf dem Brandenburger Exemplar (oder Typus?) das volkstümlich-drastische Ohrenmotiv, das den Eindruck der Starre mildert.

Der Einbau der Krypta

Ausgehend vom Apsisumbau und den spätromanischen Spolien der Freisäulen wurde der Kryptaeinbau bisher, wie eingangs bemerkt, in das erste Drittel des 13. Jahrhundert datiert. Die im Folgenden zusammengefasst referierten Resultate eigener Bauuntersuchung, die sich neben Planstudien auf noch sichtbar liegende Befunde zum Bauvorgang stützen, verweisen aber zwingend auf einen früheren Zeitpunkt.

Zunächst sei erinnert, dass Edgar Lehmann und Ernst Schubert schon 1983 auf eine frühe Fußbodenabsenkung im Ostbau hinwiesen, die dem Kryptaeinbau vorausging. Man erkennt sie deutlich, können wir hinzufügen, im südlichen Querhausarm an vom ursprünglichen Fußboden zurückgebliebenen Wandabsätzen, deren westlicher 1,26 m über heutigem Fußbodenniveau liegt. Von den Absätzen steigen die querschiffseitigen Rücklagen der Vierungspfeiler auf (Abbildung 17). Demzufolge wurden wie die östlichen auch die westlichen Vierungspfeiler als Vorlagen der Querschiffwände errichtet statt freistehend gegründet wie bei einem mehrschiffig geplanten Langhaus. Nur ihre stärkere Vorderstufe besaß ein eigenes, der Wand vorgelegtes Fundament. Die hier deutlich ablesbare wandgebundene Konstruktion der westlichen Vierungspfeiler ist wichtiges Indiz für die ursprünglich einschiffig geplante und begonnene Ausführung des heutigen Domes, der erst nachträglich zum Dom umgewidmet wurde. Auf dem abgesenkten Querschiffniveau wurden dann die in weiten Bogenpaaren mit abgestuftem Gewände sich öffnenden seitlichen Umfassungsmauern des Vierungsteils der Krypta errichtet, in deren nordöstlichem Bogen ein alter Zugang lag. Im gleichen Arbeitsgang ersetzten die südlich wie nördlich in der Flucht der Vierungspfeiler laufenden Kryptamauern die mit der Fußbodenabsenkung bloßgelegte Gründung der vorderen Vierungspfeilerstufe und versteiften damit auch die Ecken des nach der Fußbodenabsenkung in seiner Standsicherheit gefährdeten Vierungsgefüges. An der Baufuge zwischen Pfeiler- und Kryptamauerwerk lässt sich die Unterfangung der Pfeilerstirn durch die vordringenden Kryptamauern gut erkennen (Abbildung 17).

Zwischen den östlichen Vierungsecken war provisorisch eine 0,60 m starke Bauwand für die erforderliche Queraussteifung gezogen, bevor die Wölbung der Krypta diese Aufgabe übernahm. Das Provisorium lag nicht in der Flucht der Vierungsecken, sondern mit Rücksicht auf den für die Hauptpfeilervorlagen (N3, S3) reservierten Platz etwas westwärts versetzt und bündig mit der Wange der östlichen Kryptabögen (Abbildung 1). Ein Rest die-

Abb. 13: Krypta, Kapitell der Wandvorlage L1

Abb. 14: Krypta, Eckköpfchen vom eingeschlossenen Kapitell der Wandvorlage L1

Abb. 12: Krypta, Wandvorlage L1

Abb. 15: Krypta, Bogenauflager eines Durchgangs von der provisorischen Bauwand neben Wandvorlage N3

ser Bauwand, die den Kryptaausbau in zwei Abschnitte auch für eine vorgezogene Nutzung seines östlichen Teils und des darüber liegenden Presbyteriums schied, ist das neben der nördlichen Hauptpfeilervorlage erhaltene Auflager eines Durchgangbogens (Abbildung 15). Dagegen erübrigte sich eine Aussteifung zwischen den westlichen Vierungsecken, da hier noch die große Bauwand stand, die den Weiterbau an den Ostteilen des Domes gegen den im zweiten Bauabschnitt begonnenen Langhausbau abschirmte (Abbildung 1). Von diesem Wandprovisorium zeugt einerseits die verzögerte Fertigstellung der westlichen Vierungspfeilerkämpfer an den von der Bauwand verstellten Seiten, deren im ICOMOS-Heft zum Brandenburger Dom beschriebene Vollendung erst und in dann abgeänderter Form erfolgte, als die Wand niedergelegt war (Gertler 1998). Andererseits wurde zum Zeitpunkt der Grundsteinlegung 1165, die technisch nach der überlieferten Fundamenthöhe dem Langhausbau als zweitem Bauabschnitt zuzuordnen ist, am Ostbau des Domes und gleichzeitig an der Krypta noch gebaut. Das geht aus der höher gestellten Anordnung damals neu angelegter Chorfenster hervor, von denen das östliche der Nordseite zugesetzt erhalten ist. Denn es ist sehr wahrscheinlich, dass deren Einbau auf die vom Kryptaeinbau bewirkte Anhebung des Chorniveaus reagierte (Abbildung 20). Darauf hatte schon 1910 Kurt Meyer in seiner Dissertation hingewiesen. Verfehlt ist dagegen die von Paul Eichholz 1912 in den *Kunstdenkmälern von Stadt und Dom Brandenburg* vertretene und später mehrfach wieder aufgegriffene Annahme eines ursächlichen Zusammenhangs der Höherlegung mit der im 13. Jahrhundert geplanten Wölbung

Abb. 16: Ein hinter der Wandvorlage N4 bei Restaurierungsarbeiten 1965 freigelegter Bogen des Chorfundaments, in das die Krypta eingebaut wurde

der Ostteile. Und zwar nicht nur wegen der noch rundbogig geschlossenen Fensterform und des ungestörten Verbandes der Öffnung mit dem romanischen Chormauerwerk, sondern auch in Hinblick auf die seitliche Lage dieses Fensters, während im Gewölbejoch die Fensteranordnung mittig gestellt ist.

Dass die große Bauwand aber auch der zügigen Fertigstellung der Krypta im Wege stand, erweisen die jüngeren, stilistisch fortgeschrittenen Schmuckformen der Kryptawestwand, die an der Stelle der Bauwand steht und daher erst nach deren Niederlegung errichtet werden konnte. Die jüngere Stilstufe vertreten hier Kapitell und Basis der südwestlichen Eckvorlage (S1, Abbildung 10) sowie das Kämpfergesims der westlichen Kryptabögen, das im 13. Jahrhundert an dem für liturgische Zwecke errichteten Vorbau der Kryptawestwand weitergeführt wurde. Seine Formgebung zeigt die inzwischen eingetretene Verjüngung des hochromanisch

Abb. 17: Blick auf die innere Nordwestecke des südlichen Querhausflügels mit der Abfangung des südwestlichen Vierungspfeilers auf der Kryptawange

schweren Viertelwulst-Platte-Kämpfers der querhausseitigen Kryptaöffnungen zum leichten Stabprofil als neuem Kämpfertyp (Abbildung 18, 19). Um 1170 begegnet dieser auch am westlichen Emporenunterbau der Klosterkirche Göllingen, auch hier noch neben der älteren Form.

Für den weiteren Ausbau des Ostteils der Krypta, wo nach der Ausschachtung die Grundbögen der Chormauern in ganzer Höhe frei lagen, schloss man die am Ostbau mit doppelter Rollschicht gewölbten Fundamentbögen durch Ausmauerung über einer 1963 ergrabenen Flachgründung (Abbildung 16). Der nachträgliche Türdurchbruch in der Westwand des südlichen Querhausarms, heute der Durchgang zum südlichen Seitenschiff, der den zur Vierung durchlaufenden Querhaussockel und einen bei der Bodenabsenkung freigelegten Fundamentbogen durchstieß, öffnete den Zugang zum Bau der südlichen Kryptawange. Der entsprechende Zugang am Querhausnordarm war mit dessen bauzeitlicher Westpforte, heute der Durchgang zum nördlichen Seitenschiff, bereits vorhanden.

Fassen wir das zum Einbau Gesagte kurz zusammen: Die Errichtung der Krypta auf dem abgesenkten Fußbodenniveau des Ostbaus beweist ihren gelegentlich in Frage gestellten nachträglichen Einbau. Das Ersetzen der Vierungspfeilergründung durch Kryptamauerwerk legt weiterhin nahe, dass Absenkung und Kryptaeinbau in einem Zuge ausgeführt wurden. Anderenfalls hätte man das offen liegende Fundament der Vierungspfeiler statisch sichern müssen, da sein längeres Freiliegen die Standsicherheit im Zentrum des Bauwerks gefährden konnte. Doch finden sich von einer Sicherungsmaßnahme keine Spuren, sodass es sie wahrscheinlich auch nicht gab. Für einen frühen und zügigen Bauvorgang spricht ferner, dass auch während der Arbeiten an der Krypta die provisorische Bauwand gegen den zweiten Bauabschnitt des Domes noch stand.

Zur Datierung

Die Ergebnisse der Bauuntersuchung erlauben eine Eingrenzung der Bauzeit der Krypta auf die Spanne zwischen der Bodenabsenkung im Querhaus als *terminus postquem* und Aufführung der Kryptawestwand nach Niederlegung der Bauwand zwischen Ostbau und einschiffigem Langhaus als *terminus antequem*. Eine genauere chronologische Bestimmung des Baubeginns hat sodann von einer äußeren, der inneren vorausgehenden Bodenabtragung auszugehen, von der zumindest das erhöht liegende Gelände um den Bauplatz von Dom und Klausur betroffen war. In den durch den Bodenabtrag freigelegten Segmenten der Grundbögen des Domostbaus sowie einer frühen Zurücksetzung der Fundamenthöhe des Langhaussaals, der heutigen Mittelschiffgründung, deren Maß der Höhe des jetzt über Erdgleiche liegenden Teils der Fundamentbögen des Ostbaus entspricht, hinterließ sie eindeutige Spuren (Gertler 2008, 2011). Der *Tractatus de captione urbis Brandenburg* des Domherrn Heinrich von Antwerpen ordnet nun die Tiefgründung des Domes von 24 Fuß, die, wie bemerkt, auf das Langhausfundament des zweiten Bauabschnitts zu beziehen ist, der Grundsteinlegung am 11. Oktober 1165 zu. Das setzt dann voraus, dass dieser Fundamentbau damals gerade erst begonnen worden war. Denn bereits kurze Zeit danach war die Fundamenthöhe schon zurückgesetzt und damit das überlieferte Fundamentmaß über-

Abb. 18: Krypta, älterer Kämpfer eines der seitlichen Kryptabögen, hier des südwestlichen

Abb. 19: Blick von Süden auf das Westjoch der Krypta mit den jüngeren Bogenkämpfern

holt. Deshalb wird man den Geländeabtrag, der zur Absenkung der Fundamenthöhe führte, noch im Herbst desselben Jahres oder im folgenden Frühjahr in Angriff genommen haben. Sein mutmaßlicher Zweck war die Verwendung der abgeschachteten Erdmassen für eine Verstärkung des Holzerdewerks der Burgbefestigung.

Wie Heinrich der Löwe in seinem Machtbereich, rüstete sich damals für bevorstehende Kampfhandlungen auch der Markgraf, der mit dem Magdeburger Erzbischof ein Fürstenbündnis gegen die expansive Territorialpolitik des Welfen anführte (Jordan 1979). Die Kämpfe brachen im Spätherbst 1166 aus, berührten allerdings nicht das Brandenburger Gebiet. Nach dem *Tractatus* war aber die Verstärkung der Burgbefestigung wegen akuter Kriegsgefahr ein Gegenstand vorausgegangener Beratungen des Markgrafen und kirchlicher Würdenträger mit Bischof Wilmar, der der dabei auch die Auszeichnung des Platzes durch den Bistumssitz hervorhob.

Nach reiflicher Überlegung (*prolixa deliberacione propria*) kam es nun zur kurzfristig angesetzten Übersiedlung des Prämonstratenserkonvents aus St. Gotthardt auf die Burginsel und, nach vorauszusetzender Umwidmung des einschiffigen Gründungsbaus, zur feierlichen Grundsteinlegung für den erst jetzt aus der Taufe gehobenen Dom. Mit diesen Vorkehrungen war vermutlich beabsichtigt, ähnlich wie achtzehn Jahre zuvor bei der Ansiedlung der Gotthardtkanonie, der Fürstenburg die schützende Aura des zentralen Heiligtums und dem Kathedralsitz den Schutz der Inselburg zu sichern. Wegen der für die Baugeschichte des Domes weitreichenden Bedeutung der Mitteilungen des zeitgenössischen Heinrich von Antwerpen über die von Bischof Wilmar ergriffenen Maßnahmen gebe ich die betreffende Stelle seines Berichts hier im Wortlaut wieder: *Wilmarus, tertius decimus Brandenburgensis episcopus, omnimodis sedem cathedralem exaltare et urbem contra insidias inimicorum munire desiderans, prolixa deliberacione propria et coepiscoporum suorum necnon et Adelberti marchionis filiorumque eius consilio canonicos ordinis Premonstratensis … qui in ecclesia s. Godehardi in suburbio Brandenburg … degebant, … solemni processione populique prosecucione in supradictam urbem … collocavit…* (Hervorhebung durch den Autor). In der Übersetzung von Lutz Partenheimer (http://golm.rz.uni-potsdam.de/hva/): „Da der dreizehnte brandenburgische Bischof, Wilmar, den Wunsch hatte, den Kathedralsitz auszuzeichnen und die Burg gegen die Feinde zu schützen, hat er nach reiflicher Überlegung und auf Rat seiner Mitbischöfe sowie des Markgrafen Adelbert und seiner Söhne … die Prämonstratenser, … die an der Kirche … St. Gotthard im Suburbium Brandenburg lebten, … in feierlicher Prozession nach der Burg geführt …“.

Abb. 20: Zugesetztes romanisches Fenster in der nördlichen Chorwand des Domes

Nach dem Bodenabtrag auf dem Burggelände wird es ohne längeren Verzug zur Fußbodenabsenkung in den Ostteilen des Domes gekommen sein, weil, wie erwähnt, die zur Grundsteinlegung bereits vorhandene Bauwand zwischen den großen Bauabschnitten des Domes auch gegen Ende des Kryptabaus noch stand. Der Einbau konnte daher schon 1166 beginnen. Eine markgräfliche Urkunde von 1170, nach der die Domherren den Chordienst bereits aufgenommen hatten, stützt diese Annahme. Demnach war die Krypta damals gewölbt. Wäre das nicht der Fall gewesen, hätte man den Chor auch nicht betreten können. Für den Bauabschluss gibt dann einen wichtigen Hinweis die Nachricht von der Beisetzung der 1175 (?) verstorbenen Markgräfin Judith in der Dommitte. Trifft die Standortangabe „in der Dommitte" zu, hätte die Bestattung vor dem an der Westwand der Krypta stehenden Kreuzaltar stattgefunden, was die Fertigstellung der Krypta voraussetzt. Bleibt aber auch diese aus späterer Zeit überlieferte Standortangabe unsicher: Auf einer Baustelle kann man sich das feierliche Begräbnis in fürstlichem Rahmen doch nur schwer vorstellen.

Als 1180 das vorübergehende Brandenburger Pontifikat Markgraf Siegfrieds mit seiner jetzt erfolgreichen Wahl zum Bremer Metropoliten endete, wurde wahrscheinlich schon mit den Vorbereitungen zur Erweiterung des einschiffigen Gründungsbaus des Domes zur dreischiffigen Basilika begonnen. Damit ist die bisher offene Frage, ob man den Kryptaeinbau vor oder nach dem basilikalen Umbau unternahm, so zuletzt Ernst Badstübner 2006, zugunsten des „vor" entschieden. Damit bestätigt sich die Vermutung, dass der Baugedanke der so groß in das Zentrum des Domes gestellten Krypta sich eher mit dem dynastischen Repräsentationsbedürfnis und Ahnenkult der zu Reichsfürsten im Range von Kämmerern des Reiches aufgestiegenen Askaniern verbinden lässt als mit einer dem traditionellen Kryptabau kritisch begegnenden reformmonastischen Baugesinnung, die wir beim Domkapitel vorauszusetzen haben. Eine adoptierte Krypta konnten Bischof und Kapitel nachträglich in die Domliturgie einbinden. Ob sie aber aus freien Stücken im Widerspruch zu Gesinnung und Gewohnheiten reformmonastischen Bauens das Kryptaprojekt selbst geplant haben, musste doch bezweifelt werden.

Lit.: Germania Sacra 192; Schößler Regesten 1998; Krabbo/Winter 1910–1955; Eichholz 1912, 1913; Fait 1965; Ramm 1984; Dehio-HB 2000; Gertler 1998, 2008, 2009, 2011; Adler 1862; Badstübner 2006; Jordan 1979; Lehmann/Schubert 1983; Meyer 1910; Thümmler 1998; Fillitz 1998 (zu Seckau S. 246–249, Abb. S. 248); Weis 1994, S. 249–252; Lobbedey 1999, S. 89 ff.

Herkunft der Werksteine im Brandenburger Dom

Angela Ehling/Jörg Bowitz

Viele Jahrhunderte hindurch war die Herkunft der Bau- und Bildhauersteine nicht oder nur selten von Interesse. Erst seit Ende des 20. Jahrhunderts, mit den Entwicklungen und Anforderungen der Denkmalpflege einerseits, deren moderne, wissenschaftlich-technische Möglichkeiten zur Restaurierung und Konservierung die genaue Kenntnis der Gesteine erfordert, und den Forschungen und Fragestellungen der Kunsthistoriker andererseits, rückt die Provenienzanalyse von Naturwerksteinen zunehmend in den Fokus.

In Brandenburg ist die Frage nach dem Woher besonders interessant, weil der geologische Untergrund keine anstehenden Gesteine für diese Zwecke bietet. Die reichlich vorhandenen Findlinge lieferten Material für die ältesten Steinbauwerke der Mark (z. B. der westliche Feldsteinsockel der Petrikapelle in Brandenburg). Sie sind jedoch zu hart für hochwertige Werksteinbearbeitungen oder gar Bildhauerarbeiten. Aus der Zeit des Mittelalters existieren nur wenige schriftliche Aufzeichnungen zu den verwendeten Werk- beziehungsweise Bildhauersteinen. Es sind also in der Regel die Objekte selbst, denen wir das Geheimnis ihrer Herkunft entlocken müssen.

Der Dom St. Peter und Paul zu Brandenburg an der Havel ist das erste vollständig in Backstein ausgeführte Bauwerk der Mark Brandenburg. Einzelne Architekturelemente und Bauzier wie Säulen, Kapitelle, Kämpfer, insbesondere im Innern des Domes, bestehen jedoch aus Sandstein. Zeitlich sind sie vor allem in die späteren Bauphasen des Domes einzuordnen. Wo kamen diese Sandsteine her? Dieser Frage sind wir mit Hilfe einer zerstörungsfreien Methode – der Infrarotspektroskopie – und einem mobilen, vor Ort einsetzbaren Gerät nachgegangen.

Untersuchungen

An mehr als 30 ausgewählten Sandstein-Bauteilen wurden jeweils mehrere Messungen mit dem mobilen Spektrometer PIMA (Portable Infrared Mineral Analyzer) der Bundesanstalt für Geowissenschaften und Rohstoffe (BGR) durchgeführt. Die Infrarotspektroskopie, speziell die Reflexionsspektroskopie im nahen Infrarotbereich (NIR-Spektroskopie) ermöglicht eine zerstörungsfreie und mobile Untersuchung von Sandsteinen zur Mineralanalytik und damit auch zur Identifizierung des verbauten Sandsteins. In diesem NIR-Bereich können unter anderem Tonminerale, Sulfate, Hydroxide und Karbonate schnell und unmittelbar vor Ort bestimmt werden.

Für die Provenienzanalyse von Sandsteinen sind die Tonminerale von entscheidender Bedeutung. Dabei las-

Sandstein-Untersuchung mit mobilem IR-Spektroskop am Westportal des Brandenburger Domes

sen sich nicht nur verschiedene Arten bestimmen, sondern es können zum Beispiel auch unterschiedliche Tonmineral-Varietäten aufgrund von Form und Größe der Absorptionsbanden (peaks) identifiziert werden. Unterschiedliche Tonminerale und/oder -varietäten in Verbindung mit ihren relativen Anteilen in einem Sandstein formen dessen jeweiliges Spektrum in charakteristischer Weise. Daneben beeinflussen auch andere Komponenten wie Eisenverbindungen und amorphe Kieselsäure die Spektren. Sandsteine, die äußerlich nach Farbe und Textur sehr ähnlich sind, zeigen verschiedene, ganz charakteristische „spektrale Kennlinien". Diese Kennlinien ermöglichen in vielen Fällen eine Bestimmung der Art und Herkunft (Provenienzanalyse). Als Basis dient eine in den vergangenen 15 Jahren an der BGR erstellte digitale Referenzbibliothek mit mehr als 1 000 NIR-Spektren der wichtigsten Bausandsteine in Deutschland und angrenzenden Gebieten. Nur durch diese zerstörungsfreie Methodik ist es möglich, auch kunsthistorisch wertvolle Bildhauerwerke zu untersuchen, bei denen sich eine Probenahme verbietet. Allerdings gibt es einige Einschränkungen: Farbfassungen, intensive Verschmutzungen, starke Gips- und/oder Salzbelastungen können die Auswertung der Spektren erschweren beziehungsweise unmöglich machen.

Die Sandsteine

Die visuelle Begutachtung der Sandstein-Bauteile zeigt, dass es sich um homogene, feinkörnige, sehr helle, mitunter gelblich texturierte Sandsteine handelt, die mit Ausnahme einzelner Eisenadern keine besonderen Merkmale aufweisen. In vielen Bereichen sind sie verschmutzt beziehungsweise die Oberfläche ist mit Resten von Farbfassungen und anderen Auflagerungen bedeckt. Eine eindeutige Ansprache ist auf visueller Basis nicht möglich.

Die Untersuchungen ergaben, dass die immobilen Natursteinelemente und auch das spätmittelalterliche Grabmal aus zwei verschiedenen Sandsteinen bestehen (siehe Tabelle): Bernburger Sandstein (Buntsandstein aus Bernburg) und Seehausener Sandstein (Rhät-Sandstein aus Seehausen, 30 Kilometer südwestlich von Magdeburg). Bei dem späteren, mobilen Inventar treten andere Sandsteine, nämlich aus dem Elbsandsteingebirge, in Erscheinung.

Die Spektren des Bernburger Buntsandsteins zeigen einen sehr ähnlichen Kurvenverlauf. Kleine Abweichungen werden hervorgerufen durch etwas schwankende Anteile der vorkommenden Tonminerale Illit, Muskovit sowie teilweise Smektit und Kaolinit (Typ 2). Der Rhät-Sandstein aus Seehausen ist charakterisiert durch gut geordneten Kaolinit, erkennbar an den gut ausgebildeten Doppelbanden bei 1 400 nm und 2 200 nm. Die Elbsandsteine zeigen trotz unterschiedlicher Abbaugebiete sehr ähnliche charakteristische Spektren, dominiert durch weniger gut geordneten Kaolinit und etwas Smektit.

Warum wurden gerade diese Sandsteine verwendet? Die Abbauorte liegen mindestens 150 Kilometer von Brandenburg entfernt. Steine, auch Sandsteine, sind schwer. Ihr Transport stellte im Mittelalter ein großes Problem und einen erheblichen Kostenfaktor dar. Deshalb wurden für die Errichtung von Bauten möglichst nahe beziehungsweise direkt an Wasserwegen gelegene Bausteinvorkommen genutzt. Gleichzeitig spielten Landbesitzverhältnisse eine Rolle, und nicht zuletzt beförderte der Bau großer Kirchen die regionale Entwicklung der Steinbruchindustrie, des Steinmetzhandwerks und der Bildhauerkunst.

In diese Zusammenhänge lässt sich auch die Verwendung der Sandsteine in Brandenburg einordnen: Die Nutzung des Bernburger und des Seehausener Sandsteins ist eng mit den Dombauten in Magdeburg verknüpft. Otto I., der Gründer des Bistums Brandenburg, ließ in Magdeburg in der zweiten Hälfte des 10. Jahrhunderts einen Dom errichten, der im April 1207 durch einen Stadtbrand zerstört wurde. Schon im September 1207 erfolgte die Grundsteinlegung für den neuen, heutigen Dom unter Verwendung von Bausteinen des zerstörten Vorgängerbaus. Zur Zeit des Baubeginns am Brandenburger Dom 1165 hatte sich also in Magdeburg über einen Zeitraum von 200 Jahren ein Zentrum der Steinbaukunst entwickelt, das auf die Sakralbauten östlich Magdeburgs im ausgehenden Mittelalter ausstrahlte. Der sogenannte Domfelsen in Magdeburg besteht zwar aus anstehendem, jedoch nicht als Werkstein nutzbarem Gestein. Er befindet sich aber unmittelbar an der Elbe. Folgt man den Wasserwegen über Elbe und Saale ca. 60 Kilometer nach Süden, so schneidet die Saale in Bernburg mächtige, bauwürdige und gut zu bearbeitende Sandsteinvorkommen an. Die Sandsteine bildeten zum Teil die Uferhänge und waren somit leicht zu entdecken, abzubauen und zu transportieren. Die ersten Steinbrüche befanden sich unmittelbar an der Saale im heutigen Stadtgebiet (heute zumeist überbaut). Der

Transport erfolgte flussabwärts über Saale und Elbe auf Kähnen und Flößen. Es ist bisher nicht bekannt, ob nur die grobe Zurichtung der Werksteine für den optimalen Transport vor Ort in Bernburg erfolgte oder ob sich dort vom 11. bis zum 13. Jahrhundert auch ein Zentrum des Steinmetzhandwerks befand und schon genormte Quader, Säulentrommeln oder Ähnliches vorgefertigt wurden. Die endgültige Bearbeitung erfolgte definitiv erst durch die jeweils von Großbaustelle zu Großbaustelle wandernden Steinmetze beziehungsweise Bildhauer am Bauplatz des Domes; dessen Baukörper besteht, bis auf den oberen Teil der Westtürme, fast ausschließlich aus Bernburger Sandstein. Bekannt ist, dass sich etliche, auch namhafte, Bildhauer im Zusammenhang mit dem Dombau in Magdeburg niederließen. Sie fertigten ihre Werkstücke und Skulpturen zunächst ausschließlich aus Bernburger Sandstein. Das bestätigen auch die untersuchten Skulpturen in anderen Städten der Mark Brandenburg aus der Zeit zwischen 1290 und 1380. Sie sind vermutlich Auftragsarbeiten dieser Magdeburger Bildhauer, die dafür „ihr" Sandsteinmaterial nutzten, den Bernburger Sandstein.

Unter Einbeziehung vieler anderer Untersuchungen in Sachsen-Anhalt und Brandenburg – auch an Spolien des ottonischen Domes – zeichnet sich ab, dass der Bernburger Sandstein vom 10./11. Jahrhundert bis zum Ende des 14. Jahrhunderts der dominierende Bau- und Bildhauerstein im Norden Sachsen-Anhalts und Brandenburgs war. Er wurde auf dem Wasserweg – auf der Elbe und der Havel – transportiert. In der zweiten Hälfte des 13. Jahrhunderts wurde der Bernburger Sandstein, vom Magdeburger Dombau ausgehend, sukzessive abgelöst durch den Seehausener Sandstein und tritt außerhalb seiner Abbauregion ab ca. 1400 gar nicht mehr in Erscheinung, obwohl noch bis zum Beginn des 20. Jahrhunderts Steinbrüche in und um Bernburg in Abbau standen.

Der Bernburger Sandstein im Kurzporträt

Gestein: Dickbankiger bis plattiger, meist geschichteter, fein- bis mittelkörniger, hauptsächlich kieselig gebundener, feldspatführender Quarzsandstein von weißer, grauer, gelblicher, grüner sowie roter Farbe und wechselnder Festigkeit; mitunter enthält er Sandlöcher und Tongallen; erhalten sind darin auch Wellenrippeln, Tro-

Westportal, Detail des Figurenfrieses: Bernburger Sandstein

Krypta, Doppelsäule: Schaft der linken Säule aus Seehausener Sandstein, rechter Schaft und beide Kapitelle aus Bernburger Sandstein, hier sowohl in weißer als auch in gelblicher Farbvarietät

Seehausen mit ihren Sandstein-Vorkommen (30 Kilometer südwestlich von Magdeburg) in den Besitz des Erzbistums Magdeburg. Anhand des Baufortschritts am Magdeburger Dom ist belegt, dass seit Ende des 13. Jahrhunderts am Magdeburger Dom zunächst im aufgehenden Mauerwerk, später auch bei den Bildhauerarbeiten und ab 1400 für die bildhauerisch bearbeiteten Objekte in der Mark Brandenburg drei Jahrhunderte lang wohl ausschließlich der Seehausener Sandstein beziehungsweise Magdeburger Sandstein (aus anderen Brüchen nördlich von Seehausen) auftritt. Die Steinbrüche bei Seehausen werden 1365 erstmals schriftlich erwähnt: „Lodewicus episcopus Halberstadensis hefft gegeven eynen morgen landes by der steynkulen to Zehusen dem closter to meyendorp" (Urkunden des Zisterzienserinnenklosters Meyendorf). Aus anderen Schriftstücken des 14. und 15. Jahrhunderts geht hervor, dass 200 bis 300 Arbeiter dort beschäftigt waren (Rechnungen „Lapicidarum Seehusanorum"). Der Transport der Steine erfolgte auf Ochsenkarren über 30 Kilometer auf unbefestigten Wegen bis nach Magdeburg. Dabei wirkte sich vorteilhaft aus, dass im 12./13. Jahrhundert durch die Einführung des Kummetgeschirrs und der Sturzfelge der Achsentransport erleichtert wurde. Die vierrädrigen Karren waren sehr flach mit niedrigen Rädern. Die grob zugehauenen Steinblöcke wurden darauf festgezurrt, die Tonnage pro Karren war sicher, den Wegsamkeiten entsprechend, gering. Für den Weg nach Magdeburg brauchte man ungefähr zwei Tage, bei schlechten Witterungsbedingungen länger. In

ckenrisse und Pflanzenfossilien aus der Zeit der Ablagerung in einem Fluss vor ca. 245 Millionen Jahren.
Bewertung: Diese Sandsteine sind in ihren Eigenschaften sehr vielfältig (weiß, rot, grün, gelb, homogen oder geschichtet, fest oder weniger fest). Daraus resultierte einerseits, dass sie für alle Baubereiche Material liefern konnten, bei falscher Qualitätsauswahl aber auch schnell Schäden aufwiesen. Die für Skulpturen verwendeten Varietäten sind meist – wie am Brandenburger Dom – von ausgesucht guter Werksteinqualität, namentlich homogen, fest und weißgrau.

Auch der Siegeszug des Seehausener Sandsteins hängt unmittelbar mit dem Dombau zu Magdeburg zusammen. 1257 gelangte die Region um

Krypta, Mittelsäule West: Schaft und Kapitell aus Seehausener Sandstein in gelblicher Varietät mit nicht untypischer Eisenader

Krypta, Apsis, Freisäule: Basis aus Seehausener Sandstein, Schaft und Kapitell aus Bernburger Sandstein

Krypta
a) Kapitell der Mittelsäule West: Seehausener Sandstein in weißer Farbvarietät

b) Kapitell der Freisäule: Bernburger Sandstein in grauer Varietät

Bunte Kapelle, Kapitell der Mittelsäule: Bernburger Sandstein in weißer/gelber Varietät, großflächig mit roter Farbfassung

den Wintermonaten ruhten sowohl der Abbau als auch der Transport der Sandsteine.

Der Seehausener Sandstein im Kurzporträt
Gestein: homogener, feinkörniger, kieselig gebundener Quarzsandstein von hellgelber und weißer Farbe sowie schwankender Festigkeit; ca. 205 Millionen Jahre alt.
Bewertung: Wegen seiner guten Bearbeitbarkeit ein klassischer Bildhauerstein, der auch für viele andere Zwecke als Werkstein geeignet ist; die weniger festen Partien können jedoch schnell verwittern.

Von Magdeburg aus konnten die Sandsteine weiter auf dem Wasserweg nach Brandenburg transportiert werden. Ein reger Warentransport auf Elbe und Havel, auch durch die 1159 gegründete Hanse, ist für die Zeit des ausgehenden Mittelalters belegt. Üblich waren zu dieser Zeit flache nachenförmige Boote mit einer Tragfähigkeit von ca. einer Tonne, die auch kleinere, heute nicht mehr schiffbare Flüsschen befahren konnten. Im 12./13. Jahrhundert bewältigten jedoch auch schon größere Binnenschiffe – flache, kastenförmige Prahme mit einer Tragfähigkeit von zehn und mehr Tonnen – den zunehmenden Warentransport auf den Hauptwasserstraßen, zu denen die Elbe und die Havel gehörten. In Anbetracht der relativ geringen Mengen an Sandstein-Bauteilen ist auch ein Transport über den Fernhandelsweg, der von Magdeburg über Brandenburg, Spandau und Berlin weiter nach Osten führte, denkbar. Zugleich spricht jedoch die geringe Zahl der Werkstücke, ihre zum Teil sehr kunstvolle Bearbeitung (zum Beispiel die Kapitelle) sowie die scheinbar zufällige Formenvielfalt dafür, dass sie in Magdeburg gefertigt wurden. Bei einem Transport dieser wertvollen, einbaufertigen Bildhauerstücke über Land wäre die Gefahr der Beschädigung weitaus größer gewesen als bei einem Transport auf dem Schiff.

Über die Gründe zur letztlich vollständigen Ablösung des Bernburger Sandsteins durch den Seehausener/Magdeburger Sandstein im ausgehenden 14. Jahrhundert lassen sich nur Vermutungen anstellen. Ein Grund liegt mit Sicherheit im kirchlichen Besitz der Steinbrüche. Möglicherweise spielte auch die größere Homogenität des Seehausener Sandsteins eine Rolle, insbesondere angesichts der Tatsache, dass es ab 1400 fast nur noch um die Innenausstattung der großen Sakralbauten ging. Es wurden kaum noch Werksteine, sondern vielmehr Steine für feine Bildhauerarbeiten benötigt.

Unklar ist, wann die Elbsandsteine erstmals in größeren Mengen nach Brandenburg gelangten. Der Abbau der Sandsteine im Elbsandsteingebirge und ihr Transport auf der Elbe sind zumindest seit der Romanik belegt (zum Beispiel romanische Taufe in Gruhno, im Süden Brandenburgs). Für solche kleinen, jedoch bedeutsamen, Einzelobjekte spielten Transportwege eine weniger große Rolle. Spätestens seit Mitte des 16. Jahrhunderts waren die Elbsandsteine über drei Jahrhunderte die dominierenden Naturwerksteine in Berlin und Brandenburg.

Obwohl unsere Provenienz-Untersuchungen im Brandenburger Dom nur etwas weniger als die Hälfte der immobilen Sandstein-Bauteile erfassten, scheint die Auswahl repräsentativ zu sein. Überwiegend bestehen die Werkstücke aus Bernburger Sandstein, nur wenige in der Krypta aus Seehausener Sandstein, der ja auch in Magdeburg erst ca. 100 Jahre nach Baubeginn in Brandenburg erstmals verwendet wurde. Damit liegt die Vermutung nahe, dass die Ausstattung der Krypta, zumindest teilweise, erst in der zweiten Hälfte des 13. Jahr-

Ort	Objekt	Sandstein
Westportal	Figurenfriese	Bernburger Sandstein
Turmdurchgang	Kämpfer Süd	Bernburger Sandstein
Turmhalle	Epitaph Süd	Elbsandstein
	Epitaph Nord	Elbsandstein
Südarkade	Kämpfer West	Bernburger Sandstein
Nordarkade	4. Pfeiler von West	Bernburger Sandstein
Krypta	Säule West – Basis, Schaft, Kapitell	Bernburger Sandstein
	Säule Mitte West – Kapitell + Schaft	Seehausener Sandstein
	Doppelsäule Schaft West + Kapitell	Bernburger Sandstein
	Doppelsäule Schaft Ost	Seehausener Sandstein*
	Doppelsäule Kapitell Ost	Bernburger Sandstein
	Mittelsäule E Schaft	Bernburger Sandstein
	N-Wand Kapitell Nordost + Doppelkapitell	Bernburger Sandstein
Apsis	Freisäule Süd Basis Schaft + Kapitell	Seehausener Sandstein Bernburger Sandstein
	Wandsäule Nordost Wandsäule Ost-Nordost	Seehausener Sandstein Bernburger Sandstein
	Wandsäule Kapitell	Bernburger Sandstein
	Altarplatte	Seehausener Sandstein *
Nord-Querhaus	Empore Säulenbasis	Bernburger Sandstein Bernburger Sandstein
Bunte Kapelle	Mittelsäule Kapitell	Bernburger Sandstein
	Kapitell NE-Ecke	Bernburger Sandstein
Grabmal des Bischofs Dietrich von der Schulenburg (1393)		Bernburger Sandstein
Petrikapelle	Schwelle/Stele	Bernburger Sandstein

* schwaches Spektrum

Zusammenstellung der untersuchten Objekte und Ergebnisse

hunderts erfolgte. Auch die scheinbar selbstverständliche Verwendung beider Sandsteine an den Bauteilen eines Architekturelements (an der Freisäule in der Apsis der Krypta) spricht dafür. Eine eineindeutige zeitliche Zuordnung erfordert jedoch eine größere Zahl an untersuchten und datierten Referenzobjekten.

Interessant ist in diesem Zusammenhang der Befund des Bernburger Sandsteins am Figurenfries des Westportals, der in der ersten Hälfte des 15. Jahrhunderts angebracht worden sein soll. Wenn die zeitliche Zuordnung stimmt, wäre es der bisher jüngste Nachweis der Verwendung von Bernburger Sandstein außerhalb seines Abbaugebietes. Oder es gäbe Anlass zu Überlegungen hinsichtlich einer Zweitverwendung.

Die Untersuchungen zur Provenienz von Naturwerksteinen an historischen Bauwerken und Objekten liefern in jedem Fall neue Kenntnisse zur Bau- und Kulturgeschichte, bestätigen häufig kunsthistorische Dokumentationen und nicht selten bieten sie Ansätze zu neuen Überlegungen. Deshalb sollten sie unbedingt in die Bauforschung einbezogen werden und immer auch Bestandteil der Informationsbroschüren zu den Bauwerken sein, wie es für den Brandenburger Dom schon teilweise umgesetzt ist.

Lit.: Bowitz/Ehling 2013, S. 135–139; Ehling 2011; Schrader 1973, S. 274

Der spätgotische Umbau des Domlanghauses und sein exklusiver Baudekor – Bauhistorische Anmerkungen zu einem Baubetrieb aus Brandenburg

Dirk Schumann

Südliche Langhausfassade des Brandenburger Domes

„Von Wasser umflossen liegt das Münster in einer sehr anmutigen Gegend, ein altes, tüchtiges, wenn auch nicht prachtvolles Gebäude. (…) Der Thurm steht gegen Abend und deckt wieder die ganze Seite, eine verfallene, widerliche, kahle Wand darbietend. Indess die darunter befindliche Thüre durch einiges Stabwerk nicht ganz übel. Die Kirche ist durchaus nicht zu umgehen und außerhalb zu besehen, indem allenthalben Häuserchen angeklebt sind." (Büsching 1819, S. 37). Wie unschwer zu hören, war für den Kunstreisenden Johann Gustav Büsching das Erlebnis der Brandenburger Domkirche im Jahr 1817 enttäuschend. Heute dagegen lässt sich der Bau nach zahlreichen Sanierungen und der Gestaltung seines Umfeldes als Mittel- und Höhepunkt der gesamten Domfreiheit erleben. Wichtiger Teil seiner heutigen Außenerscheinung sind neben den Ostteilen und der Turmanlage die basilikale südliche Langhausfassade, die trotz ihrer Strenge über ausgewogene Proportionen verfügt. Die zwischen unterschiedlich profilierten Fenstergewänden sorgfältig gemauerten Wandflächen werden durch Rundblenden aufgelöst. Dabei gibt es jedoch einen auffälligen Unterschied zwischen den Blenden des Obergadens und denen der Seitenschiffswand, denn trotz ähnlicher Profile der dazugehörigen Formsteingewände besitzt die Blendenreihe des Seitenschiffs aufwendige und feingliedrige Maßwerkfüllungen aus Terrakotta, während

Teppichartiges Zwickelmaßwerk am marktseitigen Portal des Altstädtischen Rathauses in Brandenburg

Zweite Maßwerkrosette der südlichen Seitenschiffswand des Brandenburger Domes von Osten

die geringere Blendentiefe des Obergadens die ehemalige Existenz eines solchen plastischen Dekors ausschließen lässt. Das für jede Seitenschiffsblende als Unikat ausgeführte Maßwerk weist hauptsächlich verschiedene Varianten von Fischblasen auf, die zum einen in einem friesartigen Rapport auftreten, zum anderen in verwirbelter Form zu Rosetten komponiert wurden. Befestigt waren die Formsteine durch Mörtel, zusätzlichen Halt gaben die in die Rücklagen eingemauerten eisernen Klammern und Haken. In der zweiten Maßwerkblende von Osten bestimmen kreuzförmig angeordnete Vierpässe die Gestaltung, in deren Zentren jeweils kleine Blüten sitzen. Den oberflächlichen Spuren von Kalkschlämmen zufolge dürfte es sich bei den hier anzutreffenden Formsteinen größtenteils noch um den originalen mittelalterlichen Bestand handeln, auch wenn die Maßwerkblenden bei der Restaurierung von 1834/36 repariert und teilweise erneuert wurden (Cante u.a. 2007, S. 251 f.).

Bereits die Bearbeiter der Kunstdenkmäler der Provinz Brandenburg von 1912 erkannten die deutliche Übereinstimmung einzelner Figurationen mit Maßwerken am Rathaus der Brandenburger Altstadt, an Teilen der dortigen Gotthardtkirche sowie an der Schlosskapelle der ehemaligen Bischofsresidenz in Ziesar (Kunstdenkmäler 1912, S. 264); des Weiteren wäre noch der Maßwerkdekor an den Querhäusern der Stephanskirche in Tangermünde zu nennen. Das gilt besonders für die zweite östliche Maßwerkrosette des Brandenburger Domseitenschiffs, die sich in ganz ähnlicher Weise in dem teppichartigen Zwickelmaßwerk am marktseitigen Portal des Rathauses der Brandenburger Altstadt wiederfindet. Die kleinen virtuos in den Tonrohling geschnittenen (in späteren Beispielen mittels Model ausgeführten) und oft in das Zentrum von Vierpässen eingefügten Blüten könnten hier neben anderen Übereinstimmungen in den Einzelformen und den Details der Ausführung durchaus als eine Art Handschrift der dafür verantwortlichen Bauleute und Ziegler verstanden werden. Allerdings tritt dieser charakteristische Dekor außerhalb des Brandenburger Domlanghauses frühestens etwa ab der Zeit um 1460 auf, denn anhand dendrochronologischer Untersuchungen konnte am Rathaus der Brandenburger Altstadt nachgewiesen werden, dass dessen Dachwerk kurz nach 1468 errichtet worden ist (Dehio 2012, S. 149), während man das Langhaus der Brandenburger Gotthardtkirche seinem

Ziegelstempel am Maßwerk des marktseitigen Portals des Altstädtischen Rathauses Brandenburg

Ziegelstempel an Formsteinen am nördlichen Querhaus der Stephanskirche Tangermünde

bald nach 1472 aufgestellten Langhausdachwerk zufolge fast zur gleichen Zeit begonnen hatte (M. Cante 1994, S. 115). Die für das Jahr 1470 inschriftlich überlieferte Weihe der Kapelle der bischöflichen Burg in Ziesar legt gleichfalls einen Baubeginn um 1460 nahe. Für die 1474 gefällten Hölzer des Chordaches der Tangermünder Stephanskirche findet sich eine Entsprechung in dem inschriftlich überlieferten Datum von „1470" am nördliche Querhausarm (Dehio 2002, S. 923), was dafür spricht, dass diese Baustelle mit nur wenigen Jahren Abstand den Bauvorhaben in Brandenburg und Ziesar folgte. Damit wären schließlich mehr als 30 Jahre zwischen der zuletzt vertretenen Datierung des Domlanghauses in die Zeit bald nach 1426 und dem mehrfachen Auftreten dieser Bauleute und Ziegler an anderen Bauten vergangen. Für einen ambitionierten und herausragenden Baubetrieb wie diesem scheint das allerdings nur schwer vorstellbar.

Zwar ließe sich für das Domlanghaus zu bedenken geben, dass das Maßwerk hier erst später in die Blenden eingebracht worden sein könnte, doch hat man die Rücklage anders als beim Obergaden von vornherein mit der entsprechenden Tiefe des Maßwerks ausgeführt. Zudem weisen viele andere Baudetails des Domlanghauses auf ebenjene neben Brandenburg auch in Ziesar und Tangermünde tätigen Bauleute, wie einige der Formsteinprofile oder auch die Verwendung von Ziegelstempeln zur Hervorhebung der Exklusivität und Qualität der hergestellten Formen. Denn bis auf wenige Ausnahmen des späten 13. und des 14. Jahrhunderts, wie den

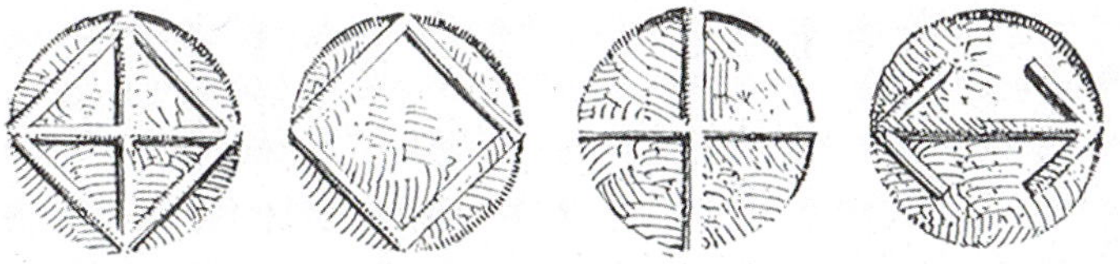

Ziegelstempel an Formsteinen der südlichen Seitenschiffswand des Brandenburger Domes (aus: *Die Kunstdenkmäler der Provinz Brandenburg*, Berlin 1912, S. 263)

Links: Gewölbekonsole im Mittelschiff des Brandenburger Domes

Rechts: Ehemaliger bischöflicher Palas in Ziesar, Gewölbekonsole im sogenannten Standerker

in ornamentaler Häufung aufgebrachten Stempeln im Sockelbereich des Westportals am Brandenburger Dom, am Chor der Klosterkirche in Chorin oder auch an der Ruine des Klosters Himmelpfort, ist das Phänomen der Ziegelstempel mit der Konjunktur einer hochwertigen Ziegelproduktion verbunden, die in der Altmark und im Lüneburger Raum bereits im 14. Jahrhundert einsetzte, während vergleichbare Stempel in der Mittelmark vor allem an Bauten der zweiten Hälfte des 15. Jahrhunderts zu beobachten sind (Rümelin 2003, S. 143–148).

Einen wichtigen architekturhistorischen Hinweis bildet schließlich die charakteristische Ausführung der Gewölbekonsolen im Mittelschiff des Brandenburger Domes. Neben den auffällig retrospektiven Kopfkonsolen, die ihre nächsten Verwandten in den um 1460/70 entstandenen Konsolen des Standerkers am bischöflichen Palas der Burg in Ziesar besitzen, entspricht die virtuose Gestaltung der manierierten Blattkonsolen den Beispielen an anderen Bauprojekten dieser Bauleute, wie den Konsolen am inschriftlich 1456 begonnenen „Middelwerk“ des Chores der Brandenburger Gotthardtkirche (M. Cante 1994, S. 115). Die einheitliche Datierung der mit dem Brandenburger Domlanghaus vergleichbaren Baudetails in eine Zeit um 1460/75 führt zur Frage, ob es aus diesem Grund gerechtfertigt ist, den jetzigen Stand der Baugeschichtsforschung, der sich größtenteils für einen Umbau des romanischen Domlanghauses bald nach 1426 ausgesprochen hat, zu hinterfragen.

Allerdings haben in der Vergangenheit längst nicht alle, die sich mit dem Brandenburger Dom beschäftigten, eine Datierung des Langhauses in die erste Hälfte des 15. Jahrhunderts vertreten. Während Friedrich Adler und Rudolf Bergau die 1377 einsetzenden Bemühungen zur Besserung des baulichen Zustandes auf das jetzige Domlanghaus bezogen haben (Adler 1862, S. 12 und Bergau 1885, S. 194), formulierte Julius Kothe in der ersten Auflage von Georg Dehios *Handbuch der Deutschen Kunstdenkmäler* die knappe Einschätzung: „Umfassender Umbau des Domes in der 2. Hälfte des 15. Jahrhunderts“ (Dehio 1906, S. 48). Erst die Bearbeiter des 1912 erschienen Bandes der *Kunstdenkmäler der Provinz Brandenburg* entschieden sich, die Überlieferung vom schlechten baulichen Zustand des Domes und die 1426 durch den Kurfürsten Friedrich I. erteilte Erlaubnis, die Domkirche auszubessern (Riedel 1847, S. 399), auf den Westbau und das Langhaus zu übertragen (Kunstdenkmäler 1912, S. 263). Dem folgte 1994 Marcus Cante, während die Bearbeiter der Neuauflage des *Handbuches der Deutschen Kunstdenkmäler* von Georg Dehio in dem 2000 erschienenen Band zu Brandenburg wiederum einen Umbau des Langhauses im Anschluss an die in der Mitte des 15. Jahrhunderts erneuerten Bauteile von Chor und Querhaus vertraten (Dehio 2000, S. 108). Für Chor und Querhaus lagen mit der dendrochronologischen Datierung von Hölzern aus dem mittelalterlichen Dachwerk in die Zeit zwischen 1454 bis 1459 endlich einigermaßen sichere Datierungshinweise für das dazuge-

Mittelschiffsdach des Brandenburger Domes, Verzahnung an der westlichen Sargmauer des Nordquerhauses, an die die nördliche Obergadenwand des Langhauses angefügt wurde

hörige Umbaugeschehen vor (M. Cante 1994, S. 52 f.), während die Datierung der Proben aus dem ebenfalls mittelalterlichen Langhausdach bisher nicht gelang.

1998 legte Carljürgen Gertler, einer der besten Kenner der brandenburgischen Domarchitektur, seine Überlegungen zum spätgotischen Domumbau vor (Gertler 1998, S. 66–78), die er 2005 noch einmal ausführlich präzisierte (Gertler 2005, S. 173–204). Dabei mündet seine Argumentation in zwei alternativen Varianten, bei der entweder dem Umbau von Chor und Querhaus die Errichtung des Langhauses folgt (Variante A), wobei er auf die dann fehlenden Widerlager der beiden ost-westlich verlaufenden Vierungsbögen hinweist, oder ein Umbau des Langhauses vor der Erhöhung des Querhauses (Variante B) erfolgte, mit dem dieses Problem nicht auftreten würde (Gertler 2005, S. 192). Zudem leitet Gertler aus der Lage der gleich mehrfach am Querhaus auftretenden Baunähte (während diese an den Langhauswänden fehlen) ebenfalls ein Indiz für die Existenz des spätgotisch veränderten Langhauses beim Weiterbau der Ostteile ab (Gertler 2005, S. 194) Schließlich sind die Details der Ausführung des kräftigeren westlichen Vierungsbogens als Standort einer provisorischen Wand und die dort ansetzenden Schildbögen der in der Höhe über das Querhausgewölbe hinausreichenden Wölbung des Langhausmittelschiffs für ihn weitere Hinweise in dieser Richtung (Gertler 2005, S. 197 f.).

Da aufgrund eines nur ausschnitthaften Einblicks nicht selten verschiedene Varianten der Auflösung beziehungsweise Interpretation sichtbarer Baunähte und -Fugen möglich scheinen, wäre dies auch im Fall der Baunähte zwischen Quer- und Langhaus des Brandenburger Domes zu überprüfen. Dabei zeigten sich jedoch nicht nur die Indizien einer Baufolge von Ost nach West, sondern die dortigen Befunde liefern starke Indizien für eine nachträgliche Anfügung des spätgotischen Obergadens an ein bereits zuvor erhöhtes Querhaus. Dementsprechend besitzen die Baunähte zwischen Langhausobergaden und westlicher Querhauswand auf der Innenseite (Dachraum) charakteristisch hervorstehende Verzahnungen (sogenannte Warteverbände), deren Existenz an der westlichen Querhauswand nur erklärbar ist, wenn man hier die Obergadenwand nachträglich an das Langhaus anfügte. Denn im Gegensatz zu den mehrfach durch Reparaturen verunklärten Befunden an den Außenseiten ist auf den Innenseiten zwischen den Obergadenwänden und der westlichen Querhauswand größtenteils noch das originale Mauerwerk erhalten, das nicht nur durch die vorhandene Mörtelfuge, sondern auch durch den weit hervorstehenden Warteverband eine nachträgliche Anfügung der Obergadenwände belegt. Schließlich wäre es widersinnig, nachträglich eine viel breitere Verzahnung gegen die schmaleren Obergadenwände zu setzen. Da die im Dachraum erhaltenen Verzahnungen den erkennbaren Befunden an den Außenwänden entsprechen und diese hier sogar über die gesamte Höhe des spätgotischen Obergadenmauerwerks reichen, gibt es keinen Grund, daran zu zweifeln,

Ecke zwischen Querhaus und nördlicher Obergadenwand des Langhauses des Brandenburger Domes

Ecke zwischen Querhaus und südlicher Obergadenwand des Langhauses

dass die spätgotischen Mittelschiffswände im Ganzen an das zuvor erhöhte Querhaus angefügt wurden.

Dementsprechend dürfte die gegenüber der Sargmauer des östlichen Querhausbogens um 0,30 m kräftigere Sargmauer des westlichen Querhausbogens tatsächlich kurzzeitig eine provisorische Abschlusswand getragen haben, allerdings nicht für das Langhausdach, sondern für das um 1460 errichtete Querhausdach, dessen Hölzer zwischen 1454 und 1459 gefällt wurden (M. Cante 1994, S. 52 f.).

Einen deutlichen Hinweis auf eine solche Bauabfolge geben schließlich die noch erhaltenen mittelalterlichen Dachwerke auf dem Lang- und dem Querhaus selbst. Denn während das erste östlichste Gebinde des Langhausdaches gar nicht auf, sondern noch vor der Trennmauer liegt, sitzt das westlichste Gebinde des mittleren Querhausdaches auf dieser Mauer und ließ mit seiner Lage zudem noch ausreichend Platz für einen provisorischen Giebel. Darüber hinaus hat man das Langhausdach den Abbundzeichen zufolge von Ost nach West aufgeschlagen, was ein Hinweis dafür ist, dass man sich mit dem Langhausdach am vorhandenen Querhausdach orientierte und sich an dieses anlehnte, denn bei einer Ausführung des Langhausdachwerks vor dem existierenden Querhausdach hätte man das gesamte Dach Analogien zufolge am vorhandenen Westbau beginnend in östlicher Richtung aufgeschlagen.

An den Querhauswänden sind im Dachraum weitere Baunähte und Verzahnungen zu erkennen, die auf einen interessanten Aspekt in der Abfolge des Umbaus der Ostteile des Brandenburger Domes weisen. Diesen zufolge bemühte man sich erst einmal darum, nur jene Mauern von Chor und Vierung zu erhöhen, auf denen sich die Konstruktion des dazugehörigen Dachwerks aufstützte, um offenbar möglichst schnell einen nutzbaren Chorraum zu erhalten. Die beiden Querhausarme

Detail aus dem Längsschnitt des Baukonduktors Pflughaupt von 1827 an der Nahtstelle zwischen Querhaus und Langhaus des Brandenburger Domes, Blick nach Süden

Schematische Rekonstruktion des ersten Bauabschnitts des spätgotischen Umbaus der Ostteile des Brandenburger Domes

erhöhte man dagegen erst in einem folgenden Bauabschnitt, was nahelegt, dass man hier so lange wie möglich die ursprüngliche Dachkonstruktion beibehielt.

Letztlich würde sich eine Vollendung des Langhauses nach dem Umbau der Ostteile schlüssiger in eine ohnehin nur durch wenige überlieferte Daten gesicherte Baugeschichte und den mit ihr verbundenen historischen Kontext einordnen.

Die bereits erwähnte Erlaubnis zur Ausbesserung des als „vast pawfellig" bezeichneten Domes an „Kirchen und an dem Türn" erteilte der Markgraf und Kurfürst Friedrich I. im Jahr 1426 dem Brandenburger Dompropst Peter von Klitzing (Riedel 1847, S. 399), welcher die Geschäfte unter dem 1421 eingesetzten Bischof Stephan Bodeker führte. Eine im Turmknopf aufgefundene Urkunde überliefert Bauarbeiten am Nordturm für das Jahr 1435 und legt nahe (Gertler 1998, S. 75 sowie Cante/Kurze/Seebacher/Schößler 2007, S. 252), dass man mit dem Westbau zuerst einmal den gefährdetsten Bauteil des Domes reparierte, was neben dem umfangreichen baulichen Volumen sicher auch einen großen zeitlichen Aufwand mit sich brachte, sodass zu diesem Zeitpunkt wohl noch nicht an den Umbau des Langhauses zu denken war. Bald darauf dürfte jedoch mit den Arbeiten am Chor und am Querhaus begonnen worden sein, wozu nach jüngsten Überlegungen von Joachim Müller auch der Umbau und die Neueinwölbung der Krypta gehören könnten (J. Müller 2014, S. 68). Tatsächlich weist ein im Zusammenhang mit der Untersuchung der Krypta freigelegtes Rippenprofil auf eine Einwölbung im Verlauf des 15. Jahrhunderts. Parallel oder sogar noch vor dem Chorumbau müssen zudem die Arbeiten am Nordflügel der Klausur begonnen worden sein, die zur Einrichtung jener Bibliothek führten, die der Nürnberger Humanist Hartmann Schedel spätestens im Jahr 1463 beschrieb (Cante/Kurze/Seebacher/Schößler 2007, S. 257). Schließlich sind auch noch für das Jahr 1464 Bautätigkeiten überliefert (Gertler 1998, S. 75), die sich nun auch auf den Umbau des Domlanghauses beziehen ließen. Damit ist jedoch keinesfalls gesagt, dass diese Umbauarbeiten am Langhaus erst nach der Vollendung des Querhauses um 1460 begonnen worden sein müssen. Wie jedoch bereits zuvor angemerkt, trägt das relativ einheitliche Umbaugeschehen die Handschrift jener Bauleute, die um 1460 auch an der bischöflichen Burg in Ziesar tätig waren.

Im Jahr 1459 wurde der Dompropst Dietrich von Stechow als Bischof eingesetzt, wobei es sich für das Bistum Brandenburg erstmals um die Ernennung eines Bischofs durch den Kurfürsten handelte, denn seit 1447 hatte Kurfürst Friedrich II. das Nominationsrecht für die märkischen Bistümer Brandenburg, Havelberg und Lebus inne (M. Müller 2005, S. 21). Dementsprechend stammte Stechow aus dem Umkreis des Kurfürsten und hatte diesem bereits zuvor als Rat gedient. Die enge Verbindung zwischen dem bischöflichen Amt und der brandenburgischen Landesherrschaft ist auch daran erkennbar, dass die feierliche Einsetzung Stechows nicht etwa in der Brandenburger Domkirche stattfand, sondern auf dem Berliner Schloss (M. Müller 2005, S. 21). Auch in den folgenden Jahren seiner Regierung als Bischof engagierte sich Dietrich als kurfürstlicher Rat und war überwiegend in der Nähe des kurfürstlichen Hofes präsent (M. Müller 2005, S. 21). Das hielt ihn jedoch nicht davon ab, recht bald nach seinem Amtsantritt mit dem prächtigen Ausbau der bischöflichen Residenz in Ziesar zu beginnen.

Wahrscheinlich wurden jene Bauleute, die ab etwa 1460 in Ziesar tätig waren, erst kurz zuvor mit dem Umbau des Domlanghauses beauftragt, denn die Unterschiede in den Details zwischen den erneuerten östlichen Bauteilen und den spätgotischen Veränderungen des Langhauses legen nahe, dass es hier auch zu einem Wechsel in der Bauausführung kam. Zwar ist damit keineswegs ausgeschlossen, dass ein Teil der zuvor dort beschäftigten Bauhandwerker und Ziegler weiter am Bau beteiligt blieb – so lassen sich Kontinuitäten einzelner Profilformen feststellen –, doch ist der Umbau des Hohen Chores mit der Auflösung der Innenwände durch Rundblenden in seinem Aufriss viel stärker altmärkischen Vorbildern verbunden als die folgende Bauphase. Dementsprechend wies bereits Carljürgen Gertler auf die Vorbildhaftigkeit von Grund- und Aufrissgliederungen des Stendaler Domes und der dortigen Marienkirche (Gertler 1998a, S. 69 f.) für den Chorumbau des Brandenburger Domes hin. Die innovativen Gestaltungsdetails des Maßwerks und die auffälligen Markierungen ausgewählter Formsteine durch Ziegelstempel sind dagegen vor allem am Langhaus zu finden und gehören zu einer ganzen Reihe von Baudetails, mit denen sich das Langhaus von den Ostteilen des Brandenburger Domes abhebt.

Aufwendiges Backsteinmaßwerk am Portal der Kapelle der bischöflichen Burg Ziesar

Nördliches Querhausportal der Stephanskirche Tangermünde

Maßwerkfries im Kapellenraum in Ziesar

Mittelalterliches Maßwerk vom ehemaligen Haus der Familie Blankenfelde im kleinen Hof des Märkischen Museums in Berlin

Für Adolph Friedrich Riedel setzte sich der Bischof Dietrich von Stechow vor allem durch seine auffälligen Veräußerungen von Tafelgütern von den anderen Brandenburger Bischöfen ab (Riedel 1847, S. 84). Der darin erkennbare Geldbedarf ließe sich als Indiz dafür sehen, dass Stechows repräsentative Ambitionen mit hohen Kosten verbunden waren. Möglicherweise diente ein Teil der benötigten Gelder zur Finanzierung der charakteristischen Architekturgestaltungen in Brandenburg und Ziesar.

Auch wenn bisher nicht sicher zu klären war, ob ein Ausgangspunkt dieser Brandenburger Bauleute bereits an den letzten Bauabschnitten des Binnenchores der altstädtischen Gotthardtkirche zu suchen ist, denn in den dortigen Konsolen lassen sich bereits Reflexionen auf die dazugehörige Architekturgestaltung finden, dürfte der Umbau des Domlanghauses konstitutive Züge für die Herausbildung einer Art Werkstatt beziehungsweise eines Baubetriebes tragen. In der offenbar nur kurze Zeit darauf entstandenen Backsteingestaltung der bischöflichen Kapelle der Burg Ziesar gelangte dieser Dekor zu seiner größten Entfaltung. Er weist in seiner Ausführung zugleich auf seine wichtigsten Vorbilder hin: auf den Dekor jener Ziegler und Bauleute, die sich hinter dem Synonym „Hinrich Brunsberg“ verbergen. Bei ihnen handelte es sich um einen Verbund mehrerer hochrangiger pommerscher Bauhandwerker, denen es im späten 14. Jahrhundert gelang, eine größere Anzahl prominenter Bauprojekte in Pommern und Brandenburg parallel zu bestreiten (Schumann 2010, S. 122–161). Diese gleichzeitige Präsenz an verschiedenen hochrangigen Baustellen ist schließlich auch ein wesentliches Merkmal jener spätgotischen Brandenburger Bauleute.

Dabei bezogen sie sich nicht nur in ihrem aufwendigen fries- und teppichartigen Maßwerkdekor auf den der Stettiner Bauleute um Hinrich Brunsberg, sondern man arbeitete offenbar mit einer ähnlich straffen Bauorganisation und Bauausführung. Dass diese Bauleute anders als die Stettiner Werkstatt tatsächlich in der Stadt Brandenburg ortsansässig gewesen sein könnten, belegen die Hinweise aus Jüterbog, wo im Zuge des Wiederaufbaus der Stadt nach dem Brand von 1478 an der dortigen Nikolaikirche und am Rathaus der Baumeister Andreas Weske tätig war, der der Überlieferung zufolge aus der Stadt Brandenburg stammte (Buchinger und Cante 2000, S. 68 und 123). Jene durch inschriftliche beziehungsweise archivalische Indizien mit Weske verbundenen Bauten entstanden um 1490 und weisen noch heute die Reste charakteristischer Maßwerkfriese auf, deren Einzelteile offenbar mit den gleichen Schablonen angefertigt wurden wie die zuvor um 1465 in der Kapelle in Ziesar und die um 1475 an der Tangermünder Stephanskirche verwendeten Maßwerkelemente.

Für den Umbau des Domlanghauses und den repräsentativen Ausbau der Burg in Ziesar liegt das Engagement des Brandenburger Bischofs nahe. Auch im Fall der Gotthardtkirche lässt sich ein Zusammenhang mit der Dombaustelle nicht ausschließen, da an dieser Pfarrkirche das Domkapitel das Patronat bis zur Reformation innehatte (M. Cante 1994, S. 115). Damit ist jedoch keinesfalls die Frage nach den Initiatoren der repräsentativen Bautätigkeiten und der mit ihr verbundenen Architektur geklärt, wie dem Rathaus der Brandenburger Altstadt oder einer ganzen Reihe repräsentativer kirchlicher und städtischer Gebäude in Tangermünde. Vor allem in Tangermünde handelt es sich um ein relativ umfangreiches Bauvolumen, das man hier in der zweiten Hälfte des 15. Jahrhunderts ausführte. Zwar war Tangermünde auch nach der Verlegung der Residenz der Hohenzollern nach Berlin und dem Tod Friedrichs des Jüngeren noch eine der wirtschaftlich stärksten Städte der Mark Brandenburg, doch machten sich schon verschiedene Einschränkungen bemerkbar, für die nicht zuletzt die hohenzollernschen Landesherren selbst verantwortlich waren. Aus heutiger Sicht erscheint es fraglich, dass es der städtischen Gemeinschaft gelang, den repräsentativen Umbau umfangreicher Teile der Stadt mit eigenen Mitteln zu finanzieren. Schließlich sind es jene charakteristischen Maßwerkfriese, die über einen regionalen Zusammenhang hinausweisen, denn als man in Berlin 1889 das Haus Blankenfelde in der Spandauer Straße abbrach (Schumann 2011, S. 40 f.), traten hier die Reste eines reichen mittelalterlichen Backsteinzierrates zutage, der unter anderem eben jene durchbrochenen und geschwungenen Fischblasenmaßwerke aufweist, die zu einem Leitmotiv jenes brandenburgischen Baubetriebs geworden waren, der sich offenbar am Brandenburger Domlanghaus konstituierte. Die einflussreiche Familie von Blankenfelde stellte mehrere Berliner Bürgermeister und bestimmte im 14 und 15. Jahrhundert wesentlich die Politik der Stadt mit. Obwohl sie im Zuge des Berliner Unwillens wie andere Ratsfamilien zeitweilig ihre Privilegien verlor, erscheinen die Beziehungen zu den hohenzollernschen Landesherren danach umso enger (Schumann 2011, S. 40). Möglicherweise kam dabei dem Dekor der repräsentativen Erneuerung des Gebäudes, welche dem dazugehörigen Zierrat zufolge in der Zeit zwischen 1460 und 1480 erfolgte, die Bedeutung eines architektonischen Statements zu.

Bereits Hartmut Krohm hat auf das in der Mitte des 15. Jahrhunderts neu erbaute kurfürstliche Residenzschloss als eine mögliche Bezugsgröße für die Architektur in Ziesar verwiesen (Krohm 2005, S. 178). Auch wenn wir von der ursprünglichen Gestaltung des Berliner Schlosses aufgrund späterer Überformungen wenig wissen und hier zum großen Teil auf Spekulationen angewiesen sind, lässt sich am hohen Rang jener Architektur kaum zweifeln. Die Einsetzung Claus Pfennigs als Leiter der Bautätigkeiten am Berliner Schloss im Jahr 1464 weist auf Arbeiten, die genau zu jener Zeit stattfanden (Cante u. a. 2007, S. 177), als auch an den Bauten in Brandenburg und Ziesar gearbeitet wurde. Dass dort verwendete Maßwerkschablonen auch in Berlin präsent waren, weist schließlich das Berliner Haus der Familie von Blankenfelde nach. Spätestens in diesem Zusammenhang avanciert jene architektonische Gestaltung, die erstmals beim spätgotischen Umbau des Brandenburger Domlanghauses konsequent angewendet wurde, zu einer repräsentativen „Leitarchitektur", wie sie schließlich noch heute durch eine ganze Reihe von Bauten zwischen Tangermünde und Bernau bezeugt wird.

Lit.: Adler 1862; Bergau 1885; Buchinger/Cante 2000; Büsching 1817; M. Cante 1994; Cante/Kurze/Seebacher/Schößler 2007; Dehio 1906, 2000, 2002, 2012; Gertler 1998a, 2005; Eichholz 1912; Riedel 1847; Krohm 2005; M. Müller 2005; J. Müller 2014; Rümelin 2003; Schumann 2010, 2011

Die statischen Probleme und Sanierungen im 19. und 20. Jahrhundert

Peter Bartram

Romanischer Dom im 13. Jahrhundert

Dom nach gotischer Überformung im 14. Jahrhundert

Im Jahr 1165 war die Grundsteinlegung für den Bau dieser Kirche, eine Basilika im romanischen Stil. Von Anfang an als Backsteinkirche konzipiert, wurde sie in der Burganlage der Heveller auf einer Havelinsel errichtet. Diese Burg unterlag im Lauf der Zeit Veränderungen. Gräben wurden erweitert und neu ausgehoben, alte mit dem Abraum zugeschüttet. Der Dom steht also auf einem schwierigen Baugrund, gut tragfähige Sandschichten wechseln sich mit nicht tragenden Schichten teilweise abrupt ab. Die romanischen Baumeister begegneten dieser Herausforderung, indem sie die Fundamente mit Tiefen von 4,80 m großenteils auf den tragenden Baugrund geführt haben. Die Fundamente waren keine durchgehenden Bankette, sondern in Pfeiler aufgelöst, die durch sogenannte Erdbögen miteinander verbunden wurden. Sowohl das Hauptschiff als auch die Seitenschiffe erhielten eine stabilisierende Holzbalkendecke. Der Gefahr, dass durch ungleiche Setzungen Schäden an den hohen Mauern auftreten können, wurde dadurch entgegengewirkt.

Im Westen war eine Doppelturmanlage geplant, für deren Türme ein gemeinsamer rechteckiger Fundamentkranz gebaut wurde. Es handelte sich dabei um ein durchgehendes Bankett ohne Erdbögen von 2,50 m bis 3,20 m Breite, aber einer Tiefe von nur 2,40 m.

Der Nordturm wurde als Erstes gebaut. Wahrscheinlich führten Setzungen und Schiefstellungen ziemlich bald zu solchen Problemen, dass der Bau des Südturms eingestellt wurde.

Im 14. Jahrhundert wurde der Dom gotisch überformt, was gewaltige Neubaumaßnahmen bedeutete: Die stabilisierende Holzbalkendecke wurde ausgebaut und die Obergadenwände wurden um drei Meter erhöht. Anschließend zog man gemauerte Gewölbe ein und bildete den neuen Dachstuhl sehr viel steiler als seinen Vorgänger aus. Um die Lasten aus den Seitenschiffgewölben aufzufangen, wurden die Arkadenpfeiler durch vorgemauerte Dienste verstärkt. Die Apsis erhielt Strebepfeiler, nicht aber die Obergaden des Langhauses. Diese Umbaumaßnahmen beeinflussten die

Westansicht

Standsicherheit des Gebäudes. Die vertikalen Lasten vergrößerten sich nämlich erheblich, wofür die Grundmauern, die Pfeiler und vor allem die Fundamente nicht ausgelegt waren. Noch mehr gefährdeten jedoch die erhöhten Horizontalkräfte die Stabilität des Domes. Zwar werden die sich aus der Vergrößerung des Dachstuhls ergebenden erhöhten Spreizkräfte großenteils noch von der Konstruktion selbst gebunden, nicht aber die auf das hohe Dach wirkenden Windkräfte. Solch ein hohes Dach wirkt wie ein Segel und gibt die Kräfte als horizontale Auflagerkräfte an die Mauerkrone der Obergadenwände ab (luvseitiger Winddruck wirkt in das Gebäude hinein, leeseitiger Windsog zieht nach außen). Durch die Erhöhung der Wände um drei Meter erhöhte sich der Hebelarm für diese Kräfte entsprechend. Die schweren neuen Gewölbe geben ebenfalls nicht nur vertikale, sondern auch hohe horizontale Lasten ab. Die Windsogkräfte und die Beanspruchung aus diesen Kämpferkräften überlagern sich, wenn auch in unterschiedlichen Höhenlagen. Verstärkungen zur Aufnahme dieser horizontalen Kräfte wie Strebepfeiler an der Außenwand wurden nicht vorgesehen.

Die Turmanlage war durch die gotische Überformung in statischer Hinsicht nicht betroffen. Der Nordturm entwickelte aber mit seinen Setzungen im schlechten Baugrund ein Eigenleben. Die im 15. Jahrhundert angesetzten Strebepfeiler waren nur Zierde und erhöhten die Standsicherheit nicht.

Maßnahmen im 19. Jahrhundert

Der Dom gab so über die Jahrhunderte ständig Anlass für Reparaturarbeiten. Zu Beginn des 19. Jahrhunderts muss er in einem ziemlich verwahrlosten Zustand gewesen sein. So wurde etwa von Löchern in der Dachhaut, faulenden Traghölzern und Rissen berichtet, die die Gefährdung der Standsicherheit anzeigten. Es war aber auch die Rede davon, dass die Krypta zur Lagerung von Kartoffeln genutzt wurde.

Grundsätzlich schien sich jedoch ein Bewusstseinswandel vollzogen zu haben, was den Wert historischer Gebäude betrifft. So erstellte Keferstein im Jahre 1801 ein Gutachten zur Reparatur der großen Domkirche zu Brandenburg, das auch Baugrunduntersuchungen enthält. Es markiert den Anfang der Sanierungsbemühungen im 19. Jahrhundert.

Maßnahmen 1827 bis 1836

Im April 1827 ging ein Schreiben des Domstifts an den preußischen Minister des Innern und gleichzeitig ein Schreiben an seine Königliche Majestät, in dem um Unterstützung bei der Herstellung der Domkirche gebeten wurde. Im Mai desselben Jahres sicherte Friedrich Wilhelm III. in einer Allerhöchsten Kabinettsorder dem Domkapitel seine Unterstützung bei der Wiederherstellung der Domkirche zu: „Die Kosten müssen aber nicht ins Große gehen.“

Im November 1827 wurde vom Domstift aufgezeigt, dass der „Geheime Ober Bau Rath“ Karl Friedrich Schinkel für die Planung der Baumaßnahme hinzugezogen wurde. In einem Gutachten untersuchte der

Landbaumeister Krüger Fundamente und Baugrund im Bereich des Turmes und des Südlichen Querhauses. Er zeigte an, dass deren Fundamente noch in Torfschichten gegründet waren. Zudem waren die Dächer von Turm und Kirche undicht; entsprechend marode war inzwischen die Holzkonstruktion. Die Wände könnten den Gewölbeschub nicht aufnehmen und seien ausgewichen. Noch viele weitere Schäden sind detailliert aufgelistet. Besonders baufällig war laut Gutachten der südliche Seitenflügel. Im September 1828 legte Schinkel dem Königlichen Hohen Ministerium des Innern und der Polizei ein Gutachten der Oberbaudeputation vor, in dem auch er darauf hinwies, dass das südliche Querhaus aufgrund mangelhafter Gründung einsturzgefährdet sei. Eine Sanierung sei aber schwierig. Eine (Ramm-)Pfahlgründung verbiete sich wegen der Erschütterungen, Bodenaushub mit Wasserhaltung sei wegen der Gefährdung der angrenzenden Kirchenfundamente nicht möglich. Ein Abbruch des Seitenflügels schließlich könnte die Stabilität der Gewölbe des Hauptschiffs beeinträchtigen. Man plane daher, einen Sicherungsbau um den südlichen Kreuzflügel so anzulegen, dass er den ganzen alten Bau zusammenhalte. Die Gründung dieses Sicherungsbaus solle auf sechs Senkbrunnen erfolgen. Nach einer längeren Aufzählung, welche weiteren Sanierungsmaßnahmen nötig seien, folgt der berühmte Satz: „Sonst halten wir dafür, dass es nicht die Kosten verlohnen würde, im Äußeren eine bessere Architektur oder eine Vervollständigung derselben über die ganze Kirche ausgedehnt auszuführen, indem das Gebäude auf eine sehr lange Dauer nicht mehr Anspruch machen kann." Regierungsrat Redtel legte im Januar 1832 einen Bericht vor, in dem auch er riet, das südliche Querhaus durch eine neue Mauer zu sichern. Er zeichnete aber auch ein düsteres Bild vom Gesamtzustand des Domes, denn „es besteht also unverkennbar ein fortdauerndes, wenn auch sehr langsames Verschwinden oder Zunahme des Verfalls der ganzen Kirche". In ihrem Schreiben vom November 1832 an das Königliche Hohe Ministerium des Innern zeigte die Oberbaudeputation an, dass die oberen Mauern des Mittelschiffs unter dem Druck des Gewölbeschubes nachgeben und ein „baldiges Einstürzen eines Theils der Kirche zu erwarten stände". Gleichzeitig gab es auch gute Nachrichten: Bei (neuen) Untersuchungen wurde festgestellt, dass der tragfähige Baugrund im Bereich des südlichen Querhauses noch oberhalb des Grundwassers bei ca. 3,75 m anstand. Die kostspielige Gründung auf Senkbrunnen konnte also entfallen. Im Dezember 1833 lag ein überarbeiteter Kostenanschlag der Oberbaudeputation zur Wiederherstellung der Kirche vor. Hier wird die geplante Ankerkonstruktion für das Mittelschiff beschrieben. Diese Anker, Vierkant, 2 Zoll (52 mm) stark in Puddelstahl, wurden aus Montagegründen in drei Teilen eingebaut und in der Mitte durch Zugeisen, die im Bundbalken verankert waren, abgehängt. Um das Vorspannen einfacher zu gestalten, wurden die Schnallen selbst mit entgegengesetzten Schraubengewinden versehen.

Die Bauarbeiten begannen im Mai 1834 durch Einschlagen der Gewölbe im südlichen Querhaus. Der Giebel, die gesamte südwestliche Ecke und weitere Teile der westlichen Mauer wurden abgebrochen, neu gegründet und wieder aufgemauert. Die infolge des Gewölbeschubes auseinanderweichenden Kirchenschiffwände wurden mit den zuvor beschrieben Spannankern gesichert. Die Anker haben verhindert, dass Gewölbe einstürzten, obwohl immer wieder Rissschäden auftraten, die die ungleichen Setzungen anzeigten.

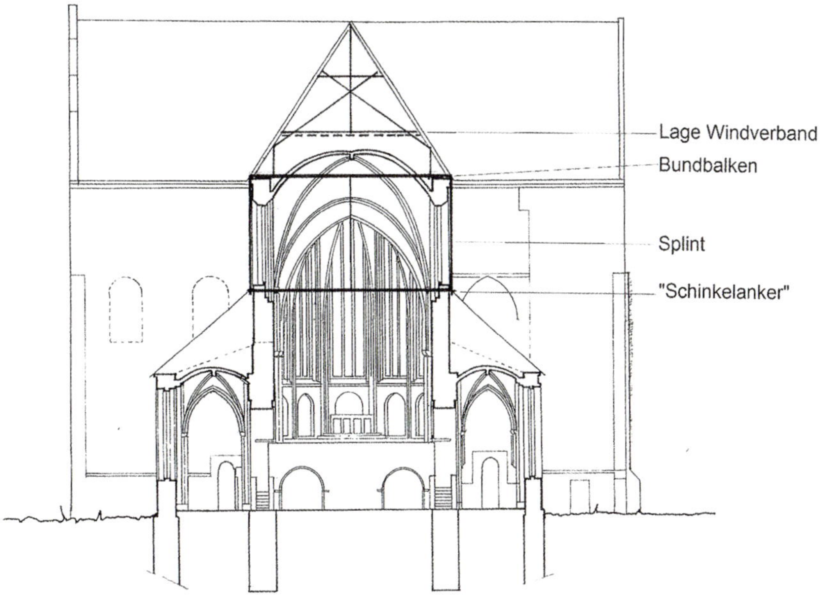

Schnitt Langhaus mit Lage Aussteifungskonstruktion

Der Katalog der weiteren Sanierungsmaßnahmen gibt einen Eindruck dieser zweijährigen Bauphase: Erneuerung der Dachstühle der Seitenschiffe, Reparaturen an den Seitenschiffmauern, Restaurationsarbeiten in der Krypta, Erneuerung der Orgelempore und der Portale mit Glasrosette, Neueindeckung aller Dächer, Ersetzung der (maroden) barocken Turmhaube durch einen achteckigen Helm, Neugestaltung der Westfassade mit einer Zinnenarchitektur, Anlegen einer Freitreppe im Inneren der Kirche zum Hohen Chor, Abriss des Waschhauses am westlichen Ende des südlichen Seitenschiffs.

1836 wurden die Bauarbeiten mit dem Einziehen einer geraden Balkendecke und einer Zwischendecke im südlichen Querhaus offiziell beendet. Hier richtete Karl Friedrich Schinkel ein Antiquarium ein, in dem Kunstwerke aufbewahrt werden konnten.

Schnitt südliches Querhaus mit Sakristei und „Bunter Kapelle", Abfangung Chorstrebepfeiler

Maßnahmen 1870 bis 1895

Im Jahre 1870 bemühte sich der damalige Bauinspektor Geißler in einem Bericht um die Restaurierung der Bunten Kapelle, weil „dieser mit einer seltenen mittelalterlichen Künstlerschaft architektonisch durchgeführte Raum, in welchem vor der Reformation unzweifelhaft die Kapitel abgehalten wurden, jetzt fast total destruiert sei". In einem sehr langen Verfahren hat der Konservator der Kunstdenkmäler, Geheimer Regierungsrat Ludwig Persius, nach einer Ortsbesichtigung am 15. Mai 1889 die denkmalgerechte Restaurierung befürwortet.

1895 erfolgte die Ausführung der Restaurierungsarbeiten, in deren Zuge auch ein maroder Strebepfeiler des Hohen Chores abgebrochen wurde, der durch die Kapelle verlief und dessen Tragfähigkeit nicht mehr gewährleistet werden konnte. Oberhalb der Bunten Kapelle wurde er abgefangen und im darüberliegenden Bereich der Sakristei neu aufgemauert. In dieser Bauphase wurde auch die von Schinkel angeordnete Flachdecke über dem südlichen Querhaus durch ein Bohlengewölbe ersetzt.

Maßnahmen im 20. Jahrhundert

Um die Jahrhundertwende wurde zur Beheizung der Krypta unterhalb des östlichen Bereiches des südlichen Seitenschiffs eine Heizung eingebaut. Diese Anlage ist allerdings schon lange nicht mehr in Betrieb. Im Jahre 1929 wurden erneut Restaurierungsarbeiten vorgenommen, auch wurde die Krypta umgestaltet.

Während er beiden großen Kriege wurden am Dom keine bedeutenden Bauarbeiten durchgeführt. Erwähnt ist lediglich, dass die Orgel 1939 abgebaut und in der Krypta gelagert wurde und dass man 1947 die Kanzel – ohne Reparatur – wiederherstellte.

Maßnahmen 1960 bis 1965

Die Bauschäden am Dom hatten sich ca. 65 Jahre nach der letzten Sanierung wieder deutlich verstärkt. Erneut waren umfassende Sanierungsmaßnahmen erforderlich, um die Domkirche vor dem Einsturz zu bewahren. Im November 1960 fand zur Klärung konstruktiver Fragen im Hinblick auf die geplante Instandsetzung eine Begehung der Domkirche statt. Im Chor und in den Querhäusern waren keine Schäden erkennbar, ausgenommen der Wendeltreppenanbau an der Ostwand des südlichen Querhauses, der sich gelöst hatte. An der Nordwand zeichneten sich Setzungsrisse ab, die aber auch nicht als besorgniserregend eingestuft wurden. Akut gefährdet waren allerdings die inneren Arkadenpfeiler. Sie tragen das Mittel- und jeweils das halbe Seitenschiff und waren stark gerissen. Ein baldiges Versagen wurde befürchtet. Die Schadensursachen wurden erforscht, auch die, die aus dem Baugrund resultieren. Die Pfeiler waren dafür ausgelegt, die Lasten aus dem romanischen Dom, hölzerne Flachdecke und Dach, aufzunehmen. Sie bestehen aus einer einen halben Stein starken Ummantelung und einem Kern, der unter anderem aus Ziegelbruch und Fehlbränden gemauert ist. Die Pfeiler wurden im Zuge der gotischen Überformung zwar mit Diensten zur Aufnahme der Gewölbelasten aus den Seitenschiffen verstärkt, doch war der gotische Teil der Pfeiler mit dem romanischen nicht verbunden worden, stand also frei.

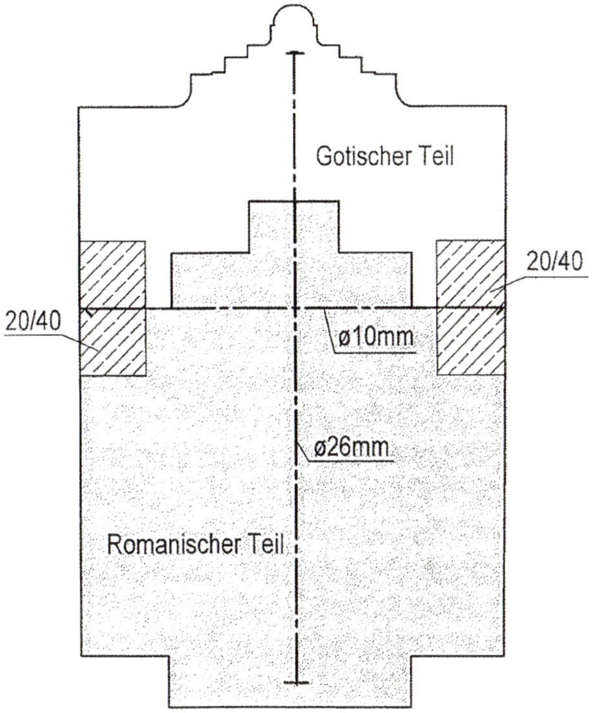

Arkadenpfeiler 2–11, Verstärkungsmaßnahmen 1963

Umfangreiche Untersuchungen der Fundamente und des Baugrundes ergaben, dass der romanische Pfeilerteil auf dem alten, aus der Zeit der Gründung stammenden Fundament steht. Die gotischen Pfeilerverstärkungen waren dagegen auf einem eigenen Fundament gegründet, das aber nur bis ca. 1,30 m unter Fußbodensohle reicht. Diese Fundamente hatten sich so stark gesetzt, dass sie ihre Funktion nicht mehr erfüllen konnten. Die gesamten Lasten mussten also von der romanischen Pfeiler- und Fundamentkonstruktion übernommen werden. Die gemauerten Pfeiler waren überlastet. Durch den Gewölbeschub wurden sie herausgedrückt und gerieten in Schiefstellung, was eine exzentrische Belastung der Pfeiler bedeutete und zu hohen Kantenpressungen führte. Dies waren die Ursachen für die starken Risse in den Pfeilern. Glücklicherweise bewirkten die 1834 eingezogenen Anker, dass sich die Schiefstellung nicht vergrößerte. Gipsplomben aus dem Jahr 1939 ließen jedoch erkennen, dass das Mauerwerk des Domes immer noch in Bewegung war. Daher war die konsequente Lösung, die Arkadenpfeiler so zu ertüchtigen, dass sie die anfallenden Lasten sicher aufnehmen können und die Fundamente so zu verstärken, dass die Pfeilerlasten in den tragfähigen Baugrund geleitet werden.

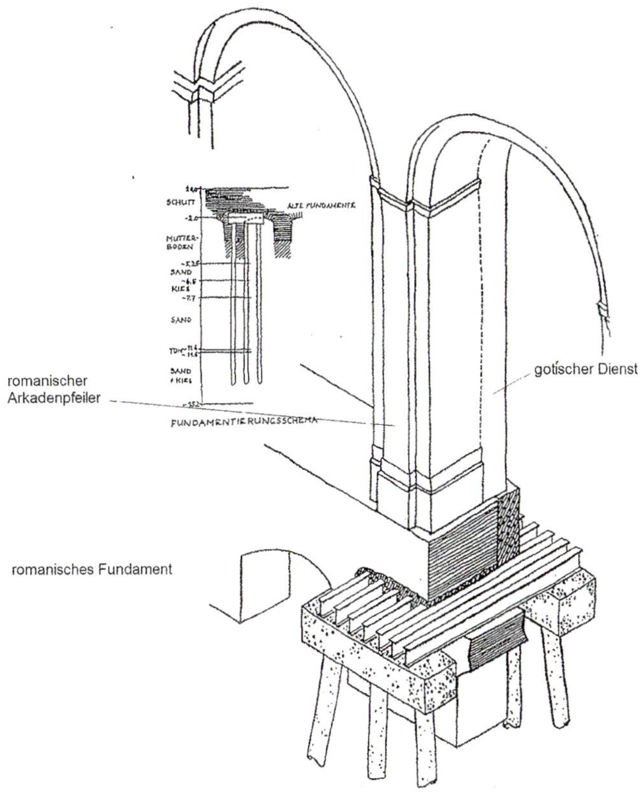

Abfangung Arkadenpfeiler 2–11

Auch die Außenmauern der Seitenschiffe sollten im Bereich der Achsen der Arkadenpfeiler entsprechend ertüchtigt werden. Folgende Arbeiten wurden daher bis 1965 zur Sanierung des Domes durchgeführt: Sanierung der Arkadenpfeiler 2 bis 11 durch Einbau von zwei senkrechten Stahlbetonkorsagen, die auf vier Meter Höhe durch Zugglieder miteinander verspannt wurden, und Verbindung der gotischen Pfeilervorlage jeweils in den Drittelpunkten, Verpressen des Kanzelpfeilers (Arkadenpfeiler Nr. 5) mit Zementmilch, Unterfangen der Arkadenpfeiler 2–11 und der Pfeiler in der nördlichen Außenwand des Seitenschiffs mit Bohrpfählen; Einbau von Zugankern in die Seitenschiffe zur Aufnahme des Gewölbeschubes; Wiederherstellung der Gewölbe, die starke Rissbildung aufwiesen; Entfernung der unter Schinkel im 19. Jahrhundert angelegten Treppe im Hohen Chor; Abbruch der Zwischendecke im südlichen Querhaus.

Diese bis 1965 durchgeführten Maßnahmen waren für den betrachteten Sanierungsbereich erfolgreich. Das Jubiläum der 800. Wiederkehr der Grundsteinlegung konnte im selben Jahr gefeiert werden. Doch die erhoffte Sicherung der gesamten Domkirche auf lange Zeit blieb aus. Nur 30 Jahre später war sie wieder akut einsturzgefährdet.

Maßnahmen 1996 bis heute

In den 1990er-Jahren wurde von Horst Giese eine umfangreiche Schadensanalyse angefertigt und 1996 die Arbeitsgemeinschaft Padberg und Partner, Hamburg, und Prof. Peter Bartram, Fischerhude, mit den Planungsarbeiten zur Sanierung des Domes beauftragt. Das Büro Padberg war zuständig für die architektonischen Planungsarbeiten und hatte die Federführung der ARGE, Büro Bartram zeichnete für den ingenieurtechnischen Part, Statik, Konstruktion und Schadensbehebung, verantwortlich. Zu dem Zeitpunkt war die Domkirche erneut sehr gefährdet. Unter den Gewölben des Langhauses hing ein feinmaschiges Netz, um Besucher vor herabfallenden Abplatzungen zu schützen. Das erste Gewölbefeld des nördlichen Seitenschiffs war wegen Einsturzgefahr sogar ganz gesperrt. Vor dem Eingangsportal stand ein Gerüst zum Schutz vor herabstürzenden Steinen. Die Gewölbe des Haupt- und der Seitenschiffe waren stark gerissen, nach Westen hin deutlich stärker als nach Osten. Die Gewölbe der Apsis zeigten ebenfalls sehr starke Rissbilder, denn die Außenwand mit Strebepfeilern drängte kräftig nach außen. Die Arkadenpfeiler waren in lotrechter Richtung wieder aufgeplatzt. Der gesamte Dachstuhl zeigte deutliche Schäden in der Konstruktion und war teilweise akut vom Echten Hausschwamm befallen, obwohl dieser in den 1960er-Jahren mit dem äußerst giftigen Holzschutzmittel Hylotox bekämpft worden war.

Da man für die Feierlichkeiten 1965 alles in Ordnung gebracht hatte, war unzweifelhaft, dass jeder Riss, jede Schädigung eine Folge der Bewegungen der letzten 30 Jahre gewesen sein musste. Vor den Sanierungsmaßnahmen in den 1960er-Jahren waren der Ost- und Westteil ohne Schäden. Nur die Arkadenpfeiler des Mittelschiffs und die Außenwände des nördlichen Seitenschiffs zeigten schwere Schädigungen. So wurden diese Bereiche saniert, abgefangen und mittels Bohrpfählen im tragfähigen Baugrund abgesetzt. Dieser Teil stand und steht fest. Durch die neuen Risse wurde jedoch deutlich, dass sich im Osten die Apsis und im Westen die Turmanlage weiterhin vom Mittelteil wegbewegten und senkten.

Die romanische Apsis ist zwar in etwa vier Meter Tiefe auf tragfähigem Grund gebaut. Bei der gotischen Überformung wurden aber die Wände aufgestockt und Gewölbe eingezogen, die einen schweren Horizontalschub abgaben. Zur Aufnahme des Horizontalschubes hatte der gotische Baumeister Strebepfeiler anbauen lassen. Die romanische Außenwand wurde bis auf Brüstungshöhe abgebrochen, um dann im Verbund mit dem Strebepfeiler neu aufgemauert zu werden. Im unteren Bereich zog man die Pfeiler ohne Verzahnung mit dem romanischen Teil bis auf das Gelände herunter, führte sie aber nicht auf tragfähigen Grund. Durch die außermittige Auflagerung auf dem romanischen Brüstungsmauerwerk und dem fehlenden Sohlwiderstand hatte der Pfeiler immer schon das Bestreben, sich nach außen herauszudrehen, statt gegen den Gewölbeschub zu stützen. Nur der oberhalb der Bunten Kapelle abgefangene Strebepfeiler hat seine Arbeit als stützender Pfeiler getan. Durch die neu eingebaute „Berglage" des Mittelschiffs wurde diese Bewegung noch beschleunigt.

Wegen der sich dramatisch vergrößernden Risse war eine der ersten Baumaßnahmen, bestrumpfte Ringanker verdeckt in der Mauerkrone und in der Brüstung der Apsis einzubohren. Sie wurden dann in den langen Chorwänden befestigt. So konnte die akute Einsturzgefahr in diesem Bereich gebannt werden. Anschließend wurde die Sanierung der hölzernen Dachkonstruktion

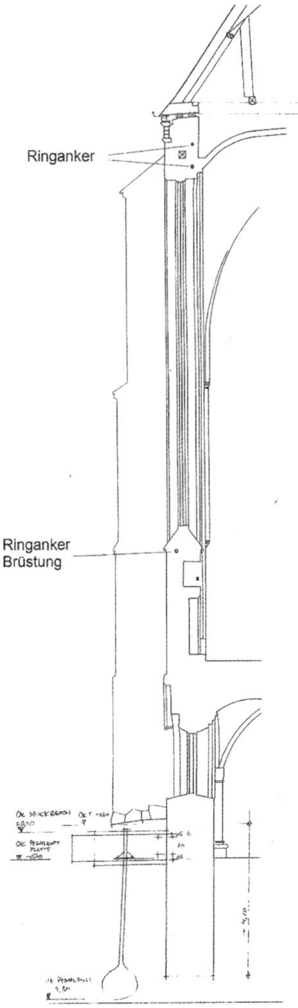

Schnitt Außenwand Apsis

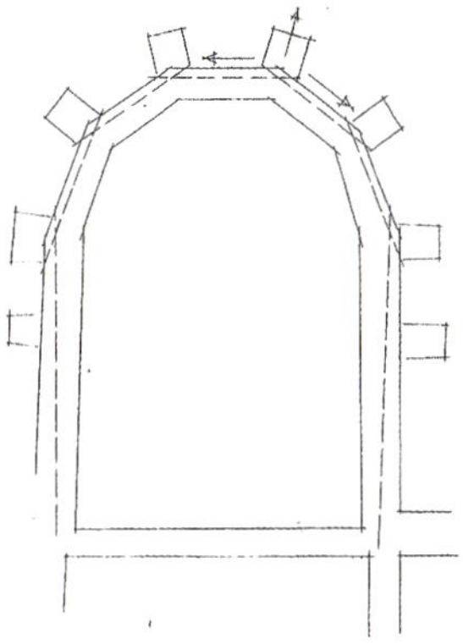

Lageplan Ringanker in Apsis- und Chormauerwerk

und der Gewölbe über dem Chor durchgeführt, um die Kämpferkräfte zu minimieren. Die Nachgründung der gotischen Fundamente mit Kugelkopfpfählen erfolgte dann später.

Schwieriger gestaltete sich dagegen die Deutung der Bewegungen im Westen. Der Nordturm hatte schon über Jahrhunderte Probleme bereitet. Die vorgesetzten Strebepfeiler setzten sich schneller als der Turm selbst. Da die Konsolidierungszeit des Baugrundes unter dem Turmfundament mit ca. 550 Jahren errechnet wurde, der Turm aber über 800 Jahre alt ist, war die Meinung, er müsse stehen. Ein weiteres Gutachten kam ebenfalls zu dem Schluss, dass der Turm sich nicht bewegt. Die Risse in den Gewölben und Wänden ließen sich aber nur durch eine Bewegung des Nordturmes erklären.

Es wurde daraufhin ein Messprogramm zur Klärung dieses strittigen, aber für eine Sanierung entscheidenden Punktes aufgelegt. Ein Feinnivellement, ausgeführt vom Katasteramt der Stadt Brandenburg und durchgeführt von Juli 1995 bis April 1998, zeigte eine ziemlich konstant bleibende Setzung von 0,8 mm pro Jahr. Das bedeutet, dass sich der Turm in der Zeit von 1963 bis 1998 um etwa 28 mm gesetzt hat. Das ist viel und kann sich für die Gewölbe über die Winkelverdrehung zur Katastrophe ausweiten. Schließlich wurde die Ursache dieser Setzungen gefunden: Die organischen Bodenschichten unter

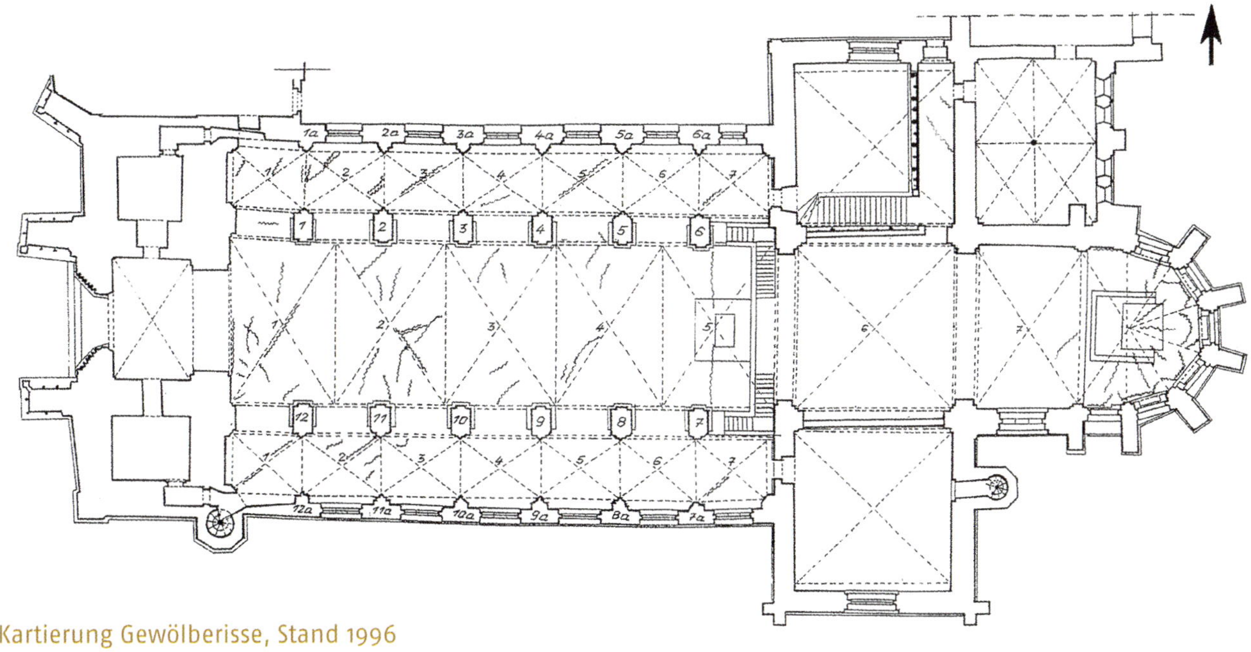

Kartierung Gewölberisse, Stand 1996

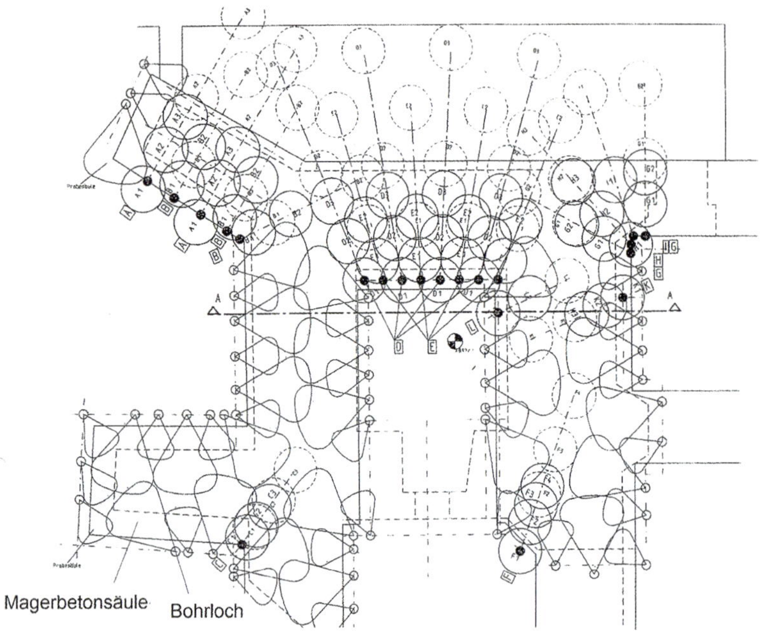

Grundriss Magerbetonsäulen des Düsenstrahlverfahrens

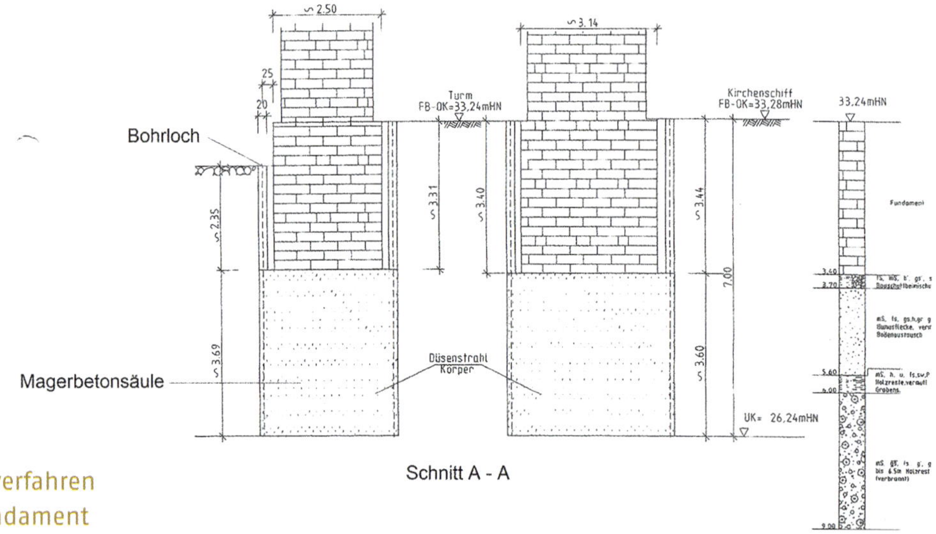

Düsenstrahlverfahren Nordturmfundament

dem Turmfundament zersetzen sich biologisch, soweit sie über dem Grundwasserhorizont liegen. Das wird sich auf unabsehbare Zeit fortsetzen, bis diese Schicht verschwunden ist. Die Setzungen sind belastungsunabhängig, können sich also nicht konsolidieren. Die Gründung musste daher durch diese organische Schicht hindurchgeführt werden. Beide Türme des Westwerks gründen auf einem gemeinsamen Ringfundament. Infolge der Setzungsbewegungen des Nordturms gegenüber dem feststehenden Südturm ist das gemeinsame Fundament zerborsten. Beide Türme stehen deshalb jeweils nur noch auf einem U-förmigen Fundament. Nachgegründet werden durfte aus bodendenkmalpflegerischen Gründen nur unter dem nördlichen Fundamentteil.

Von den verschiedenen untersuchten Möglichkeiten zur Nachgründung wurde das Düsenstrahlverfahren ausgewählt. Dabei wird mit einem Flüssigkeitsstrahl, einem Zement-Wassergemisch, ein zylindrischer oder fächerförmiger Körper aus dem Boden geschnitten. Überschüssiges Schlamm-Wasser-Zementgemisch wird durch das Bohrloch nach oben abgeführt. Es bleibt aber so viel, dass sich im Baugrund eine Säule aus Boden-Was-

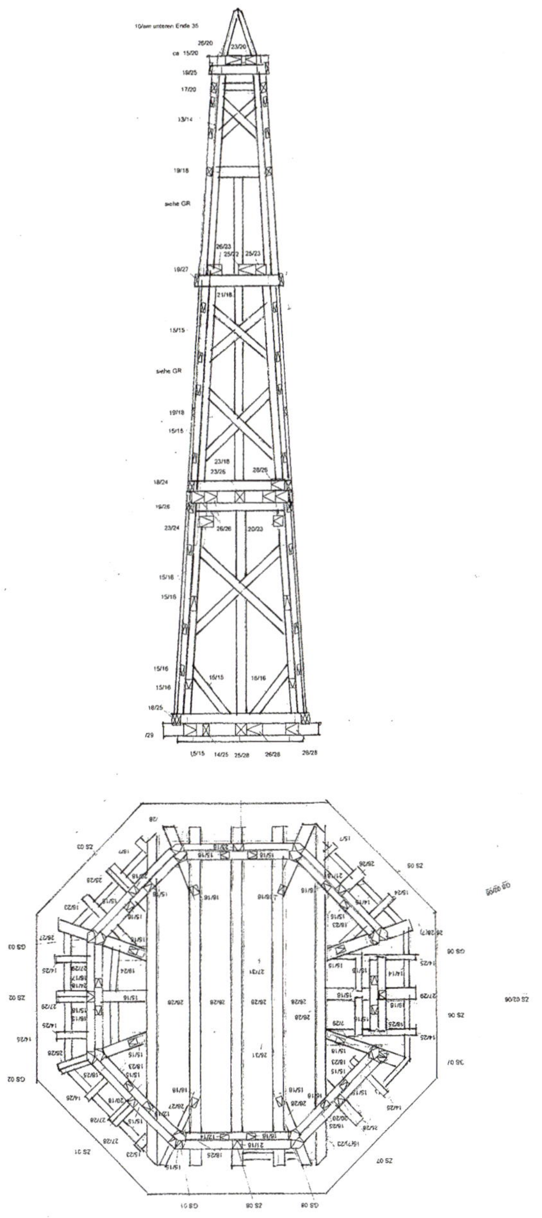

GS 07/08 (Nordwest)

ser-Zement in Magerbeton ausbildet. Seit der Fertigstellung steht somit der ganze Nordturm, einschließlich der vorgesetzten Strebepfeiler, auf einem Magerbetonfundament, das bis in den tragfähigen Baugrund reicht.

Der Turm hat ein Gewicht von etwa 4 300 Tonnen. Mit einer konventionellen Pfahlgründung können diese Lasten auf dem zur Verfügung stehenden engen Raum nicht aufgenommen werden. Hier bietet das Düsenstrahlverfahren den Vorteil, dass die Gründungsebene bis in tragfähige Baugrundschichten gebracht werden kann, ohne dass Traversen oder Fundamentverbreiterungen erforderlich werden. Ein Nachteil ist allerdings, dass sich Setzungen in der Bauphase von mehreren Millimetern, prognostiziert waren fünf Millimeter, einstellen können, was Reparaturen an angrenzenden Bauteilen nach sich ziehen kann.

Die Lage und die Form einer jeden Säule wurden vom Tragwerksplaner konstruiert und gezeichnet. Der Ablauf der Bohrfolge wurde genau vorgegeben und vor Ort durchgehend überwacht. Anfangs wurden Stützpfeiler von einem Meter Durchmesser gebohrt, um die Setzungen gering zu halten. Danach wurde mit größeren Säulen die Gründungsfläche ausgefüllt. Die Nachgründung dieses hohen Turmes, der sich in dieser Bauphase in einem nicht stabilen Zustand befand, war für die verantwortlichen Ingenieure durchaus spannend bis dramatisch. Es gab Anlass für viele Anekdoten, aber der Turm steht. Und auch jetzt, nach 15 Jahren, sind noch keine neuen Schäden bekannt geworden, die auf Setzungen des Turmes schließen lassen.

Auch der Helm des Nordturmes, Mitte des 19. Jahrhunderts nach Plänen Schinkels neu gestaltet, musste saniert werden. Die komplizierte Holzkonstruktion war durch Fäulnis und Schädlingsbefall stark in Mitleidenschaft gezogen, in der Hauptsache in den Fußpunkten. Zur Sanierung dieser Auflagerpunkte musste der gesamte Helm mittels einer Stützkonstruktion abgefangen und leicht angehoben werden. Diese Sanierungsarbeiten wurden von den Holzrestauratoren mit Erfolg durchgeführt.

Bei der Sanierung der Dachkonstruktion war aufgefallen, dass die kupferne Dachhaut an vielen Stellen Schäden zeigte. Nach intensiven Untersuchungen vom Dachraum aus, aber auch durch Industriesteiger von außen, wurde festgestellt, dass eine Reparatur des Kupferdaches wirtschaftlich nicht möglich sei. So erhielt der Dom wieder eine Ziegeldeckung mit Biberschwänzen, was sich auch für die Stabilität des Daches als vorteilhaft erwiesen hat.

Begonnen wurde mit den Sanierungsarbeiten des Gebäudes grundsätzlich „oben“, also am Dach, dann an den Gewölben und so weiter. Das Gebäude sollte im oberen Bereich bereits stabilisiert sein, bevor im unteren Bereich, besonders an der Gründung, gearbeitet wurde. Denn Erschütterungen und Nachsetzungen sind nie auszuschließen und über Winkelverdrehungen können sich die Auswirkungen in den oberen Gebäudeteilen stark vergrößern.

Die Arbeiten konnten jedoch nicht allein nach technischen Erfordernissen durchgeführt werden. Aufgrund des wertvollen Gebäudes und der schützenswerten Kulturschichten im Boden waren die Denkmalpflege und die Bodendenkmalpflege eng eingebunden. Um ganzheitliche Lösungen, die technische Erfordernisse und denkmalschützerisches Bewahren vereinten, wurde teilweise bis ins kleinste Detail gerungen. Prof. Klaus Dierks, der als Prüfingenieur alle statischen und konstruktiven Maßnahmen zur Genehmigung führen musste, ist es zu verdanken, dass die häufig stark divergierenden Ansprüche zu einer gemeinsamen Lösung geführt werden konnten.

Die Dachkonstruktion von Apsis, Chor und Querhäusern bildet mit ihren Verschneidungen ein räumlich stabiles System, das seine Kräfte aus ständiger Last und Schnee, aber auch aus Wind, auf die aussteifenden Mauerwerksscheiben leiten kann. Im Gegensatz dazu war das Dach des langgestreckten Hauptschiffs nicht ausgesteift. Die einzelnen Gespärre wirken in statischer Hinsicht wie ein verschiebliches Kehlbalkendach, das die Windkräfte an die Obergadenwände abgibt. Die aussteifenden Gewölbeschalen liegen drei Meter tiefer. Bei Starkwind wurden diese Horizontalkräfte durch die gemauerten Wände nicht mit den erforderlichen Sicherheiten abgeführt. Das hatte zwar bisher nicht zum Einsturz geführt, aber zu den Verformungen der Obergadenwände hatte es beigetragen. Zur Aufnahme und Abführung der Windlasten wurde aus der verschieblichen eine unverschiebliche Konstruktion durch Einziehen eines Verbandes in der unteren Kehlbalkenlage gemacht. Dessen Auflagerkräfte werden im Westen direkt in die inneren Querwände des Westwerks geleitet und im Osten in die Wände der Querschiffe. Der hier vorhandene Höhenversprung musste durch einen stehenden Verband überbrückt werden.

Die erste Maßnahme zur Sicherung der Gewölbe war das Einschlagen von Keilen in die Risse, damit der Kräftefluss zumindest provisorisch wiederhergestellt wurde. Umfangreiche Messungen erfassten den Einfluss von Erschütterungen auf die gemauerten Wände und Gewölbe. Die Sanierung der Gewölbe und Bögen erfolgte dann rein handwerklich. Risse wurden mit Schiefer ausgekeilt, grobe Risse verzwickelt und ausgemauert, lose Mörtelfugen ausgekratzt und neu vermörtelt, gebrochene Steine ersetzt. Dort wo die Wölbungen aufgrund des Ausweichens der Widerlager sehr flach waren oder bereits nach unten hingen, wurden, nach vorheriger engmaschiger Abstützung, die Steine vorsichtig gelöst und in Solllage wieder eingemauert. Der dritte „Schinkelanker" war durch Kriegseinwirkung an der nördlichen Splinthalterung geschädigt worden. Dies konnte in Puddelstahl nicht saniert werden. Das nördliche Ankerstück musste in Cor-Ten-Stahl ersetzt werden. Die zehn Arkadenpfeiler, die man in den 1960er-Jahren saniert hatte, waren wieder in senkrechter Richtung aufgeplatzt. Die Hohlräume der Pfeiler wurden daher mit Mörtel verpresst, um ein Zusammenwirken der einzelnen Bauteile zu ermöglichen. Der Forderung nach zusätzlicher Vernadelung, um ein Ausbeulen der Außenschale zu verhindern, wurde nicht stattgegeben. Im Zuge der neuen Farbgestaltung wurden im Frühjahr 2014 die Pfeiler wieder begutachtet. Neu entstandene Risse wurden verpresst, Schalen wurden teilweise zusätzlich vernadelt.

Großen Raum nahmen die erneuten und dringend erforderlichen Nachgründungsmaßnahmen der Pfeiler ein. Die dabei eingesetzten Verfahren sollten möglichst substanzschonend sein, was sowohl für das Gebäude als auch für den Boden galt. Begonnen wurde an den Strebepfeilern der Apsis. Anders als bei den Arkadenpfeilern wurden nur die sechs Fundamente der gotischen Strebepfeiler nachgegründet. Dabei musste darauf geachtet werden, dass die Bettung der neuen Gründung mit der der nicht nachgegründeten romanischen Wandfundamente soweit übereinstimmt, dass durch unterschiedliches Setzungsverhalten keine neuen Schäden produziert werden. Zur Ausführung kamen verrohrte Kugelfußpfähle, jeweils zwei Stück pro Fundament. Ein Rohr mit einem Durchmesser von 15,0 cm wurde in den Baugrund bis auf Solltiefe gebohrt, also etwa bis in die Gründungsebene des romanischen Wandfundaments. Anschließend wurde Zementsuspension unter so hohem Druck hineingepresst, dass das entsprechend vorbereitete Fußstück des Rohres, ein Blechbalg, aufplatzen musste. So entstand der Kugelfuß von 40,0 cm Durchmesser. Auf diese Pfähle wurden zwei Streichbalken parallel der Längsseite der gotischen Fundamente betoniert. Aufgrund der Vorgaben der Bodendenkmalpfleger durften diese Fundamente nur maximal 1,00 m unter der Geländeroberkante einbinden. Diese Streichbalken wurden durch das gotische Fundament hindurch so miteinander verspannt, dass sie die anfallenden Lasten über Reibung übernehmen und in die Pfähle leiten

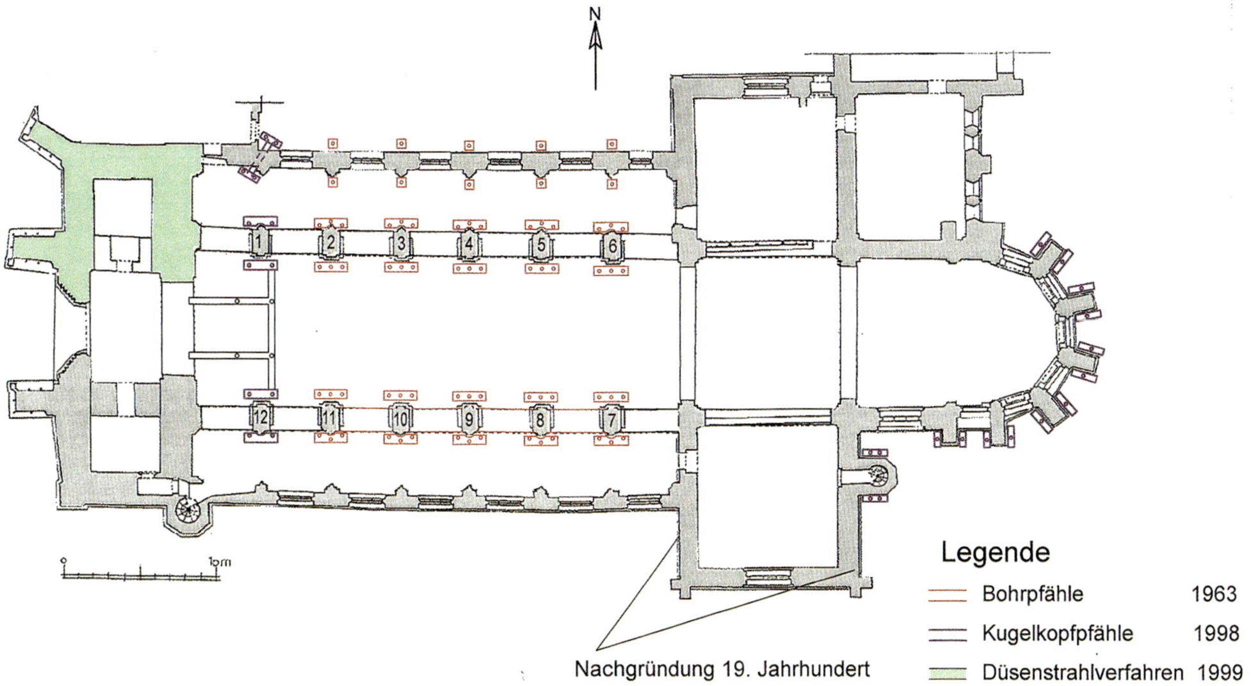

Fundamentplan, Übersicht über die nachgegründeten Bereiche

können. Der Treppenturm an der Ostwand des südlichen Querhauses, der schon immer nachgegründet werden sollte, wurde im Zuge dieser Gründungsarbeiten ebenfalls abgefangen.

Die westlichen Arkadenpfeiler Nr. 1 und 12 sowie der nordwestliche Außenwandpfeiler waren in den 1960er-Jahren nicht nachgegründet worden. Das musste jetzt nachgeholt werden. Neben die Arkadenpfeiler beziehungsweise das romanische Fundament wurden wieder Kugelfußpfähle angeordnet. Die Pfeilerlasten werden über miteinander verspannte Streichbalken in die Pfähle eingeleitet. Entsprechend wurde der nordwestliche Außenwandpfeiler nachgegründet. Hier kamen aus geometrischen Gründen keine Streichbalken in Frage, sodass mit durchgesteckten Stahltraversen gearbeitet werden musste.

Auch die vier Stützen der Orgelempore im Eingangsbereich mussten abgefangen werden. Sie waren versunken, eine Stütze sogar über 10,0 cm, und trugen die Empore nicht mehr. Entsprechend starke Schäden zeigten sich an der Holzkonstruktion sowie an den Auflagerpunkten im Mauerwerk, sodass die Empore einzustürzen drohte. So wurden die vier Stützen mit einem Balkenrost abgefangen, das am Westwerk und auf den neuen Fundamenten der Strebepfeiler 1 und 12 aufgelagert wurde. Die Stützen wurden wieder kraftschlüssig an die Oberkonstruktion angeschlossen. Seitdem ist auch die Empore wieder standsicher.

Bei Weitem wurde nicht die gesamte Domkirche nachgegründet. In der Abbildung oben ist zu erkennen, dass wiederum nur die akut geschädigten Bereiche saniert wurden. Südturm, südliche Außenwand, nördliches Querhaus mit Anbau Sakristei/Bunte Kapelle sowie der romanische Teil der Apsis und die Krypta wurden nicht angefasst. Das südliche Querhaus war bereits von Schinkel konsequent saniert worden. Durch Herausnahme der Windkräfte aus den Obergadenwänden, Sanierung des dritten „Schinkelankers“, Nachgründung aller Arkadenpfeiler und aller Pfeiler der nördlichen Seitenschiffwand, Abfangung der Stützen der Orgelempore, Nachgründung der Strebepfeiler an der Apsis und das Einziehen von Ringankern in Mauerkrone und Brüstung sowie Nachgründung des Nordturmes ist der Dom konstruktiv gesichert. Erneute Rissbildungen infolge Zwängungsspannungen können auch nach diesen Sanierungsmaßnahmen, wie bei jedem anderen Bauwerk auch, nicht ausgeschlossen werden. Die Standsicherheit der Domkirche ist jedoch auf lange Sicht gewährleistet.

Lit.: Giese 1996; Wenzel 1998; Goldscheider 1998

Substanzerhaltung und Gestaltungswillen – Konzepte der Denkmalpflege vom 19. Jahrhundert bis Anfang des 21. Jahrhunderts

Roland Schneider

In den *Kunstdenkmälern der Provinz Brandenburg* von 1912 beschreibt Paul Eichholz die Fassade des Nordflügels der Brandenburger Domklausur mit folgenden Worten:

„Die Nordfront des Flügels mit ihren langweiligen Reihen öder, viereckiger Löcher und ihren jeder Gliederung baren Putzflächen ist trotz deren frisch erneuter Weißheit ein Zeichen der jämmerlichen Gefühllosigkeit für monumentale Schönheit geblieben, die um das erste Drittel des 19. Jahrhunderts hier herrschte. Den damals hier verübten Vandalismus wird man erst ganz ermessen, wenn man sich (…) die gotische Architektur der Nordfront vergegenwärtigt, die der Verfasser nach früher von ihm aufgenommenen Spuren und mit Hilfe der alten Pläne von 1829 in der Bibliothek der Ritterakademie im Wesentlichen noch feststellen konnte. Von all den Strebepfeilern, den Reihen schöner Bogenfenster, der ganzen großzügigen, streng monumentalen Wirkung mit ihrem kräftigen Relief, den schönen Verhältnissen, der malerischen Wirkung von Licht, Schatten und den dunklen Tiefen der Spitzbogenöffnungen ist keine Spur mehr zu erblicken."

Eichholz fasst seine Feststellungen mit dem verzweifelten Ausruf zusammen: „Nackte Öde überall!" (Eichholz 1912, 349)

Die tiefgreifendsten Veränderungen der Klausur des Brandenburger Domklosters entstanden infolge der Einrichtung der Ritterakademie ab 1706. Der mittelalterliche Westflügel wurde 1869 abgebrochen und bis

Um 1900 prägten geputzte Lochfassaden den kleinen Burghof; links Burghof 6, geradezu die Spiegelburg und rechts die Nordfassade des Nordflügels der Klausur, um 1927

1871 durch einen Schulneubau ersetzt. Auch der Nordflügel erfuhr durch die Schulnutzung rein pragmatisch bestimmte Veränderungen. Neben dem Abbruch der Strebepfeiler der Nordfront und dem Einbrechen großer rechteckiger Fenster anstelle der gotischen Öffnungen wurde auch das auf dem Plan von 1827 bereits vorhandene dritte Geschoss über dem Ostteil, damals ein Fachwerkbau, in die Nutzung einbezogen und 1888 massiv erneuert. Wertschätzung der mittelalterlichen Architektur kann man den Umbauten ab 1827 nicht attestieren. Sie wurden deutlich bestimmt von funktionalen Erfordernissen und finanziellem Sparwillen.

Sanierungsarbeiten am Nordflügel begannen bereits 1985 mit dem Einbau eines neuen Treppenhauses im Ostteil, der auch eine neue Öffnungsstruktur der Fassade in diesem Bereich nach sich zog. Nach einer Unterbrechung wurden die Arbeiten erst 1991 wieder aufgenommen. Spätestens zu diesem Zeitpunkt gab es konkrete Überlegungen, wie die dem Burghof zugewandte Fassade zu restaurieren sei. Eine schlüssige, von allen Beteiligten getragene Gesamtkonzeption lag aber nicht vor. Als Probeachse sollte je ein gotisches Fenster im Erd- und im Obergeschoss unter Einbeziehung der vorhandenen Baubefunde und Verwendung originaler Substanz wiederhergestellt werden. Das gelang im Erdgeschoss, für die Binnengliederung im Obergeschossfenster gab es keinen Nachweis. Der damals zuständige Denkmalpfleger bezeichnete diese Fensterrekonstruktionen als Angebot für weitere Überlegungen zur Restaurierungskonzeption.

1994 erfolgte eine Fundamentstabilisierung mit Kleinbohrpfählen. Gleichzeitig wurde das 1888 massiv erneuerte zweite Obergeschoss über dem Ostteil des Nordflügels abgebrochen, eine wichtige Maßnahme zur Stärkung der mittelalterlichen Wirkung des Baukörpers. Zu einer Entscheidung über den weiteren Umgang mit dem Nordflügel führte dies allerdings nicht. Die Arbeiten wurden 1996 erneut unterbrochen. Die komplizierte bautechnische Situation und wohl auch das Wissen um das unbefriedigende Erscheinungsbild der Fassade führte zu ganz unterschiedlichen, ja geradezu gegensätzlichen Restaurierungsvorschlägen in kurzer Abfolge. Die pessimistische Äußerung vor der Fundamentsanierung in einem Aktenvermerk des Konsistoriums trägt dem überaus schlechten Bauzustand Rechnung. Darin wird vermerkt, dass der überwiegende Teil des Nordflügels seit geraumer Zeit ohne Dachstuhl sei. Weitergehende Untersuchungen würden zeigen, ob die Nordwand des Nordflügels überhaupt in ihrer Gesamtsubstanz gehalten werden kann. Dieser an der Erhaltungsfähigkeit zweifelnden Bemerkung ging Karl Friedrich Schinkels viel zitiertes Urteil von 1827 voraus, dass der Dom „auf eine sehr lange Dauer nicht mehr Anspruch machen“ könne. Hier schien sich Geschichte zu wiederholen. Bereits mit der Wahl des Bauplatzes in der Havelniederung auf den Gräben der slawischen Burg zeichneten sich von Beginn an Standsicherheitsprobleme für den Dom ab, die bis zur jüngsten Restaurierung virulent waren.

Wegen besorgniserregender Schäden hatte sich das Domkapitel 1827 Hilfe suchend an Schinkel gewandt. Einige Ursachen des schlechten Bauzustands – bereits 1562 war der Giebel des Südquerarms eingestürzt und wohl 1665 musste das vermutlich hölzerne Oberteil des Turms abgetragen werden – konnten punktuelle Fundament- und Baugrunduntersuchungen 1801 und 1827 klären (siehe dazu den Beitrag von Peter Bartram in diesem Band). Zu dem Versuch die Schadensursachen zu beseitigen, kam es noch nicht. Erst ein Gnadengeschenk von König Friedrich Wilhelm III. in Höhe von 20 000 Reichstalern ermöglichte 1834 bis 1836 eine umfassende Restaurierung des Domes, die die bauliche Sicherung im Blick hatte, aber darüber hinaus auch auf das Erscheinungsbild Einfluss nahm. Neben der Verbesserung des Außenbaus durch die Neugestaltung des Turmaufsatzes richtete sich die gestalterische Kraft darauf, den Dominnenraum als Einheit zu gestalten. Bereits der Treppeneinbau von 1648 beabsichtigte die Trennung von Langhaus und Hohem Chor zu mildern. Unter Schinkels Oberaufsicht konzipierten die beteiligten Baukondukteure der Oberbaudeputation nun eine schiffsbreite Treppe aus Sandstein, die mit der Neufassung des Raumes in einem an Naturstein angelehnten Beigeton korrespondierte und gotische Innenräume von Hausteinbauten zum Vorbild hatten. Die Konzeption musste freilich mit dem vollkommenen Verschluss der Krypta vom Schiff aus bezahlt werden. Diese Restaurierung gehört zweifellos zu den aufwendigsten Anstrengungen ihrer Zeit. Das Ergebnis verbindet die Reklamation vaterländischer Altertümer für den preußischen Staat mit den architektonischen Idealvorstellungen und liturgischen Erfordernissen (siehe dazu den Beitrag von Rüdiger von Schnurbein in diesem Band). Der Respekt vor dem zu Bewahrenden ließ durchaus Veränderungen zu, um das als wertvoll Erkannte zu stärken.

Neben der Sanierung der Domkirche sind bereits ab 1827 Planungen für eine Umgestaltung der Nordklau-

Die Nordfassade der Nordklausur in desolatem Zustand im Juli 1992; je eine gotische Fensteröffnung im Erdgeschoss und im Obergeschoss wurden rekonstruiert

sur nachzuweisen. Der Abbruch der Strebepfeiler, der statisch möglich wurde, da die zu stützenden Gewölbe im Inneren längst verloren waren, sowie das Einbrechen großer rechteckiger Fenster anstelle der gotischen Öffnungen folgten ausschließlich der Nutzung dieses Klausurflügels für die Ritterakademie. Anders als in der Domkirche spielten hier gestalterische Überlegungen wohl eine untergeordnete Rolle. Vernachlässigte Baupflege hatte über die Jahrzehnte einen Bauzustand herbeigeführt, der dringend Sanierungsarbeiten erforderte.

1994 wurde ein Bauantrag eingereicht, der die Wiederherstellung der mittelalterlichen Fassade mit Strebepfeilern und gotischen Fensteröffnungen vorsah. Die Oberfläche sollte backsteinsichtig hergestellt werden – ein verständlicher Wunsch, der allerdings den desolaten Zustand des Mauerwerks außer Acht ließ. Noch im selben Monat wurde durch die Einflussnahme der Denkmalpflege ein neues Ziel formuliert: Ablesbarkeit der baulichen Entwicklung „als lebendige Geschichte", insbesondere im westlichen Teil, wo bereits Fensteröffnungen freigelegt worden waren. Im Juni 1994 wurde ein modifizierter Bauantrag gestellt, der dem neuen Ziel in zwei Varianten Rechnung trug. Die Fassade sollte ohne Strebepfeiler im vorgefundenen Bestand saniert werden, wobei die Öffnungsgruppe im Westteil, an die der ehemalige Übergang zur separat stehenden, heute verschwundenen Propstei anschloss, wiederhergestellt werden sollte. Variante 2 ist dahingehend modifiziert, dass die bereits als Probe rekonstruierten zwei Fenster einbezogen werden sollten. Erstmals wurde in der fortlaufend weitergeführten Diskussion von einem Schlämmanstrich zur Erlangung eines einheitlichen Oberflächenbildes gesprochen. Unklarheit bestand weiterhin, wie die vielen Fehlstellen im Mauerwerk, jüngere Zusetzungen und auch die Flächen der abgebrochenen Strebepfeiler zu behandeln waren. Der Bauantrag wurde nicht umgesetzt, sondern weitere Untersuchungen beauftragt. Noch 1996 erfolgte eine farbrestauratorische Untersuchung, in deren Folge sich der Restaurator vehement gegen eine Rekonstruktion der gotischen Fassade aussprach. Dadurch würden die von ihm zahlreich erhobenen Befunde mittelalterlicher Oberflächen und Fassungen in den zugesetzten und nach 1827 veränderten gotischen Öffnungen zerstört. Dem ist zu entnehmen, dass die Rekonstruktion der mittelalterlichen Fassade noch immer als heimlicher Wunsch bestand.

Um weitere Sicherheit über die Baugeschichte und die Interpretation der Fassade zu erlangen, erfolgte 1999/2000 eine umfangreiche Bauuntersuchung mit begleitender Archivrecherche. Dieser Untersuchung verdanken wir die bereits kurz erläuterten Erkenntnisse über das Baugeschehen in den vergangenen 800 Jahren. Allerdings konnten diese Erkenntnisse nur gewonnen werden, indem die Fassade an vielen Stellen geöffnet wurde, dass heißt die Egalisierungsmaßnahmen nach 1827, die notwendig waren, um die erwünschte glatte Putzfassade zu ermöglichen, wurden weitgehend entfernt. Das betraf die Abnahme des Putzes auf den Abbruchflächen der ehemaligen Strebepfeiler ebenso wie den mit flach vermauerten Dachsteinen ausgeglichenen Versprung zwischen Erdgeschoss und Obergeschoss. Im westlichen Teil der Fassade, im Bereich des schon von Eichholz vermuteten Übergangs zur ehemaligen Propstei, lagen die Befunde teilweise tief im Inneren hinter der vorgefundenen Maueroberfläche. Die Bauuntersuchung konnte dem bereits vorhandenen Wissen über die Baugeschichte des Nordflügels einen erheblichen Teil hinzufügen, hatte aber auch durch ihre Oberflächenöffnungen eine noch weiter als vorher gestörte Fassade hinterlassen. Die Befunde reichten von der großflächig erkennbaren Lage der ehemaligen Strebepfeiler bis zu Profilabläufen im heutigen Mauerkern unter dem ehemaligen Übergang im Westen mit Mikrobefunden der ehemaligen Farbfassung.

Die Vielzahl von Baubefunden und die daraus gewonnenen Erkenntnisse mussten in eine Restaurierungskonzeption eingebunden werden, die sowohl den Umgang mit diesen Befunden als auch das zukünftige Erscheinungsbild des Baus zu klären hatte. Verständlicherweise bestand der Wunsch, alle Befunde die zum Erkenntnisgewinn beigetragen hatten, auch dem zukünftigen Betrachter der restaurierten Fassade zugänglich zu machen. Das aber hätte bedeutet, die erst durch die vorbereitende Untersuchung in diesen Zustand gebrachte Fassade zu konservieren – eine mögliche, wenn auch bautechnisch kaum umsetzbare und konservatorisch nicht zu verantwortende Vorgehensweise. Es ist zu betonen, dass auch eine solche Entscheidung eine gestalterische wäre, da dieser Zustand ja erst durch die Vorbereitung der Restaurierung herbeigeführt wurde und keinesfalls die Reparatur des gewachsenen Zustands bedeutet hätte.

In die Überlegungen musste auch die städtebauliche Situation des kleinen Burghofs einfließen, dessen Raumkanten nicht nur von der Nordfassade des Nordflügels, sondern auch von der sogenannten Spiegelburg und der Südfassade der ehemaligen Domkurie Burghof 6 gebildet werden, die ursprünglich als Siechenhaus im 13. Jahrhundert errichtet worden war.

Für beide Fassaden trifft der bereits zitierte Ausruf von Eichholz ebenfalls zu. Das Obergeschoss der Spiegelburg kennzeichnet eine glatt geputzte Lochfassade ohne Gliederung, die zwei darunter liegenden Geschosse sind ebenso desolat, wie es die Nordfassade war. Es sollte also eine Restaurierungsmethode gefunden werden, die auch auf diesen Bereich übertragbar war. Die Kurie Burghof 6, viele Jahre als Predigerseminar genutzt, wurde bereits in den 1970er-Jahren restauriert.

Die Burghofseite erhielt einen Glattputz, in dessen ungegliederter Fläche scharf umrissene, steinsichtige Befundflächen ohne erkennbaren Zusammenhang schwammen. Die ehemals auch hier vorhandenen Strebepfeiler waren lediglich durch flache Putzlisenen angedeutet. Beide Gebäude waren in das Gesamtrestaurierungskonzept des Domareals einzubeziehen.

Zurück zur Nordfassade – die Ausgangssituation ist beschrieben: bautechnisch und in der Steinoberfläche völlig desolat, eine Vielzahl gut ablesbarer Spuren der gotischen Fassadengliederung, gestört durch die nach 1827 eingebrochenen Fenster und zusätzlich Kleinbefunde in den durch die Bauuntersuchung geschaffenen Öffnungen. Unmöglich konnten alle Bauspuren gleichzeitig für die Präsentation des Denkmals genutzt werden. Es galt, alle zu bewerten und diejenigen auszuwählen, die für das zukünftige Erscheinungsbild wirksam gemacht werden konnten. Mithin ein Vorgang, der ent-

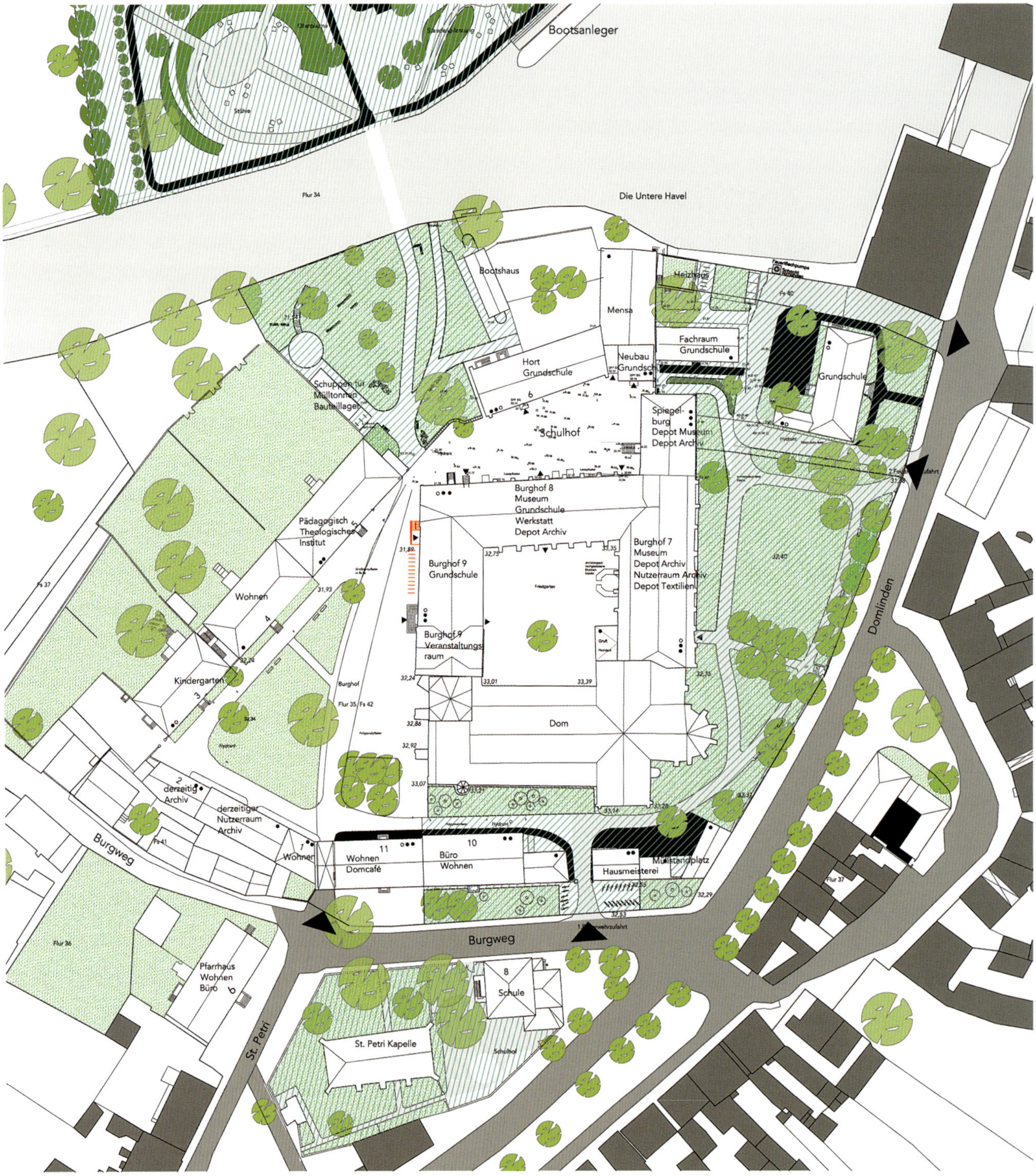

Lageplan des Domareals mit kleinem und großem Burghof

Bei der Restaurierung der Kurie Burghof 6 in den 1970er-Jahren wurden auf der Wasserseite die sich überlagernde gotische Gliederung und die barocke Veränderung mit neu eingebrochenen Fenstern hart nebeneinandergestellt, März 1993

scheidenden Einfluss auf die Wahrnehmung des Denkmals haben würde, also eine gestalterische Entscheidung für den Umgang mit der zu restaurierenden Substanz. Einigkeit konnte schnell erzielt werden, dass die Wiederholung des von Eichholz so gegeißelten einfachen Putzüberzugs der Bedeutung des Baus, die nun an vielen Bauspuren erkennbar war, nicht gerecht werden würde. Andererseits musste sichergestellt werden, dass die zu wählende Oberflächenbehandlung diese Befunde dauerhaft schützt. Weiterhin war die städtebauliche Wirkung der Nordfassade im kleinen Burghof im Zusammenhang mit den anderen raumbegrenzenden Fassaden zu bedenken.

Die Rekonstruktion der mittelalterlichen Fassade, wie von Eichholz beschrieben und durch die jüngere Bauforschung erfasst, schied aus. Sie hätte alle Veränderungen ab 1827 und auch ältere gelöscht und wäre bei der Rekonstruktion der Obergeschossfenster und vieler Details unsicher gewesen. Auch die gute Kenntnis des Baugeschehens ermöglichte keine gesicherte Rekonstruktion eines zeitlich bestimmbaren mittelalterlichen Zustands. Grundsätzlich war also die Veränderung der noch in barocker Tradition stehenden Öffnungsstruktur von 1827 mit ihren Kreuzstockfenstern zu akzeptieren. Diese Lochfassade braucht einen ruhigen Fond, um als geordnete, wenn auch sehr einfache Gliederung überhaupt wahrgenommen werden zu können. Diese Aufgabe kann vollflächiger Putz, aber auch eine Schlämme erfüllen, die als Restaurierungskonzept seit den 1990er-Jahren mehrfach diskutiert worden war. Entschieden

Die wiederhergestellte Öffnungsgruppe; über die mittlere Tür schloss der Übergang zur ehemaligen Propstei an, Juli 2014

wurde, eine dünne Schlämme aufzubringen, die sowohl den Fassadenfond vereinheitlichte als auch ältere Zustände mit ihren zugesetzten Öffnungen und Baunähten erkennbar ließ. Zuvor wurden das Mauerwerk gründlich repariert, alle Öffnungen der Bauuntersuchung wieder geschlossen – und damit die Befunde geschützt –, schadhafte Steine ausgewechselt und teilweise neu gefugt. Die gotische Fensterrekonstruktion von 1982 im Obergeschoss wurde wegen unsicherer Befundlage zugunsten der Öffnung von 1827 zurückgenommen. Anhand der Steinqualitäten der Fensterrekonstruktion im Erdgeschoss war eindeutig zu erkennen, dass hier die Vermauerungen von 1827 lediglich entfernt und fehlende Teile ergänzt wurden. Aus diesem Grund sollte hier kein Rückbau des Rückbaus vorgenommen und die Rekonstruktion akzeptiert werden.

Eine besondere Situation stellten die Öffnungen des ehemaligen Übergangs zur Propstei dar. Der heute nicht mehr vorhandene Bau lag separat nördlich vor dem Nordflügel der Klausur. Ein geschlossener Gang im Obergeschoss auf Bogenstellungen im Erdgeschoss muss beide Gebäude ehemals miteinander direkt verbunden haben. Die Fenster- und Türöffnungen in der Nordfassade zum Gang hin wurden 1827 lediglich vermauert und nicht durch neue Öffnungen wie an anderer Stelle gestört. Bereits die Bauuntersuchung hatte die Vermauerung der Tür entfernt, sodass die vollkommen ungestörten Profilabläufe freilagen. Die Binnengliederung des westlichen Fensters neben der Türöffnung konnte im Abgleich zwischen Innen und Außen eindeutig nachgewiesen werden. Lediglich das Pendant auf der östlichen Seite zeigte eine große Störung der östlichen Laibung durch einen Fenstereinbruch im 16. Jahrhundert, der aber auch nur noch rudimentär vorhanden war. Das Vorbild des westlichen Fensters ließ die gesicherte Rekonstruktion auch dieser Öffnung zu. Im Interesse der grandiosen Wirkung dieser Dreifenstergruppe, die Besucher vom Domparkplatz kommend als Erstes wahrnehmen, wurde die Öffnungsgruppe wiederhergestellt.

Zur Harmonisierung der Fassade wurde ein rot gefärbter Schlämmanstrich favorisiert, der den Bau in den Backsteinduktus des Domklosters integrieren sollte. Zahlreiche Proben zur Dicke und Farbigkeit führten lange Zeit zu keinem befriedigenden Ergebnis. Erst der Versuch mit einer sehr dünnen, ungefärbten Kalkschlämme erzielte das gewünschte Ergebnis.

Mit diesen Überlegungen schien die Sanierungskonzeption abgeschlossen und umsetzbar. Es sollte also die Fassade von 1827 grundsätzlich akzeptiert und die Veränderungen aus den 1980er-Jahren mit Ausnahme des rekonstruierten gotischen Erdgeschossfensters zu-

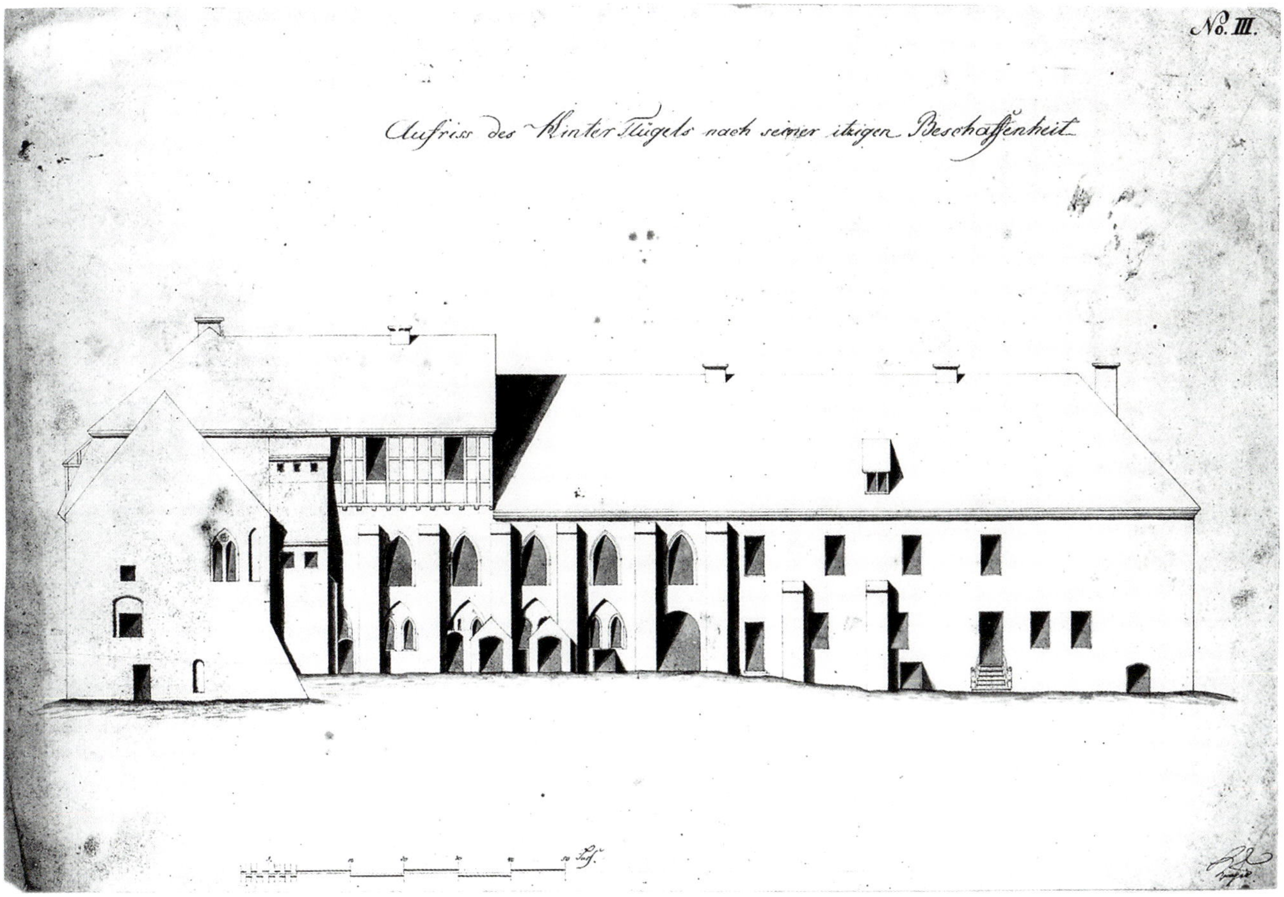

Die Zeichnung der Nordfassade des Nordflügels von 1827 dokumentiert im Ostteil noch die gotische Gliederung, im Westteil bereits die neue Lochfassade

rückgenommen werden. Die Freilegung der Öffnungsgruppe des ehemaligen Übergangs im Westteil sollte als „gotische Erinnerung“ das Erscheinungsbild bereichern. Das reparierte Mauerwerk sollte mit einer sehr hellen Schlämme gefasst werden. Überspitzt könnte man sagen, die von Eichholz so bitter beklagte „frisch erneute Weißheit (…) als Zeichen der jämmerlichen Gefühllosigkeit“ sollte wiederhergestellt werden! Mit diesem Ziel war keiner der Beteiligten an der sich bereits 25 Jahre hinziehenden Restaurierung angetreten. Es stellte sich also die Frage, was man tun kann, um die Bedeutung eines Baus angemessen darzustellen, dessen architektonische Qualität eindeutig im Mittelalter liegt, ohne die mittelalterliche Fassade wiederherzustellen.

Die Strebepfeiler konnten nach 1827 deshalb abgebrochen werden, weil die Gewölbe im Nordflügel längst nicht mehr existierten und somit keine Horizontalkräfte mehr aufgenommen werden mussten. Trotzdem hatte die Nordwand im Laufe der Zeit eine beträchtliche Schieflage erreicht. Dieser Zustand war mit der Fundamentsicherung und neuen Zugankern in Höhe der Decke des Erdgeschosses stabilisiert worden. Aus statischen Gründen waren Strebepfeiler nicht mehr notwendig. Auf dem Bestandsplan von 1827 erkennt man, dass die westliche Hälfte der Fassade bereits die neuen rechteckigen Fensteröffnungen erhalten hatte. Zwei Strebepfeiler reichen nur noch bis zum Obergeschoss. Die östliche Hälfte hingegen zeigt die vollständige gotische Struktur.

Dieser Zwischenzustand belegt, dass die neue Öffnungsstruktur und wenigstens ein Teil der Strebepfeiler gleichzeitig bestanden haben. Er zeigt auch, was am Bau leicht zu überprüfen war, dass die neuen Öffnungen der gotischen Öffnungsstruktur folgen, also keine räumliche Überlagerung der Fensteröffnungen mit den Strebepfeilern auftritt. Eine Ausnahme bildet der letzte

Der Nordflügel nach der Restaurierung mit der dünnen Schlämme und den hinzugefügten Strebepfeilern, Juli 2014

westliche Pfeiler direkt links neben der Tür zur sogenannten Kochwohnung, dessen Abbruchspur durch das neue Fenster überschnitten wird. Mit dieser Ausnahme war es also möglich, die Strebepfeiler wieder aufzumauern, ohne die Öffnungsstruktur von 1827 zu verändern. Widersprüchlich war die Form der Pfeiler dargestellt. Eichholz geht bei seinem Rekonstruktionsversuch von einmal in Höhe des Erdgeschosskämpfers nur nach hinten abgetreppten Pfeilern aus. Der Bestandsplan von 1827 zeigt keine Abtreppung. Möglicherweise sind beide Darstellungen idealisiert. Die Tiefe der Strebepfeiler vor der Fassade konnte ohne Schwierigkeiten durch Grabungen nachgewiesen werde. Eine Abtreppung nur nach hinten ist nicht nachweisbar, da sie keine Spuren am Bau hinterlässt. Allerdings war eine dreiseitige Verjüngung der Strebepfeiler in den Abbruchspuren der beiden östlichen Strebepfeiler eindeutig sichtbar. Da beide archivalischen Rekonstruktionsunterlagen nicht zuverlässig übereinstimmen, bildeten die Baubefunde die Grundlage der Rekonstruktion der Strebepfeiler. In die Entscheidung ist auch eingeflossen, dass sich durch die vorhandene Neigung der Fassade nach außen und die lotrecht aufgemauerten Strebepfeiler optisch eine kontinuierliche Verjüngung der Strebepfeiler ergeben muss. Ein schöner Nebeneffekt dieser Entscheidung ist, dass die Schiefstellung der Fassade durch die Reihung der lotrechten Strebepfeiler weniger augenfällig hervortritt. Die Strebepfeiler geben der Fassade einen strengen Rhythmus auch mit den Fenstern von 1827 und unterstützen in bedeutendem Maße die Wahrnehmung und Verständlichkeit der unter der Schlämme ablesbar erhaltenen Mauerwerksspuren des gotischen Öffnungssystems.

Der Nordfassade des Brandenburger Domklosters ist bei der neuerlichen Sanierung ein Erscheinungsbild gegeben worden, das niemals zuvor existierte. Weder die Wiederherstellung eines vergangenen Zustands noch die Präsentation aller erfassten Befunde konnten zu diesem Ergebnis führen. Die Hinzufügungen geben einen Rahmen, der die wertzuschätzende Substanz angemessen einbettet und dadurch zu verständlicher Wirkung kommen lässt, ohne sie substanziell zu verändern.

Bei der Sanierung des kleineren, frei stehenden Gebäudes Burghof 6 gegenüber sollte ebenso verfahren werden. Nach Abnahme des Putzes von 1970 und dessen teilweiser Erneuerung in den 1990er-Jahren sollten die zahlreichen gotischen Fassadenbefunde unter einer beruhigenden und die Substanz schützenden Schlämme gezeigt werden. Im Gegensatz zu den Traufseiten hatte sich an den Giebelseiten das gotische Mauerwerk unverputzt erhalten. Die Frage der Farbgebung der Schlämme stellte sich damit erneut. Würde man das Gebäude kalkfarben schlämmen, fiele es optisch auseinander, da das erhaltene gotische Mauerwerk selbstverständlich nicht überstrichen werden sollte. Eine lasierende rote Übertünchung der putzfarbenen Schlämme

Die Wasserseite von Burghof 6 nach der Restaurierung mit der roten Schlämme, Oktober 2012

Der kleine Burghof; die Restaurierung der Spiegelburg steht noch aus, Juli 2014

führte nach vielen Proben zu einem befriedigenden Ergebnis, welches sich in den durch die Behandlung der Nordklausur vorgegebenen Duktus einfügt.

Diese Sanierungen, auch an weiteren Gebäuden im Domareal, sind der Erhaltung beziehungsweise Herstellung der Standsicherheit und Nutzbarkeit ebenso verpflichtet wie dem Substanzerhalt und der Präsentation baulicher Befunde in einem gestalterischen Zusammenhang.

Ein anderes Konzept verfolgte die Restaurierung der Domkirche von 1962 bis 1965. Das Dominnere, mit seiner durch die Arbeiten im 19. Jahrhundert geformten Gestalt und der zeittypisch gotisierenden Ausmalung von 1889 bis 1892 sollte bewusst verändert und modernisiert werden. Wiederum waren statische Probleme, die in der ungenügenden Gründung lagen, der Auslöser. Unabhängig von den aufwändigen technischen Eingriffen führte die Entfernung der großen Treppe zwischen

Das Innere der Domkirche mit Blick zum Hauptaltar nach der Restaurierung von 1889 bis 1892, Foto um 1927

Die Restaurierung von 1962 bis 1965 entfernte die breite Treppe zum Hohen Chor und legte die Öffnungen zur Krypta wieder frei, Foto vom Juli 1980

Mittelschiff und Hohem Chor sowie die Freilegung der Bogenöffnungen zur Krypta zur bedeutsamsten Änderung im Dominnenraum seit 1648, als erstmals die Verbindung zwischen Schiff und Chor durch eine Treppe angelegt wurde. Ohne eine Rekonstruktion des spätgotischen Lettners erhielten die romanischen Architekturanteile wieder stärkeres Gewicht. Gleichzeitig kehrte zwangsläufig die räumliche Trennung zwischen dem ehemals den Domherren vorbehaltenen Hohen Chor und den im Langhaus platzierten Gläubigen zurück. Der Neuanstrich setzte die Wertschätzung der romanischen Teile und spätgotischen Erweiterung fort. Die auf sparsamen Befunden beruhende Fassung mit weißen Gewölbekappen und Wandflächen sowie roten Strukturgliedern wurde in den romanischen Seitenschiffen durch weiße Fugenstriche modifiziert, die im Mittelschiff und Chor nicht gesetzt wurden.

Diese Umgestaltung stellt eine radikale, aber in sich schlüssige Veränderung dar, die sich dem spätmittelalterlichen Aussehen des Domes näherte. Die für die Erreichung dieses Ziels hingenommenen Verluste an substanzieller Geschichte sind ebenso zeitbezogen zu bewerten wie die mit Schinkel verbundene Umgestaltung in den 1830er-Jahren.

Lit.: Eichholz 1912; A. Cante 1998; M. Cante 2005; Köpping 2001; Gertler 2002

Bauen am Dom im 21. Jahrhundert

Birgit Malter/Lennart Hellberg

Im Jahre 2011 feierte das Domkapitel zu Brandenburg sein 850-jähriges Bestehen. Aus diesem Anlass wurde vom Domstift Brandenburg eine Festschrift herausgegeben, in der die Autoren dieses Beitrages einen Überblick über das Bauen am Dom von 1996 bis 2011 geben konnten. Über das erste Jahrzehnt des 21. Jahrhundert ist somit bereits berichtet worden. Der folgende Beitrag widmet sich dem Baugeschehen der Jahre 2012 und folgende, in denen es möglich war, rechtzeitig zum 850-jährigen Jubiläum der Grundsteinlegung der Domkirche zwei weitere wichtige Maßnahmen abzuschließen: die Freiflächen des Burghofes (Großer Burghof, Nordhof, Friedgarten und der Pausengarten der Evangelischen Grundschule) wurden neu gestaltet und nach einem fast 15-jährigen Baumoratorium wurde der Innenraum der Domkirche restauriert und erhielt eine neue Farbgestaltung.

Aber auch nach dem Jubiläumsjahr bleiben große Bauaufgaben. Die Gebäude Burghof 2 und Remise Burghof 1 sollen zukünftig das neue Domrestaurant beherbergen. Der Umbau wurde Ende September 2014 begonnen und wird voraussichtlich im Herbst 2015 abgeschlossen sein. Wann dagegen die Arbeiten an Ostflügel und Spiegelburg, an Burghof 11 und am Bootshaus umgesetzt werden können, ist derzeit noch offen. Hier müssen zunächst erhebliche Anstrengungen zum Aufbau der Finanzierung unternommen werden.

Die Innenraumrestaurierung der Domkirche

Die letzte Farbgestaltung der Domkirche hatte (fast) 50 Jahre Bestand, sie entstand in den Jahren 1962 bis 1965 zum 800-jährigen Gründungsjubiläum. Die Wände und Gewölbekappen waren weiß, die Gewölberippen, Dienste, Pfeiler und weitere Baugliederungen in einem gelblichen Rot gestrichen worden.

Mit Ausnahme der Drolerieköpfe in den Gewölben des Hohen Chores und dreier Altarinschriften in den Arkadenbögen waren keine Ausmalungen vorhanden (eine aus dem 12. Jahrhundert stammende Malereifassung in einer Nische hinter dem Kreuzaltar wurde seinerzeit entfernt und die Nische vermauert). Die damals hergestellte Innenraumfassung war eine interpretierende Aufnahme der Farbigkeit der Domkirche im 17. Jahrhundert, die man nach Abbruch einer Ummauerung des südwestlichen Arkadenpfeilers vorgefunden hatte. Nicht nur farblich, auch baulich wurde der Innenraum einer grundlegenden, interpretierenden, die Regotisierung anstrebenden Neugestaltung unterzogen: Eine von Schinkel in den 1830er-Jahren eingebaute, das Langhaus mit dem Hohen Chor verbindende große Freitreppe wurde abge-

Langhaus, Mittelschiff, Zustand vor der Neufassung des Innenraumes

Einrüstung von Chor und Vierung

brochen und so die beiden Zugänge in die Krypta geschaffen; die seitlichen Spitzbogenarkaden des gotischen Lettners wurden entfernt (heute auf beiden Seiten noch Bogenansätze vorhanden). Eine solche Herangehensweise entspricht nicht mehr dem heutigen Standard im Umgang mit historischer Bausubstanz, zumal mit einem Kulturdenkmal von nationaler Bedeutung wie dem Dom zu Brandenburg. „Stileinheit" ist heute kein Ziel denkmalpflegerischen Handelns mehr, vielmehr muss der „Anteil jeder Zeit am Entstehen eines Baudenkmals (...) respektiert werden" (Artikel 11 der *Internationalen Charta über die Konservierung und Restaurierung von Denkmälern und Ensembles* von 1964). Die Entfernung oder Veränderung des gegenwärtig Vorhandenen, gegebenenfalls zugunsten der Aufdeckung von verdeckten Zuständen, ist allenfalls dann zulässig, wenn das Vorhandene von geringer Bedeutung ist. Es sind also Wertungen vorzunehmen und Abwägungen zu treffen. Dies ist nur möglich auf Basis der genauen Kenntnis des Bestandes.

Am Anfang der Überlegungen zur Neugestaltung des Innenraumes stand deshalb eine restauratorische Untersuchung der Abfolge der historischen Raumfassungen. Es war zu klären, welcher Bauphase der Kirche welche Farbigkeit zuzuordnen ist. Auf Grundlage der Ergebnisse dieser Untersuchung konnten dann konzeptionelle Überlegungen angestellt, Varianten entworfen und mit den Beteiligten – dem Domstift Brandenburg und seinem Domkapitel, der Unteren Denkmalschutzbehörde der Stadt Brandenburg an der Havel und dem Brandenburgischen Landesamt für Denkmalpflege –, diskutiert werden. Die Ergebnisse der restauratorischen Untersuchung, das daraus entwickelte Konzept und die Grundzüge der Diskussion und Entscheidung über die neue Farbigkeit des Innenraumes werden im Folgenden dargestellt.

Die Domkirche hat im Laufe ihrer 850-jährigen Geschichte mehrere grundlegende bauliche Umgestaltungen erlebt, die in der Regel mit ebenso grundlegenden Veränderungen der Farbgestaltung verbunden waren und jeweils vollkommen neue Erscheinungsbilder des Dominneren erzeugten. Erneuerungen der Innenraumfassungen sind für folgende Zeiten belegt: Mitte des 15. Jahrhunderts, 1616/1648, 1725, 1834–1836, 1892, 1962–1965. Ein – auch hinsichtlich der Farbgebung – eigenständiges Bauteil bildet die Krypta, die nachträglich, vermutlich Ende des 12. Jahrhunderts, eingebaut worden war.

Der romanische Dom

Vom Mauerwerk des romanischen Domes sind noch größere Teile erhalten (vor allem die Ostteile mit der Vierung, die Querhäuser, das Mittelschiff des Langhauses und der Westbau). Die erste Farbfassung des Innenraumes lässt sich heute nicht mehr mit letzter Sicherheit feststellen. Mit einiger Wahrscheinlichkeit zeigte sich im Innenraum ziegelsichtiges Mauerwerk mit farbig (hellgelblich) gefassten Fugen. Es ist nicht gänzlich auszuschließen, dass auch die Backsteinoberflächen farblich gefasst waren, dies ließ sich jedoch nicht durch Befunde belegen. Ein wichtiges Gestaltungsmerkmal bildeten die Riffelungen („Scharrierungen") von Ziegeln, mit denen die Kanten von Baugliedern wie Vierungspfeilern, Arkaden, Fenster- oder Türöffnungen betont wurden. Die Sandsteingesimse der Arkadenpfeiler scheinen polychrom gefasst gewesen zu sein, wie entsprechende Befunde von Farbrudimenten zeigen.

Umbau Mitte des 15. Jahrhunderts

Der erste und bedeutendste Umbau der Domkirche erfolgte, fast 300 Jahre nach ihrer Grundsteinlegung, Mitte des 15. Jahrhunderts unter Bischof Stephan Bodeker. Die Baumaßnahme umfasste die Erhöhung der romanischen Mauern, die Einwölbung des gesamten Innenraumes mit Langhaus, Seitenschiffen, Querhäusern, Vierung, Chor, Chorpolygon und Vorhalle und – damit verbunden – die Erneuerung der Fensteröffnungen. Der Dom erhielt bei diesem Umbau eine neue Farbgebung.

Langhaus und Seitenschiffe

Die Gewölbe des Mittelschiffs waren ebenso wie die Wandflächen weiß gekalkt, polychrome, gar figürliche Malereien sind heute nicht mehr nachweisbar. Die Gewölberippen und Gurtbögen wurden in einem dunklen Grau gestrichen, die Ziegelrahmungen und Maßwerke der Fenster sowie die Schildbögen in einem dunklen, bläulichen Rot gefasst. Die Dienste erhielten einen hellgrauen Farbton, ebenso wie ein glatter Fries auf Höhe des Fußes der Obergadenwände. Die Arkadenpfeiler und -bögen wurden im gleichen bläulichen Rot gestrichen wie die Ziegelrahmungen und Maßwerke der Fenster, ihre Gesimse vermutlich mit grauer Farbe versehen. Die Pfeiler waren – anders als heute – an allen vier Seitenflächen rot gestrichen, die weißen, geputzten Leibungen entstammen der Maßnahme der 1960er-Jahre.

Anders als im Mittelschiff waren in den Seitenschiffen nicht nur die Fensterumrahmungen und -maßwerke in dunklem, bläulichem Rot gestrichen, sondern auch die Gewölberippen und Gurtbögen. Gewölbeputze sind hier nur noch in wenigen Resten vorhanden, da sie bei den Baumaßnahmen in den 1960er-Jahren weitestgehend erneuert worden sind. Soweit heute beurteilbar, waren sie wie im Mittelschiff weiß gekalkt, polychrome Malereien sind nicht nachweisbar, waren aber ursprünglich vermutlich vorhanden. Dagegen finden sich an den Wänden der Seitenschiffe seitlich der Fenster noch Reste von Rankenmalereien auf weißer Kalkgrundierung.

Langhaus Mittelschiff, Blick nach Osten, nach Abschluss der Baumaßnahme

Die bläulich-roten Bauglieder – die Rippen und Gurtbögen, die Fensterumrahmungen und -maßwerke – und die Arkadenpfeiler und -bögen könnten ursprünglich durch Aufmalung weißer oder heller Fugen eine Ziegelimitation erhalten haben. Dies ist jedoch heute nicht mehr sicher nachweisbar.

Die eher bescheidene und schlichte Gestaltung des Innenraumes ist durch die Farbgebung der Konsolen und Kapitelle der Dienste sowie der Schlusssteine auf sehr reizvolle und ungewöhnliche Art gebrochen worden, am auffälligsten im Mittelschiff: Die Konsolen sind als Blattwerk oder Gesichter geformt, die Kapitelle als Diamantkapitelle ausgebildet worden. Alle erhielten eine sehr prägnante polychrome Fassung – und alle bemerkenswerterweise in unterschiedlicher Form. So finden

Langhaus, nördliches Seitenschiff, Blick nach Osten, nach Abschluss der Maßnahme

sich keine zwei identischen Diamantkapitelle, auch ist ein System in der Farbgebung der Einzelflächen nicht zu erkennen. Die Konsolen, Kapitelle und Schlusssteine setzen im schlichten Kirchenraum sehr auffällige und prägnante Farbakzente.

Vierung, Querhäuser und Hoher Chor

Schlicht war auch die Gestaltung der Ostteile der Kirche. Wie in den Seitenschiffen des Langhauses und anders als im Mittelschiff waren in den Ostteilen der Kirche die Baugliederungen – Rippen, Fensterrahmungen und -Maßwerke, Gurtbögen etc. – in dem dunklen, bläulichen Rotton gestrichen. Die Gewölbekappen waren weiß gekalkt. Konsolen und Gesimse waren – soweit noch nachweisbar – in hellem Grau gefasst. Auch die hohen Schildwände in den Querhäusern und die Wände von Hohem Chor (mit Ausnahme der Nordwand, diese geputzt und weiß gekalkt) und Chorpolygon sowie die Pfeiler der Vierung waren in dem bekannten dunkelbläulichen Rotton gestrichen. Auf den roten Wandflächen sind aufgesetzte weiße Fugen nachweisbar, auf den Rippen, Fensterumrahmungen etc. dagegen nicht sicher.

Im Unterschied zum Langhaus finden sich in den Gewölben der Ostteile polychrome, figürliche Malereien. An den Gewölben von Chorpolygon und Hohem Chor zeigen sich die bereits erwähnten Drolerieköpfe, die der Verzierung (oder auch dem Verbergen) von Wasserauslässen an den Gewölbezwickeln dienten. Auch hier könnte es ursprüngliche weitere Malereien gegeben haben, entsprechende Befunde lassen sich jedoch nicht mehr erheben.

Dagegen konnte im Gewölbe des nördlichen Querhauses auf weißem Grund eine polychrome Rankenmalerei in Grün, Ocker-Rot, Grau und Ausmischungen und Schattierungen dieser Farbtöne nachgewiesen werden. Die Malerei mit schwarzer Konturierung und Binnenzeichnung hat in den einzelnen Kappen unterschiedliche farbliche Betonungen (zum Beispiel in der westlichen Kappe viele Rottöne, in der östlichen Kappe Grün- und Graumalerei). Nicht das ganze Gewölbe trägt diese Malerei, sie beschränkt sich auf ein Feld mit einem Radius von ungefähr 2,50 m um den Schlussstein.

Eine weitere Besonderheit im nördlichen Querhaus ist die gleichfalls Mitte des 15. Jahrhunderts eingefügte Arkade, die einen Verbindungsgang zwischen Ostflügel und Hohem Chor herstellte. Die Gewölbe über dem Erdgeschoss der Arkade waren – soweit heute noch nachweisbar – ohne Malereien, interessant ist aber die Brüstung der Galerie, die als eine Abfolge von kleinen Giebeln gestaltet ist und auf der Sichtseite schwarze Maßwerkmalerei auf weißem Grund zeigt.

Umbau 1616/1648

Aus dem Jahr 1616 und – nur 32 Jahre später – aus dem Jahr 1648 berichten die Archivquellen von neuen Anstrichen im Dom. Während die jeweiligen Farbfassungen kaum voneinander zu trennen sind und deshalb hier als eine Fassung dargestellt werden, sind die Arbeiten des Jahres 1648 mit wichtigen baulichen Veränderungen verbunden: Fast genau 100 Jahre nach der Einführung der Reformation durch das Domstift im Jahr 1549 wurde der Lettner entfernt und an seiner Stelle eine Treppe zwischen Langhaus und Chor errichtet. Vor den südöstlichen Arkaden des Mittelschiffs wurde eine Empore aufgerichtet.

Hoher Chor, Chorpolygon, nach Abschluss der Maßnahme

Die seinerzeit entstandene Farbgebung des Innenraumes bildete – wie erwähnt – das Vorbild für die Neugestaltung im Jahre 1965: Wände und Gewölbe – auch Rippen, Dienste, Kapitelle, Konsolen und sonstige Bauglieder – wurden mit einer dicken Kalktünche überzogen und anschließend die Bauglieder und Pfeiler in einem gelblichen – gegenüber der spätgotischen Fassung deutlichen helleren – Rotton gestrichen. Der Fuß des Obergadens erhielt wieder – wie bei der Farbgebung aus der Mitte des 15. Jahrhunderts – eine Betonung durch ein breites horizontales Band.

Umbau 1722 bis 1725

Knapp 80 Jahre später wurde das Erscheinungsbild des Dominnenraumes wiederum stark verändert, dieses Mal weniger durch bauliche Maßnahmen (Einbau der Wagner-Orgel, Anbau der Schlabrendorffschen Gruft) als vor allem durch die zeittypische Farbgebung: Gewände und Gewölbe wurden ein weiteres Mal weiß gekalkt, die Baugliederungen dagegen nun in einem leuchtenden Ocker gestrichen. Der Fuß des Obergadens wurde weiterhin durch ein breites – nunmehr gleichfalls ockerfarbenes – Band betont.

Umbau 1834 bis 1836

Erhebliche Veränderungen brachte der von Schinkel und Heidfeld verantwortete Umbau des Domes im ersten Drittel des 19. Jahrhunderts, der die statische Ertüchtigung (unter anderem Teilneubau des südlichen Querhauses, Einbau von Zugankern im Mittelschiff), die Neugestaltung des Äußeren (vor allem der Westfassade) und des Inneren zum Gegenstand hatte. Die prägenden Maßnahmen im Inneren waren die Erneuerung der Langhaus und Chor verbindenden Treppenanlage (die erste Treppe war 1705 durch den Einbau von barocken Balustraden für die Schülerchöre zu einem schmalen Treppenlauf reduziert worden), die Entfernung der Empore und die Neufassung des Raumes in einem hellen, grünlichen Grauweiß („Steingrau"). Auch die Pfeiler und Baugliederungen wurden grau gestrichen, Gesimse, Rippen, Konsolen und Kapitelle möglicherweise etwas dunkler abgesetzt. Das wieder aufgebaute südliche Querhaus erhielt eine flache, für die damalige Zeit moderne Kassettendecke.

Neufassung 1892

Diese eindrucksvolle, gleichwohl sehr nüchterne Gestaltung des Innenraumes entsprach bereits weniger als 60 Jahre später nicht mehr den Erwartungen. Die im Jahre 1892 entstandene Neufassung kann als farbliche Regotisierung bezeichnet werden und fügte sich in das maßgeblich vom Eisenacher Regulativ 1861 bestimmte Bild der evangelischen Kirchen: Wand- und Gewölbeflächen wurden wieder weiß (gelbliches Weiß), die Gewölberippen, Dienste, Pfeiler etc. in einem hellen Rot mit hellgrauen Fugenstrichen gefasst. Die Basis der Obergadenwand erhielt wieder einen Fries, dieses Mal als Schablonenmalerei in blauen Farbtönen. Die Drolerieköpfe in den Gewölben der Apsis und der Vierung wurden freigelegt und ebenfalls neu gefasst. Die Kassettendecke im südlichen Querhaus wurde durch das heute noch vorhandene Bohlengewölbe ersetzt. Die nächste Umgestaltung des Innenraumes erfolgte in den Jahren 1962 bis 1965 und wurde oben bereits erläutert.

Die Krypta

Die Krypta stellt – wie eingangs erwähnt – hinsichtlich ihrer Baugeschichte ebenso wie ihrer farblichen Gestaltung innerhalb der Domkirche ein eigenes Bauteil dar. Sie wurde vermutlich um 1170 – also schon fünf Jahre nach dem Baubeginn der Domkirche – nachträglich mit großem technischen Aufwand eingefügt, zunächst als Halle mit runder Apsis (diese Datierung geht auf die Forschungen von Carljürgen Gertler zurück; vergleiche dazu seinen Beitrag in diesem Band). 50 Jahre später – im Jahre 1220 – erhielt sie die heute noch vorhandene polygonale Apsis mit ihrem von Wulstrippen und Schlussring getragenen Gewölbe. Die Apsis wurde von der Halle durch eine dreiteilige Arkade abgetrennt. Im zweiten Viertel des 14. Jahrhunderts wurde das Gewölbe der Halle abgebrochen und neu aufgemauert, wobei die Wandpfeiler und Säulen als tragende Elemente beibehalten wurden. Das neue Gewölbe erhielt einen höheren Scheitel und profilierte Rippen, die jedoch kurz nach Erbauung – möglicherweise zur Angleichung an die Gewölbe der Apsis – profilglättend überputzt wurden.

Wand- und Gewölbeflächen der Krypta waren – soweit heute nach Putzverlusten und -erneuerungen noch beurteilbar – weiß gekalkt. Die Gewölberippen der 1220 überformten Kryptenapsis erhielten weiße, rote und blaugraue, jeweils ca. 30,0 cm lange und durch alternierende Fugenstriche abgesetzte Farbsegmente. Nach gleichem Prinzip war der Schlussring des Gewölbes gestaltet, in dessen Inneren auf blauem Grund ein weißer Stern mit roter Rahmung aufgemalt wurde. Nach der Erneuerung der Hallengewölbe wurden deren Rippen in gleichen Farbtönen gestrichen, allerdings hier nicht mit Farbsegmenten. Vielmehr wurde jeweils ein diagonal gegenüberliegendes Rippenpaar monochrom rot beziehungsweise blaugrau gefasst.

Krypta, Blick in das Gewölbe der Kryptenapsis nach Fertigstellung; im Hintergrund sind die Gewölbe und Rippenbögen der Halle erkennbar

Die gemauerten Wandpfeiler mit ihren – gleichfalls gemauerten – Schildkapitellen waren stets in gleicher Weise gestaltet: als Ziegelimitation (roter Anstrich mit weißen Fugen). Die Werksteinsäulen (in der Apsis) und die Natursteinkapitelle zeigen keine eindeutigen Farbbefunde.

Kryptenapsis, während der Baumaßnahme, links Vorzustand, rechts Endzustand

Das Konzept

Die bereits eingangs zitierte Charta von Venedig fordert die Respektierung der Beiträge aller Epochen zu einem Denkmal. Die Entfernung jüngerer Schichten sei nur dann gerechtfertigt, wenn diese von geringer Bedeutung sind. Dieser Leitlinie in aller Strenge zu folgen hätte geheißen, die jüngste Schicht – die Farbgestaltung nach dem Umbau der Domkirche in den Jahren 1962 bis 1965 – zu erhalten beziehungsweise wiederherzustellen. Die damalige Baumaßnahme hatte erhebliche Veränderungen mit sich gebracht und den Innenraum nachhaltig geprägt, sie bedeutete gerade zu DDR-Zeiten eine erhebliche Leistung, und so musste die korrespondierende Farbgebung nicht zwangsläufig als unbedeutend qualifiziert werden. Sie war allerdings – überspitzt ausgedrückt – aus der Not geboren. Es bestanden seinerzeit nur unzureichende Möglichkeiten der Untersuchung, die heutige Kenntnis früherer Farbfassungen war nicht vorhanden, Bindemittel und Pigmente standen bei Weitem nicht in dem Maße wie heute zur Verfügung und so war die Farbgebung der 1960er-Jahre doch eher als Behelf denn als Zeugnis der jüngsten Bauschicht anzusehen. Die Entfernung dieser Schicht erschien zwar nicht zwingend geboten, aber doch legitim, der Diskurs zur Neugestaltung war damit eröffnet.

Das heutige Raumgefüge der Domkirche ist das Ergebnis mehrfacher Überformungen; abgesehen von der jüngsten Fassung der 1960er-Jahre existiert keine historische Farbgestaltung, die mit dem heutigen Raumgefüge korrespondiert. So wäre etwa die Wiederaufnahme der 1892 entstandenen Raumfassungen oder der Schinkelschen Fassung in grau nicht schlüssig, da mindestens ein wesentliches architektonisches Element – die Freitreppe zwischen Langhaus und Chor – fehlt. Die Ockerfassung des 18. Jahrhunderts existierte zeitgleich zur Wagner-Orgel, jedoch gab es die Schinkelsche Orgelempore noch nicht und es fehlt heute die im 17. Jahrhundert errichtete Treppe zwischen Langhaus und Chor. Die präzise Rekonstruktion einer historischen Farbgebung stand also nicht zur Diskussion, im engeren Sinne war jede farbliche Gestaltung der Domkirche als Neufassung aufzufassen, die sich gleichwohl an historischen Zuständen orientieren kann.

Auch wenn der Innenraum des Domes heute von mehreren Bauphasen geprägt ist, wird seine Gesamtwirkung doch wesentlich von einer Bauschicht geprägt: von der Umbaumaßnahme des 15. Jahrhunderts, als die Außenwände erhöht und der Raum eingewölbt wurde. Es lag daher nahe, diese durch restauratorische Befunde gut belegbare, insbesondere wegen der ungewöhnlichen und reichhaltigen Farbakzente der Kapitelle, Konsolen und Schlusssteine sehr reizvolle Raumfassung als „Leitfassung" der Neugestaltung des Innenraumes zugrunde zu legen. Während im Bereich der Gewölbe und Dienste diese Farbigkeit bis ins Detail nach Befund wiederhergestellt wurde (abgesehen von der Rankenmalerei im nördlichen Querhaus, die – vor allem aus Kostengründen – nicht wieder freigelegt wurde), wurde an Wänden und Pfeilern abgewichen. So waren beispielsweise die im 15. Jahrhundert vierseitig roten Arkadenpfeiler des Langhauses bei den Baumaßnahmen der 1960er-Jahre in den Leibungen verputzt und weiß gestrichen worden. Dies wurde beibehalten. Eine weitere und wesentliche Abweichung vom Farbkonzept des 15. Jahrhunderts betraf die Behandlung der Wände in den Querhäusern und im Hohen Chor. Diese waren ursprünglich raumhoch in dunklem Rot gefasst (mit weißen Fugenstrichen). Hier bestand der Wunsch, die sich so manifestierende Absetzung der Ostteile des Kirchenraumes vom Langhaus aus liturgischen Gründen und da sie sich vom gewohnten Bild deutlich unterscheiden würde, nicht wiederherzustellen und die Wände wie im Langhaus weiß zu streichen. Die Krypta dagegen befindet sich bis heute im Zustand ihres Umbaus im zweiten Viertel des 14. Jahrhunderts, die dazugehörige Farbfassung ist durch restauratorische Befunde gut belegbar und wurde wiederhergestellt.

Die Ausführung

Vor Beginn der eigentlichen Bauausführung wurde im Frühjahr 2013 im Mittelschiff des Langhauses eine Musterachse angelegt, die die neue Farbgebung an Diensten, Rippen, Konsolen, Kapitellen und den Wand- und Gewölbeflächen darstellte. Die Musterachse diente der technologischen Klärung der zu verwendenden Bindemittel und Pigmente, der Abstimmung des Farbauftrags (zum Beispiel deckend/lasierend) und der Definition des Qualitätsstandards. Sie diente darüber hinaus der Erprobung der neuen Raumwirkung und ermöglichte es den zahlreichen Nutzern der Kirche, sich mit dem neuen Farbkonzept vertraut zu machen.

Bindemittel und Pigmente entsprechen der zur Bauzeit zur Verfügung stehenden Technologie: Die weißen Gewölbe- und Wandflächen wurden mit Kalk gestrichen, die stark pigmentierten Bauglieder wie Dienste und Rippen dagegen mit Leimfarbe (Celluloseleim). Als Pigmente dienten Holzkohlemehl (Grautöne der Rippen und Dienste), Eisenoxid (Rot der Gurtbögen und Fensterumrahmungen), Malachit, Bleizinngelb, Zinnober, Azurit (Farbtöne der Konsolen und Kapitelle).

Die Befunde der stichprobenhaften Voruntersuchung konnten durch baubegleitende restauratorische Untersuchungen bestätigt werden. Bemerkenswert waren die Ergebnisse der vertiefenden Untersuchungen an den Dienstkonsolen und -kapitellen im Mittelschiff des Langhauses während der Bauphase. Die ausgeprägte Polychromie war bekannt, nun stellte sich heraus, dass die Konsolen und Kapitelle jeweils tatsächlich Einzelstücke sind, das heißt es finden sich keine zwei gleichen Ele-

Musterachse zur Begutachtung der neuen Farbgebung

mente und auch eine Systematik war nicht festzustellen. Es wurde daher die Farbigkeit jeder Einzelfläche an jeder Konsole und an jedem Kapitell freigelegt und entsprechend dem Befund wiederhergestellt.

Die Arbeiten wurden in den Jahren 2013 und 2014 in zwei Bauabschnitten durchgeführt. Diese Aufgliederung war einerseits notwendig, da die Putz- und Malerarbeiten Oberflächentemperaturen von mindestens 5°C erfordern, dies wird – abhängig vom jeweiligen Außentemperaturverlauf – in der Regel nur in den Monaten April bis Oktober erreicht. In diesem kurzen Zeitraum hätte die Gesamtmaßnahme nicht abgeschlossen werden können. Andererseits musste die Kirche auch parallel zu den Baumaßnahmen noch für verschiedene gottesdienstliche und andere Veranstaltungen zur Verfügung stehen und für Besucher weiter offen sein. So wurden im Jahr 2013 die Ostteile der Kirche (Chorpolygon, Hoher Chor, Vierung, nördliches und südliches Querhaus, Krypta) und im Jahr 2014 die westlichen Teile (Langhaus mit Mittelschiff und Seitenschiffen, Turmvorhalle) bearbeitet.

Neben den Reparaturen der Putzfehlstellen in den Gewölben, den Maler- und restauratorischen Arbeiten war auch eine Reihe begleitender Dinge zu tun: So mussten die Kunstgüter in der Domkirche entweder ausgelagert oder geschützt werden, nach Abschluss der Maßnahmen gereinigt und gegebenenfalls restauratorisch gewartet werden, die bleiverglasten Fenster wurden von innen glasrestauratorisch bearbeitet (unter anderem durch Verkittung der Bleiruten und Neuherstellung von Schwitzwasserrinnen) und als wichtigste Maßnahme wurde der Orgelprospekt gereinigt und das gesamte Orgelwerk einer grundlegenden Wartung und Instandsetzung unterzogen.

Langhaus, Mittelschiff, Südwand, Dienst mit Kopfkonsole, Diamantkapitell, grauer Fries am Fuß der Obergadenwand, Ansätze der Rippenbögen in grauem Farbton und der Fensterumrahmungen in dunklem Rot

Langhaus, Mittelschiff, Nordwand, westlichstes Dienst-kapitell, Vorzustand

Langhaus, Mittelschiff, Nordwand, westlichstes Dienst-kapitell, Nachzustand

Langhaus, Mittelschiff, Nordwand, 4. Dienstkapitell von Osten, Vorzustand

Langhaus, Mittelschiff, Nordwand, 4. Dienstkapitell von Osten, Nachzustand

Langhaus, Mittelschiff, Nordwand, west-lichste Dienstkonsole, Vorzustand

Langhaus, Mittelschiff, Nordwand, westlichste Dienstkonsole, Nachzustand

Langhaus, Mittelschiff, Südwand, 3. Dienstkonsole von Osten; links: Vorzustand, rechts: Nachzustand

Langhaus, südliches Seitenschiff, 7. Konsole von Osten; links: Vorzustand, rechts Nachzustand

Vierung, westliches Gewölbesegel, nördliches Ende, Droleriekopf; links: Vorzustand, rechts Nachzustand

Die Neugestaltung der Außenanlagen

Einige Teilflächen der Außenanlagen waren bereits in den ersten Jahren des 21. Jahrhunderts hergerichtet worden. Dies waren insbesondere die parkähnlich gestaltete Fläche vor der Ostklausur, die Flächen vor der Südfassade der Domkirche (sogenannte südliche Feuerwehrzufahrt), die Flächen seitlich der diesseits gelegenen Rampe zur Albrecht-Schönherr-Brücke und der Parkplatz auf der Mühleninsel. Mit der Neuschaffung des Parkplatzes und der Fußgängerbrücke waren auch wesentliche infrastrukturelle Zielstellungen erreicht: Der Burghof sollte autofrei werden, Besucher, Bewohner und Mitarbeiter sollten ihre Fahrzeuge auf der Mühleninsel abstellen, in begrenztem Umfang stehen Parkplätze zudem auch am Burgweg zur Verfügung. Auch eine wichtige unterirdische Infrastrukturmaßnahme konnte in den vergangenen Jahren bereits realisiert werden. Seit 2006 sind alle Gebäude des Burghofes über eine Ringleitung an die zentrale Nahwärmeversorgung des unterflur angeordneten Holzhackschnitzelheizwerks angeschlossen.

Für die Neugestaltung der verbliebenen Flächen – dem Großen Burghof (Fläche vor Domportal und Ritterakademie), dem Nordhof (Fläche zwischen Nordflügel der Klausur und Burghof 6), dem Friedgarten und dem Schulhof nördlich von Burghof 6 hat das Domstift im Jahre 2012 einen beschränkten Wettbewerb ausge-

Übersichtsplan der Außenanlagen

lobt. Auf Grundlage des Siegerentwurfs wurden die Planungen ausgearbeitet und die Baumaßnahme von Sommer 2013 bis Herbst 2014 durchgeführt.

Die Burghöfe sind Verkehrswege, Orte zum Verweilen und Betrachten, Treffpunkte und Plätze des Versammelns und der Kommunikation. Sie sind auch Schulhöfe, Spiel- und Tobeplätze für die Kinder des Kindergartens, der Evangelischen Grundschule und des Hortes. Gerade hierdurch wird der Charakter des Domcampus geprägt, wodurch reizvolle, aber auch schwierige Ansprüche an die Multifunktionalität der Außenanlagen gestellt werden. Die Nutzer der Freiflächen – seien es Touristen, Gottesdienstbesucher, die Mitarbeiter der ansässigen Institutionen, aber eben auch die Kinder – sind hier nicht nur geduldet, die neugestalteten Anlagen sollen und müssen ihren Bedürfnissen und Wünschen *dienen*. Andererseits erfüllen sie die wichtige Aufgabe, den denkmalgeschützten Gebäuden ein würdiges Umfeld zu bieten. Beides ist nicht immer ohne Weiteres vereinbar. Wer könnte sich schon ein Spielplatz-Klettergerüst vor den an bauhistorischen Spuren so reichhaltigen Fassaden der Nordklausur oder der ehemaligen Seniorenkurie Burghof 6 vorstellen?

Entstanden sind vier Höfe mit unterschiedlichem Charakter und unterschiedlichen Funktionen, wobei wesentliches Ziel der Planung war, möglichst viel Bestehendes zu bewahren. Rückgrat der Planung ist die – auch im Vorzustand schon vorhandene – zentrale Wegeachse zwischen der Tordurchfahrt am südlichen Ende des Großen Burghofes und seiner durch die Gebäude Burghof 5 und Ritterakademie markierten nördlichen Begrenzung. Diese wichtige Achse wurde annähernd in ursprünglicher Position wiederhergestellt und über den Nordhof bis zur Spiegelburg verlängert. Wie vorher wurde hier Granit-Reihensteinpflaster verlegt und es wurden – soweit möglich – die vorhandenen Pflastersteine wiederverwendet. Die Steine wurden allerdings gesägt, um eine möglichst ebene Oberfläche zu erzeugen und so eine bequeme und barrierefreie Erschließung des Burghofes zu erreichen. Die Wegeachse erfüllt gleichzeitig die Funktion der Straße, das heißt, sie ist ebenso wie die südliche Feuerwehrzufahrt und der Weg vor Burghof 1, Remise Burghof 1 und Burghof 2 befahrbar, während die übrigen Flächen dem Fußgängerverkehr vorbehalten bleiben.

Der Große Burghof hat seinen ursprünglichen Charakter als öffentlicher Bereich erhalten. Östlich der zentralen Wegeachse findet sich nun eine große, mit Bernburger Mosaik gepflasterte Platzfläche vor dem Domportal als Ort der Versammlung vor und nach Gottesdiensten und anderen Veranstaltungen. Weiter nach Norden folgen differenzierte Pflasterflächen, denen ein Gestaltungsprinzip zugrunde liegt, dass sich auch auf dem Nordhof fortsetzt: Die Gebäudeeingänge werden durch kleinteiliges Bernburger Mosaikpflaster betont, dazwischen wurde Granit-Polygonalpflaster verlegt. Die Gebäude selbst werden durch einen schmalen Streifen Feldsteinpflaster eingefasst. Sämtliche Pflasterarten waren auch vorher in gleicher Funktion vorhanden.

Der östlich der Wegeachse gelegene Teil des Großen Burghofes wird weiter von einer Rasenfläche dominiert, der ab 2015 aber noch eine neue Aufgabe zukommt: Am südlichen Ende des Rasens befindet sich vor den Gebäuden Burghof 2 und Remise Burghof 1 eine Grandfläche für die Außengastronomie des zukünftigen Domrestaurants.

Im Nordhof werden die funktionalen Anforderungen der Schul- und Hortnutzung sichtbar. In der Mitte des gepflasterten und sparsam bepflanzten Hofes findet sich eine Grandfläche als Bolzplatz für die Kinder. Wegen des starken Gefälles der Hoffläche hebt sich diese Fläche – die selbstverständlich waagerecht sein muss – aus der Pflasterfläche, was sicherlich einen funktional notwendigen gestalterischen Kompromiss darstellt.

Der eigentliche Pausenhof und Spielplatz für Schule und Hort befindet sich auf der Nordseite des Gebäudes Burghof 6, eingerahmt von der ehemaligen Seniorenkurie, der 2011 zur Mensa umgebauten ehemaligen Turnhalle und dem Bootshaus. Auf diesem topografisch stark bewegten Gelände finden sich Pflasterflächen zur Benutzung aller möglichen Fahrzeuge und zum Tischtennisspielen, eine Sandspielfläche mit großem, vielfältig nutzbarem Kletter-Spielgerät, eine Wasserpumpe, Pflanzflächen (die teilweise von den Kindern selbst bepflanzt wurden) und ein verborgener Pfad hinter der nördlich gelegenen Mauer. Ein besserer Standort hätte kaum gefunden werden können, denn er bietet durch die dreiseitige Bebauung einen geschützten Ort; seine Lage fast direkt am Domstreng entfaltet zusätzlichen Reiz und durch das Bootshaus, die angrenzenden Bäume und die zum Wasser hin abfallende Geländeoberfläche wird der Blick von der Albrecht-Schönherr-Brücke auf Burghof 6 und die übrigen Bauten des Domensembles kaum durch das Spielgerät beeinträchtigt.

Der Friedgarten ist ein Ort der Ruhe. Er wurde zurückhaltend mit Rasenfläche, Wegerechteck und Bepflanzung an den Rändern gestaltet. Vor der Ostklausur wurde der Grundriss einer archäologisch nachgewiesenen Brunnenkapelle durch eine Pflasterung mit Backsteinen nachgezeichnet. Aber auch der Friedgarten hat weitere Funktionen zu übernehmen. Er ist Bestandteil des Museumsrundgangs und verfügt über einen direkten Zugang zum Domladen. Vor seiner Eingangstür wurde eine kleine Platzfläche geschaffen, die zum Beispiel für kleine Empfänge nach Veranstaltungen in der Domkirche genutzt werden kann. Trotz ihrer unterschiedlichen Höhen sind alle Eingänge zum Friedgarten ohne Stufen erreichbar. Dies war durch eine geschickte, kaum wahrnehmbare Verteilung der Wegegefälle möglich.

Verbindendes Element aller Höfe sind die Ausstattungen: Bänke, Sitz- und Trittstufen sowie das Tastmodell bestehen aus glattem, hellem Sichtbeton; Leuchten, Fahrradständer, Infostele und Müllbehälter sind aus Stahl gefertigt und mit einem dunklen Grau beschichtet.

Wichtiges Ziel bei der Planung war die Minimierung der Eingriffe ins Erdreich. Jede Erdbewegung erzeugt Baukosten und bedeutet zudem in der Regel die Störung oder gar Zerstörung eines Bodendenkmals (was die Notwendigkeit archäologischer Baubegleitung und somit wiederum Kosten nach sich zieht). Es wurde daher weitestgehend auf die Neuverlegung unterirdischer Regenwasserleitungen verzichtet. Die Entwässerung der Hofoberflächen erfolgt fast ausschließlich oberirdisch und durch Versickerung. Das Regenwasser vom Großen Burghof und vom Nordhof fließt zur Tordurchfahrt zwischen Burghof 5 und 6 und von dort in eine Versickerungsmulde westlich der Brückenrampe. Der Pausengarten entwässert auf die Böschung zum Domstreng. Das Regenwasser im Friedgarten versickert an Ort und Stelle.

Großer Burghof nach Fertigstellung, Blick nach Norden

Nordhof nach Fertigstellung, Blick nach Nordwesten

Ausstattung und Ausstrahlung

Die Retabel des Brandenburger Domes

Peter Knüvener

Von der mittelalterlichen Ausstattung des Brandenburger Domes haben sich wichtige Teile erhalten. Sie geben eine Ahnung von einer prächtig geschmückten mittelalterlichen Bischofskirche. Neben den Skulpturen, Paramenten, Leuchtern und Vasa sacra sind die zahlreichen Altarretabel aus dem 14. bis frühen 16. Jahrhundert zu nennen. Auffällig viele davon stammen aus der Zeit nach dem spätgotischen Domumbau, aus der zweiten Hälfte des 15. Jahrhunderts. Jedoch liegt mit dem Böhmischen Altar von 1375, dem ehemaligen Hochaltarretabel des Domes, ein Hauptwerk der frühen nordalpinen Retabelkunst vor. Ob es bereits zuvor ein Hochaltarretabel gegeben hat, ist nicht bekannt. Die Retabelform als schrankartiger Flügelschrein bildete sich erst im frühen 14. Jahrhundert heraus und setzte sich vermutlich erst nach und nach durch. Jedoch stand man dieser neuen und sehr dominanten Form des Altarschmucks nicht überall kritiklos gegenüber. So durfte im Magdeburger Dom, der Mutterkirche für Brandenburg, kein Retabel auf dem Hochaltar stehen. Allerdings hat sich aus der ebenso zum Magdeburger Metropolitanverband gehörenden Havelberger Domkirche durchaus ein besonders anspruchsvolles frühes Retabel erhalten – geschaffen kurz nach 1300 (heute in der Dorfkirche in Rossow bei Wittstock), das auch in Brandenburg nicht unbeachtet geblieben sein dürfte. Sowohl in Havelberg wie auch in Brandenburg waren um 1300 umfassende Modernisierungsarbeiten im Gange, die eben auch die Ausstattung betrafen. Im Brandenburger Dom hat sich aus dieser Zeit eine sehr qualitätvolle thronende Madonna erhalten, die dieselbe künstlerische Handschrift zeigt wie zwei herausragende Kopfreliquiare der Dompatrone Petrus und Paulus. Dass diese Figuren aus *einem* Ensemble stammen, ist keineswegs ausgeschlossen. Könnte es sich um ein frühes Retabel gehandelt haben?

Der Böhmische Altar wurde in den frühen 1370er-Jahren als Hochaltarretabel des Brandenburger Domes vermutlich in einer Prager Werkstatt in Auftrag gegeben und um 1375 aufgestellt. Seinen Namen erhielt das Retabel zunächst nicht wegen seines böhmischen Stils, der erst in den 1930er-Jahren als solcher erkannt wurde. Es waren vielmehr die Darstellungen der Heiligen Wenzel, Veit und Sigismund auf der Werktagsseite des Retabels, die einen Zusammenhang mit Böhmen herstellen ließen.

Madonna und Reliquiare der Bistumspatrone Petrus und Paulus, um 1300

Böhmischer Altar, 1375

Böhmische Heilige Wenzel, Veit und Sigismund auf den Flügelaußenseiten

Wie kaum ein anderes Kunstwerk des Domes lässt sich die Entstehung des Retabels nur vor dem Hintergrund der historischen Ereignisse nachvollziehen. Seit 1373 war der böhmische König und römisch-deutsche Kaiser Karl IV. Landesherr in Brandenburg. Karl hatte ein großes Interesse daran, die wichtigen geistlichen Würdenträger in seinen Ländern auf seine Seite zu ziehen beziehungsweise bedeutende Ämter mit Parteigängern zu besetzen. Wie man erkannt hat, spielte in seiner Strategie die Stiftung von Reliquien und von programmatischen Kunstwerken eine wichtige Rolle. Dass sein Augenmerk schnell auf den Brandenburger Dom als einer der wichtigsten Kirchen des Landes fiel, ist als wahrscheinlich anzunehmen. Karl versuchte, 1374 in Rom eine Unterstellung der märkischen Bistümer in den Metropolitanverband Prag zu erwirken. Das Verhältnis des Brandenburger Bischofs Dietrich von der Schulenburg (ca. 1330–1393, Bischof seit 1365) zu Karl war jedoch bis 1373 nicht spannungsfrei, denn Dietrich war zunächst noch Parteigänger von dessen Gegner, dem Markgrafen Otto, den Karl aus der Mark zu verdrängen suchte. Der Kaiser hielt sich im Herbst 1373 und im Frühjahr 1374 in Brandenburg auf. 1374 scheint Dietrich die Seite gewechselt und sich Karl angenähert zu haben, später wird der Bischof als Berater Karls bezeichnet. Ein Zusammenhang mit dem just in diesem Zeitpunkt in Böhmen in Auftrag gegebenen Retabel liegt auf der Hand.

Der Böhmische Altar ist ein einfach wandelbares Flügelretabel, das aus separat mit Klappflügeln verschließbarer Predella und Schrein bestand. Der sehr tiefe Schrein enthält fast vollplastische Figuren. Das Brandenburger Retabel besitzt gegenüber anderen Retabeln jener Zeit die Besonderheit, dass sich die Flügel um den Schrein schließen – das heißt, der Schrein hat eher die Form eines Baldachins ohne Seitenwände. Diese Funktion übernehmen kleine Gelenkflügel. Sind die Retabelflügel geschlossen, sind in zwei Registern jeweils zwölf von Goldgrund umgebene, gemalte Heiligenfiguren zu sehen, die in plastisch ausgearbeiteten Arkaden stehen. Über den Köpfen befinden sich in weißer Frakturschrift die Namen der Heiligen. Es handelt sich teilweise um beliebte Heilige wie Sebastian und Erasmus, um Petrus als einem der Bistumsheiligen und um Mauritius als Heiligen des übergeordneten Erzbistums Magdeburg. Kirchenväter wie Gregor und Hieronymus und Ordensheilige wie Dominikus und Franziskus verweisen auf die gelehrte Institution des Kollegiatsstifts des Brandenburger Domes. Die Verehrung des Heiligen Godehard besaß in Brandenburg eine lange Tradition, denn schon die Kirche der Brandenburger Altstadt, die ursprünglich als Domkirche diente, war diesem Heiligen geweiht. Die böhmischen Landesheiligen Wenzel, Vitus (Veit) und Sigismund liefern hingegen deutliche Hinweise auf den historischen, ja tagespolitischen Kontext. Daneben sind noch eher ungewöhnliche Heilige wie Monika, Christiana, Julia und Alexius abgebildet, deren Bedeutung für die Brandenburger Kirche nicht ohne Weiteres ersichtlich ist. Die Außenseiten der Ge-

Scheibenriss auf der Außenseite eines Predellenflügels

Gegenüberstellung Gesicht des Augustinus und Bischof Dietrich von der Schulenburg (vom Grabmal)

lenkflügel sind ungefasst. Die Malereien auf den Außenseiten der Predellenflügel sind größtenteils verloren. Hier befanden sich weitere Heilige, wie geringe Reste vermuten lassen. Unter der zum großen Teil abgelösten Malschicht werden allerdings schwarze Linien sichtbar, die offenbar nichts mit der ehemaligen Malerei zu tun haben. Es handelt sich um Brustbilder – darunter eine Madonna mit Kind – die von einem Rautennetz umgeben sind. Die Lösung für diesen Befund gelang Karl Joachim Maercker, der hierin vermutlich zu Recht einen Karton mit Vorzeichnungen für Glasmalereien erblickte, der vom Tafelmaler wieder verwendet worden sei. Der Brandenburger Scheibenriss ist ein wichtiger Beleg für die Produktion von Glas- und Tafelmalereien in derselben Werkstatt und auch vermutlich durch dieselben Künstler, welche ohnehin aufgrund der stilistischen Verwandtschaft nicht selten naheliegt.

In geöffnetem Zustand nimmt der gestalterische Aufwand des Retabels deutlich zu: Im Schrein befinden sich die fast vollplastischen Bildwerke der Marienkrönung, die von den Bistumspatronen Petrus und Paulus flankiert werden. Außen stehen Andreas sowie Augustinus, nach dessen Regeln die Prämonstratenserchorherren des Domstifts lebten. Ins Auge fallen die physiognomischen Ähnlichkeiten des Bischofsheiligen mit Dietrich von der Schulenburg in dessen prächtigem Grabstein. Es wäre denkbar, dass es sich hier um ein Kryptoporträt des selbstbewussten Brandenburger Bischofs handelt. Derart verklausulierte Darstellungen waren in der Zeit üblich und wurden besonders auch von Karl IV., der sich auch als Heiliger König in Epiphanieszenen zeigen ließ (zum Beispiel auf Burg Karlstein bei Prag), instrumentalisiert. Das Predellenfach ist heute leer belassen. Es ist jedoch gut möglich, dass hier Reliquiare des Domschatzes prä-

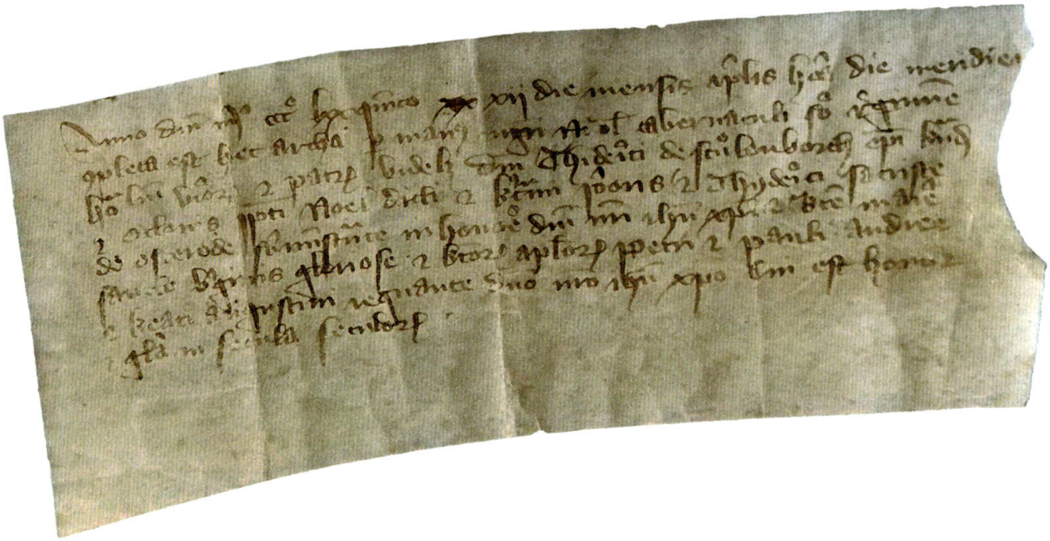

Dokument zum Retabel

sentiert wurden, vielleicht auch die zwei oben genannten älteren beziehungsweise später die jüngere Büste. Das gut erhaltene, etwa zeitgleiche Retabel der Gardelegener Marienkirche zeigt eine solche Situation.

In den Flügeln befinden sich in zwei Registern jeweils vierzehn Heilige. Wie auf der Werktagsseite stehen sie in plastischen Arkaden und sind auch in gleicher Weise mit Namensinschriften versehen. Es fällt auf, dass das obere Register männlichen Heiligen – vor allem den Aposteln – vorbehalten ist, während unten weibliche Heilige stehen. Alle Skulpturen stehen auf Sockeln. Die Predellenflügel sind der einzige Ort des Retabels (mit Ausnahme der zentralen Marienkrönung), an dem sich eine Handlung abspielt: Hier sind Vita und Martyrium der Dompatrone Petrus und Paulus dargestellt, und zwar jeweils in vier Szenen, die von außen nach innen zu lesen sind: Petri Gang auf dem Wasser, die Befreiung aus dem Kerker, „Domine Quo Vadis“ und die Kreuzigung. Die Vita Pauli beginnt (abweichend von der Leserichtung) mit der Bekehrung, es folgen Taufe des Paulus und Predigt des Paulus vor den Juden, am Ende steht das Martyrium.

Bei der letzten Restaurierung zerlegte man das Retabel und nahm auch die Figuren der Flügel ab. Hier stieß man auf eine Vielzahl von Reliquienpartikeln, die in Stoffe eingebunden und großenteils mit dem Namen des Heiligen bezeichnet waren. Das Erstaunliche war, dass diese, abgesehen von zwei Fällen, in keiner Weise mit den zugehörigen Heiligenfigürchen korrespondierten, mit anderen Worten: Hinter den Skulpturen waren Reliquien völlig anderer Heiliger! Es sind zahlreiche Reliquien Heiliger vorhanden, die auf dem Retabel überhaupt nicht abgebildet sind, zum Beispiel die des Cornelius oder Nemesius. Es kam offenbar in erster Linie auf die körperliche Präsenz der Heiligen als Abbild des gesamten Heiligenkollegiums an.

Die künstlerische Herkunft des Werkes lässt sich mittlerweile recht gut bestimmen. Es lässt sich sogar ein Künstlername mit ihm verbinden. So wird im Brandenburger Domarchiv ein Pergamentblatt mit folgendem Wortlaut aufbewahrt:

Anno domini millesimo trecentesimo septuagesimo quinto XIIo die mensis aprilis hora diei meridiei completa est hec archa per manus magistri nicol[ai] tabernaculi sub regimine honorabilium virorum et patrum videlicet domini thiderici de sculenborch episcopi Brandeburgensis et ottonis preposti nogil [?] dicti et bertrami prioris et thyderici sacrista de osterode subministrante in honore domini nostri Jhesu Christi et Beate Marie virgines gloriose et beatorum apostolorum petri et pauli andree et beati augustini regnante domino nostro Jhesu Christi cui est honor et gloria in secula seculorum. Amen.

Es wird hier berichtet, dass am 12. April 1375 durch Magister Nicolaus Tabernaculi eine „Archa“ vollendet wird. Genannt werden auch Bischof Dietrich von der Schulenburg, der Propst des Domstifts sowie Christus, Maria und die Heiligen Petrus, Paulus, Andreas und Augustinus. Es scheint also kein Zweifel zu bestehen, dass hier das Hochaltarretabel gemeint ist. Diese Aufzeichnung wurde in der Regel auf den Böhmischen Altar bezogen, unter anderem, weil man die Bezeichnung „Archa" als mittelalterlichen Terminus für Retabel verstand. Die Jahreszahl würde dem nicht entgegenstehen. „Archa" leitet sich von der Arche her, womit in erster Linie die Bundeslade des Alten Testaments, in der die Gesetzestafeln aufbewahrt wurden, gemeint ist. Im mittelalterlichen Sprachgebrauch wird „Archa" oft für Grabmäler benutzt und in dem Sinne wohl auch hier – so dachte man – als „Reliquiengrab", also als Altarretabel mit der Funktion der Reliquienverwahrung. Tatsächlich aber taucht die Bezeichnung „Archa" (oder Arca) nur selten zweifelsfrei als Bezeichnung von Altarretabeln auf – so etwa im Falle eines Retabels aus Raudnitz und im Falle des Nürnberger Deocarusaltars. Der „Magister Nicolaus" ist bislang nicht greifbar. Welche Rolle er gespielt hat, ob er „Tabernakelbauer", also Kunstschreiner gewesen ist, wie man vermutet hat, ist unklar. Es kann nicht ausgeschlossen werden, dass sich die Notiz auf das Sakramentshaus des Domes bezieht, denn hier würde die Bezeichnung „Tabernakelbauer" für unser Empfinden sehr gut greifen. Jenes stammt allerdings – das zeigen die sehr ähnlichen Formen und die von derselben Hand gefertigten Engelsfigürchen – sicher aus der gleichen Werkstatt und wurde vermutlich gleichzeitig in Auftrag gegeben.

Robert Nissen sind die ersten eingehenden kunsthistorischen Einordnungen des Retabels zu danken. Bezüglich der Malereien erkannte er Anknüpfungspunkte in der Prager Kunst der 1360er- und 1370er-Jahre. Von ihm stammt die Beobachtung, dass die Personengruppe der Zuhörer in der Predigt Pauli bis ins Detail einer Gruppe in der Mannalese der berühmten Wandmalereien des Prager Emmausklosters gleicht (geweiht 1372). Charakteristisch für die Brandenburger Malerei sind die klar strukturierten und konturierten Gestalten, die in Gewänder mit teils komplizierten, geradezu ein Eigenleben führenden Draperien gehüllt sind. Die Kompositionen sind teils äußerst geschickt, zum Beispiel bei der Darstellung der Bekehrung Pauli: Ein Durcheinander aus Pferdekörpern und Menschen, dennoch in klarer Ordnung mit Paulus im Zentrum, der das Schwert erhoben hat. Die Gesichter sind sehr einprägsam mit ihren langen Nasen, hohen Brauenbögen und lebendigen Augen. Die feste Kontur und der leicht dunkle Teint können als typisch für die zeitgenössische böhmische Malerei gelten. Innerhalb der Mark Brandenburg finden sich in Rathenow eng verwandte Malereien. Jene wurden jedoch wohl von mittlerweile in die Mark gezogenen Künstlern auf heimischem Kiefernholz ausgeführt. Auch für die Skulptur lassen sich in Böhmen Anknüpfungspunkte finden. Es ist auf die schwellende Körperlichkeit der Brandenburger Skulpturen hinzuweisen, die zu einer gewissen Monumentalität führt. Innerhalb der böhmischen Skulptur wären Werke wie die Madonna aus Petschau (Bečov) zu nennen. Auch in der Mark existierten verwandte Skulpturen, nämlich diejenigen des im Zweiten Weltkrieg verbrannten Retabels aus Müncheberg sowie eine ebenfalls zerstörte Apostelfigur aus der Marienkirche in Frankfurt (Oder).

Das Retabel weist nicht nur bezüglich seiner Ikonographie und seines Stils nach Böhmen. Es ist sehr wahrscheinlich von dort importiert worden, wie die naturwissenschaftliche Holzuntersuchung ergab. 2005 fand durch Karl-Uwe Heußner (Deutsches Archäologisches Institut Berlin) und Tilo Schöfbeck eine dendrochronologische Untersuchung statt. Analysiert wurden sowohl die Predellenflügel aus Tannenholz wie auch die Gelenkflügel aus Eiche. Dabei ergab sich einerseits die Bestätigung der Datierung; genauer gesagt, die Datierung muss nach 1360 liegen. Eine jahrgenaue Datierung war nicht möglich, da die letzten Jahresringe fehlten beziehungsweise da bei den Eichenbrettern kein Splintholz vorhanden war. Ferner konnte – und das ist in diesem Fall von höchster Bedeutung – ein Beleg für die tatsächliche Herkunft des Materials aus Böhmen erbracht werden. Das Tannenholz ließ sich nach der sächsischen Tannenchronologie (das Erzgebirge und das Umland auf beiden Seiten) greifen, während bei Eiche eine noch präzisiere Verortung möglich ist – hier griff die tschechische Eichenholzchronologie.

1552 büßte das Retabel seinen Platz auf dem Hochaltar zugunsten des Lehniner Altars ein, der dort noch heute steht. Danach wurde es zerlegt und zur Auszierung des Altarraumes, das neue Retabel flankierend, verwendet. Erstaunlicherweise blieb auf diese Weise die Substanz nahezu vollständig erhalten – einzig der originale Schreinkasten ging verloren. Da aber die Flügel samt der Gelenkstücke vorhanden waren, war eine Rekonstruktion des Schreins in seinen ursprünglichen Maßen möglich. Der Böhmische Altar gilt heute als das einzige nahezu vollständig erhaltene böhmische Retabel seiner Zeitstellung und beansprucht in der europäischen Kunstgeschichte damit einen wichtigen Rang.

Auch andere Kunstwerke des Domes zeugen vom Einfluss der böhmischen Kunst. Nach dem Tod Karls IV. 1378 verblieb die Mark noch bis 1411 unter böhmischer Herrschaft, wenngleich ihr von seinen Nachfolgern nicht

Marienaltar, „kleiner Böhmischer Altar", um 1410/20

Retabel aus der Petrikapelle, um 1430

die gleiche Bedeutung beigemessen wurde. Der böhmische Einfluss auf die Kunst der Mark reicht nichtsdestotrotz bis weit in das 15. Jahrhundert hinein. Im Dom wären als böhmische beziehungsweise böhmisch beeinflusste Kunstwerke die Stickereien der Pluvialien P13 und P14 (1414/15 von Propst Nikolaus von Klitzing gestiftet) oder die jüngere Triumphkreuzgruppe zu nennen, und dazu zählt sicher auch ein auf 1410/20 zu datierendes kleines Marienretabel, mithin auch als „kleiner Böhmischer Altar" angesprochen. Der einstige Standort ist nicht gesichert, vermutlich ist es der Schmuck eines Nebenaltars oder einer Kapelle. Im Schrein steht auf massigem Sockel die Madonna mit dem beweglichen Kind, umgeben in zwei Registern von ehemals acht Heiligenfiguren. Die auf den Flügelinnenseiten erhaltenen qualitätvollen Malereien zeigen Verkündigung, Epiphanie, Darbringung im Tempel und Marienkrönung. Jene Malereien hat man mit dem in Böhmen tätigen Meister des Raigerner Altars verglichen, jedoch kann nicht ausgeschlossen werden, dass der Maler in der Mark tätig war. Immerhin scheinen die gemalten Assistenzfiguren des oben genannten Triumphkreuzes nicht unähnlich zu sein – soweit deren stark retuschierter Zustand einen Vergleich zulässt. Der Schrein an sich ist hinsichtlich des Aufbaus für die Region nicht untypisch – siehe das etwas spätere Retabel in Redekin bei Jerichow. Auch ist die Eigenart, dass die Skulpturen im Retabel auf Sockeln stehen, durchaus nicht überall verbreitet, in Brandenburg und Mitteldeutschland jedoch wohl. Eine verwandte Madonna stammt aus der Salzwedeler Gertrauden-Kirche (heute in Wolmirsleben bei Magdeburg).

Um 1430 und damit etwas später entstanden ist das Peter-und-Paulsretabel aus der Petrikapelle, also der ehemaligen Pfarrkirche des großen Domkietzes, das seinen Platz nunmehr im Dom gefunden hat. Es nimmt im Schrein fünf wuchtige Figuren der Madonna zwischen Heiligen – darunter die Dompatrone – auf. Die erhaltenen Malereien der Flügelinnenseiten zeigen zentrale Begebenheiten aus deren Viten, nämlich den im See Genezareth versinkenden Petrus sowie dessen Kreuzigung und die Bekehrung Pauli sowie dessen Enthauptung. Es fällt die übereinstimmende Auswahl im Vergleich zu den Predellenflügeln des Böhmischen Altars auf. Anlass des Auftrags des Retabels könnte der Übergang des Kietzes vom Markgrafen an das Domstift 1431 gewesen sein. Komposition und Stil zeigen allerdings wenige Anknüpfungspunkte zum älteren Werk im Dom. Die statuarischen, massigen Skulpturen, deren Körper sich unter schwer zu Boden hängenden Stoffbahnen verbergen, sind typische Vertreter des späten Schönen Stils. Die Werkstatt könnte ihren Sitz in der Region gehabt haben, denn eine wohl ebenfalls aus ihr hervorgegangene Jakobusfigur befindet sich in der Tangermünder Stephanskirche. Die Malereien weisen Verwandtschaften mit denen des Retabels in Jüterbog auf. Das ist insofern interessant, als die Skulptur einer Pietà im Dom mit der Skulptur des Jüterboger Retabels eng verwandt ist. Es wurde angenommen, dass diese Werkstatt ihren Sitz in Magdeburg hatte.

Pietà, vielleicht vom Corpus-Christi-Altar, um 1410

Inschrift zum Corpus Christi-Altar

Die besagte schöne Pietà könnte ihren Platz auf dem 1413 von Bischof Henning von Bredow gestifteten und von Propst Nikolaus von Klitzing und Domherr Walter Selbelank ausgestatteten Corpus Christi-Altar gehabt haben. Eine Inschrift im dritten Bogen von Westen in der südlichen Arkade weist darauf hin. Es gibt im Dom weitere derartige Inschriften, die auf ehemals dort befindliche Altäre hindeuten. Sie wurden vermutlich nach vollendeter Modernisierung des Domes (durchgeführt seit der Mitte des 15. Jahrhunderts) angebracht, beziehen sich aber auf ältere Altäre, deren Ausstattung zum Teil erweitert wurde. Da die Pfeiler des Domes im Zuge des Umbaus verstärkt wurden, mussten zu vermutende ältere Inschriften erneuert werden. Bei dieser Gelegenheit ließen sich Domherren, die die Ausstattung vermehrt hatten, einfügen, zum Beispiel der erst seit 1475 nachweisbare Bartholomäus Laurentius. Zwei Retabel lassen sich mit der Person des Nikolaus Koch verbinden, der Prior und später Propst des Domkapitels war, also eine herausgehobene Stellung unter den Domherren einnahm. Besonders interessant ist das nach der Inschrift auf dem Rahmen 1465 datierte Allerheiligenretabel, das die Marienkrönung im Kreise zahlreicher Heiliger zeigt. Auf den Flügelaußenseiten befindet sich eine fragmentarische Verkündigung. Bemerkenswert ist dieses Retabel aufgrund seiner beachtlichen Qualität und der Rezeption niederländischer Tafelmalerei. So folgt der Erzengel Michael in der Komposition recht genau dem Engel in einem Jüngsten Gericht des Petrus Christus (in der Berliner Gemäldegalerie, jenes folgt wiederum einem Gemälde Jan van Eycks). Zu beachten sind auch die üppigen Verwendungen von aus Prägemasse modellierten Details und von Pressbrokat, die dem Retabel ein kostbares Erscheinungsbild gaben. Hier ist von der Pracht viel vergangen, da besagte Brokate heute aufgrund ihres Zerfalls beziehungsweise der Verschwärzung nicht mehr richtig zur Geltung kommen. Die Werkstatt des Retabels hatte ihren Sitz wohl in Brandenburg selbst, wie zahlreiche weitere Werke im direkten Umkreis zeigen. Dazu gehört außer einem schönen Flügelaltar in Buckau bei Ziesar – in dem Dorf hatte der Bischof das Patronatsrecht und firmierte vielleicht als Auftraggeber des Kunstwerkes – auch der

Allerheiligenaltar des Nikolaus Koch, 1465

Kreuzaltar, um 1470; die Predella gehört vermutlich zum Kalvarienberg

Kreuzaltar im Dom. Er zeigt die Kreuzigung mit Maria und Johannes und in den Flügeln die Bistumspatrone Petrus (mit Papstkrone) und Paulus (mit Birett, wie es die Prämonstratenserchorherren trugen). Am Kreuzstamm kniet ein nicht identifizierbarer geistlicher Stifter, ein weiterer (weltlicher und in Harnisch dargestellter) samt Wappen ist auf einer Flügelaußenseite zu Füßen des Heiligen Antonius zu sehen. Auf dem anderen Flügel ist außen ein Bischof – vielleicht Augustinus – dargestellt. Das Retabel diente – bereichert durch nunmehr entfernte Barockaufbauten – 1648 bis 1979 in der Petrikapelle als Retabel. Es wurde vermutlich im Zuge der Fertigstellung des Domes um 1470 für den Kreuzaltar angeschafft.

1476 stiftete Nikolaus Koch für den durch eine der oben genannten Inschriften hinsichtlich des Standortes bestimmbaren, bereits 1331 gestifteten Altar der 10 000 Märtyrer ein neues Retabel (heute in Kloster Lehnin aufgestellt), für das er wiederum dieselbe Werkstatt hinzuzog, wie insbesondere der Vergleich der Malereien zeigt. Dort fand auch eine schon von der Rahmendekoration des älteren Allerheiligenretabels bekannte Schablone Verwendung. Das ziemlich groß dimensionierte Werk zeugt bezüglich seines umfassenden Programms mit Marienkrönung und Marientod, den Virgines Capitales und den Aposteln von einigem Anspruch, hinter dem jedoch die heterogene Qualität der Ausführung zurückbleibt. Zwar sind die Heiligenstatuetten, für die teilweise niederländische Tonfiguren als Vorbilder nachgewiesen werden konnten, von beachtlicher Ausführung, insbesondere der Marientod ist von anderer – schwächerer – Hand. Bei

Achatiusaltar des Nikolaus Koch, 1476; die Predella gehört zu einem 1502 durch den Domherrn Martinus Arnttze gestifteten Retabel

der Marienkrönung dürfte eine ältere Skulpturengruppe wiederverwendet worden sein. Nicht weit entfernt von diesem Altar fand Koch 1487 seine Grabstätte. Der aus Ziegeln ausgeführte Grabstein ist noch teilweise erhalten.

An diesen Beispielen wird deutlich, wie sehr die Domherren an der künstlerischen Ausstattung des Domes beteiligt waren. Selten ist das so gut nachvollziehbar wie in Brandenburg, wo Inschriften auf die Altarstandorte verweisen und wo die Retabel teilweise ungewöhnlich umfangreiche Beschriftungen zeigen. Die Werkstatt des Allerheiligenretabels hat offenbar überregionale Bedeutung besessen, denn die Malerei der Mitteltafel des – leider im Zweiten Weltkrieg zerstörten – Euphemiaretabels im Halberstädter Dom ging wohl auch daraus hervor.

Aus einem leider noch nicht rekonstruierten Zusammenhang stammen Altarflügel, die auf ihren Innenseiten Darstellungen aus den Viten der Dompatrone (wunderbarer Fischzug, Kreuzigung Petri, Enthauptung des Johannes) sowie des Apostels Andreas (Kreuzigung) zeigen. Sie befinden sich heute in Kombination mit einem Altarschrein aus Massen (Niederlausitz) in der Dorfkirche in Berlin-Stralau. Die leider sehr fragmentarischen Malereien der Flügelrückseiten bilden im oberen Bereich die Stigmatisation des Franziskus sowie die Gregorsmesse und im unteren umfangreiche Schriftfelder ab. Da sie zweifellos vom selben Maler stammen, der große Teile der Gemälde des Hochaltarretabels der Brandenburger Katharinenkirche von 1474 bemalt hat, lassen sie sich zeitlich gut fixieren. Der Künstler, dem weitere Gemälde eines Retabels in Kirchmöser bei Brandenburg (heute im Stettiner Nationalmuseum) zugeschrieben werden können, war sicherlich ebenfalls in Brandenburg tätig und führte vielleicht die Werkstatt seines älteren Kollegen, der den Allerheiligenaltar geschaffen hatte, weiter. Dafür spricht nicht zuletzt, dass für ein Ornament auf den Rahmen der Stralauer Flügel eine weitere Schablone zum Einsatz kam, die bereits am Allerheiligenretabel feststellbar ist.

Etwa zeitgleich ist auch das prächtige Tafelbild eines volkreichen Kalvarienberges entstanden (Abbildung im Beitrag von Gerlinde Strohmaier-Wiederanders, S. 147). Unter den drei Kreuzen tummeln sich die römischen Soldaten und Würdenträger sowie die Trauernden. Auch hier findet sich wieder ein Prämonstratenser als Stifter. Zu diesem Altarbild gehörte vermutlich die heute für den Kreuzaltar benutzte Predella mit zwei Engeln, die die Monstranz mit Hostie in die Höhe halten, abermals begleitet von Domherren. Aufgrund dieses Themas könnte man spekulieren, ob dieses Retabel nicht für den schon erwähnten Corpus Christi-Altar geschaffen worden sein kann, nämlich als neue Ausstattung und um 1475 durch den in der Inschrift genannten Bartholomäus Laurentius gestiftet. Aufgrund der für die Mark seltenen Form eines Tafelbildes mit Kalvarienberg hat man westfälische Einflüsse feststellen wollen, jedoch kam auch hier aller Wahrscheinlichkeit nach eine märkische Werkstatt zum Zuge, denn die prägnante Handschrift des Malers findet sich auf zwei Altarflügeln in der Berliner Marienkirche. Der Kalvarienberg besaß nach Ausweis der vorhandenen Scharnier-Spuren ehemals Flügel.

Reste nicht mehr vorhandener Retabel sind das schöne, doppelseitig bemalte Predellenbrett von 1489, das der in Magdeburg oder in Sachsen (Freiberg?) zu lokalisierenden Werkstatt der Sachsenburger Altäre zugeschrieben werden kann, sowie der heute in Lehnin befindliche Predellenkasten mit Heiligen, welcher der Inschrift zufolge Teil eines 1502 vom Domherrn Martinus Arnttze

Altarflügel mit Darstellungen aus den Viten von Petrus, Paulus und Andreas, um 1470/80

(Arendsee) für einen Altar Johannes des Täufers und Johannes des Evangelisten gestiftet wurde.

Das prächtige Retabel, das heute den Hochaltar des Brandenburger Domes ziert, stammt hingegen aus der unweit gelegenen Zisterze Lehnin und wurde dort 1518 unter dem letzten Abt des Klosters, Valentin Henneke, aufgerichtet und ging aus einer in Leipzig ansässigen Werkstatt hervor. Nachdem das Kloster 1542 aufgelöst worden war, ließ der Kurfürst das Retabel – fraglos eines der künstlerisch bedeutendsten in der Mark – in die kurfürstliche Stiftskirche, den Berliner Dom, überführen.

Doppelseitig bemaltes Predellenbrett von 1489, Madonna zwischen Heiligen; unten: Christus zwischen Aposteln

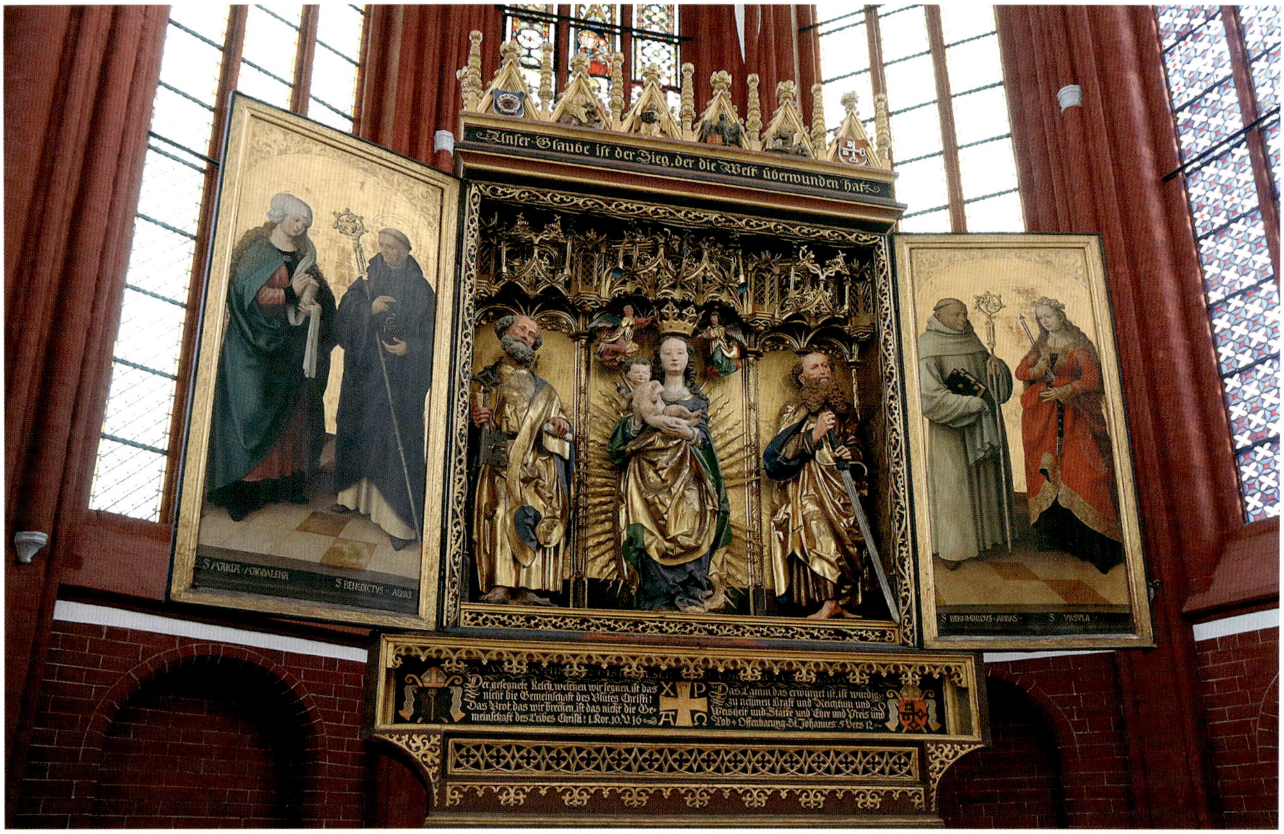

Ehemaliges Hochaltarretabel aus dem Kloster Lehnin, 1518, seit 1552 in Brandenburg

Nicht lange danach wurde es von dort jedoch wieder entfernt und nach Brandenburg gebracht, wo es seit 1552 den Böhmischen Altar als Hochaltarretabel ersetzte. Besonders geeignet für den Hochaltar des Brandenburger Domes war das Lehniner Retabel auch deshalb, weil die Bistumspatrone Petrus und Paulus eine zentrale Position zu Seiten der Madonna einnehmen. Das ältere Retabel entsorgte man, wie oben gezeigt, jedoch nicht, sondern zerlegte es und positionierte seine Einzelteile zusammen mit anderen Kunstwerken zu Seiten des neuen, ungleich prachtvolleren Retabels. Diese Vorgänge sind von höchstem Interesse, denn hier wurden mittelalterliche Kunstwerke im Hohen Chor geradezu inszeniert. All das zeugt von der Wertschätzung, die man in Brandenburg auch nach der Einführung der Reformation den älteren Bildwerken zumaß. Da hier das bilderfreundliche lutherische Bekenntnis angenommen wurde, war Derartiges möglich. Es kann kein Zweifel bestehen, dass man die Werke bereits als erhaltenswerte Kunstwerke beurteilte. Außerdem waren es ja – wie gezeigt werden konnte – oftmals Stiftungen der Domherren, die meist aus nach wie vor angesehenen Familien stammten und deren Andenken gepflegt wurde.

Rückblickend lässt sich festhalten, dass der große Bestand an Kunstwerken des Brandenburger Domes, unter denen die Retabel eine besonders vornehme Position einnehmen, auffällig gut durch die keineswegs ereignislosen nachmittelalterlichen Zeiten gekommen ist. Glücklicherweise gab es offenbar kaum Zerstörungen von Bildern. Doch bei genauem Hinsehen lassen sich hier und da durchaus systematische Schäden erkennen. So sind beim Retabel aus der Petrikapelle Schergen die Augen ausgestochen worden, bei den Stralauer Flügeln hat man dem Henker des Paulus das Gesicht zerkratzt. Zum Glück blieb es bei diesen zaghaften ikonoklastischen Ansätzen, die von der unheimlichen Macht der Bilder künden, die jene auf die Menschen hatten und haben.

Lit.: Deiters 2006; Eichholz 1912; Fajt 2008; Heußner/Schöfbeck 2008; Knüvener 2009, 2011; Nissen 1929; Sachs/Kunze 1987; Schößler Regesten 1998; Wetter 2005

Stephan, Dietrich III. und Joachim von Brandenburg – Bischöfe des Reformzeitalters (1421–1507)

Mario Müller

Der erste von den drei Bischöfen, über die hier berichtet wird, Stephan Bodeker, kam in einer stürmischen Zeit auf die Welt; er wurde 1383 geboren. Das Fundament des Abendlandes, die christliche Kirche, war aus den Fugen geraten. Seit 1378 stand nicht mehr nur ein Papst der Kirche vor, sondern es beanspruchten zwei und seit 1409 sogar drei Männer dieses höchste geistliche Amt. Königreiche, Fürstentümer, Bistümer, Klöster und Städte waren uneins darin, welchem der Päpste zu folgen sei. Für viele Zeitgenossen war dies ein unerträglicher Zustand, sodass die Initiative des römisch-deutschen Königs Sigismund (1410–1437), ein Generalkonzil in Konstanz am Bodensee mit Vertretern aus beinahe allen christlichen Reichen des Abendlandes abzuhalten (1414–1418), gern aufgenommen wurde. Dort einigten die Kardinäle sich nach zähem Ringen auf einen neuen Papst und setzten damit dem sogenannten Abendländischen Schisma (Teilung) ein Ende. Natürlich waren diese Auseinandersetzungen dem Ansehen des Apostolischen Stuhles abträglich gewesen. Die meisten Anhänger des Konzils vertraten die Ansicht, dass der Papst zwar die Verwaltungshoheit über die Kirche beanspruchen dürfe, allerdings läge die letzte Entscheidung in Glaubensfragen beim Konzil.

Von Konstanz aus nahm eine enthusiastische Reformbewegung Fahrt auf, die sich allerdings auf einem nachfolgenden Konzil in Basel (1431–1447/49) aufgrund der Uneinigkeit seiner Teilnehmer und der konträren päpstlichen Politik abschwächte. Dem Papst gelang es mit einigem Erfolg, auf Kosten des Konziliarismus an die vergangene Größe anzuschließen. Trotz dieser Ereignisse entfalteten zahlreiche Erzbischöfe, Bischöfe, Ordensobere und Landesherren auf Anregung der konziliaren Beschlüsse eine rege Reformtätigkeit: Zu diesen Reformwilligen gehörten auch die Brandenburger Bischöfe Stephan Bodeker (1421–1459), Dietrich III. von Stechow (1459–1472) und Joachim von Bredow (1485–1507). Diese drei Bischöfe stehen hier exemplarisch für die engagierten Bemühungen in der Diözese Brandenburg, reformbedürftige Verhältnisse zu bessern.

Auf dem Konstanzer Konzil wurden noch andere, für die künftige Entwicklung des Bistums Brandenburg wegführende Entscheidungen getroffen. König Sigismund, der auch Herr über das Kurfürstentum Brandenburg war, verlieh seinem verdienten Wegbegleiter und Freund Burggraf Friedrich VI. von Nürnberg aus dem Haus Hohenzollern 1415 die brandenburgische Kurwürde. Damit ging die Mark Brandenburg für die nächsten fünf Jahrhunderte an dieses aufstrebende Geschlecht über.

Die neuen Herren waren von Beginn an daran interessiert, die drei „märkischen" Bistümer – Brandenburg, Lebus und Havelberg – eng an ihre Herrschaft zu binden. Daher war ihnen vor allem daran gelegen, Einfluss auf die Bischöfe dieser Bistümer zu erlangen. Als das Bistum Brandenburg nach dem Tod Hennings von Bredow (1406–1414) über keinen amtierenden Bischof mehr verfügte, nahm Kurfürst Friedrich diese Gelegenheit wahr und sorgte auf dem Konstanzer Konzil für die päpstliche Anerkennung des bewährten märkischen Kanzlers Johann von Waldow als neuen Bischof (1415–1420). Dieser enttäuschte das in ihn gesetzte Vertrauen nicht und tat sich weiterhin vor allem durch seinen Dienst für die Markgrafen hervor.

Die märkischen Bistümer stellten für die hohenzollerischen Markgrafen eine besondere Herausforderung dar. Ihre Bischöfe waren keine „Untertanen", sondern sie verfügten über fürstengleiche Hoheitsrechte. Sie konnten zumindest nominell die königlichen Reichstage besuchen und wurden im Kriegsfall aufgefordert, ein Truppenkontingent für das Reichsheer zu entsenden. Innerhalb ihrer Bistümer besaßen die Bischöfe mit den sogenannten Hochstiftern einen eigenen Herrschaftsraum mit Grundbesitz, Lehnsmännern, Gerichten, Münzrecht, von ihnen abhängigen Städten und Dörfern.

Den administrativen Mittelpunkt der Hochstifter bildeten die bischöflichen Residenzen mit einem eigenen Hofstaat. Im 15. Jahrhundert regierten die Bischöfe von Brandenburg vor allem von ihrem kleinen, zwischen Brandenburg an der Havel und Magdeburg ge-

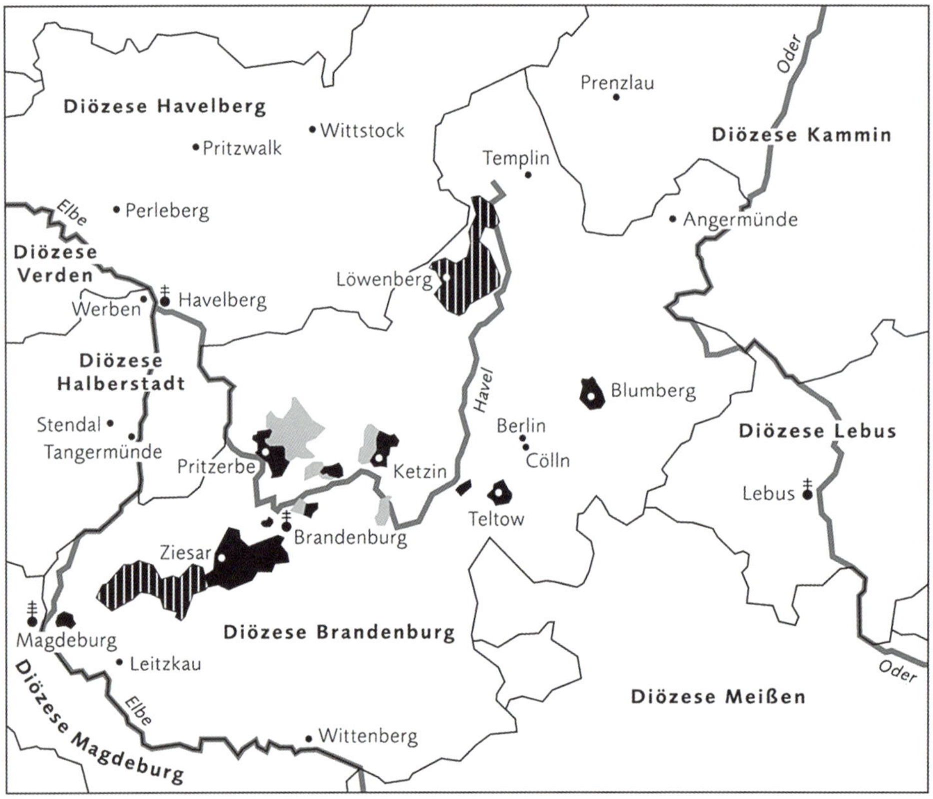

Die Grenzen des Bistums und des Hochstifts Brandenburg im 15. Jahrhundert (Zeichnung: Fachhochschule Potsdam, Projektgruppe Ziesar)

legenen Residenzstädtchen Ziesar aus. Diese „kleinen“ bischöflichen Herren mussten die Kurfürsten innerhalb ihrer Markgrafschaft tolerieren. Deshalb suchten sie im Laufe des 15. und 16. Jahrhunderts nach ausgewogenen Möglichkeiten, einerseits die Rechte der Bischöfe einzuschränken und anderseits sie als vertrauensvolle Ratgeber und Helfer zu gewinnen.

Von den weltlichen Funktionen der Bischöfe in den Hochstiften zu unterscheiden sind ihre geistlichen Aufgaben in den Bistümern. Sie hatten unter anderem die Weihegewalt inne und entschieden über die Errichtung kirchlicher Stiftungen. Sie übten vor allem über Pfarrer und Angehörige der Frauenklöster disziplinarische Gewalt aus und waren vielerorts verantwortlich für die Aufsicht über die schulische Ausbildung. Durch Synoden (Kirchenversammlungen) und Visitationen (Besichtigungen) bemühten sie sich um einen angemessenen Lebenswandel der Geistlichen und die sorgsame Feier der Gottesdienste. Im Bistum Brandenburg mit seinen etwa 800 Kirchorten waren viele dieser Aufgaben an bischöfliche Stellvertreter übergegangen; oft konnte der Bischof keinen beziehungsweise fast keinen Einfluss mehr auf die Erfüllung dieser Aufgaben nehmen. Dementsprechend schwierig war es für ihn, ehrgeizige Reformpläne in der Praxis umzusetzen.

Stephan Bodeker, Bischof von 1421 bis 1459

Stephans Vita ist außergewöhnlich und beeindruckend. Mit seinen über 37 Amtsjahren bekleidete er den Brandenburger Episkopat am längsten. Er war wohl der erste Bischof, der nicht wie üblich aus einer adligen Familie stammte, sondern aus einer Handwerkerfamilie. Der niederdeutscher Name „Bodeker“ verrät es: Seine Vorfahren waren Böttcher, beheimatet in der havelländischen Stadt Rathenow. Bis zu Stephans Wahl gab es vermutlich nicht mehr als sechs Bischöfe in Deutsch-

Ziesar, Stadtansicht von Daniel Petzold, um 1710 (aus: *Ansichten Märkischer und Pommerscher Städte aus den Jahren 1710–1715*, hg. v. Heinrich Meisner, Berlin 1913)

land mit einer vergleichbaren Herkunft. Ein weiteres herausragendes Merkmal seiner Persönlichkeit war seine Gelehrsamkeit. Acht größere Werke sind von ihm bekannt. Damit bildete er eine Ausnahme unter seinen deutschen Amtskollegen, die zwar nicht selten studiert hatten, aber in der Regel nicht die Feder zur Abfassung gelehrter Schriften in die Hand nahmen.

Stephan studierte von 1406 bis 1412 an den Universitäten Erfurt, Prag und Leipzig erst die üblichen „Grundfächer" (Artes liberales) und danach Kirchenrecht; vielleicht war oder wurde er in dieser Zeit Brandenburger Domherr. In Leipzig hatte er Johann von Waldow kennengelernt, der ihn gleich nach seiner Rückkehr aus Konstanz zum Offizial (Vorsteher des bischöflichen Gerichts) und anschließend zum Generalvikar (bischöflicher Stellvertreter) des Brandenburger Bistums ernannte. Wenig später, im Jahr 1419, wurde Stephan zum Dompropst gewählt, dem Vorsteher des im Bistum sehr einflussreichen Domkapitels. Durch

Grabplatte des Bischofs Stephan Bodeker im Brandenburger Dom

diese Ämter stieg er in nur kurzer Zeit zum nach dem Bischof zweitwichtigsten Mann in der Hierarchie der Brandenburger Diözese auf. Da Johann von Waldow viel im Auftrag der Markgrafen unterwegs war, dürfte Stephan die bischöflichen Amtsgeschäfte über längere Zeiträume geführt haben. Deshalb war seine Wahl durch die Domherren und die Ernennung zum Bischof 1421/22 ein durchaus konsequenter, wenn auch nicht selbstverständlicher Schritt.

Bereits als Generalvikar hatte Stephan sich einen Namen als eifriger Reformer in Kirchendingen gemacht. Während der von ihm einberufenen Synoden beklagte er die Unlust seiner Geistlichkeit, die Beschlüsse der vorausgegangenen Kirchenversammlungen zu studieren und ihnen zu folgen. Er wetterte gegen das Konkubinat vieler Pfarrer und die daraus hervorgegangenen Kinder, die auf Kosten der Kirche erzogen würden, um im Erwachsenenalter mit anderen Pfarrerskindern verheiratet zu werden. Den Eltern in den Städten legte er dringend ans Herz, ihren Kindern Schulbücher zu kaufen, damit sie die wichtigsten Gebete wie Vaterunser, Glaubensbekenntnis und Ave Maria erlernen konnten. Stephan beklagte auch die Unwilligkeit der Pfarrer, ihre Steuern an ihn zu entrichten und dass sie, wenn er sie durch Exkommunikation aus der Kirche ausgeschlossen und bestraft hatte, dennoch ihr Pfarramt weiter bekleideten. Diese und andere Unregelmäßigkeiten, die zu erwartenden Strafen, aber auch Festtagsordnungen und Vorschriften zur Durchführung der Gottesdienste fanden Eingang in die schriftlich niedergelegten Synodalbeschlüsse. Viele Beschlüsse wiederholten bekannte Vorschriften aus Dekretalensammlungen (päpstliche Kirchenrechtssammlungen) und von älteren Synoden. Die Neuerung in Stephans Amtszeit bestand darin, nun auch Anregungen des Konstanzer und des Basler Konzils aufzunehmen.

Für ihn waren die ständigen Ermahnungen seiner Geistlichkeit, der Aufruf, vorbildlich auf die Gemeinden zu wirken und Gottes Werk zu vermitteln, von existenzieller Bedeutung. Nicht nur das Abendländische Schisma hatte die Gefahren von Willfahrt und Unachtsamkeit vor Augen geführt. In direkter Nachbarschaft verunsicherten zu Stephans Lebzeiten Hussiten die christliche Kirche und die angrenzenden Reiche. Bis nach Brandenburg hatten ihre Unheil bringenden Feldzüge geführt. Zuletzt, im Jahr 1458, musste Stephan sich in seinem Bistum noch der Verantwortung stellen, einen Prozess gegen mutmaßliche ketzerische Waldenser anzustrengen, die den hussitischen Lehren wohl nahegestanden hatten. Nur eine „reine" Kirche mit verdienten Geistlichen könne einer weiteren Verbreitung dieser „irrigen" Lehren standhaft entgegentreten und diese überwinden. Um den Klerus der Brandenburger Diözese in seinem Tun zu unterstützen, verfasste Stephan mehrere Traktate, in denen er unter anderem das Vaterunser, das Apostolische Glaubensbekenntnis und das Ave Maria interpretierte. Er stellte ein Werk mit Exzerpten des einflussreichen Kirchenlehrers Thomas von Aquin (1224/25–1274) zusammen und begann in Anlehnung an einen Beschluss des Basler Konzils von 1434 mit einer Schrift zur gewaltfreien Judenbekehrung. Um die Glaubensinhalte des Judentums besser verstehen und studieren zu können, erlernte er die hebräische Sprache. Stephan zählte deshalb zu den wenigen deutschen Hebraisten des Mittelalters. Ob seiner Gelehrsamkeit erhielt er 1455/56 den päpstlichen Auftrag, den Plan zur Gründung der Universität Greifswald zu begutachten. Nach erfolgter Fundation wurden er und seine Amtsnachfolger Konservatoren der Universität mit der Aufgabe, ihre Mitglieder zu schützen.

Stephans große reformorientierte Anstrengungen konkurrierten mit den kirchenpolitischen Zielen der brandenburgischen Markgrafen. Als Kurfürst Friedrich I. 1440 starb und ihm sein gleichnamiger Sohn im Amt folgte, nahmen die Bemühungen der Hohenzollern, einen möglichst großen Einfluss auf das Brandenburger Bistum zu nehmen, zu. Stephan zeigte sich ungeachtet dessen oft als ein bereitwilliger Ratgeber des Kurfürsten, er trat vor allem als Vermittler und Gesandter in Erscheinung. Auch in Kirchendingen unterstützte er Friedrich I. und dessen Sohn, zum Beispiel bei der Gründung des Prämonstratenserstifts St. Marien auf dem Harlunger Berg vor den Toren der Altstadt Brandenburg (1435) und des dort angesiedelten Schwanenordens (1440), einer adligen Bruderschaft unter Führung Kurfürst Friedrichs II. (1440–1470). Damit erhöhten die Hohenzollern die Kathedralstadt zu einem kultischen Zentrum ihrer Herrschaft. Friedrich II. trat von hier aus im Januar 1453 nach einem Gottesdienst und einer Beichte im Dom seine Pilgerreise ins Heilige Land an. Dieses markgräfliche Engagement zog Einschränkungen für Bischof und Domkapitel nach sich. Stephan musste in mehreren Auseinandersetzungen mit den Markgrafen über die Hoheit von Lehnsleuten klein beigeben, er verlor die bischöflichen Lehen östlich der Havel an den Kurfürsten und musste in einigen seiner Lehen zu

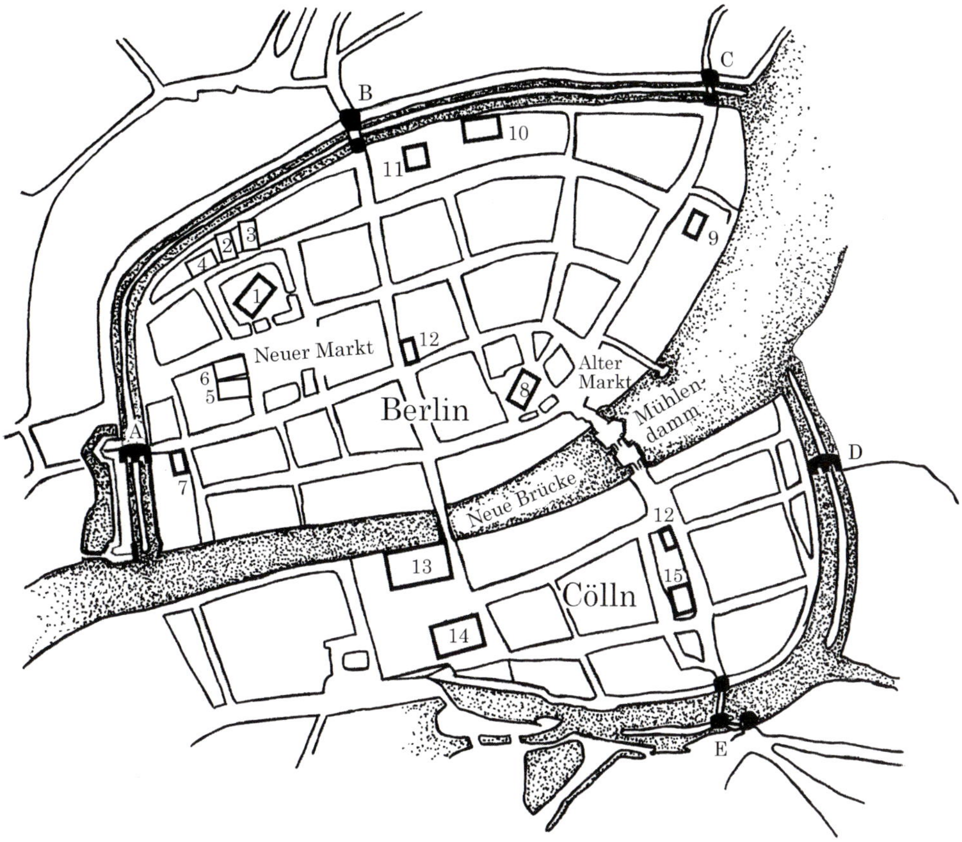

Plan der Doppelstadt Berlin-Cölln in der zweiten Hälfte des 15. Jahrhunderts: 1 St. Marienkirche, 2 Hof des Brandenburger Bischofs, 3 Hof des Lebuser Bischofs, 4 Kalandshof, 5 Augustiner-Terminei, 6 Hof des Havelberger Bischofs, 7 Heiliggeistspital, 8 St. Nikolaikirche, 9 Hof des Klosters Zinna, 10 Franziskanerkloster, 11 Alter Hof (Hohes Haus), 12 Rathäuser, 13 Schloss des Kurfürsten, 14 Dominikanerkloster, 15 St. Petrikirche; Stadttore: A Spandauer Tor, B Oderberger Tor, C Stralauer Tor (Georgentor), D Köpenicker Tor, E Teltower Tor (Getraudentor) (Darstellung: Mario Müller/Carolin Witter)

Gunsten des Markgrafen auf den Einzug der Landbede, einer Art Grundsteuer, verzichten.

Besonders einschneidend war das Jahr 1447. Nach dem drei Jahrzehnte schwelenden Streit um die Befugnisse von Konzil und Papst kam es zum Zerwürfnis zwischen den Anhängern des Basler Konzils und dem amtierenden Papst. Der römisch-deutsche König und die Kurfürsten, die lange Zeit in diesem Streit Neutralität gewahrt hatten, stellten sich daraufhin auf Seiten des Papstes. Vor allem der König und Kurfürst Friedrich II. von Brandenburg nutzten diese Gelegenheit zur Erlangung weitgreifender Privilegien. Friedrich ließ sich unter anderem das Aufsichtsrecht über mehrere Frauenklöster des Brandenburger Bistums und das sogenannte Nominationsrecht verbriefen, wonach es ihm gestattet war, die Nachfolger der amtierenden Bischöfe von Brandenburg, Havelberg und Lebus zu ernennen. Damit war für das Bistum Brandenburg das alte Privileg Kaiser Friedrich Barbarossas (1152–1190) von 1161 ausgehebelt, in dem es hieß, dass die Domherren ein Mitglied aus ihren Reihen beziehungsweise aus dem Prämonstratenserorden zum Bischof wählen durften.

In einem weiteren Privileg von 1147 konnte Friedrich II. erwirken, dass die nach der Prämonstratenserregel lebenden Domherren von Brandenburg und Havelberg aufgrund disziplinärer Verstöße in das Prämonstratenserstift auf dem Harlunger Berg zu versetzen seien. An ihre Stelle hätten vom Kurfürsten bestimmte Weltgeistliche treten sollen.

Diese Pläne konnten durch Stephan und die Domherren vereitelt werden. Erst sechs Jahrzehnte später, am Ende von Bischof Joachims Amtszeit, sollte es Kurfürst Joachim I. (1499–1535) dann doch gelingen, Friedrichs Absichten zu verwirklichen. Trotz dieses momentanen Erfolges hatte Stephan es nicht vermocht, den fortschreitenden Einfluss der Markgrafen auf sein Bistum aufzuhalten. Ihm gelang es auch nicht, sich dem steigenden Pensum im markgräflichen Dienst zu entziehen. So bezeichnete er in den 1450er-Jahren seinen bischöflichen Hof in Berlin als „Wohnort“. In dieser Zeit bezog Friedrich II. seine neue Hauptresidenz am Cöllner Spreeufer, unweit von Stephans Hof. Die Nähe von Bischof und Kurfürst hatte sich nun auch räumlich manifestiert.

Dietrich III. von Stechow, Bischof von 1459 bis 1472

Während Stephan Bodeker sich ohne Zweifel durch seine Gelehrsamkeit unter allen Brandenburger Bischöfen besonders auszeichnete, sehen wir in Dietrich von Stechow einen unermüdlichen Bauherrn. Als Propst des Domkapitels und Bischof beaufsichtigte er zahlreiche Baustellen in seiner Kathedralstadt Brandenburg und in Ziesar.

Den kirchlichen Reformen seines Vorgängers eiferte er mit viel Tatendrang nach. Er war gebildet und ein treuer Berater Kurfürst Friedrichs II. Als geistlicher Herr und kurfürstlicher Rat befand er sich unentwegt innerhalb seines Bistums und in der Mark Brandenburg auf Reisen, um zwischen Streitenden zu schlichten und Krieg zu vermeiden.

Mit Dietrich bekleidete wieder ein Mann mit einer zeittypischen, ja klassischen Laufbahn und Herkunft das Bischofsamt. Aus der märkischen Adelsfamilie von Stechow auf Fahrland stammend (sein Geburtsjahr ist unbekannt), trat er wohl in jungen Jahren in das Brandenburger Domkapitel ein, lernte um 1435 an der hiesigen Domschule und durfte mit Unterstützung des Kapitels ab 1439 in Leipzig studieren.

Nach gut einem Jahrzehnt Bewährung kam auch Dietrich als Propst an die Spitze des Brandenburger Domkapitels (im Frühjahr 1451) unter dem Episkopat Stephans. In dieser Zeit glich die Stadt Brandenburg einer Großbaustelle; vielerorts waren Baulärm und die Geschäftigkeit der Handwerker zur Gewohnheit geworden. In der Altstadt wurde kräftig am Rathaus und am Franziskanerkloster gebaut; in der Neustadt eiferten die Dominikaner diesem Treiben nach. Das Domkapitel stand dem nicht nach. Der Dom wurde aufwendig verändert und der Innenraum mit kunstvollen Wandmalereien ausgestaltet. Endlich wurden auch die im späten 14. Jahrhundert begonnenen Bauarbeiten an der St. Katharinenkirche in der Neustadt abgeschlossen und die St. Gotthardtkirche, Keimzelle des Brandenburger Domstifts, wurde zwischen 1456 und 1475 beinahe vollkommen neu errichtet. Über beide Kirchen hatte das Domkapitel die Patronatsrechte inne. Damit trugen die Domherren unter anderem Sorge für den baulichen Zustand der Kirchen und ihrer Ausstattung. Ein solches Umfeld war bester Nährboden für die künftigen Bauprojekte, mit denen Dietrich als Bischof über die Grenzen seines Bistums bekannt werden sollte.

Grabplatte des Bischofs Dietrich von Stechow, Bischofsresidenz Burg Ziesar

Über den Propst Dietrich weiß die Überlieferung nicht viel zu berichten. Aus dem Wenigen führt die Spur geradewegs zum Brandenburger Kurfürsten. Denn Dietrich tritt als ein beliebter Rat an der Seite Friedrichs II. in Erscheinung. So gehörte er 1452 zu einer Gruppe von Konservatoren, die im Auftrag des Papstes den Magdeburger Erzbischof exkommunizierten, weil sich dieser im Streit um das Wilsnacker Wunderblut (ein Hostienwunder im Havelberger Bistum) als Feind des Ortsbischofs und des Brandenburger Kurfürsten erwiesen hatte. In den nachfolgenden Jahren erschien Dietrich häufiger im Gefolge Friedrichs. Diesem dürfte es daher nicht schwergefallen sein, Dietrich nach dem Tod Stephan Bodekers am 15. Februar 1459 zum neuen Bischof von Brandenburg zu ernennen. Friedrich II. machte in diesem Zusammenhang zum ersten Mal von seinem „Nominationsrecht" aus dem Jahr 1447 Gebrauch. Trotz dieses neuen kurfürstlichen Rechts trat mit Dietrich sicher kein ungeeigneter und dem Domkapitel un-

Ziesar, Innenraum der Kapelle

rechter Mann an die Spitze des Bistums. Der Überlieferung können wir jedenfalls keinen Hinweis über ein Zerwürfnis von Bischof und Domherren entnehmen. Aus den späteren Bischofsernennungen im Brandenburger, aber auch im Havelberger und Lebuser Bistum wird erkennbar, dass die Markgrafen in der Regel ein gutes Verhältnis von Bischof und Domkapitel berücksichtigten und daher oft Personen aus den Reihen der Domkapitel ernannten. Diesen Weg konnten sie einschlagen, weil die Pröpste und andere Domherren ohnehin schon vor ihrer möglichen Erhebung in bischöfliche Würden im kurfürstlichen Dienst gestanden hatten und diesen auch nach ihrer Einsetzung fortsetzten. Denn in der zweiten Hälfte des 15. Jahrhunderts waren die führenden Persönlichkeiten der Bistumsorganisation integraler Bestandteil der kurfürstlichen Politik. Als das Brandenburger Domkapitel nach Dietrichs Tod 1472 mit Arnold von Burgsdorff (Bischof von 1472 bis 1485) einen neuen Bischof ohne vorher erfolgte markgräfliche Ernennung wählte, ließ Albrecht Achilles, der neue brandenburgische Kurfürst (1470–1486), die Wahl in seinem Beisein und mit seiner Zustimmung wiederholen. Nominell befand das Domkapitel sich mit seinem Tun im Recht, denn das päpstliche „Nominationsrecht" war an die Person Friedrichs II. gebunden. Dessen Bruder Albrecht verlieh diesem Privileg kraft seiner kurfürstlichen Autorität überpersonelle Stetigkeit: Er und die nachfolgenden Kurfürsten setzten auch künftig ihre Wünsche in allen märkischen Domkapiteln trotz einiger Widerstände durch.

Die Umstände bei Dietrichs Amtsantritt stellten ebenso wenig einen Bruch im Verhältnis zwischen Bischof und Kurfürst dar; die Beziehungen dürften sogar inniger geworden sein: Friedrich II. ernannte Dietrich zu seinem Kaplan, er begnadete ihn mit allerlei Vergünstigungen und schenkte ihm nahe der bischöflichen Residenz in Ziesar Land. Besondere Verdienste erwarb Dietrich sich als Vermittler im Stettiner Erbfolgestreit zwischen dem Kurfürstentum Brandenburg und dem Herzogtum Pommern (1464–1472) und bei der Gründung des Cöllner Kollegiatstifts (1465) in der kurfürstlichen Hauptstadt Berlin-Cölln. Beim Kollegiatstift, das in unmittelbarer Nachbarschaft des neuen Residenzschlosses eingerichtet worden war, handelte es sich um eine innerhalb des Brandenburger Bistums herausgehobene geistliche Institution, auf die der Kurfürst unmittelbar für die höfischen Gottesdienste und bei seinen täglichen Verwaltungsaufgaben zurückgriff. In seiner Doppelfunktion als Bischof und Propst der finanziell einträglichen Propstei von Berlin-Cölln stand Dietrich dem Kollegiatstift vor; ihm folgte in der Ämterhierarchie der erste Dekan. Dieses Amt bekleidete bis ca. 1476 Dietrichs Bruder Henning von Stechow.

Vom Reformeifer beflügelt, ließ Dietrich durch seinen Generalvikar die Pfarreien und andere geistliche Institutionen besichtigen und berief mehrere Synoden nach Berlin, Brandenburg und Ziesar ein. Über die Ergebnisse dieser Tätigkeit geben einige überlieferte Statuten Auskunft, in denen wichtige Themen des kirchlichen Alltags behandelt werden. Einige davon sind uns schon aus der Zeit Stephans bekannt: wie sich zum Beispiel der Pfarrklerus innerhalb und außerhalb des Gottesdienstes verhalten sollte, wie er sich kleiden sollte und dass er auf Enthaltsamkeit zu achten hatte. Es wurden auch liturgische Handlungen erläutert und der angemessene Umgang mit den liturgischen Geräten angemahnt. Weiterhin informieren die Statuten darüber, nach welchem Ritus die heiligen Sakramente zu spenden waren, welche Hindernisse es bei Eheschließung und Patenschaft gab, wie man eine Person von einer Kirchenstrafe lossprach, wie oft Messen zu halten waren, welche Gebete die Gemeindemitglieder täglich aufsagen sollten und vieles anderes mehr.

In der einzigen bekannten Stadtgründung der Bischöfe von Brandenburg, in Ziesar, verbrachte Dietrich die meiste Zeit seines Episkopats. Hier befand sich vielleicht schon unter seinen Vorgängern der bischöfliche Hof mit Kanzlei, Archiv und Gerichtssaal. Dietrich ließ nach seinem Amtsantritt einen Teil der bestehenden Gebäude niederlegen beziehungsweise umgestalten. Die wichtigsten Neubauten waren der zweigeschossige Palas mit den Wohnräumen des Bischofs im Obergeschoss und der daran anschließenden vollständig ausgemalten Burgkapelle. In deren Mitte ließ Dietrich sich als Stifter des Hauses sein Grabmal errichten, von dem heute noch die beschädigte Grabplatte erhalten ist. In seiner Kathedralstadt erbaute Dietrich einen neuen bischöflichen Hof, obwohl er sich im Vergleich zu Ziesar dort selten aufhielt. Er wohnte nicht wie sein Vorgänger auf der Dominsel, sondern er suchte nach einem anderen Ort, abseits der Domherren. Von diesem Haus sind heute noch die Kellergewölbe erhalten. Damit hatte Dietrich sich räumlich vollständig von Dom und Domkapitel distanziert: Ziesar und die bischöflichen Höfe in Brandenburg und Berlin waren die wichtigsten Wohn- und Arbeitsstätten des reisenden Bischofs geworden.

Joachim von Bredow, Bischof von 1485 bis 1507

Bischof Joachim erwarb sich große Verdienste durch die Sammlung und Verbreitung synodaler Beschlüsse sowie liturgischer Handreichungen für die Geistlichen seines Bistums: Zum ersten Mal in der Geschichte der Bran-

Grabplatte des Bischofs Joachim von Bredow im Brandenburger Dom

denburger Diözese erschienen sie nun im Druck. Joachims Episkopat wurde zudem von weiteren wichtigen kirchenpolitischen Weichenstellungen in Bezug auf das Verhältnis zwischen Bischof und Kurfürst begleitet. Sie zeigen, dass die wenigen noch verbliebenen Freiheiten des Bischofs als Herr des Hochstifts und Oberhirte des Bistums beinahe nur noch in Übereinstimmung mit und in Abhängigkeit von den hohenzollerischen Markgrafen ausgeübt werden konnten.

Joachim stammte aus dem märkischen Adelsgeschlecht von Bredow auf Friesack und war damit nach dem bereits erwähnten Henning das zweite Familienmitglied auf dem Brandenburger Bischofsstuhl. Wie seine Amtsvorgänger studierte Joachim in Leipzig (1461 nachweisbar) und befand sich spätestens seit 1468 am bischöflichen Hof Dietrichs von Stechow. Er war Domherr in Brandenburg und wurde nach dem Tod Arnolds von Burgsdorff 1485 Bischof. Während seines Episkopats ließ er ein Breviarium (1488), zwei Sammlungen von Synodalstatuten (1489 und 1496) und ein Missale (1494) – also ein Messbuch mit einer Zusammenstellung aller für die Feier der heiligen Messe notwendigen Texte – drucken.

Mit dem Breviarium gab Henning seinen Geistlichen eine hilfreiche Zusammenstellung der Festtage des Kirchenjahres innerhalb seines Bistums an die Hand, in der Hinweise zu den zu vollziehenden Riten und Gebeten und den zu benutzenden liturgischen Büchern vermerkt waren. Von den zwei erhaltenen Ausgaben des Breviariums ist eine mit den Synodalstatuten von 1489 zusammengefügt und zu einem „Kettenbuch" verarbeitet worden. Dieser Name geht auf die äußere Gestalt des Buches zurück. Der Einband war durch eine Kette gesichert, die am anderen Ende vielleicht mit einem Lesepult verbunden gewesen ist, weil das Buch sich wohl in einem für viele zugänglichen Raum befand, möglicherweise in der Pfarrkirche von Strausberg, einer kleinen, wenige Kilometer östlich von Berlin gelegenen Stadt. Die beigebundene Sammlung von Synodalbeschlüssen steht in der uns bekannten Tradition von Joachims Vorgängern. Von einer ersten solchen Sammlung im Bistum Brandenburg, die damals noch handschriftlich verbreitet worden war, erfahren wir unter Bischof Dietrich II. von der Schulenburg (1366–1393). Er ließ 1380 ein Kompendium von 27 Synodalstatuten anfertigen, das Joachim in seinen Druck aufnahm und um weitere Statuten vermehrte, sodass in der gedruckten Fassung von 1489 nun 55 Statuten versammelt werden konnten. Joachim

Seite aus dem Missale Joachims von Bredow, gedruckt 1494 in Nürnberg

legte damit das Erbe von gut einem Jahrhundert stetiger Reformarbeit vor, das vom erwarteten Lebenswandel der Pfarrer handelt, von den Sakramenten, von Pilgern, Testamenten, unerwünschten Bordellbesuchen, Trunkenheit und anderem mehr. Bereits sieben Jahre später sah Joachim Bedarf, die Statuten zu aktualisieren und zu ergänzen. Der Druck eines dieser beiden, hier im Kettenbuch vereinten Werke durch einen Bischof stellte in der zweiten Hälfte des 15. Jahrhunderts keine Besonderheit dar. Es sind zahlreiche Wiegendrucke mit ähnlichen Texten aus deutschen und anderen Bistümern bekannt. Mit ihnen drückt sich die bischöfliche Fürsorge aus, den Geistlichen mit einer präzisen Handreichung Sicherheit bei der Verrichtung ihres Gottesdienstes zu geben.

Von Joachim wissen wir noch, dass auch er ein treuer Ratgeber des brandenburgischen Kurfürsten gewesen ist. Bei ihm erfahren wir zum ersten Mal davon, nämlich für das Jahr 1505, wie viel der bischöfliche Rat den Markgrafen wert war: Joachim erhielt einen jährlichen Sold von 100 rheinischen Gulden. Dies entsprach etwa dem doppelten Einkommen eines Dachdeckers oder Zimmermanns in dieser Zeit. Da Joachim nur unregelmäßig für den Kurfürsten tätig war und der Ratgeber-Sold als Nebeneinkommen zu Buche schlug, dürfte es sich um ein ansehnliches und gern gesehenes Honorar gehandelt haben – wenn es bei den knappen Kassen des Kurfürsten denn tatsächlich ausgezahlt wurde. Ein Jahr später, 1506, begann die unter Friedrich II. schon einmal ins Auge gefasste Umwandlung des Prämonstratenser-Domkapitels Brandenburg in ein Stift, bestehend aus Weltgeistlichen, die keiner klosterähnlichen Lebensregel unterworfen und an übergeordnete Ordensinstanzen gebunden waren. Bis zur Umwandlung sollten alle Domherren – nur der Dompropst bildete eine Ausnahme – in einer Vermögensgemeinschaft leben, in der private Kassen und damit auch private Einnahmen eigentlich ausgeschlossen waren. Nach 1506 wurden den Domherrenstellen jeweils eigene Einnahmequellen (Pfründe) zugewiesen. Von den 16 mit einer Pfründe ausgestatteten Domherrenstellen konnte der Kurfürst nun vier nach eigenem Ermessen besetzen. Obwohl diese Reform des Domkapitels die alten Strukturen grundlegend veränderte, blieben alle Domherren aus freiem Willen beim Kapitel und nutzten nicht die ihnen gebotene Möglichkeit, in ein Prämonstratenserkloster zu wechseln. Der Umwandlung folgten weitere Schritte. 1507 konnte der Kurfürst sein zeitweise ausgesetztes Ablagerrecht wieder in Anspruch nehmen: Wenn sich der Kurfürst nach Brandenburg begab, durften er und sein Gefolge auf Kosten des Kapitels dort ihr Lager aufschlagen. Und nur weitere sieben Jahre sollte es dauern, bis der Markgraf nun auch noch Patron der Dompropstei wurde (1514).

Zu Beginn des 16. Jahrhunderts, also gut 80 Jahre nach dem Amtsantritt Stephan Bodekers, konnte keiner mehr, weder Bischof noch Domherren, darüber hinwegsehen, dass der Kurfürst die Kirchenpolitik der Brandenburger Diözese nicht unerheblich mitgestaltete und auf viele ranghohe Personen in der Bistumshierarchie starken Einfluss ausübte. Am Beispiel der Umwandlung des Domkapitels sehen wir, dass der Widerstand gegen diese Entwicklung zusehends nachgelassen hatte. Während Friedrich II. versuchte, die Rechte von Bischof und Domherren Schritt für Schritt einzuschränken, befand sich Friedrichs Neffe Johann, brandenburgischer Kurfürst von 1486 bis 1499, hingegen schon in der bequemen Lage, den Bischöfen wieder mehr Befugnisse einzuräumen: 1491 erwirkte er ein päpstliches Indult (Vergünstigung), wonach die Bischöfe von Brandenburg, Havelberg und Lebus alle Klöster seines Landes visitieren und reformieren durften. Offensichtlich hatten es die Markgrafen bis dahin vermocht, alle drei Bischöfe in ihre Belange fest einzubinden, ohne dabei auf bemerkenswerte Widerstände zu treffen. Mit diesem Indult war der erste Schritt hin zu einer brandenburgischen Landeskirche getan.

Als Martin Luther in der Stadt Wittenberg, die sich innerhalb des Brandenburger Bistums befand, mit seinem Thesenanschlag das Reformationszeitalter – das auch gern konfessionelles Zeitalter genannt wird – einläutete, stellten sich Joachims Amtsnachfolger gegen die neuen Lehren des Wittenberger Theologieprofessors. Dies hatte zum Teil persönliche Gründe, zum Teil verhinderte der streng altgläubige Kurfürst Joachim I. bis zu seinem Tod 1535 eine institutionelle Veränderung hin zu einer evangelischen Kirche. Von den Brandenburger Bischöfen des Reformzeitalters ist nicht bekannt, dass sie je die Verfassung der römisch-katholischen Kirche infrage gestellt hätten – so wie es Luther und mit ihm viele andere Reformatoren getan haben. Unsere Bischöfe setzten sich zum Ziel, die Geistlichkeit und die Bewohner ihres Bistums auf den rechten, ihres Erachtens einzig richtigen Weg zum ewigen Leben zu führen. Die synodalen Beschlüsse, an denen viele Generationen von Geistlichen mitwirkten, bildeten die Grundlage für die Umsetzung dieses Ziels.

Lit.: Bergstedt/Heimann 2005; Bergstedt/Heimann/M. Müller 2011; Heinrich 1999; M. Müller 2012; Wigger 1992

Die mittelalterlichen Handschriften des Domstifts Brandenburg

Eef Overgaauw

Aus der Bibliothek des Domstifts Brandenburg sind mehr als 90 mittelalterliche Handschriften erhalten geblieben, die heute fast alle in der Staatsbibliothek zu Berlin aufbewahrt werden. Nachdem diese Handschriften im 16. Jahrhundert infolge der Reformation und des Aufkommens des Buchdrucks ihre Bedeutung für die Domherren verloren hatten, wurden sie vielleicht nicht ganz vergessen, aber wohl kaum noch benutzt. Im frühen 19. Jahrhundert gelangten die Handschriften (mit wenigen Ausnahmen) zunächst in die Ritterakademie in Brandenburg, eine Ausbildungsstatte für Angehörigen des märkischen und pommerschen Adels, die dem Dom angegliedert war. Von dort aus wurden 1822 46 Handschriften und 1888 37 Handschriften der damaligen Königlichen Bibliothek in Berlin übergeben. Einige weitere Brandenburger Handschriften waren schon früher auf anderen Wegen nach Berlin gelangt. Hier wurden die Handschriften im späten 19. Jahrhundert vom damaligen Leiter der Handschriftenabteilung, Valentin Rose (1829–1916) zusammen mit über 1 000 weiteren mittelalterlichen Handschriften des Berliner Bestands katalogisiert. Roses dreibändiger Katalog erschien 1901/1905. Für die meisten Brandenburger Handschriften bilden die Beschreibungen in diesem Katalog bis heute den wichtigsten Nachweis.

Als die Brandenburger Handschriften im 19. Jahrhundert der Königlichen Bibliothek übergeben wurden, waren sie in einem schlechten Erhaltungszustand. Rose merkte in seinen Beschreibungen wiederholt an, dass die Handschriften Feuchtschäden aufwiesen, an vielen Stellen beschädigt und stark restaurierungsbedürftig waren. Dass einzelne Seiten in verschiedenen Handschriften stark verschmutzt waren, erklärte Rose damit, dass diese Handschriften geöffnet aufbewahrt worden waren – ein Gräuel für jeden Bibliothekar. Dass in früheren Zeiten an den Handschriften keine Restaurierungen mehr vorgenommen wurden, erweist sich insofern als Glücksfall, als dass auf diese Weise ihre ursprünglichen mittelalterlichen Einbände erhalten geblieben sind. In der Regel handelt es sich um sogenannte Klostereinbände, das sind Ledereinbände (Kalbs- oder Schafleder) über Holzdeckeln. Oftmals tragen sie noch die alten Buckel (meist aus Eisen, selten aus Messing), während die Schließen meist abgebrochen sind. Hier und dort ist die ursprüngliche Stempelung des Lederbezugs noch sichtbar. Bemerkenswert sind die Spuren und Reste von Kettenbefestigungen am oberen Rand der Hinterdeckel. Dieser Befund belegt, dass die Handschriften in der alten Dombibliothek angekettet waren – wie in vielen anderen Kloster- und Kirchenbibliotheken der Zeit. Einige Handschriften, die wohl ohne Einband in die Königliche Bibliothek gekommen waren, bekamen schon im 19. Jahrhundert einen einfachen Pappband. Einige Dutzend Handschriften wurden seitdem mehr oder weniger eingehend restauriert; dennoch ist der heutige Erhaltungszustand der Brandenburger Handschriften insgesamt bestenfalls als „befriedigend" zu bezeichnen.

Mit wenigen Ausnahmen handelt es sich bei den Handschriften aus dem Brandenburger Domstift um theologische und juristische Handschriften des 14. und 15. Jahrhunderts.

Wer diese Handschriften nur flüchtig einsieht und versucht, sich ein gutes Bild der hier überlieferten Werke zu machen, wird sofort feststellen, dass das, was erhalten geblieben ist, nur den kleinen Rest des ursprünglichen Bestandes ausmachen kann. Relevant für diese Feststellung ist nicht nur das, was noch vorhanden ist, sondern vielmehr das, was heute fehlt, aber vorhanden gewesen sein muss. Nichts spricht gegen die Annahme, dass die Prämonstratenser, nachdem sie sich 1165 auf der Dominsel niedergelassen hatten, die für die Liturgie und das geistige Leben notwendigen Bücher entweder mitgebracht oder schon bald für sich haben schreiben lassen. Ohne eine Mindestzahl an liturgischen Handschriften für die Messe und das klösterliche Offizium war kein geordnetes Leben der Kanoniker möglich. Von der Grundausstattung des späten 12. Jahrhunderts ist aber nichts erhalten geblieben. Die frühesten noch vorhandenen liturgischen Handschriften sind das *Brandenburger Evangelistar* und das *Rutger-Epistolar* aus dem frühen 13. Jahrhundert, die beide heute im Dom-

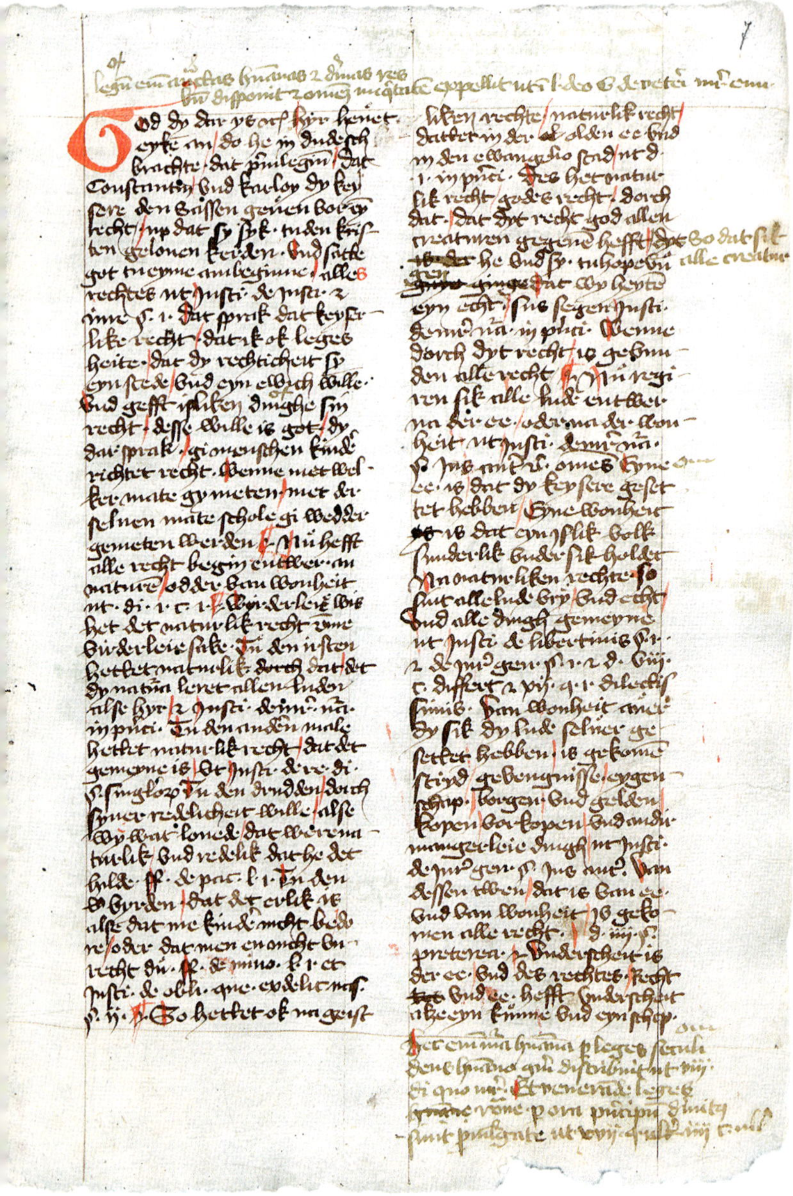

Glosse zum Sachsenspiegel

stiftsarchiv in Brandenburg aufbewahrt werden. Eine liturgische Handschrift, die tagtäglich intensiv verwendet wurde, war nach wenigen Jahrzehnten verschlissen und nicht mehr brauchbar, auch dann nicht, wenn sie auf festem Pergament geschrieben wurde. Die beiden noch erhaltenen liturgischen Handschriften des 13. Jahrhunderts sind jedoch illuminierte Prachthandschriften, die nur zu besonderen Anlässen verwendet und somit nicht verbraucht wurden. Die Überlieferungschancen solcher kostbarer Objekte sind deshalb weitaus besser als die von nichtilluminierten liturgischen Gebrauchshandschriften.

Es ist auch zu berücksichtigen, dass die Liturgie der Prämonstratenser im Mittelalter zwar in wesentlichen Teilen unveränderlich war, sich jedoch in Einzelheiten ständig wandelte. Das Generalkapitel des Ordens entschied über die Einführung der liturgischen Feste von neukanonisierten Heiligen und bestimmte, welche Gebete und Gesänge in der liturgischen Feier dieser Heiligenfeste verwendet werden sollten. Auch im „Proprium de tempore" der Messbücher und Breviere wurden ständig neue Gebete und Gesänge aufgenommen. So gesehen wundert es nicht, dass aus dem 12., 13. und 14. Jahrhundert neben den beiden Prachthandschriften keine weiteren liturgischen Handschriften erhalten geblieben sind. Aus dem 15. und frühen 16. Jahrhundert sind im Brandenburger Bestand in der Staatsbibliothek zu Berlin nur fünf liturgische Handschriften vorhanden. Der Erhaltungszustand dieser fünf Handschriften belegt, dass sie intensiv benutzt wurden. Bereits im 15. Jahrhundert, in den Jahrzehnten nach Gutenberg, wurden zahlreiche liturgische Werke gedruckt; es ist davon auszugehen, dass bereits vor der Reformation gedruckte Liturgica im Domstift verwendet worden sind.

Während unter den Brandenburger Handschriften einige sind, die entweder ein einziges Bibelbuch oder auch einige zusammenhängende Bibelbücher (jeweils mit den zugehörigen Kommentaren) enthalten, hat sich eine vollständige Bibelhandschrift, ob in einem oder in mehreren Bänden, nicht erhalten. Die Bibliothek des Domstifts wird mindestens eine, vermutlich sogar mehrere Vollbibeln besessen haben, die für Studienzwecke, zum Vorlesen im Refektorium oder auch für eine Verwendung in der Liturgie zur Verfügung standen. Es werden auch einige der kleinformatigen Bibelhandschriften zur Verfügung gestanden haben, die seit dem 13. Jahrhundert in größerer Zahl für den privaten Gebrauch hergestellt wurden. Wir dürfen jedoch davon ausgehen, dass das Brandenburger Domstift schon im 15. Jahrhundert eine oder mehrere gedruckte Vollbibeln gekauft hat, die die damals noch vorhandenen Bibelhandschriften nach und nach ersetzt haben. Schon kurz nach Gutenbergs Erfindung des Buchdrucks mit beweglichen Lettern und seinem Druck der 42-zeiligen Bibel (1454 vollendet) wurden verschiedene weitere lateinische Bibelausgaben angeboten.

Die älteste glossierte Bibelhandschrift aus dem Brandenburger Domstift datiert aus dem frühen 14. Jahrhundert; sie enthält nur das Buch Hiob mit Glossen (Anmerkungen) zwischen den Zeilen und Kommentare zu einzelnen Wörtern und Textstellen an den breiten Rändern. Eine weitere, vermutlich etwas jüngere Handschrift enthält die Bücher Numeri und Deuteronomium, ebenfalls mit Glossen und Kommentaren. Glossierte Bibelhandschriften dieser Art dienten seit dem 12. Jahrhundert dem vertieften Studium der Bibel, zunächst an den Kathedralschulen, später auch anderswo. Als Hilfsmittel für das Bibelstudium finden wir im Brandenburger Bestand zwei Vokabulare, das bekannte *Vocabularius Ex quo* (für Anfänger) und den *Brevilogus* (für Fortgeschrittene).

In den erhaltenen Brandenburger Handschriften fehlen nicht nur einige Vollbibeln und die meisten liturgischen Handschriften, sondern auch Handschriften mit Werken der frühchristlichen Kirchenväter (Augustinus, Hieronymus, Gregorius der Große, Ambrosius), die vor 1500 mit großer Wahrscheinlichkeit auch in Brandenburg vorhanden waren. Ebenso fehlen die gängigen theologischen Werke bedeutender mittelalterlicher Autoren, wie Beda Venerabilis, Isidor von Sevilla, Bernhard von Clairvaux, Bonaventura, Hugo von St. Victor und Johannes Gerson, die zur Grundausstattung einer mittelalterlichen Kloster- oder Stiftsbibliothek gehörten. Auch für deren Werke darf man vermuten, dass diese, soweit sie vor 1500 vorhanden waren, wie die Bibelhandschriften und die liturgischen Handschriften, durch gedruckte Werke ersetzt wurden.

Aus der sehr reichen exegetischen und homiletischen Literatur des Hochmittelalters finden sich nur einige wenige Werke, darunter der Kommentar zum Hohen Lied des Honorius von Autun, Predigten des bedeutenden Papstes Innozenz III. (1198–1216) und der in vielen Handschriften erhaltene Hoheliedkommentar des Bernhard von Clairvaux. Die im Mittelalter sehr beliebte hagiographische Literatur ist nur mit zwei Handschriften vertreten, einer Vita des Heiligen Norbert von Magdeburg (Gründers des Prämonstratenserordens) und einer Handschrift mit Auszügen aus den *Vitae patrum*, einer Sammlung von Lebensbeschreibungen und Legenden der orientalischen Wüstenväter aus den ersten Jahrhunderten des Christentums. Auch die gängigen spätmittelalterlichen Bibelkommentare sind nur mit wenigen Werken vertreten, ebenso wie der weite Bereich der scholastischen Philosophie. Die Brandenburger Domherren haben ganz sicher mehr philosophische Handschriften besessen als die wenigen, die heute noch vorhanden sind.

Spätmittelalterliche Predigtsammlungen sind dagegen in den Brandenburger Handschriften sehr gut vertreten, nicht nur von bekannten, sondern auch von weniger bekannten Autoren des Mittelalters sowie von Angehörigen des Domstifts. Einige Predigtreihen sind ohne Verfassername überliefert. Solche anonymen Predigtreihen können nur gelegentlich einem Verfasser zugeschrieben werden. Hier ist zu berücksichtigen, dass die weniger beliebten Predigtreihen bis 1500 nur selten gedruckt wurden. Anders als die Bibelhandschriften und die Werke der Kirchenväter konnten diese Handschriften in der zweiten Hälfte des 15. Jahrhunderts nicht durch Druckschriften ersetzt werden. Dies erklärt vielleicht, warum Handschriften, die Predigtreihen überliefern, so zahlreich erhalten geblieben sind, auch wenn das Interesse an dieser Literatur nach der Reformation nur eingeschränkt vorhanden gewesen sein muss.

So wie Bibelhandschriften, Handschriften mit Werken der Kirchenväter und der großen Theologen des Mittelalters im heute noch vorhandenen Bestand der Stiftsbibliothek kaum vorhanden sind, fehlen auch die Grundwerke des römischen Rechts und des Kirchenrechts. Die einzelnen Werke, die das *Corpus iuris civilis* und das *Corpus iuris canonici* ausmachen, waren (einschließlich der gängigen Glossen und Kommentare) unentbehrlich, nicht nur für die laufenden Rechtsgeschäfte des Domstifts, sondern auch für die Spendung der Sakramente und für die juristischen Studien einzelner Domherren. Wir dürfen als sicher voraussetzen, dass diese Werke um 1500 alle in der Bibliothek des Brandenburger Domstifts vorhanden waren. Nach dem Übergang zur evangelischen Konfession und der Bildung eines evangelischen Kirchenrechtes verlor das katholische Kirchenrecht (das kanonische Recht) seine bisherige Anwendung und so konnten die noch vorhandenen Handschriften aus diesem Bereich nach und nach makuliert werden. Auch das römische Recht verlor nach der Reformation seine Bedeutung für die kirchliche Rechtspflege, auch wenn es nach wie vor eine der Grundlagen des geltenden (weltlichen) Rechts bildete. Dennoch belegt das, was heute noch an Rechtshandschriften aus der Dombibliothek vorhanden ist, den hohen Stellenwert der Rechtswissenschaft für die Angehörigen des Domstifts.

Der weite Bereich des Kirchenrechts, entweder mit oder ohne Kommentare, ist in einigen Dutzend Handschriften vertreten. Zu erwähnen sind die in zahlreichen Handschriften und Frühdrucken überlieferte *Summa Pisana* genannte *Summa de casibus conscientiae* des Dominikaners Bartholomaeus de Sancto Concordio (1260–1347) und die *Summula de summa Raimundi*, die auf die einflussreiche *Summa de poenitentia sive de casibus et de matrimonio* des katalanischen Dominikaner-Theologen Raymund von Penafort (ca. 1175–1275) zurückgeht.

Verschiedene Rechtshandschriften aus Brandenburg entstanden im späten 14. Jahrhundert und in der ersten Hälfte des 15. Jahrhunderts an den Universitäten Prag, Erfurt und Leipzig. Hier hatten Angehörige des Domkapitels sowohl das Kirchenrecht als auch das römische Recht studiert: Ihre Handschriften enthalten Mitschriften von Vorlesungen, Abschriften und Exzerpte aus juristischen Handbüchern und auch eigene Abhandlungen, die wohl im Rahmen des Studiums angefertigt worden sind. Nicht wenige dieser Texte beziehen sich auf aktuelle päpstliche Rechtsbeschlüsse und Anordnungen oder behandeln das Abendländische Schisma (1378–1417). Am Ende ihres Studiums nahmen die Brandenburger Studenten ihre Studienhandschriften mit nach Hause, wo diese letztendlich in den Bestand der Bibliothek des Domstifts übergegangen sind.

Verschiedene Handschriften sind keiner der hier besprochenen Gattungen zuzuweisen. Es handelt sich um Sammelhandschriften mit unterschiedlichen, meist kurzen bis sehr kurzen Texten, die von dem ersten Besitzer (der wohl Mitglied des Domstifts war) gesammelt und in einem Band vereinigt wurden. Diese Handschriften sind in ihrer materiellen Gestaltung heterogen: Die unterschiedlichen Teile stammen von mehreren Schreibern und entstanden vermutlich über einen längeren Zeitraum an verschiedenen Orten. Um die über einen längeren Zeitraum angesammelten Lagen beziehungsweise Faszikel in eine gewisse Ordnung zu bringen und vor Beschädigung und Schmutz zu schützen, sind sie von ihrem Besitzer in einem festen Band vereinigt worden. Einzelne Teile, aus denen die Handschrift zusammengesetzt wurde, stammen in der Regel wohl von der Hand des ersten Besitzers oder Kompilators. Anlass für solche Sammlungen war vermutlich ein besonderes Interesse ihrer Urheber und der Umstand, dass die gesammelten Texte nicht in der Bibliothek des Domstifts vorhanden oder greifbar waren. Eine dieser Sammelhandschriften enthält neben zahlreichen sehr kurzen Texten nacheinander eine Anweisung für das richtige Zelebrieren der Messe, Predigtmaterialien (mit niederdeutschen Worterklärungen), Exzerpte aus theologischen Werken, die Legende der heiligen drei Könige (in der üblichen Fassung des Johannes von Hildesheim), eine Norma vivendi, eine Abhandlung über den Verlauf von Gerichtsprozessen und eine Abhandlung über sophistische Argumente.

Medizinische Texte finden sich in den Brandenburger Handschriften nur gelegentlich. Einige wenige stehen am Anfang einer Sammelhandschrift aus dem Besitz von Henricus Berlin, einem Stiftsherrn im Kloster St. Maria auf dem Berge in Brandenburg, darunter das häufig überlieferte Werk *De complexionibus hominum* des Johannes von Paris. Es folgen zahlreiche weitere, meist kurze Texte: Predigtreihen, einzelne Predigten und Exempel, eine Sammlung Marienwunder, Merkverse, Heiligenleben, medizinische Rezepte sowie Auszüge aus päpstlichen Decretalen und andere kurze kirchenrechtliche Aufzeichnungen. Eine sinnvolle Ordnung der zahlreichen Texte ist nicht erkennbar, es handelt sich vielmehr um eine Reihe von einzelnen kleineren Einheiten von verschiedenen Schreibern, die bereits im 15. Jahrhundert in einem Band zusammengebunden wurden.

Theologische Werke, die während der Konzile von Konstanz (1414–1418) und Basel (1431–1449) entstanden, fanden innerhalb kürzester Zeit ihren Weg zum interessierten Publikum in allen Teilen Europas. Das Interesse an den dort geführten Auseinandersetzungen muss ungemein groß gewesen sein – auch in Brandenburg. Hier finden sich einige Codices mit Konzilsreden gegen die Lehre von Jan Hus und seiner Nachfolger, die vermutlich noch während des Konzils in Basel entstanden sind. Eine dieser Handschriften öffnet mit dem *Tractatus contra Bohemos haereticos* (*Traktat gegen die ketzerischen Böhmen*) des Hieronymus von Prag (1379–1416). Hieronymus war ein Schüler des Johannes Hus. Als er während des Konzils von Konstanz als Häretiker festgenommen wurde, widerrief er seine ketzerischen Aussagen 1416 in einer Rede vor dem Konzil. Diese Rede ist in der Brandenburger Handschrift überliefert. Als Hieronymus seinen Widerruf später zurücknahm, wurde er, wie Hus, noch während des Konzils von Konstanz als Ketzer zum Tode verurteilt. Es folgt in derselben Handschrift das *Memoriale de praerogativa imperii Romani* des Kölner Rechtsgelehrten Alexander von Roes (1225–1300), ein Werk über die Vormachtstellung des mittelalterlichen Kaisertums. Dieses Werk war bedeutend im Kontext des Basler Konzils, da hier das Verhältnis zwischen kirchlicher und weltlicher Macht (zwischen Papst und Kaiser) in mehreren Sitzungen diskutiert wurde.

Zu den interessantesten Handschriften im Brandenburger Bestand gehören solche, die Werke einzelner Brandenburger Bischöfe und Mitglieder des Domkapitels enthalten. Bischof Stephan Bodeker (1421–1459) ist Autor einer Reihe von theologischen Werken, die er vermutlich für die Angehörigen des Domkapitels und für Pfarrer und andere Geistliche in seinem Bistum geschrieben hat. Zu erwähnen sind seine Kommentare zum Vaterunser, Avemaria und Glaubensbekenntnis, eine Anweisung zur Abhaltung des Gottesdienstes und eine Abhandlung zum Chorgebet sowie über die Zehn Gebote.

Damit er sich an der in seiner Zeit aktuellen theologischen Auseinandersetzung mit den Juden beteiligen konnte, hatte er Hebräisch gelernt. Sein Beitrag zu dieser Auseinandersetzung ist das Werk *Contra Judaeos* (*Gegen die Juden*), das infolge des Todes des Verfassers unvollendet geblieben ist. Dieses Werk hat er nur schreiben können, weil er sich tiefgehend mit der jüdischen Theologie beschäftigt hatte.

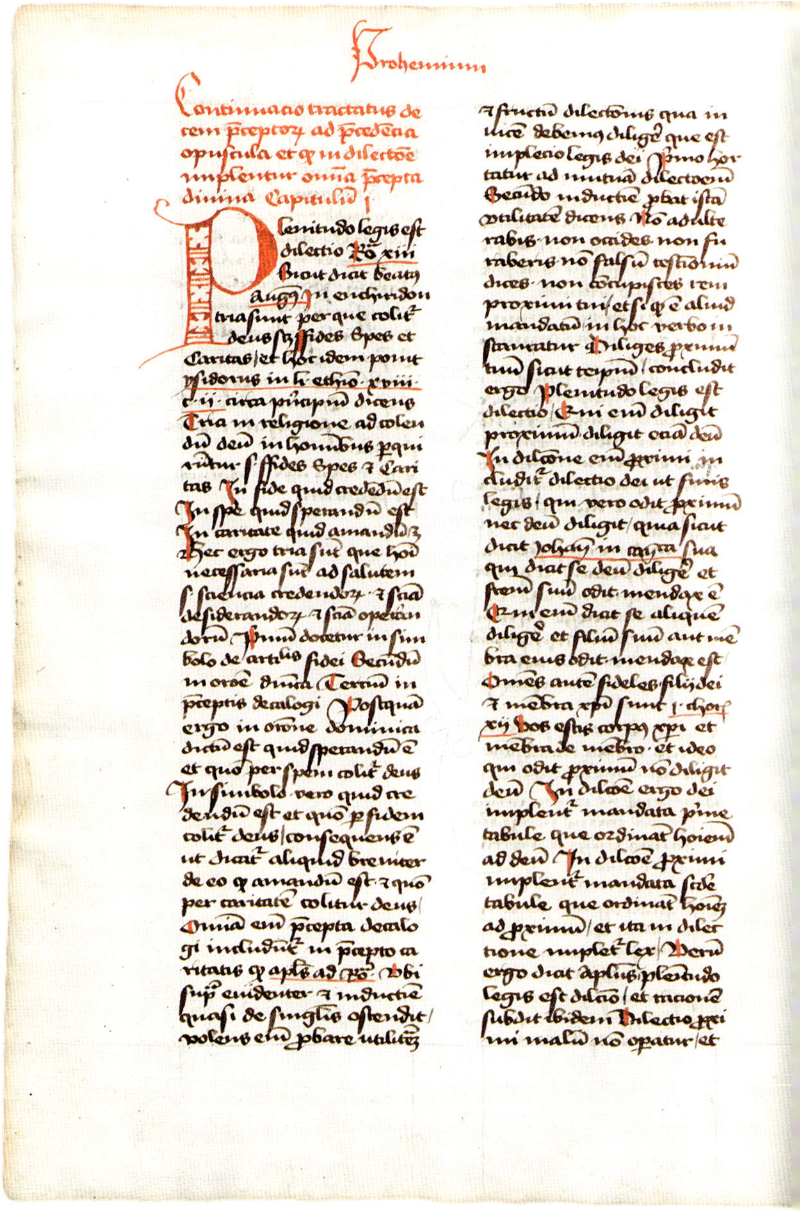

De decem praeceptis (*Über die zehn Gebote*) des Stephan Bodeker

Die heute noch vorhandenen Handschriften mit seinen Werken stammen nahezu ausschließlich aus der Stiftsbibliothek. Dies lässt vermuten, dass seine Werke außerhalb Brandenburgs kaum Wirkung entfaltet haben. Bischof Bodeker besaß neben lateinischen auch einige hebräische Handschriften, darunter eine dreibändige Prachtbibel, die heute in der Orientabteilung der Staatsbibliothek zu Berlin aufbewahrt wird.

Ebenso interessant und wertvoll sind die Rechtshandschriften aus dem Besitz des Brandenburger Kanonikers Heinrich von Klitzing (gest. 1416). Im späten 14. Jahrhundert studierte und lehrte Klitzing kanonisches Recht in Prag, gleichzeitig ist er in historischen Quellen als Kanoniker am Brandenburger Domstift nachgewiesen. Eine seiner Handschriften enthält eine Vielzahl meist kurzer Rechtstexte (Vorträge, Abhandlungen, Mitschriften) seiner Hand, die während seines Studiums in Prag entstanden sind. Eine zweite Hand-

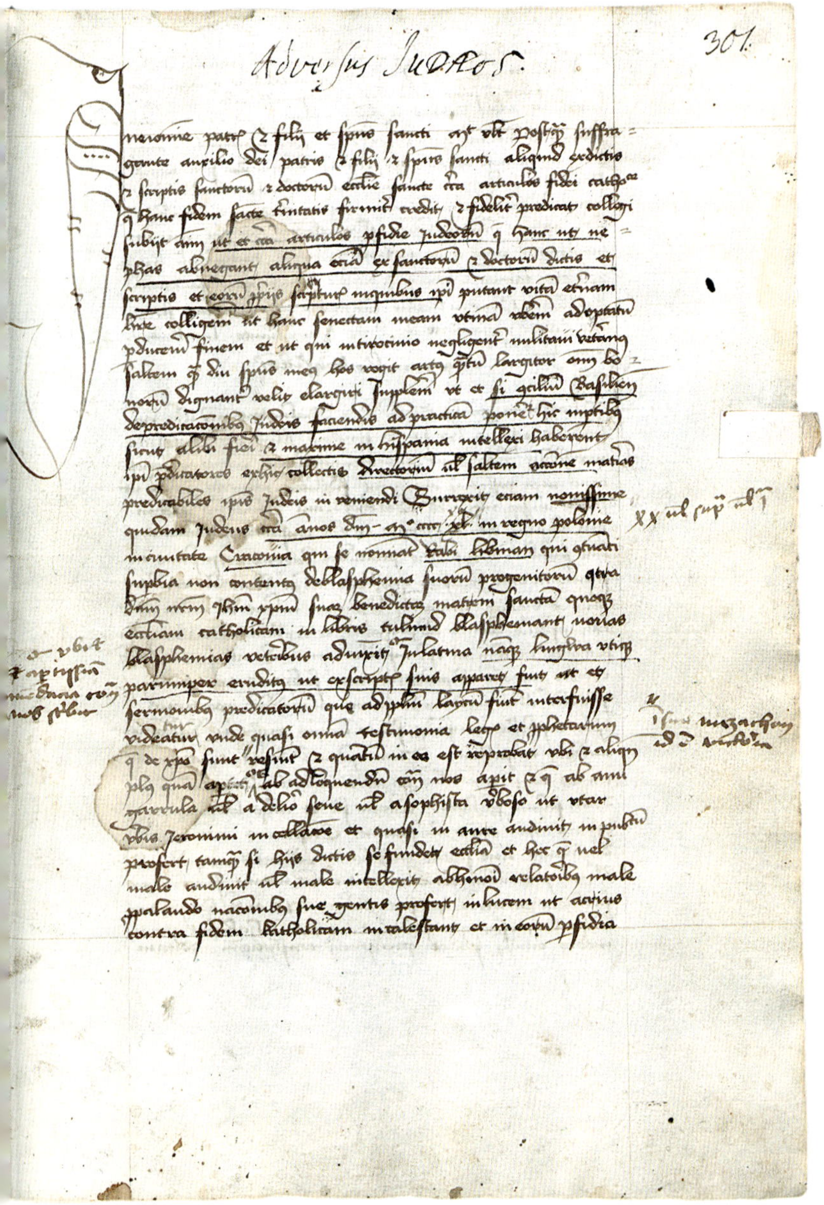

Adversus Judaeos (*Gegen die Juden*) des Stephan Bodeker

schrift enthält eine sehr ergiebige Lectura (Vorlesung) seiner Hand über Causa 33, Quaestio 3 („Über die Buße") des *Decretum Gratiani* (im 12. Jahrhundert entstandenes maßgebliches Handbuch des Kirchenrechts). Diese Vorlesung hielt er in einem nicht genannten Jahr an der Prager Universität. Zwei weitere Handschriften Klitzings enthalten ebenfalls Prager Vorlesungen.

Welches Fazit können wir aus dieser Übersicht über die überlieferten Handschriften aus der Bibliothek des Brandenburger Domstifts ziehen? Zum einen, dass die Zahl dieser Handschriften sehr groß ist, weit größer als die anderer monastischer und kirchlicher Provenienz im heutigen Land Brandenburg. Zum anderen erlauben die Handschriften unterschiedlicher Art, die heute noch vorhanden sind, zusammen mit jenen, die vermutlich verloren gegangen sind, gute Einblicke in den Bestand, der bis ins frühe 16. Jahrhundert vorhanden gewesen sein muss. Zum dritten ist die große Zahl der erhaltenen Predigten bemerkenswert, nicht nur die aus zahlreichen Handschriften bekannten Predigtreihen beliebter Autoren, sondern auch die von weniger bekannten Autoren, darunter einigen Angehörigen des Brandenburger Domstifts. Schließlich ist die große Zahl von Handschriften zu erwähnen, die Rechtstexte enthalten, sowohl kirchenrechtliche als auch zivilrechtliche, die teilweise aus der Feder Brandenburger Autoren stammen. Auch die juristischen Studienhandschriften (Vorlesungsmitschriften, Sammelhandschriften, Casus-Sammlungen) einzelner Brandenburger Kanoniker belegen den hohen Stellenwert der Rechtswissenschaft in Brandenburg.

Der Dom während und nach der Reformation

Gerlinde Strohmaier-Wiederanders

Volkreicher Kalvarienberg, um 1470. Das Tafelbild zeigt den Gekreuzigten als Erlöser der Menschheit

Die Zeit um 1500 war nicht nur bestimmt durch verschiedene Formen kirchlicher Krisen, sondern ebenso durch eine intensivierte Frömmigkeit und Reformbestrebungen auf vielen Gebieten, allen voran in den Klöstern. Problematisch war die Tendenz zur Profanierung des Heiligen und zur Kommerzialisierung des Bußwesens in den Spätformen des Ablasshandels sowie häufiger Missbrauch geistlicher Ämter als Versorgungsmittel. Dagegen setzten bereits Ende des 15. Jahrhunderts Bewegungen ein, die eine Reform der Kirche anstrebten. Das geschah durch Klosterreformen in verschiedenen Orden. Martin Luthers Augustiner-Eremiten-Kloster in Erfurt zum Beispiel gehörte der sächsisch-thüringischen Ordenskongregation an, die eine Reform durchgeführt hatte.

Doch in der Frömmigkeit war Vieles bereits angelegt, das später systematisiert zum Kernpunkt der reformatorischen Lehre wurde, wie man es beispielsweise an der Art der Kreuzigung auf dem Bild des Kalvarienberges von 1470, das sich im Dom erhalten hat und jetzt ausgestellt ist, beobachten kann.

Vielerorts verlangten die Gläubigen nach guten Predigern, weshalb sich die Stadträte bemühten, diese für ihre Kirchen zu gewinnen. Die Bettelorden, Dominikaner und Franziskaner vor allem, machten es sich zur Aufgabe, mit theologisch gebildeten Predigern eine regelmäßige qualifizierte Predigt überall zu gewährleisten.

Am meisten drängten die Vertreter des Humanismus auf eine Kirchenreform. Der Humanismus war eine Bildungsbewegung, die von Italien und der italienischen Renaissance ausging. Unter Anknüpfung an die Antike traten die Humanisten für die Ausbreitung von Bildung und für eine Bildungsreform ein, für theologische und biblische Quellenforschung und eine allgemeine Reform der kirchlichen Praxis. Humanistisch geprägt waren auch wichtige universitäre Ausbildungsstätten wie zum Beispiel das Grundstudium der Augustiner in Erfurt, wo Martin Luther 1501 sein Studium begann. Der Generalvikar des Ordens, Johann von Staupitz, der Luther 1511 an die Universität Wittenberg versetzte, förderte die Humanisten an beiden Universitäten. Wesentliches Kennzeichen humanistischer Theologie war die Konzentration auf das Bibelstudium, wozu die Beschäftigung mit den Sprachen der Bibel, Hebräisch und Griechisch, gehörte, aber auch eine gewisse Distanz zur Aristoteles-Rezeption. Scholastik und Mystik, die beiden großen theologischen Richtungen des Mittelalters, konnten mit humanistischen Positionen durchaus verbunden werden. Den verschiedenen Formen des Humanismus gemeinsam war überdies eine Tendenz zum Individualismus und zum Laizismus. Sozial entstammten die Humanisten beziehungsweise humanistisch Gebildete dem Adel und dem Bürgertum, zu einem großen Teil aber waren sie Kleriker.

In politisch-gesellschaftlicher Hinsicht ist die Epoche bestimmt durch das Bestreben der Fürsten, ihre Landesherrschaft auszubauen und die gewisse Autonomie der Stände, des Adels, des Klerus und der Städte, auszuschalten.

Das Brandenburger Domstift Anfang des 16. Jahrhunderts

Ein Dom ist eine Bischofskirche. Im Mittelalter bestand an diesen Kirchen eine geistliche Körperschaft, das Domkapitel, mit dem Bischof an der Spitze. Mit der materiellen Grundlage, das heißt dem für die Versorgung und den Unterhalt notwendigen Vermögen an Grundbesitz, Patronaten und Steuerrechten, bildeten sie das Domstift. Die Mitglieder der Domkapitel, die Domherren, waren Kleriker, deren Leben nach Statuten geregelt und mit bestimmten Rechten und Pflichten ausgestattet war. Zu den Pflichten gehörte das Messelesen und die Stundengebete sowie die Verwaltung der Diözese, zu den Rechten die Bischofswahl oder wenigstens eine Beteiligung daran. Die Domkapitel bildeten also eine kollegiale Gemeinschaft, die zu gegenseitiger Treue verpflichtet war. Die Domherren erhielten ihren Unterhalt aus einer Präbende, das waren Einnahmen aus dem Besitz des Domstifts, eben aus Dörfern, Gütern, Wäldern, Mühlen und dergleichen, aber auch aus den Patronatsrechten der dem Domstift inkorporierten Kirchen. Das Domkapitel hatte mit der Verwaltung der Diözese sowohl geistliche als auch weltliche Aufgaben, wie zum Beispiel die Gerichtsbarkeit. Damit besaß es innerhalb eines Territoriums ein hohes Maß an Selbstständigkeit. Nach diesen Strukturen waren auch die brandenburgischen Bistümer Havelberg, Lebus und Brandenburg organisiert. Der Prozess der Reformation hob am Ende diese alten Strukturen zugunsten der Landesherrschaft auf.

Das Brandenburger Domkapitel

Die geistigen Bewegungen des Spätmittelalters fanden auch im Brandenburger Domkapitel ihren Niederschlag. Einige der Domherren waren humanistisch geprägt, andere waren Vertreter der spätscholastischen Theologie, einige allerdings waren weder theologisch gebildet noch theologisch interessiert. Das Brandenburger Kapitel bot um 1500 insofern das gleiche Bild, das auch in anderen Bistümern begegnete.

Im Verhältnis zur Landesherrschaft hatten sich aber Besonderheiten ergeben. Denn spätestens seit Mitte des 14. Jahrhunderts waren die märkischen Bischöfe landsässig geworden und ihre Verbindung zu den Landesherren war dementsprechend relativ eng. Kurfürst Friedrich II. (1440–1470) ging in dem Bestreben, seine Machtfunktion als Landesherr zu erweitern, daran, sich auch die kirchlichen Institutionen unterzuordnen. Das Domkapitel hatte deshalb einen gravierenden Wandel durchzumachen. Der Prämonstratenser-Orden, der das Kapitel bildete, sollte an die Marienkirche auf dem Harlunger Berg versetzt werden, wo sich seit Kurfürst Friedrichs I. Zeiten bereits Prämonstratenser befanden. Dafür sollten Weltgeistliche Brandenburger Domherren werden. Diesen Plan konnte Friedrich II. noch nicht durchsetzen, aber für die Bischofswahl erreichte er bei Papst Nikolaus V. das Nominationsrecht. Damit konnte der Landesherr faktisch entscheiden, wer Bischof wurde, und das Wahlrecht des Kapitels außer Kraft setzen. Der Einfluss der Landesherrschaft war somit enorm gewachsen, und die Domherrenstellen wurden allmählich zu einem Versorgungsinstitut kurfürstlicher Beamter. Allerdings war während des Mittelalters die Mehrzahl der Domherren bürgerlicher Herkunft. Diese waren in der Regel auch sehr gut ausgebildet. Nach 1506 betrug der Anteil adliger Domherren etwa 45 %.

Bis zur endgültigen Versetzung der Prämonstratenser 1506 ergänzte sich das Kapitel durch freie Wahl der Domherren. Eine Urkunde von 1491 zählt 33 Domherren auf. Ab 1506, nach der endgültigen Transmutation, wurde die Zahl auf 16 plus einen Propst festgesetzt, von denen vier für die Besetzung durch den Kurfürsten reserviert waren. 1514 erhielt er dazu noch das Patronat über die Dompropstei. Seit dieser Umwandlung hatten die Domherren auch keine gemeinsame Wohnung mehr, sondern wohnten in Einzelhäusern, den Kurien, auf der Dominsel.

Einige der Domherren, wie auch der spätere Bischof Mathias von Jagow, hatten noch andere Domherrenstellen. Das hatte zur Folge, dass sie ihrer Residenzpflicht nicht nachkommen konnten oder wollten und ihre geistlichen Aufgaben an meist schlecht bezahlte Vikare delegierten. Das kann man aber nicht von allen behaupten. Viele hatten eine akademische Ausbildung, trugen akademische Titel, waren Magister oder Doktor. Das gilt besonders für die Vertreter der leitenden Ämter wie

Grabstein des Propstes Friedrich von Britzke (gestorben 1515) im südlichen Querhaus des Doms. Die Inschrift auf dem Rahmen nennt ihn als ersten Propst nach der Transmutation

Generalvikar oder Offizial. Dompropst Sigismund von Britzke hatte 1497 sogar ein Stipendium für studierende Brüder gestiftet.

Die Bischöfe der Reformationszeit

Hieronymus Schulz war der einzige unter den drei Brandenburger Bischöfen der Reformationszeit, der mit Luther diskutiert hat. Da Wittenberg zur Diözese Brandenburg gehörte, war Schulz der für Luther zuständige Bischof. Luther sagte noch 1541 in seiner Schrift *Wider Hans Worst*, Schulz sei ein Mann gewesen, „an dem ich sehr einen gnedigen Bischoff hatt". Schulz, der, weil er nach der Sitte der Zeit seinen Namen latinisiert hatte, meist Scultetus genannt wurde, war 1460 als Sohn eines Dorfschulzen aus dem Dorf Gramschütz, Herzogtum Glogau geboren, war also kein Landeskind. Gesichert ist eine theologische Ausbildung in Leipzig und Köln. Nach Studien des geistlichen Rechts in Ferrara und Bologna war er zwischen 1502 und 1504 Pfarrer in Cottbus und in diesem Amt zugleich Rat des brandenburgischen Kurfürsten Joachim I. In dieser Zeit muss er sich die Anerkennung des Landesherrn erworben haben. 1506 wurde er wohl deshalb Propst von Salzwedel und zugleich Domherr von Brandenburg. 1507 nominierte ihn dann der Kurfürst zum Bischof von Brandenburg. Hieronymus Schulz verdankte also seine Karriere entschieden kurfürstlicher Förderung. Doch die galt keinem Unwürdigen. Zeitgenossen bezeugen seine hohe Bildung, sein diplomatisches Geschick und seinen redlichen Charakter. Obwohl er im Bischofsamt reichlich politische Aufgaben übernehmen musste, vernachlässigte er kaum seine geistlichen Pflichten. Dass bei der Vertreibung der Juden aus Brandenburg im Jahr 1510 Hieronymus Schulz seine Hand im Spiel gehabt haben soll, ist nach neuesten Forschungen nicht mehr haltbar. Weil er einer der drei Konservatoren der Universität Wittenberg war, hatte er mit Luther schon bald persönliche Kontakte. Bei den Auseinandersetzungen um seine Aristoteleskritik 1517 berief sich Luther namentlich auf die Unterstützung durch den Bischof von Brandenburg. Nach allem, was wir aus den Anfangsjahren der Reformation wissen, hatte Hieronymus Schulz für Luthers Kritik an der Ablasspraxis Verständnis aufgebracht. Das belegen in erster Linie Äußerungen von Luther selbst in den Tischreden. Bei verschiedenen Begegnungen versuchte der Bischof offenbar zu beruhigen und Konfrontationen abzubauen. Erst nach der Leipziger Disputation Luthers mit Johannes Eck 1519 begann Schulz, wohl auch unter dem Einfluss von Eck, gegen Luther Stellung zu beziehen, der sich ja jetzt radikalisierte. Wirkliche Aktionen gegen den abtrünnigen Mönch unternahm Schulz aber auch weiterhin nicht. Die Rede, er wolle nicht ruhen, bis Luther als Ketzer verbrannt worden sei, die in Wittenberg verbreitet wurde, lässt sich nicht belegen. Luther selbst hegte daran Zweifel. Ab 1521 war Hieronymus Schulz Bischof von Havelberg. 1522 starb er.

Schulz' Nachfolger in Brandenburg wurde Dietrich von Hardenberg. Auch er hatte ein Studium in Erfurt absolviert, war seit 1512 Domherr in Halberstadt und seit 1517 auch noch in Hildesheim. Wie sein Vorgänger versah Dietrich von Hardenberg bei Kurfürst Joachim I. mehrere diplomatische Aufgaben, besonders bei der Kaiserwahl 1519. Aber er hatte offenbar nicht das Format seines Vorgängers. Die reformatorische Bewe-

Ablassbrief des Bischofs Dietrich von Hardenberg zugunsten der Petrikapelle. Vermutlich bezog sich der Ablass auf den Einbau des Zellengewölbes. Es handelt sich um den letzten Ablassbrief eines Brandenburger Bischofs

gung bekämpfte er so ungeschickt, dass er sie dadurch erst recht förderte. Gleich zu Beginn seiner Bischofszeit 1521 schrieb er für Baumaßnahmen an der Petrikapelle, einer kleinen Kirche unmittelbar südlich des Domes, einen Ablass aus. Die entsprechende Urkunde ist heute noch erhalten.

Im gleichen Jahr wandte sich der Bischof an das Domkapitel mit der Frage, wie man damit umgehen solle, dass in Wittenberg das Abendmahl unter beiderlei Gestalt, das heißt mit Hostie und Wein auch für die Laien, gefeiert werde. Man entschloss sich, Erzbischof Albrecht, den Bruder des Kurfürsten, um „Rat, Hilfe und seinen Beistand" zu ersuchen. Das Konzept des Schreibens an Albrecht heißt „Von wegen der Übeltäter zu Wittenberg an dem hochwürdigen Sakrament". Daran ist erkennbar, dass es der reformatorische Angriff auf die mittelalterliche Messlehre war, die Sorgen bereitete.

Nach dem Tod Dietrichs von Hardenberg 1526 trat Mathias von Jagow an dessen Stelle. Dieser war 1480 geboren und stammte aus der Altmark. 1505 wurde er als Student in Leipzig genannt und 1513/14 in Bologna. Da war er aber bereits Domherr in Magdeburg und hatte dazu noch eine Domherrenpfründe in Hildesheim. 1521 begleitete er Kurfürst Joachim I. zum Reichstag nach Worms, auf dem auch über Luther und seine Schriften verhandelt wurde. Man kann davon ausgehen, dass Jagow Luther dort persönlich erlebt hat. 1526 wurde er Brandenburger Bischof. Allerdings erfolgte der Nomination die Bestätigung durch den Papst erst 1532, da Jagow bis dahin einige Weihen fehlten. Die Statuten des Domstifts von 1526/27 hatten nämlich die geistlichen Weihen vorgeschrieben.

Zunächst verhielt sich auch dieser Bischof der reformatorischen Bewegung gegenüber ablehnend. 1534 beschwerte er sich beim Papst, dass im Stift Leitzkau die lutherische Lehre um sich greife. Es kann sein, dass er mit dieser Beschwerde sein Anliegen fördern wollte, das Stift überhaupt einzuziehen, um mit dessen Vermögen die finanziellen Probleme des Bistums lösen zu können. Insgesamt hielt sich Jagow aber von massiven Maßnahmen gegen reformatorische Tendenzen zurück. Wie schon Hieronymus Schulz sah er durchaus Reformbedarf in der Kirche, gab deshalb Luther in einigen Kritikpunkten recht, lehnte aber einen radikalen Bruch, wenigstens zu diesem Zeitpunkt, und vor allem den theologischen Neuansatz ab. Als 1528 die Brandenburger Neustadt an der Katharinenkirche, bei der das Domkapitel das Patronat hatte, den Domherrn Thomas Baytz als evangelischen Prediger anstellen wollte, ließ er es geschehen. Denn er hatte 1528 geschworen, zwar die Ketzerei zu bekämpfen und die Ordnung der Kirche zu achten, aber Pfarrkirchen in den Dörfern zu reformieren und für kirchliche Zucht Sorge zu tragen.

Mit dem Regierungsantritt Kurfürst Joachims II. 1535 änderte sich in der Kurmark allmählich die Kirchenpolitik und Bischof Mathias von Jagow stellte sich darauf ein.

Die Einführung der Reformation in der Mark Brandenburg

Das Domkapitel bis 1540

Bischof und Domkapitel bildeten zwei eigenständige Größen, die im Spätmittelalter nicht unbedingt konform gehen mussten. Das gilt auch für Brandenburg in der Reformationszeit. Die Vermögensverwaltung, aber auch die Repräsentation nach außen lag weitgehend in der Hand des Domkapitels. An der Spitze stand der Dompropst, dem die Verwaltung des Kapitelgutes oblag und der das Kapitel nach außen vertrat, während der Prior für das geistliche Leben, die Vita canonica, und den Gottesdienst zuständig war. Der Prior kam in Brandenburg meist aus dem Bürgertum. Seit 1506, das heißt seit der Umwandlung des Prämonstratenser-Kapitels in ein weltliches Stift, gab es statt des Amtes des Priors das des Dekans, der vor allem die Aufsicht über die dem Kapitel inkorporierten Pfarreien ausübte.

Dass sich in den Anfangsjahren der Reformation in den Domkapiteln und also auch in Brandenburg wenig Interesse oder gar Parteinahme für die neue Bewegung zeigte, wundert nicht. Denn die Angriffe der Reformation zielten auf die kollegiale Lebensform der Vita canonica. Man warf den Mitgliedern von Stiften und Kapiteln Müßiggang vor, und der Mittelpunkt ihrer geistlichen Verpflichtungen, Chordienst und Messfeier, wurde als sinnlos bezeichnet. Damit waren nicht nur konservative Kräfte, sondern auch Anhänger der humanistisch gebildeten, zur Vermittlung bereiten Richtung zurückgestoßen worden. Nicht zu vernachlässigen sind auch wirtschaftliche Gründe, denn die bald in Gang gesetzten Veränderungen zielten auch auf Eingriffe in die Vermögensstruktur der Kapitel. Beides, die ökonomischen Belange wie auch die religiösen Vorbehalte, sind sicher miteinander verwoben.

Aus dem Brandenburger Kapitel kam in den Anfangsjahren der Reformation ein Mann, der schnell mit den Auseinandersetzungen konfrontiert wurde: der Domherr Konrad Wimpina. Dieser, ebenfalls humanistisch gebildet, folgte in der theologischen Arbeit noch der an Aristoteles orientierten scholastischen Methode. Bekannt wurde er als Gründungsdekan der Universität Frankfurt (Oder), weil er den Ablassprediger Johann Tetzel promovierte. Ab 1524 veröffentlichte Wimpina mehrere Schriften, in denen er die Mönchsgelübde, die Messopferlehre, die Heiligenverehrung und das Verhältnis von Glaube und guten Werken nach der altkirchlichen Lehre verteidigte.

Dennoch gab es innerhalb der Kapitel bald Anhänger der Reformation. 1523 war ein Vikar aus dem Domkapitel Brandenburg, Simon Sommerfeld, nach Wittenberg geflohen. Ganz sicher ist die Ursache dafür heute nicht mehr erkennbar. Das Domkapitel spricht von Ungehorsam, er selbst von vorenthaltenem Lohn. Später, 1536, wurde er aber in Berge und dann in Barnewitz als Pfarrer eingesetzt. Dabei musste er sich verpflichten, weder „mit worten oder mit der that in der Kirche oder außerhalb derselbigen (…) lutherische disputierliche Sachen predigen, handeln oder in collacion davon reden". Vielleicht hatte ihn bereits sein Aufenthalt in Wittenberg verdächtig gemacht.

Doch auch einige Domherren wandten sich der lutherischen Lehre zu. Das gilt zumindest für Werner von Stechow, der seit 1507 Domherr war. 1522 floh er nach Wittenberg. Luther setzte sich für ihn bei Kurfürst Johann dem Beständigen von Sachsen ein und verschaffte ihm eine Pfarrstelle in Buchholz, Kreis Belzig. Thomas Baytz, 1513 Offizial und 1521 Generalvikar, wandte sich ebenfalls der Reformation zu. 1528 war er der erste evangelische Pfarrer der Neustadt.

Hatte das Domkapitel noch 1536 von seinen Pfarrern einen Eid verlangt, „weder mit Worten noch Taten (...) lutherisch disputierliche Sachen“ zu predigen, so verschwindet diese Formulierung 1538 aus den Diensteiden.

1538 wurde Wolfgang von Arnim Brandenburger Domherr, der seit 1527 Propst von Salzwedel gewesen war. Unter seinem Einfluss hatten die Geistlichen sich dort schon 1538 für die Reformation entschieden. Bei der Versammlung der Landstände in Berlin stimmte von Arnim im gleichen Jahr ebenfalls für den Wandel.

Die Einführung der neuen Kirchenordnung

Einführung der neuen Kirchenordnung in der Kurmark

Seit 1539 beschäftigte sich Kurfürst Joachim II. damit, der Kurmark eine neue – evangelische – Kirchenordnung zu geben. Hatte er nach seinem Regierungsantritt 1535 zunächst gezögert, radikale Schritte zu gehen, so bot die politische Lage 1539 die Chance und die Notwendigkeit, einen Wandel einzuleiten. Am 1. November 1539 nahm der Kurfürst in der Nikolaikirche von Spandau aus der Hand von Bischof Mathias von Jagow das Abendmahl mit Brot und Wein. Das galt in jenen Jahren als das entscheidende Zeichen eines Übertritts zur Reformation. Mathias von Jagow hatte bereits an der sogenannten Teltower Einigung teilgenommen. Es handelte sich dabei um ein Treffen von zehn Adligen im Hause Joachims von Schwanebeck, die sich verabredeten, in ihren Dörfern evangelische Prediger einzusetzen. Zweifellos hatte dies den Kurfürsten zu weiteren Schritten bestärkt. Denn er begründete seine folgenden Maßnahmen mit „großen, kreftigen anrhegen des Adels und der Stehte“. War bei Beginn der Reformation der Brandenburger Bischof, anders als der Lebuser und der Havelberger, beteiligt, so spielte er bei der Ausarbeitung der neuen Kirchenordnung keine Rolle.

Die nach dem Vorbild der Brandenburgisch-Nürnberger Kirchenordnung von 1539 gestaltete kurmärkische Kirchenordung hatte drei Teile: Der erste beschäftigte sich mit der evangelischen Lehre, der zweite mit den Katechismen und der Unterweisung und der dritte bot eine neue Agende, das heißt Liturgie. In diesem Abschnitt gab es unter anderem Anweisungen zum Chorgesang „in allen Stiften, Klöstern und Pfarrkirchen wo üblich gehalten wurden“ und zur Ordnung der Marien- und Heiligenfeste. Bei der Einleitung zu Teil eins („Von der lere“) heißt es: „(...) Wie wol es der bischöfe furnemlich ampt ist, so gebürt es doch auch den christgleubigen fürsten, darauf zu sehen, das die heilsame lere des heiligen evangelii in iren landen ausgebreitet und was dem entgegen abgethan, auch die hochwirdigen sacrament nach befehl der, der sie eingesetzt, gehandelt und gute christliche ordnung dem göttlichen wort gemes aufgericht (...).“ Damit hatte Joachim II. bei allem redlichen Bemühen auch seinen Anspruch auf Leitung der brandenburgischen Kirche ausgedrückt. „Des bischofs von Brandenburg bewilligung und bestettigung“ hatte da das geringere Gewicht.

Die neue Kirchenordnung legte der Kurfürst 1540 den Ständen seines Landes auf einem Landtag vor. Er forderte dabei zugleich, dass diese seine Schulden in Höhe von 1 145 000 Gulden übernähmen. Adel und Städte und der Brandenburger Bischof – der übrige Klerus lehnte ab – stellten mit ihrer Zustimmung folgende Forderung auf: „Nachdem auch den Ständen (...) an den Bistümern, Stiftern, Klöstern (...) etwas gelegen, daß sie ihre Kinder und Gefreundte darin unterbringen und unterhalten, soll keine unbillige Änderung vorgenommen werden, dadurch die Ehre des Allmächtigen geschmälert werde.“ Das hinderte den Kurfürsten an einem allzu scharfen Vorgehen.

Einführung der neuen Kirchenordnung im Domstift

Der nächste Schritt zu einer Neuordnung waren Kirchenvisitationen, die eine Bestandsaufnahme der kirchlichen Verhältnisse vornehmen sollten. Im Anschluss daran wurde dann jeweils die neue brandenburgische Kirchenordnung eingeführt. Mit dieser Aufgabe wurde eine kurfürstliche Kommission betraut, die nach einem festgelegten Plan vorging und der die kurfürstlichen Räte Johann Weinlöben und Andreas Stolp und der Theologe Jakob Stratner angehörten. Bei der Visitation im Domstift beteiligten sich zeitweise Mathias von Jagow und der Domdechant Dr. Fabian.

Das Domkapitel schien mehrheitlich bereit, Predigt, Gesänge und Liturgie nach der neuen Ordnung zu gestalten, aber man wollte die Horas canonicas, die Stundengebete, nicht aufgeben. Dieser Wunsch kam öfter vor, so auch bei den Nonnen von Heiligengrabe. Den Vertretern der alten religiösen Ordnung war dies offenbar besonders wichtig. Widerstand gegen die neue Kir-

Kirchen Ordnung
im Churfürstenthum der Marcken
zu Brandemburgk / wie man sich
beide mit der Leer und Cere-
monien halten sol.

Gedruckt zu Berlin im jar
M. D. XLII

Deckblatt der Märkischen Kirchenordnung von 1540

chenordnung kam von Propst Johann von Meiendorf. Da die Gefahr bestand, dass sich dies auf die Haltung des ganzen Kapitels ausdehnen könnte, drohte Joachim II. nach längeren Verhandlungen mit der Sperrung der Einkünfte. Daraufhin gab man 1544 auf. Bei diesen Auseinandersetzungen war zudem deutlich geworden, dass Bischof Mathias von Jagow wegen seiner Entscheidung für die Reformation im Kapitel letztlich isoliert war. Wohl deshalb entschieden sich die Visitatoren für ein behutsames Vorgehen. Für die weitere Entwicklung bedeutete das vor allem, dass unter anderem der Dom, die Petrikapelle und der spätere Stiftsprediger nicht dem Landesherrn beziehungsweise dem 1543 gegründeten Konsistorium unterstanden, sondern weiter dem Domstift.

Ein anderer Punkt spielte bei der Visitation zuerst keine Rolle: Viele Domherren, die dem Zölibat verpflichtet waren, lebten mit einer Frau zusammen. So auch der Bischof selbst, der mit einer Frau in Ziesar zwei Kinder hatte. 1539 hatte Kurfürst Joachim II. die beiden unehelichen Kinder des Kantors Peter Behne legitimiert. Aber den Reformatoren galt das Konkubinat als anstößig, weshalb die Visitatoren forderten, die „unzüchtigen Weibspersonen" sollten aus dem Domstift verschwinden. Zugleich war seit Luthers Schrift *Welchen Personen verboten sind zu ehelichen. Vom ehelichen Leben* von 1522 der Priesterzölibat diskreditiert, und die Priesterehe wurde ähnlich wie das Abendmahl mit Brot und Wein zum stärksten Zeichen reformatorischen Wandels. Darum drängte der Kurfürst den über 60-jährigen Bischof Mathias von Jagow zur Eheschließung, die dann 1543 mit einer Katharina von Rochow erfolgte.

Der immer noch vorhandene Widerstand des Domkapitels wurzelte neben religiösen und traditionellen Gründen in der nicht unberechtigten Sorge, mit der Annahme der evangelischen Kirchenordnung verlören sie ihre Selbstständigkeit. Im Grunde spürte das bereits Mathias von Jagow, der ab 1540 bei allen Brandenburg betreffenden Entscheidungen vom Kurfürsten beiseitegeschoben wurde. Deshalb ist es verständlich, dass sich das Kapitel 1544 gegen den von Joachim II. präsentierten neuen Bischof wehrte. Dieser Joachim von Münsterberg war ab 1537 genötigt worden, auf die Herrschaft Crossen zugunsten der Kurmark zu verzichten; als Ausgleich erhielt er das Bistum Brandenburg. Der Widerstand des Kapitels nach Jagows Tod gegen diesen Kuhhandel war erfolglos. So blieben die Spannungen. Ähnliches passierte 1554, als es um die Einsetzung eines neues Dekans ging. Die Domherren, vor allem die katholisch gebliebenen, wählten Joachim Cassel. Aber der Kurfürst setzte seinen evangelischen Rat Liborius von Bredow durch, mit dem er seinen Einfluss weiter verstärkte. Allerdings war Liborius ein theologisch sehr gebildeter und engagierter Mann. Das wird an seiner Bibliothek erkennbar, die er dem Domstift vermacht hat und die heute noch im Dom vorhanden ist. Unter den Büchern befinden sich viele Flugschriften, die Liborius wie auch andere Texte mit Randbemerkungen versehen hat.

Als nach der Niederlage der Protestanten gegen den Kaiser im Schmalkaldischen Krieg 1547 die kirchenpolitischen Verhältnisse sich wieder zu ändern schienen, hoffte das Domkapitel, einen Teil der Stiftseinkünfte wiedererlangen zu können. Denn es hatte im Zuge des

Wandlungsprozesses einen großen Teil seiner Einkünfte verloren. Die waren eingesetzt worden zur Besoldung der neuen Prediger und Lehrer, aber überwiegend flossen sie in die landesherrliche Kasse.

Das Brandenburger Domkapitel in der zweiten Hälfte des 16. Jahrhunderts

Die neue Kirchenordnung hatte nicht nur die Zahl der Domherren reduziert, sondern für diese zugleich die Residenzpflicht auf der Dominsel eingeführt, wobei einer von ihnen sich immer am kurfürstlichen Hof aufzuhalten hatte. Das Ziel der kurfürstlichen Politik war die Durchsetzung des landesherrlichen Summepiskopats, dem sich die Stifte unterordnen mussten. So hatte das Domkapitel das Besetzungsrecht vollständig verloren. Das hatte schon die Besetzung des Bischofstuhles mit Joachim von Münsterberg deutlich gemacht. 1560 trat Joachim von Münsterberg von seinem Amt zurück, und der Kurfürst ließ daraufhin die Stiftsgüter besetzen. Anschließend wurde Kurprinz Johann Georg ohne Kapitelwahl erblicher Administrator und dessen unmündiger Sohn Joachim Friedrich als Bischof postuliert. Bei Regierungsantritt Johann Georgs 1571 vereinigte der Kurfürst nunmehr alle drei brandenburgische Bistümer in seiner Hand einschließlich der einträglichen Einkünfte aus den bischöflichen Tafelgütern. Damit hatte das Bistum Brandenburg aufgehört zu existieren.

Das Domstift blieb dennoch weiter bestehen. Die geistlichen Funktionen waren zwar inzwischen sehr eingeschränkt worden – es gab keine Weihegrade mehr und das Theologiestudium war nicht vorgeschrieben –, es blieb aber eine besondere Tracht und vor allem der tägliche Chorgottesdienst. Zunächst war die Zusammensetzung des Kapitels noch konfessionell gemischt. Mit dem Tod der Domherren Johann Cassel und Valentin Pfuel 1562, den letzten aus der Zeit Joachims I., änderte sich das. Das Domstift versuchte gleichwohl weiter, wenigstens einen Teil seiner Rechte zu wahren. Das geschah bei dem Kampf um die Aufsichtsrechte über die Pfarrer der Stiftsdörfer. Kurfürst Johann Georg, der einem orthodoxen Luthertum anhing und in diesem Sinne seine Kirchenpolitik betrieb, nahm gravierende Einschnitte in dieser Hinsicht vor. Die 1572 veröffentlichte Visitationsordnung regelte die Aufsicht über die Kirchen und Schulen neu, indem „Inspektoren" vom kurfürstlichen Konsistorium bestellt werden sollten. Das war eine massive Beschneidung des Kapitels als geistliche Autorität. Aber die kurfürstliche Einverleibung des Bischofsamtes als auch die kurfürstlichen Besetzungsrechte bei den Domherrenstellen hatten den geistlichen Charakter dieser Ämter ohnehin praktisch beseitigt. Deshalb war schon 1561 die Stelle eines Dompredigers eingerichtet worden. Da bei der Visitation 1575 Dom und Petrikapelle ausgenommen wurden, unterstand der Domprediger eben doch der Aufsicht des Domkapitels. Darum unterzeichneten weder er noch der zweite Pfarrer 1579 die die lutherischen Lehrmeinungen einigende Konkordienformel, wozu die märkischen Pfarrer an sich verpflichtet waren. So konnte sich das Kapitel über den Domprediger noch einen Rest seiner alten Befugnisse erhalten. Anders verhielt es sich bei den Pfarrern der Stiftsdörfer, die unter der Aufsicht der Pfarrer der Brandenburger Stadtkirchen standen. Im Jahr 1600 kam es deshalb zu Verhandlungen, die mit einem Kompromiss endeten. Danach sollten die städtischen Inspektoren und das Kapitel in einem bestimmten Turnus die Aufsicht wahrnehmen. Dass es trotzdem weiter zu Auseinandersetzungen um diese Angelegenheit kam, lag an Problemen außerhalb des Domstifts. Es ging um Ansprüche der Stände gegenüber dem Machtanspruch des Kurfürsten, der die Landesherrschaft zentralisieren und von Einsprüchen der Stände unabhängig machen wollte. Die Spannungen rund um das Domstift spiegeln eben auch gesellschaftliche und politische Prozesse wider, die sich in der Kurmark insgesamt vollzogen.

Dem Brandenburger Kapitel gelang es schließlich bis 1580, etwas von seiner Autorität zu bewahren und so die geistliche Aufsicht über die Pfarrer seiner Dörfer auszuüben, indem es den Domprediger und den Domdechanten damit beauftragte. So blieb ihm doch die Verantwortung für die Verkündigung erhalten. Ein Problem blieb jedoch die mangelnde Ausbildung der Pfarrer. Nicht umsonst betonte die Visitationsordnung Johann Georgs von 1573, dass nur Kandidaten mit theologischer Bildung, die sie vor dem Generalsuperintendenten durch eine Prüfung beweisen mussten, in ein Pfarramt berufen werden durften. Dieses Problem war nicht nur eines der märkischen Kirche, sondern trat in allen evangelischen Landeskirchen auf. Zum Teil lag es sicher daran, dass ein Universitätsstudium teuer war, viele Pfarrer sich dieses aber nicht finanzieren konnten, weil sie oft aus einfachen Verhältnissen kamen. So finden sich in den Akten des

Domstifts immer wieder Klagen über den mangelhaften Bildungsstand der Pfarrer, manche sollen nicht einmal lesen und schreiben gekonnt haben. Oft versahen sie auch ihren Dienst sehr nachlässig. Deshalb beschloss das Domkapitel 1581, dass an jedem Sonntag ein Pfarrer aus den Stiftsdörfern in der Petrikapelle unter Aufsicht des ältesten Domherrn über einen Text aus dem Römerbrief predigen sollte. Dass der Römerbrief für diese Art Prüfung ausgewählt wurde, ist bemerkenswert. Der Römerbrief des Apostels Paulus gehört zu den Texten, die für Luther und die reformatorische Theologie eine entscheidende Rolle spielten.

Es hatte sich also auch bei dem Domkapitel am Ende des 16. Jahrhunderts eine evangelisch-lutherische Prägung durchgesetzt. Das zeigte sich bereits nach 1555, als die Geistlichen auf die „prophetische Lehre und Augsburgische Konfession" vereidigt wurden. Dies war eine Wendung nicht nur gegen die katholische Kirche, sondern ebenso gegen die reformiert-calvinistische.

Die Positionierung gegen Letztere verstärkte sich in der Folgezeit immer entschiedener und besonders nach dem Übertritt Kurfürst Johann Sigismunds zum reformierten Bekenntnis 1613. Um dies noch zu betonen, wurden die Pfarrereide ergänzt durch die Berufung auf die Confessio Augustana („zu Augsburg 1530 Kaiser Carolo V. vorgeleget sei"). Dazu kam noch die Konkordienformel als orthodox-lutherische Bekenntnisnorm von 1577. Auf dem Höhepunkt des Dreißigjährigen Krieges, als Wallensteins Truppen in der Mark waren, kamen noch Luthers Katechismen und weitere Schriften, auch von Melanchthon, zu den Diensteiden dazu. Diese konfessionelle lutherische Betonung hatte das Brandenburger Domkapitel mit der Bevölkerung der Kurmark gemeinsam. Auch die liturgische Kleidung mit Chorhemd, Chorkappe, Casel usw. war nicht nur die Tracht der Domgeistlichen, sondern der lutherischen märkischen Pfarrer überhaupt.

Die Domherren versahen immer noch den täglichen Chordienst, wie ihn die Statuten von 1588 vorschrieben. Im Übrigen war das Domkapitel Anfang des 17. Jahrhunderts jedoch vor allem ein adliges Versorgungsinstitut, das in der Hand des Landesherrn lag. Zwar schrieben die Statuten des Kurfürsten Johann Georg 1588 ein dreijähriges Studium vor, aber dies war nicht sehr bindend. 1621 wurde endgültig festgelegt, dass nur Angehörige des Adels mit 16, später mit 32 Ahnen eine Domherrenstelle und die damit verbundene Pfründe erhalten konnten.

Eine gewisse Aktivität konnte das Kapitel aber noch einmal während des Dreißigjährigen Krieges entfalten, als einzelne Domherren 1627 durch diplomatische Kontakte einen gewissen Schutz für die Stiftsdörfer und deren Pfarrer bei den kaiserlichen Besatzungstruppen aushandelten. Mit dem Ende des Dreißigjährigen Krieges 1648 begann dann auch für den Dom zu Brandenburg ein neues Kapitel seiner Geschichte.

Lit.: Sehling 1909; Schultze 1961; Schößler 1988, 2011; Heckel 1924; Gebauer 1906, 1907; Herold 1927; Winterhager 2013

Die Preußen und der Dom – Über die Umbauten von 1648 und 1833

Rüdiger von Schnurbein

1648 – Neue Lehre, neuer Dom?

Der mittelalterliche, dreigliedrige Kirchenraum ist als Abbild des christlichen Lebensweges deutbar, der von der Taufe ins ewige Leben führt, also von der Eingangshalle im Westen über das Hauptschiff zum Chor im Osten, der als Symbol für das Paradies galt. Das Triumphkreuz zwischen den Vierungspfeilern steht bewusst am Übergang zum Chor. Es soll die Menschen an den erlösenden Tod Christi am Kreuz erinnern, der allen Gläubigen den Weg zum ewigen Leben bahnt.

Der Lettner, eine geschmückte Schranke, trennte den Chor vom Laienraum und schied die Kleriker von den Gläubigen. Ihn entfernte man 1648 und zog eine Freitreppe ein, die den Hohen Chor vom Hauptschiff aus erschloss. Die Kirchenbänke für das fromme Volk wurden in Richtung Norden auf die Kanzel ausgerichtet und eine Empore für das Domkapitel an der Südseite des Hauptschiffs eingezogen. Aus dem dreigliedrigen Raum des Mittelalters war nun ein zweigliedriger geworden: Der Hohe Chor hatte seine liturgische Funktion weitgehend eingebüßt und diente fortan als eine Art „Museumskirche", in der alle überflüssig gewordenen Kunstwerke aufbewahrt wurden. Diese Baumaßnahmen sind gut dokumentiert: Im April 1648 sandte der Domdechant Maximilian von Schlieben einen Brief an das Domkapitel, in dem er ausführlich zu den geplanten Veränderungen Stellung nahm: „(…) dass die stiege so breidt als beide Pfeiler von einander stehen nah dem höhern Altar soll gemacht werden und das deshalb das unterer Altar gantz weckgebrochen werden müsste (…)". Bemerkenswert dabei ist, dass von Schlieben zwar auf einen kleinen Altar für den Vikar Wert legte, eine Kanzel für die Predigt aber nicht erwähnte. Dies kann nur bedeuten, dass eine Kanzel bereits vorhanden war, und zwar an der Nordwand des Hauptschiffs. Das würde auch die Ausrichtung der Domherrenempore nach Norden hin erklären.

Mit den alten, nun unnötig gewordenen Kunstwerken ging man bewusst behutsam um: „(…) unter dessen das gemalte oder geschnitzte Werck so auff kleinem Altar gestanden nicht in den Winckel gesteckt werden, sondern kann bey dem hohen Altar etwa auf einer Seitte bequemlich bey gesetzet werden, weil deren schon mehr dahstehen." Der Hohe Chor wurde zu einer Art Antiquarium. Dahinter steht sicherlich eine Würdigung der vorreformatorischen Kunst. Von Schlieben trieb aber auch eine andere Sorge: Er wollte nicht als Bilderstürmer verschrien werden, besonders nicht in den ehemaligen Bistümern Magdeburg, Halberstadt und Minden, die dem Kurfürstentum Brandenburg im Westfälischen Frieden zugesprochen worden waren: „(…) so muss es bey den benachbarten vor eine Bilderstürmerei ausgerufen sein und machte solches Ding in den Stiften Magdeburg, Halberstadt und Minden baldt nachdenken verursachen (…)". Von Schlieben betonte dies besonders im Zusammenhang mit dem Triumphkreuz. Es passte nicht zu der geplanten Domherrenempore an der Südseite des Hauptschiffs, weil es dem Kapitel den Blick auf den Hohen Chor nahm: „Das aber das große Cruzifix bey den Herrengestühle sollte weckgenommen und auff die Seitte in einem Schwiebbogen gehangen werden, das schickt sich gantz und gar nicht. Es wirdt sich auch der Herr Oberkammerherr vergessen haben solches anzuordnen, denn ehr in seinem Hause erwähnet, das Cruzifix müsste nicht weck, sonst würden die Leutte sagen, er wollte die Kirche calvinisch machen."

Mit „Oberkammerherr" meinte von Schlieben den Dompropst Conrad von Burgsdorf, der die neue Empore gestiftet und damit ein entscheidendes Detail im Domumbau beigesteuert hatte. Burgsdorf war der Spielgefährte und Jugendfreund des Kurfürsten Georg Wilhelm. Auch dessen Sohn Friedrich Wilhelm, der spätere Große Kurfürst, blieb ihm eng verbunden und hatte dem väterlichen Freund die Brandenburger Propstwürde verliehen. Als Propst hatte Burgsdorf zwar ein klangvolles Ehrenamt inne, aber im Domstift keinerlei Befugnisse mehr. Sein Engagement bei der Umgestaltung des Domes ist daher bemerkenswert. Galt es tatsächlich nur der Zierde der Kirche und zu seinem Gedenken, wie er es in der Inschrift auf der Empore festhalten ließ? Die deutlich geänderte Ausrichtung der Kirchenbänke bezog sich nicht mehr auf den Altar im Osten, sondern auf die

Tafel der Domherrenempore von 1648 mit der Stifterinschrift des Conrad von Burgsdorf

Kanzel im Norden. Sie zeigt die Bedeutung der Verkündigung im protestantischen Gottesdienst. Das mag der Propst als Zierde begriffen haben, denn damit wurde das protestantische Bekenntnis endlich auch an der Einrichtung der Kirche deutlich. Zu diesem Zeitpunkt hatte das protestantische Domkapitel bereits 100 Jahre im „alten" Dom Gottesdienst gefeiert und offensichtlich noch wenig Druck verspürt, den Dom im Sinne der neuen Lehre zu verändern. Andernorts hatte dagegen eine fortschrittlichere Gesinnung geherrscht, etwa in der Marienkirche in Bernau, wo eine solche Empore für die Tuchmacher und Schuster schon 1618 eingezogen worden war.

Am Ende des Dreißigjährigen Krieges war auch beim Domstift die Zeit für den Umbau gekommen. Von Schlieben begründete ihn in folgender Weise: „Da es doch keine andere Intention gebet, als den hohen Altar in der Kirchen zu sehen und was da gelesen, gesungen und gebet wird, besser zu vernehmen und der Herrn Gestühle so bis anher wie eine Clause davor gestanden, auch ohne das wegen Zulauf des Volcks unbequemb gewesen weck zu nehmen vor meine Person weiß ich hierbei nichts mehr zu erinnern, sondern die Herren können mit dem Bau einen Anfang zu machen, doch gleich wohl auch dahin bedacht sein, damit der Herrenstuhl zugleich möchte mit verfertiget werden." Die liturgische Trennung in Priester- und Laienkirche war durch eine gesellschaftliche ersetzt worden – im Schiff die Bevölkerung, darüber in der Empore das Kapitel. Diese Veränderung lag durchaus in der Mode der Zeit. Handelte es sich im Dom um eine Empore für das Kapitel, so stand sie in den Stadtkirchen den Eliten der Städte zur Verfügung, den Rats- und Kaufleuten oder Handwerkern.

Man könnte meinen, in der verheerten Kurmark hätte es wichtigere Probleme gegeben, als den Dom umzubauen. Es handelt sich aber um keine singuläre Erscheinung, wie etwa die Umbauten der Kirchen in Ketzür, Groß Glienicke oder Seegefeld zeigen, die in diesen Jahren unternommen worden sind. Über die ganze Mark sind Kirchen verteilt, die um- oder wieder aufgebaut wurden. Dabei ging man allgemein recht liberal mit der alten Kunst um. Auch in dieser Hinsicht unterschied sich der Dom nicht von den anderen Kirchen.

Noch heute prangen die Domherrenwappen am Turm, bekrönt vom Wappen des Großen Kurfürsten. Sie erinnern an das Jahr 1669, als man den Turm er-

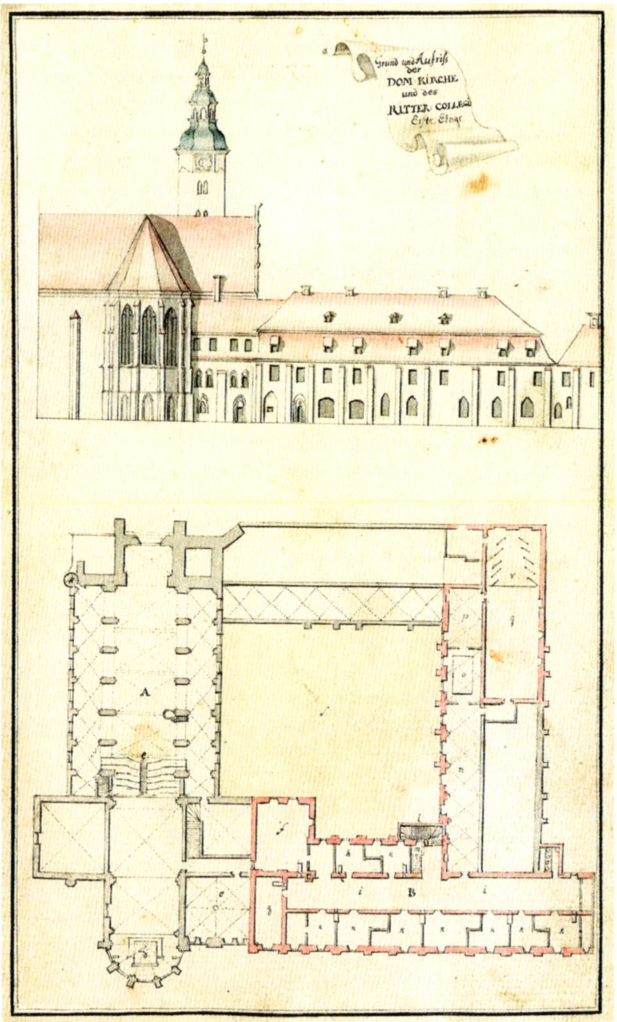

Ansicht und Grundriss von Dom und Klausur, Mitte des 18. Jahrhunderts. Im Grundriss ist mit „r" das Theater bezeichnet

höhte und ihn mit einer barocken Haube versah. Einen Eindruck vom Dom und der Klausur vermitteln Grund- und Aufriss des Domes und der Klausur aus der Mitte des 18. Jahrhunderts. Sie stammen aus der Gründungszeit der Ritterakademie. Die als Rittercollegium gegründete Schule sollte die Abkömmlinge des märkischen Adels auf deren Aufgaben im preußischen Staat vorbereiten. Über zweihundert Jahre lang hat sie das Leben am Dom mit geprägt. Für ihre Zwecke ist vor allem die Klausur umgebaut worden: Wohnstuben für die Schüler, Klassenräume, ein Billardzimmer und sogar ein kleines Theater.

Dort lehrt heute die Evangelische Grundschule Musik. Im Dom ist die große Freitreppe zum Hohen Chor mit Sitzreihen für die Schüler ergänzt worden. Als „Chor für die jungen Herren" wird sie im Grundriss bezeichnet. Diese Umgestaltungen im 17. und 18. Jahrhundert sind gut dokumentiert. Karl Friedrich Schinkel ließ nämlich eine komplette, maßstabsgetreue Bauaufnahme des gesamten Domes durchführen, bevor er mit dessen Umgestaltung begann. Zeichnerisch dokumentierte der Bauleiter Pflughaupt das barockzeitliche Erscheinungsbild.

1833 – Schinkels Dom und Preußens Kirche

„Der Frömmigkeit seiner Majestät des Königs Friedrich Wilhelms III. verdankt dieser ehrwürdige Dom seine vollständige Herstellung in den Jahren 1834 und 1836".

Diese Worte auf einer Steintafel erinnern an die Domsanierung, die Karl Friedrich Schinkel verantwortet hatte. Tatsächlich verdankt es der Dom nicht zuletzt dem Engagement des Königshauses, dass er nicht zusammengefallen ist, wie es Schinkel in seinem Baugutachten vorhergesagt hatte. Sowohl finanziell als auch gestalterisch hatten sich der König und der Kronprinz, der spätere König Friedrich Wilhelm IV., an den Baumaßnahmen beteiligt. So wurde das 19. Jahrhundert aus der Sicht des Domes zu einer ausgesprochen förderlichen Epoche. Dabei hatte es gar nicht verheißungsvoll begonnen: Nach seiner Niederlage gegen Napoleon 1806 bei Jena und Auerstedt musste Preußen hohe Kontributionen an Frankreich leisten, die nicht ohne erhebliche Anstrengungen aufzubringen waren. Im Finanzedikt von 1810 wurden etliche Steuerbefreiungen abgeschafft. Die geistlichen Besitzungen wurden aufgelöst, verkauft und aus dem Erlös Schulden bezahlt. Auch das Domstift Brandenburg war davon betroffen. Eine Kabinettsorder regelte die Vorgehensweise und die Entschädigungen für die Domherren. Ihre Umsetzung erwies sich aber als langwierig. Lediglich die pommerschen Stifter Kolberg und Cammin hörten auf zu existieren. Während der Befreiungskriege und besonders nach der endgültigen Niederlage Napoleons war der günstige Moment zur Säkularisierung vorüber, was aber an der rechtlichen Stellung der Stifter nichts änderte. Abermals bemühten sich Havelberg und Brandenburg um einen Aufschub ihrer Auflösung, scheiterten aber an Staatskanzler von Hardenberg. Während das Domstift Havelberg 1819 abgewickelt wurde, blieb Brandenburg erhalten. Ihm kam

Schnitt durch das Hauptschiff nach Süden. Der Ausschnitt zeigt die Domherrenempore von 1648

der Bruch zwischen dem König und seinem Kanzler zugute. Besonders die Fürsprache des Kronprinzen hatte Gewicht. So kam es zur Kabinettsorder vom 27. August 1822, in der der König den Fortbestand des Domkapitels Brandenburg festschrieb, aber auch eine neue Satzung ankündigte. Diese folgte 1826 und beginnt mit den Worten: „In Anerkennung an die denkwürdige Stellung, welche das Domstift Brandenburg in der Geschichte der Kurmark einnimmt, und in Erwägung, daß dasselbe mit den Ständen und besonders mit der Ritterschaft dieser Provinz seit uralter Zeit in Verbindung gestanden, zugleich auch mit der Absicht, Uns und Unseren Nachkommen ein Mittel zu erhalten, ausgezeichnete Verdienste Unserer getreuen Unterthanen auf eine würdige Weise zu belohnen, haben wir dessen Wiederherstellung beschlossen (…)."

Mit dem Mittel zur Belohnung der Verdienste getreuer Untertanen griff der König einen Gedanken auf, den von Hardenberg schon in seiner Rigaer Denkschrift geäußert hatte. Er hatte die Abschaffung aller „Polster der Trägheit" gefordert und meinte damit alle Stiftsstellen, die nicht nach Verdienst, sondern nach Geburt vergeben worden waren. An erster Stelle für seine Beweggründe führte der König aber die Stellung des Domstifts in der Geschichte an. Die Wiedererrichtung des Domstifts und auch die Sanierung des Domes fällt in eine Zeit, als man das kulturelle Erbe wieder zu schätzen begann. Man begriff es als Teil der nationalen Identität. Der Dom zu Brandenburg schien besonders geeignet, die Stellung der königlichen Familie als bedeutendes Geschlecht zu betonen. Schließlich trug er denselben Namen wie die Markgrafschaft Brandenburg, aus der das vergleichsweise sehr junge Königreich Preußen hervorgegangen war. Insofern ist das Engagement des Königs und seines Sohnes für den Brandenburger Dom nicht nur mit deren Frömmigkeit zu erklären, wie es die Gedenktafel vermittelt.

In diesem Zusammenhang ist auch die große Domsanierung und -umgestaltung zu sehen (siehe dazu die Beiträge von Peter Bartram und Roland Schneider in diesem Band): Karl Friedrich Schinkel ließ die Sitzreihen an der Kryptenwand entfernen und statt ihrer eine monumentale Steintreppe einziehen, die über die gesamte Kryptenbreite reichte. Dadurch war aus dem zweigliedrigen Raum wieder ein dreigliedriger entstan-

Den Klingelbeutel ließ das Domstift anlässlich der Domsanierung 1836 sticken

den, was im Sinne des Gestalters lag. Der Blick eines jeden, der den Dom durch das Hauptportal betrat, fiel auf diese Treppe. Sie musste dem Besucher als Aufforderung erscheinen, sie zu besteigen und sich auf dem Hohen Chor einzufinden. Hier stand ganz im Osten der Hauptaltar, der sogenannte Lehniner Altar, der seit 1723 in einer sonderbaren Kombination mit dem Böhmischen Altar verbunden war. Ein dreiteiliges Antependium schmückte die Mensa. Es war eigens für diese Stelle in der königlichen Hofstickerei in Berlin hergestellt worden. Auf seiner Vorderseite zeigt es ein Kreuz in Goldstoff, das von einem symmetrischen Flechtornament eingerahmt wird. Seine Schmalseiten sind mit den gekrönten Wappen der Brandenburger sowie der angeheirateten Familien bestickt. Ein vergoldetes Kruzifix stand auf dem Altar. Beide gehen auf Entwürfe Schinkels zurück. Das Domstift hatte einen Klingelbeutel mit der Jahreszahl herstellen lassen.

Es sei der Gnade seiner königlichen Hoheit des Kronprinzen gedankt, dass durch die neu verglasten Chorfenster schmückendes Sonnenlicht auf diesen Hochaltar falle. So beschrieb es Hans Wilhelm Schultze in seinen „Notizen über das Alter, die historische Bedeutung und die gegenwärtige Restauration der bischöflichen Stifts- und Domkirche“, die er anlässlich der Einweihung des Domes angefertigt hatte.

Am 1. Oktober 1836 hatte sich der König und mit ihm die Elite des Landes im Dom eingefunden, um dessen Wiedereinweihung zu begehen. Der Tag war nicht ohne Grund gewählt worden. Es handelte sich nämlich um das Datum der ottonischen Bistumsgründung. Absichtlich stellte sich der König in eine Reihe mit Otto dem Großen, um die Bedeutung der eigenen Stellung zu betonen. Auf dieser Legitimierung durch den Rückbezug auf das Mittelalter fußt auch der Entwurf eines Bildes aus dieser Zeit. Er zeigt auf der einen Seite Otto I. als Gründer und auf der anderen Friedrich Wilhelm III. als Erneuerer des Christentums. Auch die Predigt des Eröffnungsgottesdienstes folgte dieser Idee. Der Brandenburger Dom war zur Wurzel des preußischen Königtums überhöht worden.

In diesem Lichte muss auch die Episode der Preußischen Nationalversammlung im Dom in den Jahren 1848/49 gesehen werden: Das Parlament, das im Berliner Schauspielhaus getagt hatte, war von Friedrich Wilhelm IV. nach Brandenburg in den Dom verlegt worden. Die Botschaft, die der König damit verband, blieb bei den Demokraten nicht ungehört: In der Kirche, die der Monarch als Symbol seiner Macht verstand, durfte sich das Parlament einfinden. Es wundert nicht, dass vor allem die linke Opposition dies als unbotmäßige Einmischung betrachtete. „Ministerken Juchhedewich! Nach Brandenburg da jehn wir nich! Rück Du mit Deiner Rechten aus, die Linke bleibt int Schauspielhaus“ lautet der Titel eines Flugblattes von Ullo Bohlhammel. Im Dom selbst ist von diesem Intermezzo nichts mehr zu sehen. Die Einbauten wurden entfernt und die Einweihung des wiederhergestellten Domes geriet erneut zum Fest der Monarchie. Damals entstand auch der Entwurf einer Doppelturmfassade. Der Bau des Südturms, der bereits im Mittelalter eingestellt worden war, sollte nun endlich vollendet werden. Zwar ging das Vorhaben nicht über das Entwurfsstadium hinaus, doch zeigt es die Bedeutung, die das Königshaus der eigenen Vergangenheit beimaß.

In diesem Geiste hatte der Kronprinz Friedrich Wilhelm, der nachmalige 99-Tage-Kaiser, das Kunstgewerbemuseum gegründet. Auf der Suche nach geeigneten Exponaten ließ er auch beim Domkapitel um die Gewänder anfragen, die seit der Reformation in Kisten und Schränken aufbewahrt wurden. Besonderes Augenmerk galt der sogenannten Schwanenordenskasel aus dem 15. Jahrhundert, die die Wappen des Stifters, des Kurfürsten Friedrich II., trägt. Bereits 1855 hatte Julius Glinski, ein Künstler im Königlichen Institut für Glasmalerei, sich an das Domkapitel gewandt, die Schwanenordenskasel als Vorlage auszuleihen. Er wolle für den kunstliebenden und gebildeten König eine Kopie in Glas als Geschenk anfertigen. Dieses Interesse des Königshauses für die alten Textilien und Kunstwerke muss beim Domkapitel den Sinn für die Bedeutung des eigenen Bestandes geschärft haben. Es beauftragte den Pfarrer Ernst Wernicke mit einem Inventar der Paramente. Dieser legte das erste Verzeichnis der Textilien an; die Bezeichnungen, die er den einzelnen Stücken gab, kennzeichnen die Textilien noch heute.

Auswirkungen des Umbaus

Der Dechant von Schlieben wies in seinem Brief auf ein Detail hin, das oft übersehen wird, aber für den Gebrauch des Domes im Gottesdienst von wesentlicher Bedeutung ist: Der Lehniner Altar, der von jeher an der Westseite der Krypta gestanden hat, musste abgebaut werden, was dazu führe, dass „(…) der vicarius so die Epistel oder das Evangelium drutz [?] beim Praesidierstuhl [also auf dem Hohen Chor, RvS] ablesen wierdt unten in der Kirchen nicht deutlich genug zu vernehmen sein würde, so kann allzeit wieder untern in der Kirchen ein klein Altar oder Pulpet hingesetzt werden." Ob und wo dieses Pult stand, ist nicht mehr nachzuweisen. In den Plänen, die den Dom vor dem Umbau im 19. Jahrhundert zeigen,

Innenansicht des Domes anlässlich der Jubiläumsfeier zum neunhundertsten Jahrestag der Bistumsgründung 1849

Die Fotomontage zeigt den Hohen Chor im Jahre 1827

sind lediglich der Hochaltar sowie einige Seitenaltäre eingezeichnet. Ein Pult als verschiebbares Möbel muss aber nicht zwingend in diesen Plänen auftauchen. Es ist unter der Kanzel zu vermuten. In der Gotthardtkirche in Brandenburg steht ein kleiner Altar noch heute an entsprechender Stelle. Der Altar an der Ostseite des Hohen Chores als Ort der Abendmahlsfeier ist wenig sinnvoll, wenn die Gemeinde im Hauptschiff sitzt. Sie wird die Einsetzungsworte schlicht nicht verstehen. Im Rahmen einer Sonderführung haben Mitarbeiter des Dommuseums dieses Problem einmal demonstriert und an den verschiedenen Stellen im Dom jeweils die gleichen Verse gesprochen und gesungen. Akustisch gesehen liegt der beste Platz direkt unter der Vierung, wo zur Wiedereinweihung des Domes 1849 auch ein Pult stand. 1927 stellte man den ganzen Altar auf die „halbe Treppe", wo er sich bis zur Umgestaltung 1965 noch befand.

Vom Umgang mit den Kunstwerken

Schon der Umbau von 1648, vor allem aber die Umgestaltung des 19. Jahrhunderts zeichneten sich durch einen gewissen „Sinn für das Alte" aus. Dechant von Schlieben schlug vor, die unnötigen Altäre auf dem Hohen Chor zu sammeln. Einen Eindruck vom Zustand auf dem Hohen Chor geben die Pläne von 1827. Da all diese Kunstwerke noch heute vorhanden sind, können sie in einer Fotomontage zusammengestellt werden.

Der Böhmische Altar ist in der Mitte durchgeschnitten und links und rechts vom Hochaltar als Kulisse wieder aufgebaut worden. Dabei legte man aber keinen Wert auf die Bildsprache, sondern stellte das linke Teil rechts und umgekehrt auf. Dies heißt aber nicht, dass die Kenntnis von der Aussage dieser Bildwerke verblasst wäre. Anders verhielt es sich nämlich bei dem Retabel, das heute wieder

Rekonstruktion des nachreformatorischen Zustandes des Kreuzaltars (Montage von Rüdiger von Schnurbein)

als Altarbild im Hauptschiff steht. Der damalige Dompfarrer Johann Baltzer interpretierte es im lutherischen Sinne: Er ließ einen Sockel mit der Abendmahlsszene und als Bekrönung die Auferstehung Christi anfügen. Geschwungene Ranken schmücken die Komposition, die so noch im 20. Jahrhundert in der Petrikapelle stand.

Karl Friedrich Schinkel ließ eigens für die ausgedienten Kunstwerke ein Antiquarium einrichten. Dazu wurde im südlichen Querhaus auf der Höhe des Chores eine Zwischendecke eingezogen und so ein separater Raum geschaffen.

Die Umbrüche oder Neuanfänge in der preußischen Geschichte haben also ihre deutlichen und sehr prägenden Spuren im Brandenburger Dom hinterlassen, die sich besonders an der Ausstattung und den Kunstwerken zeigen. Den Moden und Bedürfnissen der einzelnen Epochen entsprechend wurden Bilder versetzt, eingelagert oder umgebaut. Dabei fällt der in den meisten Fällen respektvolle Umgang mit der alten Kunst auf, der die Wertschätzung der damals Handelnden für die Kunst ihrer Vorgänger erkennen lässt. Trotzdem mag mancher Umgang mit der Kirche und ihrer Ausstattung aus heutiger Sicht befremden – beispielsweise die „liturgische Bühne" des 19. Jahrhunderts. Er bleibt jedoch Teil der Domgeschichte. Und mehr noch: Dass das Jubiläum des Domes gefeiert werden kann, ist nicht zuletzt dem Engagement der Preußenkönige gedankt.

Lit.: A. Cante 1996; Schultze 1836; Zuchold 1993

Das Predigerseminar am Dom zu Brandenburg

Reinhard Kähler

55 Jahre lang, von 1951 bis 2006, wurden am Dom zu Brandenburg im Predigerseminar Pfarrerinnen und Pfarrer ausgebildet. Das ist, gemessen an 850 Jahren, eine Episode. Diese kurze Geschichte war aber für den Dom ein glücklicher Zufall: Da wusste er einmal mehr, wozu er gut ist.

Einkehr vor Gott, zwischen Licht und Schatten, in Leere und mit leuchtenden Farben, in der Konzentration einer Kapelle und in der Weite des Raumes zwischen Himmel und Erde. Einladend zu einem Rhythmus zwischen Stille und Tönen, Lauschen und Lassen. Klausur zum Studieren und Musizieren. Auf Zeit. Wenn Gott den Zeiten der Einkehr seinen Segen gibt, dann leuchtet dieser Kult in die Kultur des Landes. Wie sich da angehende Pfarrerinnen und Pfarrer haben bilden lassen, wirkt sich aus für Menschen im Land, für den Gottesdienst im Alltag.

Die Arbeit des Predigerseminars reihte sich ein in das Ensemble der Bildungseinrichtungen am Dom zu Brandenburg: Was war das Besondere? Dazu möchte ich drei Punkte ansprechen:

- Was soll überhaupt ein Predigerseminar?
- Wie kam der Dom zu Brandenburg zum Predigerseminar?
- Was war die besondere Prägung des Predigerseminars am Dom zu Brandenburg?

In diesem Beitrag wird weder die Verlaufsgeschichte dieser 55 Jahre Predigerseminar am Dom zu Brandenburg skizziert noch wird den Geschichten nachgegangen, in denen sich diese Zeit bei ehemaligen Teilnehmerinnen und Teilnehmern an diesem Seminar ausgewirkt hat.

Die Einrichtung von Predigerseminaren zu Beginn des 19. Jahrhunderts

Vielleicht kam in protestantischen Kirchen irgendwann ein altes Motiv wieder ins Spiel: Priester brauchten für ihren Dienst eine spezielle Vorbereitung. Dazu mussten sie ihr Elternhaus verlassen und in das Milieu in der Nähe des Heiligtums hineinwachsen; dort sollten sie sich in der Gemeinschaft der Anwärter das Bewusstsein und den Habitus für die besondere, herausgehobene Position und Funktion dieser Lebensaufgabe aneignen, zu der sie von Gott berufen waren.

Vor rund 200 Jahren, als nach Konfessionskriegen und mit kritisch-aufklärerischen Einsichten auch für die Chorherren am Dom zu Brandenburg nicht mehr ganz klar war, was sie in der Kirche zu sagen und zu feiern hatten, kamen einige in den evangelischen Kirchen zu der Einsicht: Was Pfarrer in der Praxis brauchen, das lernen sie nur bedingt auf den Universitäten. Zukünftige Pfarrer müssen nicht nur darauf vorbereitet werden, *was* sie zu sagen haben, sondern *wie* sie es sagen. Dass sich dabei nach und nach ein Ausbildungsinstitut entwickelte, das „Predigerseminar" genannt wurde, war eine Konsequenz aus der Einsicht: Pfarrer vollziehen Gottesdienste in verschiedenen Situationen. Mit und für Menschen, die in unterschiedlichen Situationen leben und hören. Darum geht es nicht nur um Vermittlung immer gleicher Lehrinhalte in immer gleichen Lehrformaten, sondern um das Vermögen, in verschiedene Situationen hinein verständlich zu übersetzen. Das sollte auf einem Predigerseminar gelernt werden, und zwar mit einer Annäherungsweise, die sich von der Perspektive im Theologiestudium an der Universität unterscheidet: Hier werden Inhalte biblischer Texte und kirchlicher Traditionen erarbeitet, im Predigerseminar aber sollen die Möglichkeiten des Predigens unter den Bedingungen sich verändernder Verstehenshorizonte erkundet und erprobt werden. Hinzu kamen in manchen Konzepten zur Ausbildung von Pfarrern im 19. Jahrhundert Interessen an der Bildung der persönlichen Überzeugungen beziehungsweise der geistlichen Prägungen angehender Pfarrer sowie Interessen an Fertigkeiten in pastoralen Handlungsfeldern.

Im 19. Jahrhundert machte – zum Beispiel von Loccum her – die Auffassung Schule, dass für eine solche Ausbildung ein mehrmonatiges Internatsleben der betreffenden Kandidaten optimal sei; sie sollten reifen in der Erfahrung einer geschlossenen geistlichen Gemeinschaft. Dabei spielte mehr oder weniger der Gedanke eine Rolle: Der dichte geistliche und soziale Austausch mit Kollegen als krönender Abschluss der Ausbildung lässt die Kandidaten reifen, sodass sie den seelsorglichen Aufgaben gewachsen sein werden. Der preußische König Friedrich Wilhelm III. mahnte 1816 in einer Kabinettsorder an: „Es muss auf die Kandidaten der Theologie, wenn sie die Universität verlassen, mehr Aufmerksamkeit verwandt werden. Ich will, dass zu diesem wichtigen Zweck geistliche Seminarien errichtet werden, in welchen die Kandidaten, nachdem sie die Universität verlassen haben, unter Leitung würdiger Geistlicher zu vorzüglichen Seelsorgern ausgebildet werden sollen." In Berlin siedelte König Friedrich Wilhelm IV. 1854 ein solches „Predigerseminar" am Berliner Dom an. Dieses Seminar sollte das Aufgegebene (von Heiliger Schrift, kirchlichen Traditionen und Fragen der kirchlichen Praxis) in Beziehung setzen zu dem, was die Kandidaten jeweils persönlich bewegte – in der Absicht, dass sie so eine persönlich durchdrungene theologische Überzeugung ausbildeten, während sie die Herausforderungen für den Pfarrberuf kennenlernten. Zu Letzterem gehörte, dass die Kandidaten während der Seminarzeit in Gottesdiensten predigten und in karitativen Einrichtungen Praktika machten. Zugleich sollten sie sich einüben, ein Amt der Kirche zu übernehmen. Dazu wurde bald ein eigenes Gebäude errichtet. Die Architektur des von Friedrich August Stüler entworfenen Domkandidatenstifts zeigte die Intention an: Die Kandidaten sollten ein klösterliches Leben üben. Im Dom sollten sich die Kandidaten bei Morgen- und Abendgottesdiensten darin üben, die Gottesdienstliturgie zu leiten; in der Domschule erteilten sie Religionsunterricht, im Domhospital hielten sie Andachten.

Die Gründung der Predigerseminare steht paradigmatisch für eine bestimmte Entwicklung im Berufsbild der Pfarrer: In der ersten Hälfte des 19. Jahrhunderts gehörten evangelische Pfarrer in Deutschland überwiegend zur bürgerlichen Führungsschicht. Unter dem Einfluss des Pietismus und der Erweckungsbewegungen einerseits und des Neuluthertums andererseits profilierte sich das Verständnis vom Pfarrberuf stärker als ein kirchlich konstituiertes Amt. Immer mehr Pfarrer nahmen bewusst nicht an dem geselligen Leben teil, das in bürgerlichen Kreisen gepflegt wurde. Eher wurden nun evangelische Vereine gegründet. Das beförderte eine kirchliche Sozialisation derer, die sich auf einen theologischen Berufsweg begaben. Es war die Zeit, in der Teile der Bevölkerung begannen, ihren Alltag ohne Kirche zu gestalten. Dazu passte, dass in der Ausbildung der Pfarrer das universitäre Studium der Theologie ergänzt wurde durch einen spezifisch kirchlichen Ausbildungsschritt.

Ende des 19. Jahrhunderts wurden – nach den Seminaren in Wittenberg und in Berlin – Predigerseminare für verschiedene Teilgebiete von Preußen gebildet. In dieser Zeit wurde zwar ein einjähriges Lehrvikariat verbindlich, aber noch nicht die Teilnahme am Predigerseminar. Faktisch war das Predigerseminar eher etwas für Absolventen mit den besten Examina, für die Elite eine Zeit für vertiefende Studien.

1928 wurde der Besuch eines Predigerseminars in der Kirche der Altpreußischen Union fester Bestandteil der Ausbildung aller Pfarrer. Wer sich auf den Beruf eines Pfarrers vorbereiten wollte, musste nicht nur ein akademisches Examen ablegen, sondern auch eine angeleitete und überprüfte Vorbereitungszeit durchlaufen. Wer das in einem Predigerseminar absolvierte, machte das damals unter einem mehr oder weniger starken patriarchalen kirchlichen Leitbild.

Wie das Predigerseminar an den Dom zu Brandenburg kam

1945 lagen die Predigerseminare in Berlin und Frankfurt (Oder) – die Predigerseminare in der Kirchenprovinz Brandenburg der Altpreußischen Union – in Trümmern. In Brandenburg an der Havel kam die Arbeit des Domstifts nach dem Zweiten Weltkrieg ganz in kirchliche Regie. Die Kirchenleitung erließ 1946 eine Satzung, mit der das Domstift der Evangelischen Kirche zugeordnet und der Aufsicht des Konsistoriums unterstellt wurde. Das Domstift sollte Gottesdienste auf der Dominsel halten, den Dom und seine Nebengebäude erhalten, kirchliche Bildungsaufgaben übernehmen, theologische Wissenschaft, kirchliche Kunst und Kirchenmusik fördern sowie für weitere kirchliche Aufgaben zur Verfügung stehen. In einer ersten vorbereitenden Sitzung am 7. Juli 1946 erklärte das Domkapitel seine Absicht, ein Predigerseminar zu errichten. Das passte an diesem Ort gut in die frühere Tradition der Prämonstratenser – einem Orden von Priestern: Sie sahen ihre Hauptaufgabe in der Mission und praktischen Pfarrseelsorge.

Hier ein Predigerseminar zu errichten passte, bestens zum Selbstverständnis des Domstifts, das als seine Aufgabe „Bildung und Schulung kirchlicher Kräfte für das geistliche Amt und für andere kirchliche Aufgaben" ansah. Auch wenn es nicht gleich möglich war, die Nebengebäude des Domes in optimalem Maß für den Seminarbetrieb in Anspruch zu nehmen – die Absicht, mit den Möglichkeiten des Domes und seines Gebäudeensembles kirchliche Bildungsaufgaben zu übernehmen, ließ sich bestens mit der Arbeit eines Predigerseminars erfüllen.

Was besonders war am Predigerseminar am Dom zu Brandenburg

Es war der besondere Charme, die Aura des Domes auf sich wirken lassen zu können. Abgesehen davon ist hier zu sehen, auf welche Spur der erste Direktor, Albrecht Schönherr, die Arbeit in diesem Seminar setzte. Als die Kirchenleitung der Evangelischen Kirche in Berlin-Brandenburg Schönherr im März 1946 nach Brandenburg berief, beauftragte sie ihn als Superintendent und Domprediger und forderte ihn auf, ein Predigerseminar zu eröffnen. Im Dezember desselben Jahres wurde er zum Dechanten des Domkapitels ernannt. Damit war der Auftrag verbunden, dass Schönherr hier ein Predigerseminar leiten solle. Es dauerte noch fünf Jahre, bis das Predigerseminar mit der Arbeit beginnen konnte. Denn die Stadt belegte die Kurienhäuser mit einem Altersheim.

Das Brandenburger Predigerseminar knüpfte an die Erfahrung mit den Predigerseminaren der Bekennenden Kirche an, vor allem an das Konzept von Predigerseminar, das Dietrich Bonhoeffer entwickelt hatte.

Exkurs: Predigerseminare in der Bekennenden Kirche

Im März 1934 ließ der Reichsbischof Ludwig Müller den Betrieb der Predigerseminare schließen, mit der Begründung: Künftige Pfarrer sollten „mit allen Schichten der Bevölkerung in Berührung kommen". Darum sollten sie in der SA und im Arbeitsdienst mitwirken. Dem folgten die meisten Vikare nicht. Sie wandten sich an die Bruderräte der Bekennenden Kirche, und diese sicherten ihnen zu, für ihre weitere Ausbildung zu sorgen. Dazu gehörte für die Leitenden in der Bekennenden Kirche gerade auch eine Phase der Ausbildung in einem Seminar. So nahmen zwischen Herbst 1934 und Herbst 1935 fünf Predigerseminare der Bekennenden Kirche ihre Arbeit auf. Unter den damaligen Umständen wurde das Arbeiten und Leben im Predigerseminar zu einer ausgesprochen positiven Erfahrung mit (dieser) Kirche. Es hat offenbar viele Kandidaten nachhaltig geprägt. Fanden vorher viele den Ausbildungsgang in einem Predigerseminar überflüssig, war das für die Kandidaten der Bekennenden Kirche anders und „aus dem Stiefkind ein Lieblingskind der Kirche geworden. (...) Die neuen Seminare konnten sich im Schutze ihres gar so geringen Ansehens vorübergehend zu unvergleichlichen Kraftzentren kirchlicher Theologie entwickeln." (Eberhard Bethge)

Nach einem Durchführungsgesetz zum „Gesetz zur Sicherung der Deutschen Evangelischen Kirche" wurde die Arbeit der Predigerseminare der Bekennenden Kirche ab Dezember 1935 für illegal erklärt. Das bedeutete für die Seminaristen, dass sie sich in einer besonders herausfordernden Situation befanden: Sie mussten für sich klären, was es nun hieß, ihrem Gewissen, in dem sie auf Gott hörten, mehr zu gehorchen als staatlichen Gesetzen.

Das Erbe des Predigerseminars im Stil von Dietrich Bonhoeffer

Albrecht Schönherr stellte die Arbeit ausdrücklich in die Tradition des Bonhoefferschen Predigerseminars. Unter den besonderen Umständen war die Gruppe derer, die sich da ausbilden ließen, eng aufeinander bezogen. Aus der Not wurde eine Tugend – zu versuchen, sich auf ein gemeinsames Leben in der Nachfolge Jesu Christi einzustellen.

Dietrich Bonhoeffer hatte den Anspruch, im Predigerseminar Finkenwalde auch einen bestimmten Lebensstil einzuüben. Das sollte zu einer Kirche ohne Privilegien und im Einsatz für andere passen. Die Kandidaten sollten sich über ihre persönliche Lebensperspektive klar werden. Das Predigerseminar wurde zu einem Ort der Selbsterfahrung und zu einem Experiment intensiven Zusammenlebens, mit Morgen- und Abendandachten, Meditations- und Schweigezeiten, theologischen Diskussionen, aber auch gemeinsamen kulturellen und sportlichen Unternehmungen. Nachdem das Seminar 1937 von der Gestapo geschlossen wurde, ging diese seminaristische Arbeit bis 1941 verdeckt weiter. Bis dahin und auch danach blieben die Finkenwalder – soweit es ging – durch Rundbriefe miteinander in intensivem Austausch.

Das war das Ideal, an das Albrecht Schönherr anknüpfte. Für ihn war das der Leitgedanke, als er das Predigerseminar in Brandenburg aufbaute: „Innerste Konzentration für den Dienst nach außen“ (Bonhoeffer) – „(…) unter diesem Ziel ist auch die Arbeit des Predigerseminars am Dom zu Brandenburg/Havel zu sehen“ (Schönherr). Bonhoeffer hatte das als Motto für eine „Gruppe völlig freier, einsatzbereiter Pastoren“ formuliert, die verbindlich miteinander leben. Sie sollten für diejenigen, die in den Gemeinden arbeiten, immer wieder ein „geistliches Refugium“ bilden. Schönherr sagte: „Innerste Konzentration für den Dienst nach außen: Das muss die Art jeder kirchlichen Arbeit sein.“ Insofern verstand er das Predigerseminar nicht nur als eine funktionale Ausbildungseinrichtung, sondern als geistliche Gemeinschaft. Die Seminaristen sollten einander so ansehen, als könnten sie durch den Anderen etwas von Gott bekommen. „Jeder soll glauben: Der andere (…) ist mir von Gott zum Bruder gegeben. Ich bin für ihn mitverantwortlich. Ich kann damit rechnen, dass mich Gott durch ihn beschenken will. Solche geistliche Bande (…) halten dann bis in die Zeit des Dienstes in den Gemeinden hinein.“ So wurde im Seminar täglich für die „Ehemaligen“ gebetet. Diese trafen sich jährlich zum Austausch im Predigerseminar.

In den 1950er-Jahren galt die Kirche in der öffentlichen Darstellung der DDR als gesellschaftlicher Fremdkörper. Manche Pfarrer erlebten mehr oder weniger starke Angriffe auf die Kirche beziehungsweise auf sich persönlich als Repräsentanten der Kirche. Schönherr verband in der Ausbildung der Pfarrer am Predigerseminar die Erfahrungen einer staatlich bedrängten Kirche mit der Überzeugung: Kirche hängt allein an Jesus Christus als ihrem Herrn und an seinem Auftrag und nicht an den ihr anderweitig zugewiesenen Positionen und Rollen. Die Arbeit im Predigerseminar Brandenburg nahm die Herausforderung bewusst an, von daher jungen Pfarrern die Erkenntnis zu vermitteln: Wir sind nicht Einzelkämpfer, sondern miteinander verbunden. Etliche Pfarrer, die durch dieses Predigerseminar gegangen waren, suchten mit Kollegen in Nachbargemeinden einen entsprechenden verbindlichen Austausch zu pflegen. Pfarrer waren beruflich in einer so besonderen gesellschaftlichen Situation, dass es nahe lag, im Kollegenkreis Verständnis füreinander zu haben und am Ergehen der Einzelnen gemeinsam mitzutragen. Manche, die aus der Erfahrung im Predigerseminar Brandenburg kamen, zeigten Interesse an einer bestimmten geistlichen Form und Ordnung. Im Seminar waren es die gemeinsamen Andachten, das gemeinsame Gebet, die tägliche Meditation eines Textes der Bibel und das theologische Gespräch. 1956 sagte eine Reihe ehemaliger Kandidaten des Brandenburger Predigerseminars in dem „Brandenburger Wort“, worum sie alle Pfarrer baten: darauf zu achten, „dass Gott uns Brüder geschenkt hat, einander zu helfen“. Das schließe ein: einander das Recht einzuräumen, „gegenseitig darüber zu wachen, wie wir unseren Dienst und unser Leben führen“; einander zu beichten; sich verbunden zu fühlen, wenn man weiß: wir hören täglich auf das Wort der Bibel und fragen dabei nach Gottes Willen für uns; wir nehmen die Pfarrbrüder regelmäßig und namentlich in unser Fürbittgebet; „keine größere Entscheidung zu fällen, ohne brüderlichen Rat einzuholen“. Diese Brandenburger wollten damit keinen Sonderweg beschreiten oder eine Bruderschaft innerhalb der Pfarrerschaft gründen; sie wollten vielmehr aktivieren, was sie für selbstverständlich hielten, und sie wollten dies verbindlich machen.

Individuelle Erfahrungen mit dem Predigerseminar

Was am Predigerseminar passiert, hängt von den Vorgaben durch Konzeption, Direktoren und Dozenten ab. Es liegt zu einem gewissen Teil auch an dem Ort, an dem das Predigerseminar arbeitet. Selbstverständlich hat die kirchliche und gesellschaftliche Situation einen erheblichen Einfluss. Und: Keine Seminargruppe ist wie die andere; die Generation der Kriegsheimkehrer war anders als die Generation derer, die bewusst in der DDR blieben. Die Arbeit am Predigerseminar Brandenburg wurde so von vielen Entwicklungen geprägt, wie sie sich in den evangelischen Kirchen in der DDR vollzogen – in den Veränderungen im Berufsbild des Pfarrers wie auch in den Standards für eine professionelle Arbeit von Pfarrerinnen und Pfarrern.

Die Teilnahme der Kandidatinnen und Kandidaten an einer Ausbildungsform, in der sie über Monate hin jeweils für mehrere Tage komplett in einen geschlossenen Seminarbetrieb eingebunden sind, hat auch schwierige Seiten. Ausbildungsinhalte und -wege differenzieren sich, aber diese seminaristische Form soll für alle normativ gelten? Angehende Pfarrerinnen und Pfarrer kommen mit unterschiedlichen Biografien und Lebenssituationen – wie weit kann da die Erwartung gehen, dass alle an einer geistlichen Tagesordnung teilnehmen, dass gemeinsam gesungen, studiert und gefeiert wird? Solch eine Ausbildungsform verläuft mit inneren Konflikten für den Einzelnen und für die Gruppe. Inwieweit ist es förderlich, diese zu bearbeiten, und wann steht das der Arbeit an den Ausbildungszielen im Wege? Sich auch mit seiner Persönlichkeit solchen intensiven Gesprächsprozessen auszusetzen, bringt, wenn es richtig läuft, etwas voran. Dieser Gewinn muss abgeglichen werden mit den sozialen Kosten, wenn angehende Pfarrerinnen und Pfarrer von der Familie, mit der sie leben, auf Zeit getrennt sind. Das führt das seminaristische Konzept regelmäßig in eine Krise. Dennoch wird in den evangelischen Kirchen in Deutschland der Wert einer solchen Ausbildungsphase bisher so hoch eingeschätzt, dass man daran festhält.

Innere und äußere Entwicklungen führten im Brandenburger Predigerseminar von Jahrgang zu Jahrgang zu Veränderungen. Im Folgenden einige konkrete Erfahrungen und Randnotizen:

Schönherrs erster Kollege am Predigerseminar Brandenburg, Jürgen Henkys, bemerkte, wie Schönherr begann, Predigten auch zu Liedern zu halten (und nicht ausschließlich zu Bibeltexten) – Mitte des 20. Jahrhunderts eine Neuheit in der Predigtkultur. Beeindruckend fand Jürgen Henkys, dass Schönherr einen so hohen Anspruch an theologische Arbeit einbrachte, wie es für ein Predigerseminar nicht selbstverständlich sei. Auch in späteren Jahren wurde im Brandenburger Predigerseminar daran gearbeitet, neue Wahrnehmungen von gesellschaftlichen und menschlichen Situationen mit verschiedenen theologischen Zugängen aufzunehmen.

Albrecht Schönherr hat das Buch *Gemeinsames Leben* von Bonhoeffer allen Kandidaten auf den Nachttisch gelegt in der Erwartung, sie würden es lesen und sich daran orientieren. Er war von diesem Konzept begeistert und wollte es auf das Seminar in Brandenburg übertragen: „Wenn es eine gute Sache ist, dann setzt sich das auch durch.“ Da wurde er ernüchtert. Und auch das sagt er im Rückblick: Er habe „versucht, den Kandidaten Lust zur Meditation zu machen in einer halben Stunde stiller Zeit. Ich bin nicht sicher, wie weit ich da gekommen bin.“ Die Nachkriegsgeneration war anders als die zur Finkenwalder Zeit, stellte Schönherr fest: „Die Kandidaten hatten schon einen Krieg mitgemacht und sie haben gemeutert: Kaum sind wir zu Hause, schon müssen wir wieder weg. Es war doch eine andere Stimmung, die wir da erlebten.“

Die Verfasser des „Brandenburger Wortes“ träumten davon, dass aus der gemeinsamen Zeit im Predigerseminar brüderliche Verbundenheit mit den Pfarrerkollegen erwachse. Das blieb „Fragment“ (Henkys). Auffällig änderte sich spätestens Mitte der 1960er-Jahre das unter den Kandidaten vorherrschende Selbstverständnis von ihrem künftigen Beruf als Pfarrer: Leitbild war für viele nicht mehr, im Brandenburger Predigerseminar hineinzuwachsen in das (gemeinschaftliche) Amt der Kirche, das einen Menschen voll beansprucht. Vielmehr stand für viele im Vordergrund, berufliche Rollen als Pfarrer zu entwickeln – nicht nur ausgehend vom Auftrag der Kirche, sondern von den Bedürfnissen der Menschen in den Gemeinden und in der Gesellschaft her gedacht. Die Perspektive, eine Botschaft zu übermitteln, wurde stärker bezogen auf die Herausforderungen, die sich aus unterschiedlichen persönlichen, gesellschaftlichen und familiären Situationen ergaben. Um 1968 änderte sich das gesellschaftliche Klima und in der Folge das Verhältnis der Kandidaten zur Institution Kirche, wie sie sie vorfanden. Im Rückblick sagt ein Brandenburger Kandidat von 1968: „(…) der von Schönherr geprägte Stil der *communio sanctorum* unter Brüdern (war) überholt. Wir waren in erster Linie Familienväter oder Ehemänner und weniger eine Schar einkehrender Junggesellen.“ Der Kuratoriumsvorsitzende Horst Lahr meinte in einem Brief an die Kandidaten, dass sie offensichtlich nicht die Pflege der Geselligkeit mochten: „Ich habe den Eindruck, dass darin eines der Grundprobleme der Predigerseminare zum Ausdruck gekommen ist. Indem die meisten von Ihnen im Unterschied zu den Kandidaten noch vor zehn Jahren bereits verheiratet sind, scheint die *vita communis*, wie wir sie von Bonhoeffer her als eines der wesentlichen Momente der Predigerseminarszeit verstanden und angestrebt haben, objektiv kaum noch oder doch nur in sehr reduziertem Maße realisierbar zu sein. (…) Doch glauben wir [das Kuratorium, R.K.], dass auferbauende Kritik nur aus einer Liebe zur Kirche möglich ist, die sie gerade auch in ihren Schwächen und Fehlern liebt. Demgegenüber hatten wir mehrfach den Eindruck, dass für Sie die verfasste Kirche ein Ihnen fremdes Gegenüber ist, um das Sie zwar notgedrungen nicht herumkommen, dass Sie aber im Grunde kalt lässt, weil Sie eben keine innere Beziehung zu ihm empfinden. Dieser Eindruck ist umso schockierender, als Sie doch in Kürze in dieser Kirche zum Dienst in ihr ordiniert werden wollen. Ich kann nur hoffen, dass wir uns bei unserem Eindruck völlig getäuscht haben, doch müssen Sie wenigstens wissen, dass er entstanden ist."

Etwa ab 1970 kamen ins Predigerseminar Brandenburg nicht mehr nur Männer, sondern auch Frauen.

In den am Predigerseminar Brandenburg beteiligten Landeskirchen wurden in den 1980er-Jahren auch Kandidaten und Kandidatinnen in die Ausbildung für den Pfarrberuf aufgenommen, die eine andere Vorausbildung als das akademische Erste Theologische Examen hatten, und das erwies sich für die Zusammenarbeit in den Kursen als anregend und erweiternd. So gab es ab 1980 Kandidaten und Kandidatinnen, die Theologie auf einer sogenannten Predigerschule (in Berlin oder in Erfurt) studiert hatten (dafür war nicht das Abitur Voraussetzung, aber die Ausübung eines Berufes); ab 1984 kamen Kandidaten und Kandidatinnen, die Gemeindepädagogik (ab 1979 in Potsdam möglich) studiert hatten – mit einem Examen, dass sie auch zur Ausübung professioneller pastoraler Funktionen befähigte.

Das Brandenburger Predigerseminar begann 1971 neben den „Blockkursen" mit einer dreivierteljährlichen Seminarzeit auch einen „Rollkurs" anzubieten – da wechselten die Kandidaten mehrfach zwischen Zeiten in der Vikariatsgemeinde und im Predigerseminar. Anfang der 1980er-Jahre wurde die seminaristische Arbeit mit dem Berufseinstieg verknüpft. Der Grundkurs erstreckte sich von da an auf ein halbes Jahr; ihm folgten drei Aufbaukurse von je zehn Tagen in den ersten drei Arbeitsjahren. Das Predigerseminar begleitete die Pfarrerinnen und Pfarrer in den ersten Jahren selbstverantwortlicher Arbeit in der Gemeinde durch Besuche der Dozenten vor Ort.

Silvester 1978 war die Heizung im Seminargebäude Domlinden geborsten. Danach dauerte es bis Februar 1981, bis der Seminarbetrieb in Brandenburg wieder aufgenommen werden konnte – dann in den neuen Räumen im restaurierten und renovierten Gebäude Burghof 6.

2005 führten ökonomische Argumente dazu, dass die meisten ostdeutschen Landeskirchen die Idee aufgaben, jede Landeskirche solle ihr eigenes Predigerseminar betreiben. Man einigte sich auf Wittenberg als passendem Standort für das gemeinsame Predigerseminar. So verabschiedete die Evangelische Kirche Berlin-Brandenburg-schlesische Oberlausitz 2006 diesen Teil der Ausbildung für Pfarrerinnen und Pfarrer aus Brandenburg.

Die Geschichte des Predigerseminars am Dom zu Brandenburg hat sehr unterschiedliche Kurse erlebt. Die konzeptionellen Elemente, die Albrecht Schönherr vor 50 Jahren in der Festschrift *800 Jahre Dom zu Brandenburg* nannte, entwickelten sich weiter: Die Seminaristen sollen die verschiedenen kirchlichen Handlungsfelder mit ihren unterschiedlichen Bedingungen, Traditionen, Gestalten und Erfahrungen vertiefend ansehen, in der Diskussion mit anderen abwägen, verstehend und kritisch im Blick darauf, was wir künftig mit kirchlichen Aktivitäten wollen, und das alles ins Gespräch nehmen mit *theologischen* Reflexionen: Was dient wie dem Wirken des Evangeliums? Dabei ist die Arbeit im Seminar eine Chance, sich im Dialog mit anderen selbst besser zu verstehen, was einem lieb und teuer ist im Leben und am Glauben und an bestimmten Formen, die Beziehung mit Gott zu pflegen; das biografisch zu verstehen als auch ins Verhältnis zu setzen zu Bedürfnissen nach Erhaltung und Entwicklung in anderen Generationen. Die Seminaristen stellen sich der Spannung, einerseits ein Spektrum von Aufgaben anzunehmen, die auf Pfarrerinnen und Pfarrer zukommen – oft nur subsidiäre und keineswegs originäre Aufgaben und dennoch unausweichlich, und andererseits je die persönlichen Möglichkeiten wahrzunehmen und gut auf die geistlichen Wurzeln und den eigentlichen Auftrag zu achten.

In vielerlei Hinsicht hat sich der Charakter des Arbeitens und Lebens am Predigerseminar Brandenburg – wie an anderen protestantischen Predigerseminaren in Deutschland – im Laufe seiner 55 Jahre erheblich verändert. Ich nenne nur einige Punkte:

In einer Kirche, die sich als Lerngemeinschaft verstand, war die Arbeit an der Predigt nur noch *ein* Bestandteil neben dem Studieren und Probieren mit vielfältigen Methoden in der Arbeit in Gruppen.

Humanwissenschaftliche Aspekte und empirische Verfahren wurden zunehmend einbezogen

Der theologische Sprachstil entwickelte sich fort von einer im emphatischen Sinn verkündenden Art hin dazu, dass verschiedene Perspektiven miteinander verglichen werden.

Die Bedeutung der Unterschiedlichkeit verschiedener Lebenssituationen bekam mehr Gewicht, und die seelsorgliche Dimension verschiedener Erwartungen an Kirchengemeinden und Lebensäußerungen von Kirchengemeinden wurden reflektiert.

Die inneren Dialoge gerade auch der Menschen, die in den Beruf der Pfarrerin/des Pfarrers gehen wollten, bekamen einen ausdrücklichen und reflektierten Raum.

Auch in der „Kirche des Wortes" wurde die Bedeutung der Sinneswahrnehmungen, von Atmosphären und ästhetischen Gestaltungen für alle Lebensbereiche der Kirche positiv angenommen.

Die Rolle von Pfarrerinnen und Pfarrern wurde gerade nach der gesellschaftlichen Wende in ihren jeweiligen und zu erwartenden Kontexten reflektiert.

Der Verknüpfung von Reflexion und Praxis dienten über Jahrzehnte verbindliche Kurse für die Pfarrerinnen und Pfarrer in den ersten Arbeitsjahren im Seminar in Brandenburg sowie Arbeits-Besuche vor Ort. Eine starke Tradition in der Ausbildung im Predigerseminar Brandenburg war auch der Unterricht an einem Musikinstrument und vor allem das gemeinsame Singen – im Seminar und in dem so klangvollen Dom. KMD Wolfgang Fischer konnte sich freilich nicht erinnern, dass das Singen der Kirchenchoräle in den 1950er- und 1960er-Jahren – das Evangelische Kirchengesangbuch war das Nonplusultra – auf besondere Resonanz bei den Kandidaten stieß. Das war in den späteren Jahren anders. Bei fast allen Kandidaten war es sehr beliebt, jeden Tag vor dem Mittagessen eine halbe Stunde lang zusammen mit KMD Matthias Passauer zu singen – vor allem neue geistliche Lieder. Diese wurden aus den Gemeinden mitgebracht, gesammelt und ausprobiert. Der Standort Brandenburg bot sich von selbst an für musische und geistliche Exerzitien. Brandenburg bot die Gelegenheit, mit Erkundungen und Seminar-Gottesdiensten hineinzugehen sowohl in Gemeinden auf dem Land wie auch in der Stadt. Das Besondere für ein Seminar mit geistlichem Anspruch aber bot der Dom selbst: wenn die Seminargruppe sich allmorgendlich in seiner Aura zur Andacht traf – vor dem Hauptaltar, in der Bunten Kapelle, vor dem Böhmischen Altar, im Kreuzgang und an anderen Orten in der Strahlweite des Domes, aber eben nicht nur in einer Hauskapelle; wenn die Performance der Liturgie in verschiedenen Räumen vom Winterrefektorium bis hin zum vom Gestühl befreiten Kirchenschiff erprobt wurde; wenn der gemeinsame Arbeitstag mit einer halben Stunde in der Krypta beendet wurde – erfüllt von den satten Harmonien der Taizé-Gesänge oder den klaren Klängen der Komplet.

Appendix

Auf Initiative von Schönherr wurde 1956 eine Satzung des Predigerseminars Brandenburg erarbeitet. In § 2 heißt es: „Rechtsträger des Predigerseminars ist das Domstift Brandenburg." Und § 7 besagt: „Der Direktor und die hauptamtlichen Lehrkräfte am Predigerseminar werden nach Anhörung des Domkapitels und des Kuratoriums von der Kirchenleitung berufen und abberufen." 1960 wurden Richtlinien für die Arbeit am Predigerseminar Brandenburg aufgestellt. Darin heißt es unter Punkt 3: „Die Aufgaben des Predigerseminars erstrecken sich auf zwei Hauptgebiete: I. Praktisch/wissenschaftliche Übungen. II. Anleitung zum gemeinsamen Leben." 1963 bat die Kirchenleitung der Evangelischen Kirche in Berlin-Brandenburg die Evangelische Kirche der Union (EKU), die Betreuung des Predigerseminars Brandenburg zu übernehmen. Dazu wurde ein entsprechendes Abkommen geschlossen. Das Predigerseminar Brandenburg wurde seitdem unter dem Dach der EKU betrieben, gemeinsam mit den Predigerseminaren in Wittenberg und in Gnadau. Nach der Wende überführte die Berlin-Brandenburgische Kirche das Predigerseminar Praktisch-Theologisches Ausbildungsinstitut (PTA), das über 30 Jahre lang in West-Berlin mit einem eigenen Konzept arbeitete, in die gemeinsame Ausbildung der EKU, nun in Brandenburg und Wittenberg (das Seminar in Gnadau wurde ab 1996 nicht weiter geführt). Die Seminaristen des Predigerseminars hielten während ihrer Zeit im Seminar Gottesdienste am Dom und in den umliegenden Gemeinden. Die Dozenten des Predigerseminars hatten einen Predigtauftrag in der Domgemeinde. Die Direktoren des Predigerseminares waren immer Mitglieder des Domkapitels.

Direktoren des Predigerseminars
Albrecht Schönherr 1951 bis 1962
Gottfried Forck 1963 bis 1972
Konrad Hüttel von Heidenfeld 1972 bis 1979
Martin Uhle-Wettler 1979 bis 1986
Klaus Stolte 1987 bis 1993
Siegfried Kasparick 1993 bis 2002
Hanna Kasparick 2002 bis 2005

Dozenten des Predigerseminars
Studieninspektor Gerhard Schultz 1951 bis 1955
Studieninspektor und Dozent für Katechetik: Jürgen Henkys 1956 bis 1965
Studieninspektor und Dozent für Homiletik/Liturgik: Heinz Hoffmann 1967 bis 1973
Dozent für Katechetik und Pädagogik: Dieter Reiher 1966 bis 1974
Matthias Schmidt 1982 bis 1988
Gerhard Begrich 1988 bis 1989
Jörg Schirr 1988 bis 1994
Jan Hermelink 1992 bis 1993
Annette Bohley 1994 bis 1998
Reinhard Kähler 1999 bis 2006

Für die musikalische Ausbildung am Predigerseminar sorgten Wolfgang Fischer (von 1957 bis 1974), Christoph Krummacher (von 1975 bis 1980), Matthias Passauer (von 1980 bis 2005). Sie waren in Personalunion Dozenten für Kirchenmusik am Predigerseminar und Kirchenmusiker am Dom. So waren Predigerseminar, Dommusiken und Domgemeinde besonders eng verbunden.

Lit.: Henkys 1959; Schönherr 1961, 1965; Kähler/Passauer/Kasparick 2001

Das Predigerseminar ist Geschichte, Februar 2006

Der Dom heute

Der Förderverein Dom zu Brandenburg e. V.

Knud Caesar

Die Zöglinge der Ritterakademie, 1942; 1. Reihe von unten, 3. v. l.: Otto Graf Lambsdorff, 2. Reihe von unten, 1. v. l.: Knud Caesar

Im Jahre 1993 wurde Otto Graf Lambsdorff, ehemaliger Zögling der Ritterakademie in das Domkapitel des Domstifts berufen. Als Wirtschafts- und Finanzfachmann erkannte er schon in den ersten Sitzungen des Gremiums die prekäre finanzielle Lage des Domstifts. Angesichts des baulichen Zustandes aller Gebäude und besonders des Domes, in dessen Mittelschiff bereits ein Stahlnetz unter dem Gewölbe zum Auffangen herunterfallender Gesteinsbrocken angebracht war, erschien schnelles Handeln dringend erforderlich. So ergriff er die Initiative zur Gründung eines Fördervereins, mit dessen Hilfe auf die bedrohliche Situation dieses historischen Bauwerkes in der Öffentlichkeit aufmerksam gemacht und möglichst schnell Mittel zur Rettung beschafft werden sollten. In seiner zupackenden Art hatte er schnell Persönlichkeiten gewonnen, die sich für eine solche Aufgabe bereitfanden. Am 21. Februar 1995 fand in Brandenburg die Gründungsversammlung statt, was in den örtlichen Medien ein großes Echo fand. Den ersten Vorstand bildeten Knud Caesar, wie Graf Lambsdorff ehemaliger Zögling der Ritterakademie, Carljürgen Gertler, Kunsthistoriker und Denkmalpfleger mit viel Erfahrung bei der Restaurierung von wertvollen Kirchengebäuden, Domstiftsrentmeister Hans-Ulrich Gräber und Rechtsanwalt Achaz von Jagow. Hinzu kam ein Kuratorium zur Beratung des Vorstandes. Den Vorsitz übernahm Graf Lambsdorff und als Ehrenvorsitzender stellte sich Alt-Bundespräsident Richard von Weizsäcker zur Verfügung. Dem Kuratorium gehörten ferner prominente Persönlichkeiten aus Politik, Wirtschaft und Kultur an, die sich dem Brandenburger Dom besonders verbunden fühlten.

Schon wenige Wochen nach der Gründung des Fördervereins gaben die Brandenburger Symphoniker unter ihrem damaligen Chefdirigenten Heiko Förster ein eindrucksvolles Benefizkonzert in St. Gotthardt – gewissermaßen der Einstand für die öffentliche Wahrnehmung des Fördervereins in der Stadt Brandenburg. Die damit erlösten sowie sonstige spontan fließende Spenden waren der Grundstein für die ersten Aktivitäten des Fördervereins.

Als erstes musste eine Schadensanalyse den Umfang und die Dringlichkeit der notwendigen Sanierungsarbeiten am Dom ermitteln; es bestand akute Einsturzgefahr. Diese Schadensanalyse, die der Förderverein initiierte und weitgehend finanzierte, war die Grundlage für den Vertrag mit einem Architekturbüro, das bis heute die gesamte Bautätigkeit am Dom und seinen zugehörigen Gebäuden verantwortet. Damit war es auch möglich, die Mittel aus den unterschiedlichsten öffentlichen Programmen für Denkmalpflege, Stadtsanierung und Wiederherstellung von Kultureinrichtungen zu erhalten.

Es folgten Einzelmaßnahmen. So war etwa die durch die Deutsche Stiftung Denkmalschutz dankenswerterweise bereits vorbildlich sanierte Aula der früheren Ritterakademie im alten Schulgebäude auf dem Burghof nicht zugänglich, da der gesamte Gebäudekomplex noch Baustelle war. Dies zu ändern, finanzierte der Förderverein die notwendigen Arbeiten, sodass dieser wunderbare Saal mit einer eindrucksvollen Lesung durch Vicco von Bülow alias Loriot eröffnet werden konnte. Im Anschluss an diese vom Publikum begeistert applaudierte Veranstaltung konnte Loriot die erste Dom-Armbanduhr, deren Zifferblatt aus dem Metall einer ersetzten Orgelpfeife aus dem Dom gefertigt ist, überreicht werden. Loriot, den Ehrenbürger der Stadt Brandenburg, hatte Graf Lambsdorff frühzeitig als Mitglied des Kuratoriums des Fördervereins gewinnen können.

In den ersten Monaten des Jahres 1995 wurde der Staats-Kirchen-Vertrag des Bundeslandes Brandenburg mit den darin existierenden Kirchen verhandelt. Nicht zuletzt durch die Existenz des Fördervereins und seine Aktivitäten wurde in dem Vertrag für den Dom eine langjährige Zuwendung vereinbart.

Nordflügel der Domklausur vor, während und nach der Sanierung

Eine besondere Aktivität entwickelte Graf Lambsdorff, um, analog dem Vorgehen beim Wiederaufbau der Frauenkirche in Dresden, von der Deutschen Bundesbank den Erlös einer Münze für den Brandenburger Dom zu erhalten. Im Ergebnis wurde der zur Verfügung gestellte Betrag auf vier neue Bundesländer verteilt und der auf Brandenburg entfallende Betrag von fünf Millionen DM wurde auf Weisung von Ministerpräsident Stolpe, der auch Mitglied im Kuratorium des Fördervereins ist, dem Förderverein zur Verwendung bei der Sanierung des Domensembles zugeteilt.

Neben der Einwerbung von Mitteln, die dem Domstift für Sanierungs- und Anschaffungsmaßnahmen zur Verfügung gestellt werden können, hat es der Förderverein übernommen, den Brandenburger Dom der Öffentlichkeit als förderungs- und besuchswürdiges Baudenkmal im kirchlichen und kulturellen Leben Ostdeutschlands bekannt zu machen. Zu diesem Zweck wurde nach dem Vorbild der Deutschen Stiftung Denkmalschutz eine Wanderausstellung unter dem Titel *Dom in Not* geschaffen, die die Geschichte des Domes, die gegenwärtigen Schäden und ihre Sanierungsmaßnahmen sowie Bilder und Beschreibungen der Schätze des Domes aus Museum und Archiv zeigt. Erstmals gezeigt wurde die Ausstellung 1996 in der Landesvertretung des Landes Brandenburg in Bonn, gefolgt vom Rathaus Kaiserslautern, der Partnerstadt der Stadt Brandenburg und mehreren Orten im Westen Deutschlands. Besonders hervorzuheben ist, dass sich auch große Kirchen wie die Dome in Braunschweig, in Bremen, in Ratzeburg und in Naumburg zur Hilfe für den Brandenburger „Dom in Not" bereit erklärten. Gerade diese Gelegenheiten konnten auch für verstärkte kirchliche Kontakte genutzt werden. In Berlin waren es verschiedene Bezirks-Rathäuser und Filialen der Commerzbank, in denen die Bürger auf ihre Nachbarschaft Brandenburg gezielt aufmerksam gemacht wurden. In der Matthäus-Kirche am Kulturforum in Berlin eröffnete der Ehrenvorsitzende des Kuratoriums, Alt-Bundespräsident von Weizsäcker, die Ausstellung. Dasselbe geschah im Berliner Abgeordnetenhaus mit Eröffnung durch seinen Präsidenten Walter Momper. Aber auch in Brandenburg selbst hatte die Bevölkerung an verschiedenen Stellen die Gelegenheit, sich über „ihren" Dom zu informieren. Bis 2010 wurde die Wanderausstellung 25-mal mit Erfolg gezeigt.

Es gab weitere Aktivitäten. So wurde mehrmals ein Schülerwettbewerb an Brandenburger Schulen angeboten, bei dem die Schüler ihre Vorstellungen über den Dom ausdrücken sollten, was in Bildern oder Gegenständen geschah, die dann prämiert wurden. Verschiedentlich konnte der Förderverein Musikveranstaltungen anregen: So zeigte Jochen Kowalski, der Mitglied im Kuratorium des Fördervereins ist, im Dom seine Virtuosität am Flügel. Es gab ein Wandelkonzert mit mehreren auch international bekannten Organisten an verschiedenen Instrumenten im Dom und ein Konzert des Orchesters der Deutschen Oper Berlin mit dem Dirigenten Rafael Frühbeck de Burgos, der später mit dem Rundfunk-Sinfonieorchester Berlin ein Benefizkonzert für den Brandenburger Dom im Berliner Konzerthaus gab. Sehr eindrucksvoll war ein schwungvolles Konzert des Luftwaffen-Musikkorps im vollen Hause der Dresdner Bank am Pariser Platz in Berlin, bei dem Mitglieder des Kuratoriums des Fördervereins über ihre besonderen Beziehungen zum Brandenburger Dom plauderten. Einmal gab das Hotel „Brandenburger Hof" in Berlin einen Empfang, an dem das Kuratoriumsmitglied Prof. Dr. Werner Knopp, damals Präsident der Stiftung Preußischer Kulturbesitz, einen umfassenden Vortrag zur Geschichte des Brandenburger Domes hielt. Stets ging es darum, gerade der Berliner Öffentlichkeit die Bedeutung des Brandenburger Domes als „Wiege der Mark Brandenburg", wie Manfred Stolpe nicht müde wird zu betonen, vor Augen zu führen.

Diese Bemühungen hatten durchaus Erfolg. Einige größere Spender seien hier erwähnt. So hat ein Berliner Facharbeiter, der ungenannt bleiben möchte, 80 000 DM gespendet. Die italienische Familie Riva, Eigentümerin des Stahlwerkes in Brandenburg, hat sich mehrmals generös gezeigt. Besonders zu erwähnen ist der Stuttgarter Autor Gerhard Raff, der den Erlös eines seiner Mundartbücher, das von Loriot herrlich illustriert wurde, dem Dom zueignete und darüber hinaus ein Jahr lang die Honorare seiner zahlreichen Vorträge dem Dom zukommen ließ. Ein Hamburger Rotary-Club spendete einen namhaften Betrag für die Restaurierung des Triumphkreuzes im Dom. Überhaupt konnten Mittel gezielt für die Restaurierung einzelner Objekte eingeworben werden, wobei sich Familien, deren Vorfahren am Dom meistens als Domherren engagiert waren, ansprechen ließen und sich großzügig zeigten. Auf diese Weise konnte eine Reihe von Domherrenportäts und besonders die steinernen Wappen von 1695 am Domturm restauriert beziehungsweise erneuert werden. An der Spitze dieses Wappenensembles steht

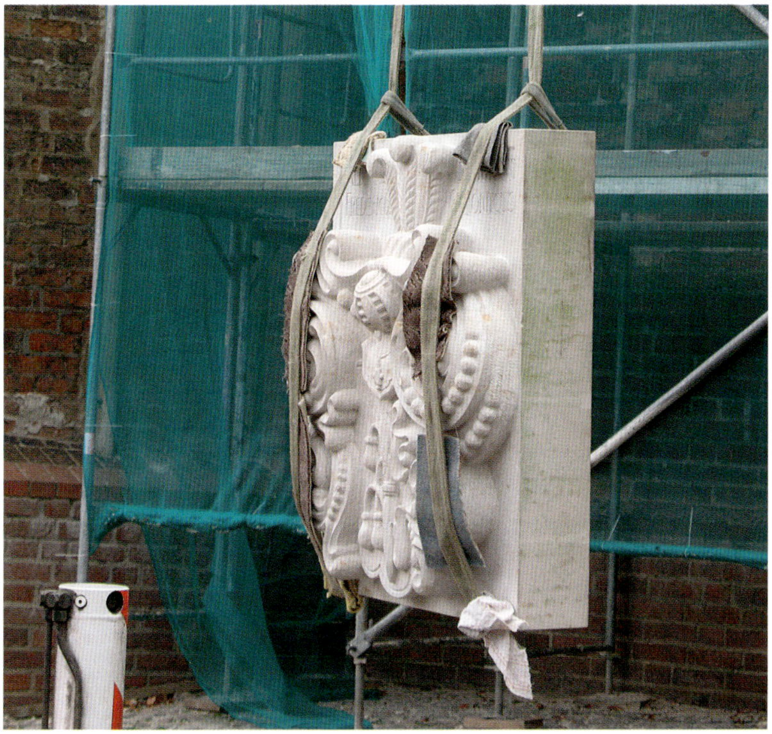

Einbau der nachgehauenen Turmwappen 2009

Begutachtung der reparierten Domglocke

das Wappen des damaligen Landesherrn, des Großen Kurfürsten, zu dessen Erneuerung der Chef des Hauses Hohenzollern, S.K.H. Prinz Georg Friedrich von Preußen, beigetragen hat. Sehr hilfreich ist noch immer die Großzügigkeit der Eckard Wegner-Stiftung, die sich damit im Dommuseum großen Dank erwirbt.

Nicht nur der Dom und seine Gebäude bedürfen dringend der Hilfe, auch den zum Domstift gehörenden Einrichtungen Dommuseum und -archiv musste bei Beschaffung von Einrichtungen geholfen werden. So ist der Förderverein immer wieder gefordert, wenn die Schätze aus diesen Einrichtungen in Ausstellungen oder durch Ausleihe der Öffentlichkeit zugänglich gemacht werden. Im Dom selbst konnte der Förderverein die Wiederherstellung einer Glocke sowie die Beschallungsanlage finanzieren.

Zu den langfristigen Projekten gehörten die Erstellung eines regelmäßig erscheinenden Jahresberichts des Domstifts sowie die Herausgabe einer Schriftenreihe, die sich mit verschiedenen Gegenständen im Dom, unter anderem dem berühmten Hungertuch aus dem 13. Jahrhundert und den Bischofsgräbern, beschäftigt. Hierfür ist besonders den Kunsthistorikern Prof. Dr. Ernst Badstübner und Carljürgen Gertler zu danken.

Nicht zuletzt sei erwähnt, dass auf Initiative des Fördervereins ein Domladen eingerichtet wurde, der sich nicht nur bei den Dombesuchern, sondern weit darüber hinaus allgemeiner Beliebtheit erfreut. So wird sein Angebot von domspezifischen und kirchlichen Motiven bis hin zu allgemein geschmackvollen Erinnerungen auf dem Weihnachtsmarkt des Domstiftsgutes Mötzow und bei anderen Veranstaltungen gern angenommen.

Ein enger Kontakt bestand immer mit der Deutschen Stiftung Denkmalschutz. Ihrem Brauch entsprechend, die Spenderlisten eines oder mehrerer Jahre in einem von ihr geförderten Baudenkmal zu hinterlegen, wurden im Eingangsbereich des Westflügels der Domklausur, dem ehemaligen Schulgebäude der Ritterakademie, die Spenderlisten der Jahre 1996 und 1997 in einer Mauer hinterlegt. Danach hat die Stiftung in groß angelegten Spendenwerbeaktionen mit Hilfe eines Briefes von Vicco von Bülow für den Brandenburger Dom namhafte Beträge eingeworben.

Alle Aktivitäten des Fördervereins finden stets in enger Abstimmung mit dem Domstift, insbesondere mit den jeweils tätigen Kuratoren statt, immer eingedenk der Zweckbestimmung, dem Dom, seinen Gebäuden und den dort befindlichen Schätzen zu dienen.

Der Dom in 85 Objekten – Über die Jubiläumsausstellung

Rüdiger von Schnurbein

Das im Jahr 948 von Otto I. gegründete Bistum Brandenburg ging bereits wenige Jahre später im Slawenaufstand wieder verloren. Obwohl nach wie vor Bischöfe eingesetzt und der Anspruch auf das Bistum nie aufgegeben wurde, dauerte es über 100 Jahre, bis ein Neubeginn gelang: 1165 legte man den Grundstein für den heutigen Dom St. Peter und Paul. Über alle Jahrhunderte hinweg wurde der Dom beständig umgebaut und den Moden und Bedürfnissen der Zeit entsprechend erneuert. Stets eng mit den Landesherren verbunden, spiegelt die namengebende Kathedrale die Geschichte des ganzen Landes Brandenburg. Als zeitliche Richtschnur dienen die prägnanten (Um-)Bauphasen der Romanik, der Gotik, des Barock, des 19. und des 20. Jahrhunderts. Der in den letzten Jahren erneut sanierte Dom steht als Jubilar, steinerner Zeuge der Geschichte, vor allem aber als Kirche der Gegenwart am Beginn des Rundganges.

Neubeginn im 12. Jahrhundert

Als Bischof Wilmar den Grundstein für den Dom legen ließ, knüpfte er bewusst an eine lange Tradition an, die bis in das 10. Jahrhundert zurückreicht: König Otto I. hatte im Jahre 948 das Bistum Brandenburg als Ausgangspunkt für die Slawenmission gegründet.

Diese Pläne scheiterten zwar im Slawenaufstand von 983, der auch dem Bistum ein jähes Ende brachte. Doch wurde der Anspruch auf das Bistum nie aufgegeben. Das Ziel blieb die Rückkehr auf die Dominsel, wo der Bischof verbriefte Rechte besaß und so seine Ansprüche begründen konnte. So steht die Gründungsurkunde am Beginn des Rundganges. Aus dem Jahr 1166 stammt die Urkunde Bischof Wilmars, in der er bestätigt, dass er die Stiftsherren auf die Burg Brandenburg geführt hat. Das Ende vom Anfang der Christianisierung in der Mark

Die Gründung des Bistums durch König Otto I. spielte noch im 20. Jahrhundert eine wichtige Rolle im Selbstverständnis des Domes

Miniatur der Thronenden Madonna

war damit erreicht. In die gleiche Zeit datiert eine Grabstele, die in sekundärer Verwendung als Schwelle verbaut war. Ursprünglich markierte sie das Grab einer hochstehenden christlichen Persönlichkeit. Stilistische Vergleiche datieren das Stück in die Mitte des 12. Jahrhunderts. Sie wird damit zum frühesten Zeugen des christlichen Neubeginns in der Mark. Etwas jünger ist ein wirkliches Prunkstück, das nur zu besonderen Anlässen gezeigt wird: das Brandenburger Evangelistar, ein aufwendig geschmücktes Messbuch aus der Zeit um 1200.

Der gotische Dom

Noch heute wird der Dom durch die gotische Umbauphase geprägt. Damals wurde das Hauptschiff erhöht und eingewölbt. Auch der größte Teil der Kunstschätze stammt aus der Gotik. Diese Altarbilder und Gewänder gehen auf Stiftungen der Domherren zurück. Nach mittelalterlicher Vorstellung konnte man dadurch für sein Seelenheil „vorsorgen“ und die Sündenstrafen mildern. Der gotische Ausbau fällt mit der Übertragung der Mark an Friedrich von Hohenzollern vor 600 Jahren auf dem Konstanzer Konzil zusammen. Der neue Kurfürst stiftete den Chormantel „seiner“ Kirche. Das Wappen prangt noch heute auf der Schließe des Mantels.

Schließe des Chormantels mit dem roten Adler aus dem Dommuseum Brandenburg

Der kniende Stifter Nikolaus Koch fleht die Heiligen um Fürbitte an

Etwa zur selben Zeit entstand ein Behang, der den Dompatron Paulus zeigt und der Rest eines Antependiums ist. Analog dazu gab es einen Behang mit dem zweiten Dompatron Petrus. Separat gefertigt, konnten sie auf einen Unterstoff in der gerade gebotenen liturgischen Farbe gehängt werden. Es handelt sich um den Rest des mittelalterlichen textilen Altarschmucks.

Der Deckel eines spätmittelalterlichen Korporalienkästchens trägt auf seiner Innenseite als „Spickzettel" ein Pergament mit den Einsetzungsworten. So beugte man Versprechern vor, die gerade bei der Abendmahlsfeier als besonders misslich empfunden wurden.

Ein eindrucksvolles Zeugnis von der Vorsorge für das Jenseits ist der sogenannte Allerheiligenaltar, den der Domherr Nikolaus Koch im Jahre 1465 gestiftet hat. Der Stifter hat sich auf dem Retabel flehend darstellen lassen: „Omnes sancti orate pro me" (Alle Heiligen bittet für mich.) Direkt neben dem Altar ließ er sich bestatten. Er leistete diese Stiftung aus Sorge um sein Seelenheil. Für die Jenseitsvorsorge wichtig war die Kombination aus Grabstein und Altar, an dem Seelenmessen für den Verstorbenen gelesen wurden.

Joachim von Bredow – Der wiederentdeckte Bischof

Bischof Joachim von Bredow (gest. 1507) hat sich durch zahlreiche Stiftungen ausgezeichnet. Kein anderer Brandenburger Bischof hat so viele Kunstwerke hinterlassen wie er. Das neue Medium des Buchdrucks nutzte er gezielt in der Verwaltung seiner Diözese: Er ließ eine Gottesdienstordnung und die Beschlüsse der Synoden drucken und verteilen. Mit der Person Joachims von Bredow ist das bis dahin einschneidendste Ereignis in der Stiftsgeschichte verbunden: die Aufhebung der Ordensregel und die Umwandlung des Domstifts in ein Stift von Weltgeistlichen. In der Folge verloren einige Gebäude ihre Funktion und wurden umgenutzt. Das Hospital (Burghof 6) wurde zum Wohnhaus für den Senior des Stifts umgebaut. Die Stuckdecke in diesem Ausstellungsraum stammt aus dieser Umbauphase.

Im Zuge der Schinkelschen Domsanierung wurde das Grab Joachims von Bredow geöffnet und dabei die Krümme und das Gewand geborgen. Teile der Gottesdienstordnung entdeckte man bei Sanierungsarbeiten über den Gewölben der Ostklausur. Die Person des Joachim von Bredow steht also gleichermaßen für die Frömmigkeit des späten Mittelalters, das aufkommende Geschichtsbewusstsein des 19. Jahrhunderts und die Denkmalpflege im 20. Jahrhundert.

Das kleine Klappaltärchen gab Joachim von Bredow bei einem Nürnberger Meister in Auftrag

Neue Lehre – neuer Dom? Der Umbau von 1648

Der erste große Umbau in der Neuzeit kam nicht mit der Reformation, sondern erst am Ende des Dreißigjährigen Krieges. Zwei Porträts zeigen die Dompfarrer Johann Baltzer (?) und Andreas Schnisi. Während Letzterer durch eine Inschrift klar benannt werden kann, ist die Identität Johann Baltzers nur zu erahnen: Haartracht und Schuhmode weisen in die zweite Hälfte des 17. Jahrhunderts. Außerdem legen einige Details wie der Totenschädel, das abgelaufene Stundenglas oder die erloschene Kerze nahe, dass der Pfarrer bereits tot war, als ein unbekannter Künstler dessen Abbild schuf. Beide Pfarrer versahen ihren Dienst, als der Dom 1648 tiefgreifend verändert wurde. Die Gemälde wurden mit Blick auf die Ausstellung aufwendig restauriert, was mit großzügiger Unterstützung der Eckard Wegner Stiftung geschah.

Mit der Gründung der Ritterakademie 1705 begann ein für den Dom sehr wichtiges Kapitel. Über 250 Jahre prägte diese Schule das Leben am Dom. Aber auch einschneidende bauliche Veränderungen geschahen für die Zwecke der Ritterakademie. So waren die Räume, in denen die Ausstellung präsentiert wird, als Wohn- und Schlafstuben für die Zöglinge umgebaut worden. Sie wirken zwar heute wieder wie im mittelalterlichen Originalzustand. Es handelt sich aber um die Rekonstruktionen der 1980er-Jahre. So werden die Räume selbst zum Ausstellungsstück, die jeweils einen Teil der Domgeschichte erzählen.

Schinkels Dom und Preußens Kirche – Die Sanierung von 1836

Die Sanierung des Domes unter Karl Friedrich Schinkel fällt in eine Zeit, als man das Mittelalter wieder zu schätzen begann und auch als Teil der nationalen Identität begriff. In diesem Zusammenhang wird ein besonderes Prunkstück gezeigt, die Schwanenordenskasel.

Die Schwanenordenskasel trägt die Wappen des Kurfürsten Friedrich II. von Brandenburg. Für Friedrich Wilhelm IV. von Preußen spielte sie eine wesentliche Rolle

Rückgriff aufs Mittelalter – Das 20. Jahrhundert

Durch seine besondere Bedeutung war der Dom im politisch bewegten 20. Jahrhundert außergewöhnlich vielen Umbrüchen unterworfen. Sie zeigen sich besonders gut an Dokumenten. So erregte das Hexagramm am Westgiebel des Langhauses zur Zeit des Nationalsozialismus erheblichen Unmut. Pläne zur Bereinigung im Geiste der Zeit liegen vor, sind aber nie umgesetzt worden.

Die Sanierung und Restaurierung des Domes in den 1960er-Jahren gab dem Dom sein heutiges Gepräge. Sie geschah ebenfalls im Geiste der Zeit und sollte den mittelalterlichen Urzustand wiederherstellen.

Bibliothek in der Bibliothek

In Zusammenarbeit mit der Staatsbibliothek Berlin wird die mittelalterliche Stiftsbibliothek, eine der ältesten Bibliotheken des Landes, an ihren ursprünglichen Standort in der Domklausur zurückgeführt, leihweise und entsprechend den konservatorischen Vorgaben. Vor einigen Jahren ist das Obergeschoss des nördlichen Klausurflügels mit seinen gotischen Malereien als Stiftsbibliothek identifiziert worden. Die Entschlüsselung des Bildprogramms war ein kulturhistorischer Glückstreffer: Die Darstellungen der sieben freien und sieben mechanischen Künste sowie der Theologie und Jurisprudenz schmückten die Wände, floraler Dekor die Gewölbe. Freigelegt und konserviert, vermitteln sie heute einen Eindruck von der einstigen Pracht der Stiftsbibliothek. Deren Bestand – Studienbücher wie Kommentare, Gesetzestexte und Predigtsammlungen – liegt heute in der Staatsbibliothek Berlin. Gemeinsam mit dem Bildprogramm, das das Bildungsideal des späten Mittelalters zeigt, stehen die Bücher für die intellektuelle Ausbildung des Klerus.

Die zentrale Figur ist in diesem Zusammenhang der „Bildungsbischof" Stephan Bodeker (amtierte 1421–1459), der die Bibliothek eingerichtet und zahlreiche Bücher aus seinem Besitz beigesteuert hat. Er gehörte zu den ersten seiner Zeit, die hebräisch konnten und sich intensiv mit dem Judentum auseinandersetzten. Es zählen daher hebräische Werke zu den Beständen der Bibliothek – eine bemerkenswerte Besonderheit. Diese Bände werden in das Zentrum der Ausstellung gerückt.

Bodekers Schrift *Contra Judaeos* beginnt mit dem Hinweis auf die Beschlüsse des Basler Konzils zur Behandlung der Juden und Ungläubigen. Dem Bischof schien es wichtig, das Judentum zu verstehen, um richtig missionieren zu können. Aus dem Grund hatte er auch diese Schrift verfasst – als Unterweisung für seinen Klerus. Etwa 50 Jahre vor Johannes Reuchlin, der als der erste bedeutende Hebraist in Deutschland gilt, beschäftigte sich Bodeker mit den biblischen Originaltexten.

Im Brandenburger Dom sind einige Abbildungen von Juden erhalten: Der Böhmische Altar zeigt Juden, die der Predigt des Apostels Paulus zuhören und diskutieren. Auf dem volkreichen Kalvarienberg sind Juden dargestellt, die unter dem Kreuz um das Gewand Christi losen. Absichtlich hat der Künstler die Geschichte aus den Evangelien verfälscht, um die Juden zu diffamieren. Dieser oberflächlichen Sichtweise steht in der Ausstellung die sehr tiefgehende und am Original orientierte Betrachtung der jüdischen Religion von Stephan Bodeker gegenüber.

Mit der Gründung der Ritterakademie 1705 wurde der obere Kreuzgang für Schulzwecke genutzt. Der Eintrag „alte Bibliothek" in einem Grundriss von 1748

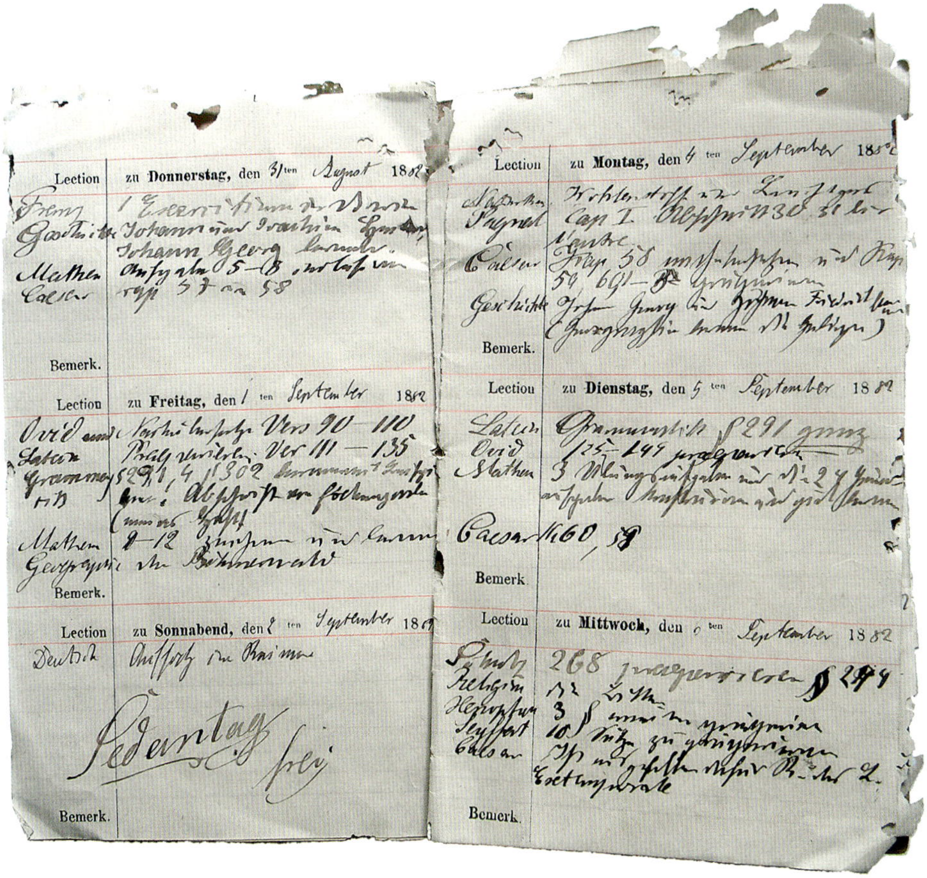

Lection | zu Donnerstag, den 31ten August 1882

Bemerk.

Lection | zu Freitag, den 1ten September 1882

Bemerk.

Lection | zu Sonnabend, den 2ten September 1882

Sedantag frei

Bemerk.

Lection | zu Montag, den 4ten September 1882

Bemerk.

Lection | zu Dienstag, den 5ten September 1882

Caesar 60, 59

Bemerk.

Lection | zu Mittwoch, den 6ten September 1882

Bemerk.

Das Aufgabenheft des Otto von Bonin wurde in einer Füllschicht unter dem Fußboden gefunden

geht sicherlich auf die alte Stiftsbibliothek zurück. Funde, die bei der Sanierung des oberen Kreuzganges gemacht wurden, stammen aus dem Besitz der Zöglinge der Ritterakademie: Tabakpfeifen, „Spickzettel" und Flakons. Im Aufgabenbuch des Otto von Bonin steht für den 2. September: „Sedantag frei!!"

Auch in diesem Abschnitt zeigt sich wieder der Grundsatz der Ausstellung: Die Räume werden zum Exponat und erzählen ihre ganze Geschichte.

Kirchenkleider

Ein anderer Ansatz der Ausstellung soll die Geschichte des Domes unter ungewohnten Aspekten präsentieren: Kirchenkleider zeigt die Entwicklung des Domes anhand einer besonderen „Puppenallee": Die Grabsteine im Dom zeigen die Verstorbenen in ihrem Habit oder der Mode ihrer Zeit. Diese Gewänder werden originalgetreu nachgeschneidert und im Kreuzgang präsentiert.

So macht die Ausstellung in sehr verschiedenen thematischen Aspekten die Domgeschichte nachvollziehbar. Viele Exponate, etwa die Puppen, Modelle und der Nachbau des gotischen Lastkrans, werden erhalten bleiben und künftig in anderem Zusammenhang in neue Ausstellungen integriert werden können. Sie können aber auch als separate Wanderausstellung auf Reisen gehen und so als Botschafter für den Dom und das Museum fungieren.

Tausend Jahre im Karton – Vergangenheit und Gegenwart im Domstiftsarchiv

Uwe Czubatynski

Archive sind ihrem Wesen nach dazu bestimmt, schriftliche Zeugnisse der Vergangenheit zu bewahren und sie für die gegenwärtige und zukünftige Nutzung bereitzustellen. Diese ganz allgemeine Beschreibung dessen, was als Aufgabe der Archive zu gelten hat, trifft selbstverständlich auch auf das Domstiftsarchiv zu. Dennoch sind die Archive hinsichtlich ihrer Bestände höchst individuelle Gebilde, die sich dem Außenstehenden nicht immer auf den ersten Blick erschließen. Hierin unterscheiden sie sich nicht unwesentlich von Bibliotheken, die in der Regel leichter zugänglich und inzwischen weltweit durch elektronische Kataloge erreichbar sind. Archive verwahren dagegen ganz überwiegend solche Materialien, die nur in einem einzigen Exemplar existieren und nicht durch beliebige andere Stücke ersetzt werden können. Der Inhalt von Archiven ist deshalb auch in besonderem Maße schutzwürdig, weil er einmalig ist.

Nun haben die allermeisten Archive das Problem, dass ihre Bestände wenig repräsentativ in Kartons gelagert sind und einem interessierten Publikum nur schwer präsentiert werden können. Anders als in Bibliotheken gibt es für Archivalien keine Freihandaufstellung, die dem Benutzer einen unmittelbaren Zugriff ermöglicht. Urkunden und Akten können daher den Interessenten nur nach einer gezielten Vorauswahl zugänglich gemacht werden. Darüber hinaus sind es gelegentlich Ausstellungen und Publikationen, in denen einige wenige, meist besonders kostbare Stücke einer größeren Öffentlichkeit vorgestellt werden können. Den Archiven als Ganzen haftet daher immer noch der Nimbus des Geheimnisvollen an. Grund für diese seltsame Anschauung ist freilich nicht der böse Wille der Archivare, etwas vor den Augen Neugieriger verbergen zu wollen. Ursache für diese Außenwahrnehmung ist vielmehr die geringe Sichtbarkeit auf der einen Seite und die enorme Fülle von Informationen auf der anderen Seite, die sich in den Archivalien verbirgt.

Zum Verständnis dessen, was das Domstiftsarchiv an Besonderheiten vorzuweisen hat, ist es notwendig, zunächst auf seine Entstehung einzugehen. Da die Geschichte des Archivs jedoch von berufener Hand bereits detailliert untersucht worden ist, kann an dieser Stelle nur ein kurzer Abriss geboten werden. Der Schwerpunkt der Darstellung soll stattdessen auf der gegenwärtigen Tätigkeit und den zukünftigen Aufgaben des Archivs liegen.

Der herausragende Wert des Domstiftsarchivs beruht nicht so sehr auf seiner Größe, sondern auf seinem hohen Alter und seiner ununterbrochenen Geschichte. Als ältestes Dokument verwahrt das Archiv bekanntlich die Gründungsurkunde des Bistums Brandenburg aus dem Jahre 948, ausgestellt von König Otto dem Großen. Es ist dies das älteste Schriftzeugnis, das für die rechtselbischen, vordem slawischen Gebiete erhalten geblieben ist. Zugleich ist es das einzige Gründungsdokument für ein Bistum aus ottonischer Zeit, das wie durch ein Wunder im Original erhalten geblieben ist. Hinzu tritt noch eine zweite Urkunde, die im Jahre 1010 von König Heinrich II. für die Brandenburger Bischöfe ausgefertigt worden ist. Aufgrund dieser Urkunden kann das Domstiftsarchiv für sich in Anspruch nehmen, das mit Abstand älteste Archiv östlich der Elbe zu sein. Die eigentliche Geschichte des Archivs beginnt allerdings erst im Jahre 1161 mit der Gründung eines Domkapitels. Auch diese Gründungsurkunde einschließlich der Bestätigung durch den Erzbischof von Magdeburg ist noch im Original vorhanden. Hierdurch entstand nun ein kollegial verfasstes Organ neben dem Bischof, dessen Mitglieder nach der Ordensregel der Prämonstratenser lebten. Zur Zeit seiner höchsten Blüte umfasste das Kapitel (laut der Turmknopfurkunde von 1435) insgesamt 30 Domherren, sechs studierende Novizen und vier Laienbrüder.

Entscheidend für das Archiv war dabei der Umstand, dass das Domkapitel zu seinem Unterhalt mit Grundvermögen in Form von Herrschaftsrechten und Abgaben ausgestattet wurde. Dieser Besitz entwickelte sich durch mehrere Jahrhunderte hindurch zu einer stattlichen Grundherrschaft über 35 ganze Dörfer sowie weitere Wälder, Seen und einzelne Einkunftsquellen. Die Verwaltung dieses Besitzes machte es unumgänglich, dass die jeweiligen Rechte in Form von Urkunden – zunächst ausschließlich auf Pergament, später auch auf Papier – festgehalten wurden. An dieser Form der Grundherrschaft haben auch die Reformation und die mehrmalige Umgestaltung des Domkapitels nichts Wesentliches geändert. Das mittelalterliche Kapitelsarchiv bestand daher aus mehreren hundert Urkunden, die aus naheliegenden Gründen sorgfältig verwahrt wurden. Zur Sicherung und Benutzbarkeit dieser Urkunden schrieb man sie bereits im 14. Jahrhundert in einem sogenannten Kopialbuch ab, sodass die Fürsorge für das Archiv bereits in dieser frühen Zeit deutlich erkennbar ist. Das Archiv als solches war von seinem Umfang her nach heutigen Maßstäben dennoch sehr bescheiden. Die genannten Urkunden konnten in zusammengefaltetem Zustand in wenigen Truhen oder Schränken aufbewahrt werden. Andere Vorgänge, über die wir heute gerne Aufschluss gewinnen würden – das gilt insbesondere für die Baugeschichte des Domes und seiner Nebengebäude – wurden zu jener Zeit entweder gar nicht aufgezeichnet oder aber nicht dauerhaft aufbewahrt.

Erst gegen Ende des Mittelalters nahm die Schriftlichkeit beständig zu. Neben den Urkunden gab es nun auch Rechnungsbücher und Briefschaften, die die alltägliche Verwaltung widerspiegeln und das Archiv immer größer werden ließen. Ein Unstern hat allerdings über dem Archiv der Bischöfe gewaltet – in Brandenburg ebenso wie in Havelberg und Lebus. Die Kanzlei der Bischöfe befand sich nämlich zuletzt nicht auf dem Burghof, sondern auf ihrer Residenz in Ziesar. Die Auflösung des Bistums brachte es mit sich, dass zahllose Unterlagen verloren gingen. Nur geringe Reste gelangten in landesherrlichen Besitz und damit in die heutigen staatlichen Archive in Berlin-Dahlem und Potsdam. Einige wenige Stücke, die zwar die Bischöfe betrafen, aber vom Domkapitel aufbewahrt wurden, sind auf diese Weise im Domstiftsarchiv verblieben. Eine wenigstens virtuelle Zusammenführung dieser bischöflichen Archivalien ist bis jetzt nicht versucht worden und bleibt eine Aufgabe für die Zukunft.

Das Kapitelsarchiv vermehrte sich in den folgenden Jahrhunderten kontinuierlich weiter. Zum einen hatte es alle Dinge aufzunehmen, die mit der Person der einzelnen Domherren zusammenhingen. Hierzu zählten Stammbäume und Universitätszeugnisse ebenso wie Verleihung und Verwaltung ihrer Pfründen beziehungsweise Kuriengebäude. Zum anderen verwahrte das Archiv diejenigen Vorgänge, die mit der Verwaltung der Güter und Vorwerke zusammenhingen. Neben einer stattlichen Reihe von Geld- und Kornrechnungen entstanden auch Unterlagen über die dörfliche Gerichtsbarkeit und über die Funktion des Domkapitels als Patronatsherr zahlreicher Kirchen und Schulen. Mehr oder weniger gebändigt wurden die immer größer werdenden Mengen an Schriftgut durch die Domsekretäre. Ihrer rastlosen Arbeit ist es zu verdanken, dass die Mehrzahl der Akten im 19. Jahrhundert nach preußischer Sitte sorgfältig geheftet wurde.

Im Rückblick betrachtet entstand auf diese Weise in der Neuzeit ein bedeutender Bestand mit mehr als 6 000 Akten sowie zahlreichen Karten, Plänen und Abbildungen. Dieser Bestand lässt sich am ehesten mit den Gutsarchiven vergleichen, von denen allerdings in der Mark Brandenburg nur eine geringe Zahl erhalten geblieben ist. Von ähnlicher Größe sind lediglich Herrschaftsarchive aus Plattenburg-Wilsnack (v. Saldern), Boitzenburg (v. Arnim) und Lübbenau (v. Lynar) erhalten geblieben. Der besondere Wert des Kapitelsarchivs lässt sich an drei Bereichen besonders deutlich ablesen: Erstens ergeben sich durch die hochgestellten Persönlichkeiten der Domherren zahllose Verbindungen zur preußischen Geschichte im Allgemeinen und zur Geschichte des Adels im Besonderen. Zweitens dokumentieren die Archivalien die jüngere Baugeschichte des Domes und die Nutzung aller umliegenden Baulichkeiten auf dem Burghof. Drittens enthalten die Akten schier unendliches Material zur Alltagsgeschichte vieler Dörfer im Havelland, das sich nirgendwo anders erhalten hat. Neben diesem eigentlichen Kapitelsarchiv, erkennbar an der Signatur BDK (= Brandenburg, Domkapitel) darf noch ein anderer Bestand nicht unerwähnt bleiben. Gemeint sind damit die schriftlichen Hinterlassenschaften der 1704 gegründeten Ritterakademie, die zwar einen weitaus kleineren Bestand bilden, der aber besonders unter personengeschichtlichen Aspekten nicht weniger interessant und wertvoll ist.

Diese Archivkörper, die unmittelbar aus der Tätigkeit des Domkapitels erwachsen sind, bilden den Kernbestand des Archivs, das sich aus diesen Gründen völlig zutreffend „Domstiftsarchiv" nennt.

Einen hauptamtlichen und fachlich vorgebildeten Archivar hat das Domstift – nach mancherlei Provisorien und nebenamtlichen Beschäftigungsverhältnissen – erst seit dem 1. März 1971 angestellt. Zu diesem Zeitpunkt

Schmuckblatt zur Wappenmatrikel der Ritterakademie

zeichnete sich ab, dass das Archiv bereits seit Jahrzehnten, nicht zuletzt bedingt durch die Folgen der beiden Weltkriege, vernachlässigt worden war. Trotz aller Bemühungen früherer Generationen war an eine moderne Verzeichnung und Benutzbarkeit des gesamten Bestandes nicht mehr zu denken. Das Domjubiläum von 1965 hatte gezeigt, dass das Archiv zwar interessante Einzelheiten beisteuern, mit der allgemeinen Entwicklung des Archivwesens aber nicht mehr Schritt halten konnte. In jahrzehntelanger, angestrengter Tätigkeit ist es dann unter höchst bescheidenen Rahmenbedingungen gelungen, den gesamten Altbestand einschließlich des mittelalterlichen Urkundenarchivs nach wissenschaftlichen Kriterien und mit Hilfe einer sehr ausgefeilten Systematik neu zu verzeichnen. Zusätzlich wurde der Inhalt sämtlicher Urkunden und Aufzeichnungen bis 1545 durch Vollregesten erschlossen. Diese Regesten liegen seit 1998 (Band 1) beziehungsweise 2009 (Band 2) in gedruckter Form vor und ermöglichen auch denjenigen Interessenten einen Zugang zu den mittelalterlichen Quellen, die keine Spezialkenntnisse in der lateinischen und mittelniederdeutschen Sprache mitbringen.

Unterdessen hat natürlich auch das 1945 als nunmehr kirchliche Einrichtung völlig reorganisierte Domstift Schriftgut produziert, das in Auswahl für die Nachwelt aufbewahrt werden muss. Dieser Bestand, kenntlich an der Signatur BDS (= Brandenburg, Domstift) ist in den vergangenen Jahren rasant gewachsen und umfasst derzeit über 2 600 Akteneinheiten sowie sehr zahlreiche Bilder, Karten und Pläne. Schwerpunkte der Überlieferung bilden darin die Verwaltungsakten des Rentamts und der Kuratoren, die Baudokumentationen zu den Gebäuden des Burghofes, Unterlagen der kirchlichen Land- und Forstwirtschaft sowie die Dienstakten aus Archiv, Bibliothek und Museum des Domstifts. Auch dieser moderne Bestand ist vollständig benutzbar, doch bleibt kritisch anzumerken, dass die innere und äußere Qualität dieser Akten deutlich schlechter ist als bei der älteren Überlieferung.

Eine schleichende, aber sehr wesentliche Änderung in der Funktion des Domstiftsarchivs bahnte sich an, als 1949 – nach vorhergehender Enteignung und Plünderung – die Lehrerbibliothek und die Schülerbibliothek der Ritterakademie an das Domstift zurückgegeben wurde. Mit hochgerechnet mehr als 16 000 Bänden hat sich damit eine der wenigen großen Gymnasialbibliotheken erhalten, die einst einen beachtlichen wissenschaftlichen Anspruch hatten, jetzt aber zu quasi musealen Sammlungen erstarrt waren. Durch den beträchtlichen Umfang fiel nun dem Archiv unausgesprochen die Funktion zu, gleichzeitig auch als Bibliothek tätig zu werden. Eine erste Übernahme fremder Bibliotheksbestände erfolgte bereits 1951, als die wertvolle Bibliothek der Katharinenkirche (damals noch ohne die bedeutende Musikaliensammlung) dem Domstift als Leihgabe überlassen wurde. Grund für diese Deponierung waren die katastrophalen Lagerungsbedingungen am ursprünglichen Standort, die zu erschreckenden Wasser- und Schimmelschäden an den Büchern geführt hatten. Das Domstiftsarchiv hat mit dieser Bibliothek eine schwere Hypothek übernommen, die trotz aller Bemühungen bis heute nicht abgetragen ist.

Eine weitere und anhaltende Welle von Deponierungen setzte ein, nachdem das Domstiftsarchiv hauptamtlich besetzt worden war. 1973 wurde daher auch die nicht minder wertvolle Bibliothek der Gotthardtkirche an den Dom überführt und neu katalogisiert, wenngleich sie durch die Kriegsereignisse den größten Teil der einst aus dem Franziskanerkloster stammenden Buchbestände eingebüßt hatte. Parallel zu diesen Übernahmen wurde begonnen, erstmals eine eigene Dienstbibliothek für das Archiv aufzubauen. Das vor dem Krieg nur noch als Schatten seiner selbst existierende Domstift hatte lediglich die notwendigste Literatur für die Verwaltungsgeschäfte angeschafft. Eine akademische Bibliothek, die dieses Manko hätte ausgleichen können, war aber in der Stadt Brandenburg nicht vorhanden. Gesammelt werden mussten deshalb wenigstens allgemeine Nachschlagewerke sowie die grundlegende Literatur zur Geschichte der Mark Brandenburg. Zur Erschließung der Archivbestände war und ist aber auch die Kenntnis einer ausgedehnten Spezialliteratur zu den historischen Hilfswissenschaften notwendig. Die Beschaffung dieser Literatur war freilich mit großen Schwierigkeiten verbunden, weil antiquarische Titel nur gelegentlich angekauft werden konnten und manche aktuelle Neuerscheinung nur in der Bundesrepublik zu haben war. Diese widrigen Umstände haben es mit sich gebracht, dass viele vergriffene Werke nur in Form von Kopien angeschafft werden konnten. Einen gewissen Ausgleich bedeuteten solche Bücher, die aus drei Nachlässen mit in die Dienstbibliothek einfließen konnten. Als hinderlich für die Pflege dieser Buchbestände erweist es sich aber bis heute, dass die Stadt Brandenburg über keine Buchbinderei mehr verfügt.

In den 1970er- und 1980er-Jahren zeichnete sich ein immer größerer Bedarf ab, Archive aus aufgelösten Kirchenkreisen und Pfarrämtern in das Domstiftsarchiv zu überführen. Diese Aufgabe wurde umso dringender, weil in den ländlich geprägten Kirchenkreisen kein Personal zur Verfügung stand, das die für den aktuellen Bedarf entbehrlich gewordenen Archivalien hätte bearbeiten und verzeichnen können. Erschwerend kam die Tatsache hinzu, dass die Berlin-Brandenburgische Landeskirche – als einzige Landeskirche Deutschlands! – über kein eigenes landeskirchliches Archiv verfügte. Vor dem Hintergrund dieser prekären Lage wurde 1986 mit Unterstützung der Landeskirche eine zweite Planstelle für das Domstiftsarchiv eingerichtet.

Die Wende und die Wiedervereinigung haben an diesem Trend zur Deponierung von Archivalien und ganzen Bibliotheken aus Kirchengemeinden und Kirchenkreisen nichts geändert. Vielmehr beschleunigte sich zusammen mit den strukturellen Veränderungen in der Landeskirche der Bedarf an Übernahmen. Zu den großen Zugängen zählten unter anderem auch sämtliche Pfarrarchive der Stadt Potsdam, nachdem das dortige kreiskirchliche Depositalarchiv seine Arbeit einstellen musste. An Kirchenbibliotheken waren unterdessen wertvolle Altbestände aus Altlandsberg, Blumberg, Cottbus, Gransee, Golßen, Lübbenau, Neuruppin und Perleberg sowie sehr zahlreiche kleine Sammlungen im Domstiftsarchiv aufgestellt worden.

Mit Ausnahme der Kirchenbibliotheken in Frankfurt (Oder), Fürstenwalde, Wittstock und Wusterhausen sind damit die meisten historischen Buchbestände der Kurmark Brandenburg im Domstiftsarchiv konzentriert. Bei den Pfarrarchiven handelt es sich um etwa ein Viertel aller Archivalien aus dem Gebiet der Landeskirche. Besondere Schwerpunkte haben sich, ohne dass dies ausdrücklich geplant war, für das Havelland, die (West-) Prignitz und den ehemaligen Kreis Zauch-Belzig herauskristallisiert. Dem Domstiftsarchiv ist dadurch ein Zuständigkeitsgebiet zugewachsen, das im Wesentlichen die westlich von Berlin liegenden Landesteile umfasst. Gemäß der Verfassung der Landeskirche sind solche Deponierungen jedoch nur dann vorgenommen worden, wenn die zuständigen Kirchengemeinden ihr Einverständnis erklärt haben.

Durch diesen enormen Zustrom an historisch wertvollen Materialien sind freilich die räumlichen und personellen Kapazitäten des Domstiftsarchivs deutlich überfordert worden. So war es ab 2001 nur durch die Beschäftigung von Honorkräften möglich, die immer größer werdenden Verzeichnungsrückstände abzubauen.

Der Einsatz dieser Fachkräfte war wiederum nur möglich, weil das Domstift in großzügiger Weise von externen Geldgebern bei dieser Aufgabe unterstützt wurde. Dankbar zu nennen sind in diesem Zusammenhang die Dr. Meyer-Struckmann-Stiftung und die Fritz-Thyssen-Stiftung, in geringerem Umfang auch einzelne Kirchengemeinden sowie der Verein für Geschichte der Prignitz. Das Domstiftsarchiv ist dadurch in der glücklichen und für Archive dieser Art und Größe durchaus nicht selbstverständlichen Lage, dass inzwischen sämtliche Bestände verzeichnet sind. Die geschilderten Übernahmen hatten allerdings auch zur Folge, dass das Fassungsvermögen der vorhandenen Magazine restlos erschöpft war. Als Konsequenz aus diesen Zuständen musste die Zahl der Übernahmen seit 2007 deutlich reduziert werden. Verantwortbar war diese Entwicklung deshalb, weil mit Unterstützung der Landeskirche neue Depositalmöglichkeiten auf der Ebene der Kirchenkreise geschaffen werden konnten. Die extreme Raumnot des Domstiftsarchivs hat 2013 dadurch ein vorläufiges Ende gefunden, dass zwei neue Magazinräume im Dachgeschoss des Nordflügels ausgebaut und bezogen werden konnten.

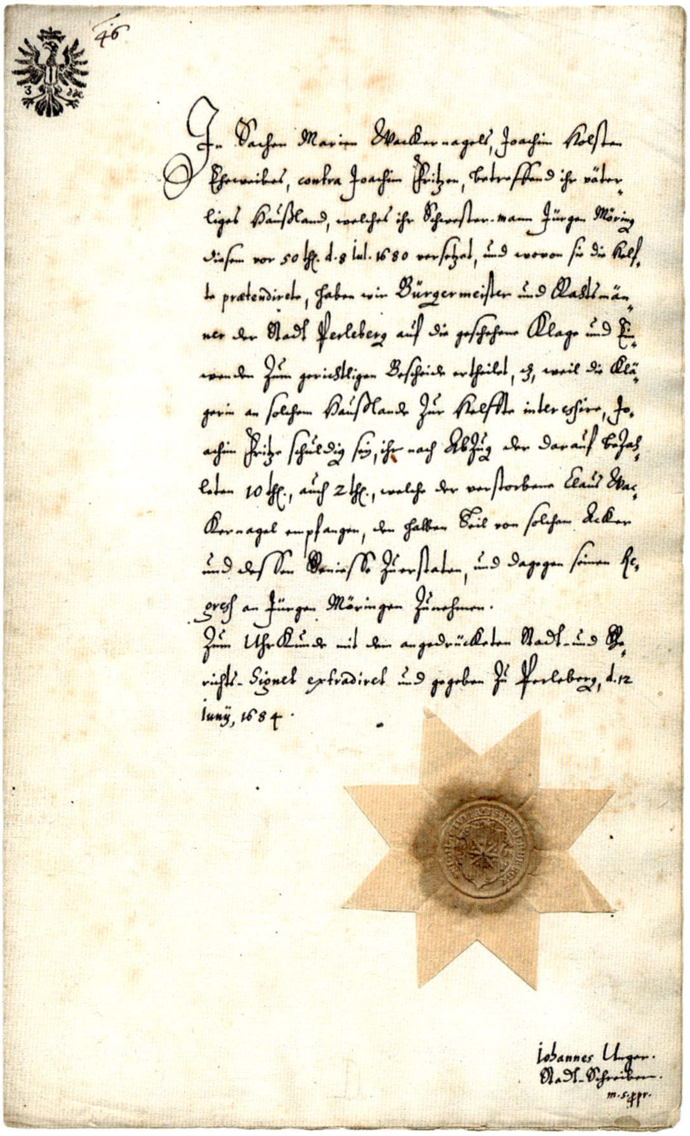

Handschrift des Perleberger Stadtschreibers Johannes Unger, 1684

Diese Entwicklung der letzten Jahrzehnte hat nicht nur eine wesentliche Vergrößerung, sondern auch eine markante Verschiebung bei den Beständen des Domstiftsarchivs mit sich gebracht. Der Gesamtbestand umfasst gegenwärtig rund 2 800 laufende Meter, von denen etwa 1 000 laufende Meter Archivgut und 1 800 laufende Meter Bibliotheksgut sind. Auch wenn die bloßen Mengen nichts über den Wert aussagen, ist hieraus unmittelbar zu ersehen, dass das Domstiftsarchiv nicht nur als Archiv fungiert, sondern mindestens ebenso durch die Pflege historischer Buchbestände in Anspruch genommen wird. Ferner lässt sich aus der Statistik unschwer erkennen, dass sich nur etwa ein Drittel der Bestände im Eigentum des Domstifts befindet. Zwei Drittel sind dagegen Deposita, die dem Domstiftsarchiv zur Verwahrung und Auswertung anvertraut sind. Das Archiv hat sich daher ungefragt zu einem wichtigen Dienstleister für zahlreiche Gemeinden entwickelt, die ihre Materialien – bisher weitestgehend kostenfrei – in fachliche Obhut übergeben konnten.

Um die statistischen Erwägungen zu vervollständigen, sei abschließend erwähnt, dass das Domstiftsarchiv insgesamt mehr als 125 000 Verzeichnungseinheiten zu verwalten hat. Hinter diesem trockenen Begriff verbergen sich höchst verschiedene Objekte – Urkunden, Siegelstempel, Inkunabeln, Flugschriften, Kirchenbücher und Akten, Mikrofilme und Digitalisate. Gemessen an den großen Staats- und Landesarchiven bezeichnet diese

Zahl nur eine mittlere Größenordnung. Gemessen an der personellen und finanziellen Ausstattung des Domstiftsarchivs ist dies jedoch eine sehr beachtliche Dimension.

Mit der zunehmend besseren Erschließung des kirchlichen Archiv- und Bibliotheksgutes haben sich auch die Anforderungen der Benutzer verändert. In der Vergangenheit war für viele Interessenten das Kirchenarchiv identisch mit einem Bestand von Kirchenbüchern. In der Tat zeichnet sich damit ein Schwerpunkt der Benutzung ab, der bis in die Gegenwart anhält. Während die familiengeschichtliche Forschung in der Zeit des Nationalsozialismus aus höchst zweifelhaften Gründen einen rasanten Aufschwung erlebte, ist sie heute Ausdruck eines legitimen Interesses an der eigenen Herkunft. Die Kirchenbücher mit ihren (mehr oder weniger gut lesbaren) Aufzeichnungen der Taufen, Konfirmationen, Trauungen, Abendmahlsbesuchen und Beerdigungen sind daher zweifellos die am häufigsten benutzte Archivaliengruppe. Da sie bis zum Jahr 1874 die einzige flächendeckende Quelle zur Personenstandsgeschichte sind, stellen sie einen unschätzbaren Wert dar und bleiben für Genealogen unentbehrlich. Zu ihrer Erhaltung sind deshalb erhebliche Anstrengungen unternommen worden, indem immer wieder besonders gefährdete Bände restauriert worden sind. Im Domstiftsarchiv sind zahlreiche Bücher auch mit einem enormen Aufwand auf herkömmliche Art kopiert worden, um die Originale schonen zu können.

Einen Meilenstein in der Bestandserhaltung bedeutete es, dass nach der Wende sämtliche Kirchenbücher durch die Landeskirche verfilmt worden sind. Diese Verfilmungen, von denen das Domstiftsarchiv nur einen Teil besitzt, werden auch gegenwärtig noch in Form von Mikrofiches mit Hilfe von entsprechenden Lesegeräten benutzt. Wenngleich über die Forschungszwecke aus Aufwandsgründen keine genaue Statistik geführt wird, so ist doch davon auszugehen, dass bis zu zwei Drittel der Benutzungen sich mit familiengeschichtlichen Fragen befasst. Momentan steht mit der Digitalisierung der Kirchenbücher ein erneuter Medienwechsel bevor. Wegen der hohen Kosten kann auch dieses Vorhaben nicht vom Domstiftsarchiv, sondern nur von den Landeskirchen umgesetzt werden. Die künftige Benutzbarkeit der Kirchenbücher via Internet wird mit Sicherheit auch für das Domstiftsarchiv gravierende Folgen haben. Allerdings ist nicht damit zu rechnen, dass das Internet die fachliche Hilfe und die qualifizierte Beratung durch die Archivare vollständig ersetzen wird.

Abgesehen von den Kirchenbüchern sind in den vergangenen Jahren endlich auch die Pfarrarchive als Ganzes stärker in das Bewusstsein der Öffentlichkeit getreten. Neben zahllosen Einzelforschungen sind sie in den vergangenen Jahren vor allem für zwei Themenbereiche häufig konsultiert worden, nämlich für die Erforschung der Orgelbaugeschichte und für die Erforschung des Kirchenkampfes. Insbesondere für die Dörfer stellen diese Archive trotz ihrer relativ geringen Größe oftmals die älteste am Ort entstandene Überlieferung dar. Insofern werden diese Bestände unentbehrlich, wenn etwa anlässlich eines Orts- oder Kirchbaujubiläums intensiver nach der Vergangenheit gefragt wird. Voraussetzung für eine solche Nutzung ist aber wiederum eine fachgerechte Erschließung, die gerade bei diesen Archivalien ein zeitintensives Unterfangen ist.

Ähnliches gilt für größere, städtische Pfarrarchive. Ihr spezifischer Wert zeigt sich unter ganz verschiedenen Aspekten, von denen an dieser Stelle nur wenige genannt werden können: Die Pfarrarchive der Stadt Brandenburg, bisher noch viel zu wenig ausgewertet, sind allein schon deshalb beachtenswert, weil das Stadtarchiv ganz erhebliche Kriegsverluste erlitten hat. Das umfangreiche und gut erhaltene Pfarrarchiv der Garnisonkirche Potsdam ist in jüngster Zeit die Grundlage für mehrere Monografien gewesen, die sich mit diesem besonderen Gedenkort beschäftigt haben. Das Pfarrarchiv Perleberg schließlich, das sich durch einen ungewöhnlich großen Urkundenbestand auszeichnet und auf eine 700-jährige Tradition zurückblicken kann, steuert momentan neue Erkenntnisse zur Geschichte des Stiftungswesens bei. Diese wenigen Beispiele mögen genügen, um den wissenschaftlichen und kulturgeschichtlichen Wert der Deposita zu belegen.

In der jüngsten Vergangenheit zeichnet sich ab, dass die Bestände des Archivs verstärkt für Ausstellungen in Anspruch genommen werden. Dies gilt nicht nur für das Dommuseum, welches regelmäßig auf den eigenen Bestand des Archivs zurückgreift, sondern auch für Ausstellungen auswärtiger Einrichtungen. In den Fokus geraten sind dabei nicht nur die bekannten Spitzenstücke wie das Evangelistar oder die Urkunden mit der Ersterwähnung von Berlin-Cölln, sondern auch bisher weniger bekannte Handschriften und Drucke. Dass diese Materialien eine größere Aufmerksamkeit erfahren,

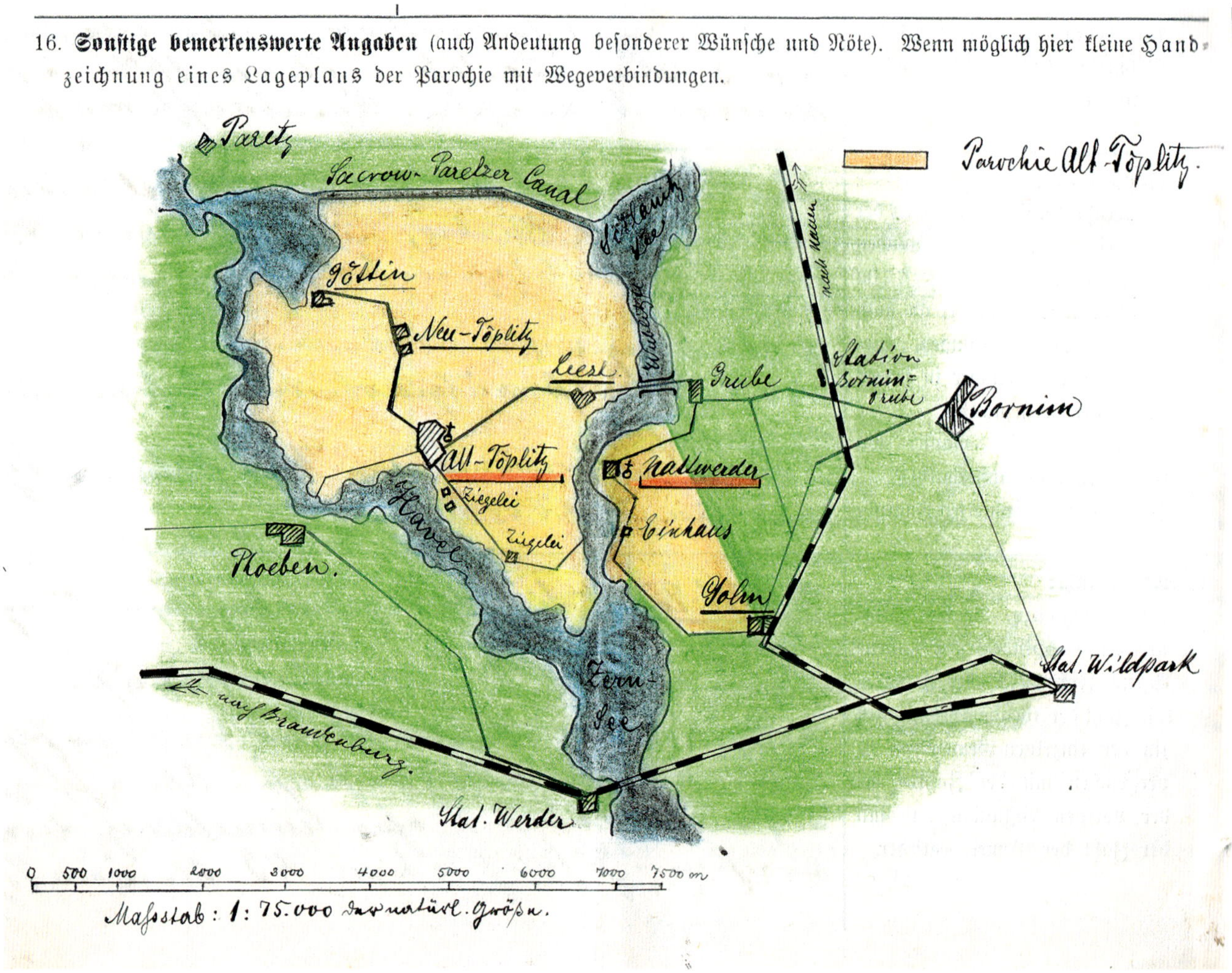

Lageplan der Parochie Alt-Töplitz aus den Visitationsakten von 1905

hängt nicht zuletzt mit Ergebnissen von Detailforschungen zusammen, die in den letzten Jahren gewonnen wurden. Allerdings stößt das Domstiftsarchiv gerade bei der Bereitstellung von Abbildungsvorlagen an Grenzen, weil es an moderner und entsprechend teurer Reproduktionstechnik fehlt.

Eine zunehmend größere Rolle spielt auch die eigene Öffentlichkeitsarbeit des Archivs, um sich einem historisch interessierten Publikum zu präsentieren. Wichtigster Termin ist in dieser Hinsicht der alle zwei Jahre stattfindende Tag der Archive, der sich eines regen Zuspruchs erfreut und jeweils in enger Zusammenarbeit mit dem Stadtarchiv Brandenburg vorbereitet wird. Neuerdings beteiligt sich das Archiv auch an der Reihe der Sonderführungen, die von den verschiedenen Arbeitsbereichen des Domstifts angeboten werden. Auch diese Veranstaltungen stoßen auf ein sehr interessiertes Publikum, das durchaus nicht identisch ist mit den sonstigen Benutzern des Archivs. So erfreulich dieser Trend einer verstärkten Außenwahrnehmung auch ist, so wird das Archiv freilich darauf achten müssen, dass eine Balance zwischen der eigentlichen, in aller Regel nicht sichtbaren Erschließungstätigkeit und diesen zusätzlichen Aufgaben gewahrt bleibt.

Die durch die elektronischen Medien sich grundlegend wandelnden Nutzungsgewohnheiten stellen auch das Domstiftsarchiv in naher Zukunft vor große Herausforderungen. Schon seit längerer Zeit ist bemängelt worden, dass die überaus reichen Bestände im Internet nicht recherchierbar sind. Die einzige Ausnahme bildet eine

Kurzübersicht über die deponierten Pfarrarchive, aus der immerhin genaue Angaben über die vorhandenen Kirchenbücher ersichtlich sind. Zusätzlich sind einige wenige Findbücher besonders interessanter Bestände (Garnisonkirche Potsdam, Ritterakademie Brandenburg, Nachlass Dr. Rudolf Guthjahr) abrufbar. Darüber hinaus wurde auch der Standortkatalog der gesamten Dienstbibliothek mit mehr als 5 000 Titeln über die Homepage zugänglich gemacht, allerdings auch nur in Form einer (recht komfortabel durchsuchbaren) PDF-Datei.

Der an sich notwendigen Überführung des Gesamtbestandes in eine Datenbank stehen einige Hindernisse im Wege. Zunächst ist es die schiere Menge der Titelaufnahmen, deren Konvertierung nicht in Eigenleistung möglich ist und die daher hohe Kosten verursacht. Von den deponierten Archivalien ist zumindest ein Teil bereits in einer Datenbank verzeichnet, sodass die Voraussetzungen nicht ungünstig sind. Problematischer ist dagegen die weitere Verwendung der bibliothekarischen Titelaufnahmen, weil diese in vielen Fällen nicht den geltenden Standards genügen. Eine Neukatalogisierung der Bücher und deren Abgleich mit den einschlägigen Datenbanken für Drucke des 16. bis 18. Jahrhunderts würde aber einen unabsehbaren Aufwand bedeuten. Im Moment konzentrieren sich die internen Bemühungen deshalb zunächst auf das bescheidenere Ziel, die moderne Dienstbibliothek auch durch einen systematischen Katalog zu erschließen, damit das bereits vorhandene Material für wissenschaftliche Zwecke besser verwertet werden kann. Ergänzend dazu ist eine *Bibliographie zur Kirchengeschichte der Mark Brandenburg* im Erscheinen begriffen, die auch der Auskunftstätigkeit des Domstiftsarchivs unmittelbar zugute kommt.

Ein zweiter, mittelfristiger Schwerpunkt wird die Erarbeitung einer klassischen Beständeübersicht sein müssen, die tatsächlich alle Bestandteile des Archivs in gebotener Kürze so beschreibt, dass sich potenzielle Benutzer bereits vor einem Besuch des Archivs über dessen Inhalt informieren können. Wesentliche Vorarbeiten sind für dieses Ziel insofern schon geleistet worden, als dass eine Kurzbeschreibung der deponierten Kirchenbibliotheken im *Handbuch der historischen Buchbestände* seit 1996 vorliegt und der Kernbestand des Domstifts seit 2005 durch eine gedruckte Übersicht seiner detaillierten Systematik erschlossen wurde. Die größte Herausforderung stellt derzeit aber die Beschreibung der fast 200 deponierten Pfarr- und Ephoralarchive dar, deren korrekte Abgrenzung durch die überaus zahlreichen Umstrukturierungen und Fusionen von Pfarrsprengeln und Kirchenkreisen ein kompliziertes Unterfangen darstellt.

Um zu einer übersichtlichen Tektonik zu gelangen, sind in den vergangenen Jahren archivintern erhebliche Vorarbeiten geleistet worden. Zunächst erwies es sich als notwendig, unverzeichnete Reste und Nachlieferungen den einzelnen Beständen hinzuzufügen. Als noch aufwendiger stellte sich das Vorhaben dar, sogenannte Fremdprovenienzen auszugliedern und an die jeweils zuständigen Archive abzugeben. An erster Stelle handelte es sich dabei um die Splitter einiger Gutsarchive, die nach 1945 in kirchlicher Obhut überlebt haben. Sie wurden an das Brandenburgische Landeshauptarchiv in Potsdam abgegeben und sind dort nunmehr in einem größeren Zusammenhang benutzbar und durch eine gedruckte Beständeübersicht hervorragend erschlossen. Weitere Kleinbestände und Einzelstücke wurden weitergegeben an das Archiv der Kirchenprovinz Sachsen in Magdeburg, an das Kreiskirchliche Depositalarchiv Stendal, an das Landeskirchliche Archiv Berlin, an das Evangelische Zentralarchiv Berlin, an das Militärarchiv Freiburg und andere Einrichtungen. Besondere Anstrengungen wurden auch unternommen, um die vorhandenen Nachlässe und Sammlungsbestände besser zu erschließen. Zu den besonders wertvollen Nachlassbestandteilen gehört zweifellos eine genealogische Kartei zur Stadt Brandenburg, die einst von Dr. Gerd Alpermann erarbeitet worden ist und für die Benutzung im Archiv digitalisiert werden konnte.

Ein drittes großes Problemfeld, das dem Domstiftsarchiv dauerhaft erhalten bleiben wird, ist die Frage der Bestandserhaltung. Auch wenn Archiv und Bibliothek von größeren Katastrophen verschont geblieben sind, zeigt sich doch insbesondere bei den Buchbeständen ein dringender Handlungsbedarf. Viele der aus sehr verschiedenen Quellen in das Domstiftsarchiv gelangten Druckschriften weisen gravierende Schäden auf, die bereits vor der Deponierung entstanden sind – Brandschäden, zerstörte oder gänzlich fehlende Einbände, verschmutzte Buchblöcke sowie Wasser- und Schimmelspuren. Die Konservierung der geschädigten Objekte (für die wohlgemerkt auch in der Vergangenheit regelmäßig etwas getan wurde) wird unweigerlich mit beträchtlichen Kosten verbunden sein, die von den Eigentümern kaum werden aufgebracht werden können. Ein 2014 in Auftrag gegebenes Gutachten soll zunächst klären, wo die größten Defizite bestehen und wie dem weiteren Verfall entgegengewirkt werden kann.

Erst allmählich scheint sich in einer breiteren Öffentlichkeit das Bewusstsein zu entwickeln, dass sich Denkmalpflege nicht nur auf Bauwerke beschränken kann, sondern auch das schriftliche Kulturgut umfassen muss. Für das Domstiftsarchiv bedeutet dies, dass neben der Konservierung und Restaurierung von einzelnen Objekten auch die Schaffung neuer Magazinräume notwendig ist. Detaillierte Pläne zu einem entsprechenden Ausbau der Spiegelburg und des Ostflügels existieren bereits seit etlichen Jahren. Da die gegenwärtigen Lagerungsbedingungen überwiegend nicht den modernen Anforderungen entsprechen, bleibt dringend zu hoffen, dass die notwendigen Bauvorhaben in absehbarer Zeit umgesetzt werden können. Die über viele Jahrhunderte gewachsenen Schätze in Archiv und Bibliothek sind dies allemal wert.

Archive und Bibliotheken haben die unangenehme Eigenschaft, weiter zu wachsen und Geld zu kosten. Sie liefern keinen materiellen Ertrag, sondern stellen einen ideellen Reichtum dar. Die Fülle der Informationen ist freilich so groß, dass sie von niemandem ausgeschöpft werden kann. Archive und Bibliotheken sind daher auch unbequeme Gebilde, weil sie in der Lage sind, dem Zeitgeist zu widerstehen. Die jeweilige Gegenwart kann sich ihnen nur mit Respekt nähern und muss dafür Sorge tragen, dass auch künftige Generationen auf diesen Erfahrungsschatz zurückgreifen können. Die außerordentlich vielfältigen Quellenbestände, die im Domstiftsarchiv gehütet werden, legen in erster Linie Zeugnis ab vom kirchlichen Leben am Dom und auf den Dörfern. Sie zeugen aber ebenso von der wechselvollen Geschichte des ganzen Landes Brandenburg und sind daher ein unverzichtbarer Teil seiner Identität.

Urkunde von Bischof und Domkapitel Brandenburg für die Universität Frankfurt (Oder), 1506

Dommusik im Jubiläumsjahr

Marcell Fladerer-Armbrecht

Wenn wir im Dom zu Brandenburg von einer ganz besonderen Musiksaison anlässlich der 850-Jahrfeier unserer Domkirche ausgehen, dann mag das selbstverständlich klingen. Schließlich ist die Traditionsreihe „Sommermusik im Dom zu Brandenburg" fester kultureller Bestandteil des Lebens in der Havelstadt und darüber hinaus. Die musikalischen Gruppen wie der Domchor „Brandenburger Kantatenkreis" und die Brandenburger Bläser sind etabliert und prägen die Freizeitgestaltung und Glaubensäußerung Zuhörender wie Ausführender seit langer Zeit als ein selbstverständliches Kontinuum. Da darf man Höhepunkte erwarten.

Die Sommermusiken wurden von Domkantor Wolfgang Fischer 1958 begründet. Studium von Aufzeichnungen und Briefwechsel lassen erahnen, dass das, was uns heute so selbstverständlich erscheint, zur 800-Jahrfeier 1965 einen ersten Höhepunkt erreichte. Verglichen mit heutigen Verhältnissen wurde vom 10. bis 15. Oktober 1965 eine bescheidene Domfestwoche veranstaltet. Neben Vorträgen im Katharinensaal, ökumenischen Gemeindeabenden und einem Festgottesdienst im Dom mit anschließendem Empfang im Wichernhaus kam es auch zur Aufführung eines ersten (!) Oratoriums im Dom: Haydns *Schöpfung* wurde musiziert. Der Brandenburger Kantatenkreis war als kleiner Chor aber keinesfalls in der Lage, dieses Werk allein aufzuführen. So musizierte man gemeinsam mit dem Chor der Erlöserkirchengemeinde Potsdam. Und der Briefwechsel zur Orchesterfrage gleicht einem Politkrimi. Erst sagte die Intendanz des Brandenburger Theaters ihre Beteiligung – vorgeblich aus Zeitgründen – ab, dann wurde der Oberbürgermeister von Domkantor Fischer in den Briefwechsel einbezogen, als dieser sich über die fadenscheinige und offensichtlich politisch motivierte Absage beschwerte. Schließlich durften die Brandenburger Symphoniker auf freiwilliger Basis im Dom musizieren. Ein paar Tage vor dem Konzert wurde dann noch mitgeteilt, dass man am Aufführungstag aber auch noch Proben für eine andere Musik abhalten müsse, sodass Proben im Dom verschoben werden sollten. Alltagsschikanen im Umgang mit den Kirchen zu DDR-Zeiten.

Auch die Rückführung der Wagner-Orgel in ihr historisches Gewand, zumindest was die Restaurierung des Orgelprospekts, die Windversorgung (nach damaligen Stand der Quellenkenntnis) und die modifizierte Mensurgestaltung nach bereits erfolgter Dispositionsrückführung 1948 betrifft, konnte erst aufgrund der Aufmerksamkeit möglich gemacht werden, welches dem Instrument aufgrund der Jubiläumsfeierlichkeiten zuteil wurde. Zwar war schon lange bekannt, welch einmaligen Schatz der Brandenburger Dom mit diesem Instrument besitzt, doch Gelder fehlten, manchmal auch die Technik. So musste der Orgelmotor aus Westdeutschland importiert und dort ein Spender für das Vorhaben gefunden werden.

Warum dies alles in einer Festschrift zur 850-Jahr Feier erörtert wird, mögen Sie sich fragen. Ich bin beeindruckt von der Nachhaltigkeit der damals getroffenen Entscheidungen, von der wohlüberlegten Schwerpunktsetzung und den Einsichten über das Machbare und die pragmatische Herangehensweise. Was wurde damals trotz dieser widrigen Umstände richtig gemacht, frage ich mich, dass wir heute noch die Früchte der gesäten Arbeit ernten dürfen? Wie muss ein richtungweisendes Musikprogramm heute aussehen? Wo sind in unserer Zeit Schwerpunkte zu setzten? Wie erreichen wir die Menschen? Das Wort Nachhaltigkeit ist zum Modewort avanciert, trotzdem krankt unsere Zeit an Aktionismus und an Vermittlungswettkämpfen immer zweifelhafterer Inhalte. All diese Fragen, Sorgen und Einsichten beschäftigten und beschäftigen mich bei der Zusammenstellung des Jubiläumsprogramms. Das Ergebnis möchte ich ihnen gerne vorstellen, und wir wollen es nicht nur in der Schriftform festhalten, wir wollen es gerne in den Dom tragen, erleben und feiern! Und in 50 Jahren wollen wir oder unsere Nachfolger sagen können dürfen: Der Nachhall ist stärker als angenommen, die damals getroffenen Entscheidungen haben sich als segensreich herausgestellt.

So orientiert sich die Traditionsreihe „Sommermusik im Dom" im Domjubiläumsjahr also an einer Überschrift, die für den oben formulierten Anspruch

Die Orgel des Domes wurde 1723 eingebaut

beste Voraussetzungen schafft: „Beständig neu“ ist ein schönes, richtungweisendes Motto, welches auf Tradition und Kontinuität setzt und zugleich den Blick vor veränderten Rahmenbedingungen auf dem Burghof und in der wunderschönen Havelstadt Brandenburg nicht verschließt, sondern diese positiv aufnimmt. Dazu passt, dass die Bundesgartenschau unter dem Motto „Von Dom zu Dom, das blaue Band der Havel“ einen noch weiteren Handlungsrahmen gibt, der Kirche als Kulturgut im säkularisierten Umfeld nicht nur defizitär beurteilen darf, sondern die Chancen aus der kulturellen Gestalt der Glaubensvermittlung nutzen muss. „Von Dom zu Dom… Domorganisten aus aller Welt musizieren“ ist im Zusammenhang mit der Bundesgartenschau als Idee der „Reihe in der Reihe“ der Sommermusiken entstanden. In acht Konzerten mit international herausragenden Organistinnen und Organisten erklingt sie solistisch, unsere historische Domorgel. Die Musikchefs der Kathedralen von Ulm, Mainz, Trondheim, Oslo (Norwegen) und Chichester (England) reisen aus der Ferne an, während wir uns auf die Organisten der Nachbarn in Merseburg und Halberstadt ebenso freuen.

Es sind junge Kolleginnen und Kollegin, die unsere alte „Königin der Instrumente“ zu spielen wissen. Doch auch die erfahrenen Kollegen bringen sich ein. Mit einem Konzert des ehemaligen Brandenburger Domorganisten Prof. Dr. Christoph Krummacher nehmen wir Bezug auf den Motto-Aspekt „beständig“. Es ist eine besondere Freude, dass sich Christoph Krummacher, Nachfolger von LKMD Fischer am Brandenburger Dom und anschließend langjähriger Leiter der Kirchenmusikabteilung der Hochschule für Musik und Theater in Leipzig, für ein Orgelkonzert im Rahmen dieser Reihe begeistern ließ. Professor Krummacher war von 1975 bis 1980 am Brandenburger Dom tätig und somit Stellenvorgänger des langjährigen Domkantors Matthias Passauer.

Die eigentliche „Hauptperson“ dieser Orgelkonzerte wird allerdings die 1723 im Dom erbaute Orgel von Joachim Wagner selbst sein. Ein herausragendes Beispiel im Dom, wo Beständigkeit sich ausgezahlt hat. Diese Orgel ist das größte, fast vollständig erhaltene Instrument des berühmten Orgelbauers, des „märkischen Silbermanns“ wie er auch genannt wird. Während andernorts Orgeln an den jeweiligen Zeitgeschmack angepasst wurden, fehlte am Dom oft das Geld, um größere Umbauarbeiten zu realisieren. Schon früh erkannte man, dass Brandenburg hier einen einmaligen Schatz besitzt, somit konnte die Orgel auch die beiden Weltkriege unbeschadet überstehen, während vielerorts das Pfeifenmaterial zu Rüstungszwecken eingeschmolzen wurde. Dass weder Kriegsschäden noch Umbauarbeiten nach dem Krieg das historische Material beeinflussten, ist ein weiterer Glücksfall. Wolf Bergelt drückte die Bedeutung der Domorgel in seinem 2012 erschienen Buch über Joachim Wagner wie folgt aus: „Der Klangreichtum beziehungsweise die Klangschönheit des Instruments gehören ohne Zweifel zum Bedeutendsten, was die Orgelbaugeschichte je hervorgebracht hat.“ (Bergelt 2012, S. 176) Der Orgelsachverständige KMD Christhard Kirchner sagte in seinem 2001 gehaltenen Vortrag über die Brandenburgische Orgelbaulandschaft: „Zu den größten und

Restaurierung der Orgel

wichtigsten Denkmalsorgeln des Landes Brandenburg gehört die Brandenburger Domorgel von Joachim Wagner. Sachkenner und Experten rechnen sie unter die zehn bedeutendsten Denkmalsorgeln Deutschlands!" Hauptaufgabe des Arbeitsbereichs Dommusik wird es daher im Jubiläumsjahr und darüber hinaus sein, diesen „beständigen" Schatz des Domes von einem regional beachteten in einen international bedeutenden, „neuen" Kontext zu rücken. Wir können hier begeistern, Menschen berichten von Momenten mit „Gänsehaut", wenn sie unvermittelt in diesem besonderen Raum zur Ruhe kommen und bei zeitlosen Klängen entschleunigt werden! Der RBB hat 2013 bereits die Domorgel im Rahmen des „Brandenburger Orgelherbstes" porträtiert und ein Orgelkonzert im Kulturradio gesendet. 2014 schließlich konnte nach der Innensanierung die Domorgel wieder in Betrieb genommen werden. Auch zu diesem Anlass gab es ein Orgelkonzert, welches im Hörfunk gesendet wurde.

Porträts in regionalen und überregionalen Medien lassen erkennen, dass das Interesse an dieser „sonderbaren und wunderbaren Maschine" in den Kirchen ungebrochen ist, und dies, obwohl die Orgelmusikszene in ihrem Kern natürlich eine sehr kleine ist.

Aber auch im kleineren Rahmen wird der Reichtum in Fülle und Nuancen von Wagners Opus 3 erlebbar. Während des gesamten Domjubiläumszeitraumes ist täglich der zwanzigminütige *Orgel-Punkt-4* zu hören, ein Kurzkonzert, welches die unterschiedlichen Klangkombinationen unserer Orgel zeigt. Wie „beständig" die Domkantoren jeweils mit „ihrer" Orgel verwachsen sind, zeigt auch das über seinen Ruhestand hinausgehende Engagement von KMD Matthias Passauer. Würden Hilde Schönherr und Wolfgang Fischer noch leben, wir könnten uns sicher sein, dass auch diese ehemaligen Dommusiker ihre Verbundenheit mit der Brandenburger Domorgel gerne zum Ausdruck gebracht hätten. Wir musizieren zu ihrem Gedächtnis und gedenken ihrer großen Leistungen in Bezug auf den Erhalt und die Pflege dieses großen kulturellen Schatzes.

Orgelführungen, Orgelkonzerte für Touristengruppen, Kinderorgelführungen im Rahmen des „grünen Klassenzimmers" und die App „Der Dom in Kinderaugen" komplettieren den Schwerpunkt Orgel im

Musikprogramm und weisen zudem auf zukünftige, „beständig-neue“ Schwerpunktsetzungen hin. Die pädagogische Dimension des Kirchenmusikerberufs wird allerorten geschärft, an einem Ort mit zwei evangelischen Schulen, einer Kita, einem Hort und zahlreichen Familien als Tagestouristen wird sie aber zum Kerngeschäft, wenn sie die Chancen dieses besonderen Ensembles aufgreifen möchte.

2015 werden auch zahlreiche Musikensembles das Jubiläumsmotto aufnehmen. Die Anfänge des Domes in seiner Baugeschichte finden klanglich ihre Korrespondenz in einem Konzert mit Gesängen der Prämonstratenser. „850 Jahre Dom. Beständig neu… Die Anfänge: Gesänge der Prämonstratenser, Gesänge der Gotischen Epoche“ so lautet dann auch der Titel dieser Sommermusik, die das Spezialistenensemble „Vox Nostra“ unter der Leitung von Burkhard Wehner gestaltet. Aus dem Archiv des Domstifts wird das erhaltene *Osterlob* (*Exsultet*) der Prämonstratenser gesungen, ferner sind Gesänge aus Havelberg überliefert, sodass auch in diesem Konzert wieder das verbindende Band beider Dome und BUGA-Städte erfahrbar wird. Auch im weiteren Verlauf des Domjubiläumsjahrs präsentieren Dommusik und Dommuseum korrespondierend die verschiedenen bedeutenden theologisch und baugeschichtlich wichtigen Einschnitte in der Geschichte der Wiege der Mark Brandenburg. Eine dieser wichtigen Säulen ist die Reformation. In den Wirren der Reformationszeit galt es, Position zu beziehen. Die unterschiedlichen Ansichten über das Abendmahl und die liturgische Gestaltung der Kulthandlung waren bei den diversen reformatorischen Strömungen genauso Streitthema wie die Gestaltung von Kirchengebäuden und der Umgang mit Kunstschätzen. Calvin, Zwingli, Luther, im weiteren Verlauf dann verschiedene Strömungen des Pietismus und der Orthodoxie. Martin Luthers Ansichten, die sich schließlich mehrheitlich in unseren Breiten durchsetzten, wurden vor allem über das protestantische Kirchenlied „unter das Volk“ gebracht. Innerhalb des Reformationsjubiläums wurde damit der Kirchenmusik mit dem Themenjahr „Reformation und Musik“ eine besondere Wertschätzung zuteil.

Das Loblied auf die Osterkerze ist um 1200 im Brandenburger Evangelistar aufgeschrieben worden

Die Sächsische Bläserphilharmonie gestaltet ein Konzert zu diesem Thema mit dem Titel *Hymnus – Luther – Choralfantatsien*, welches die bekannten Lutherlieder verbindet, in Fantasien in neue Kontexte stellt, Gewohntes quasi durch ein anderes Medium sprechen lässt und damit selbst den Reformationsgedanken weiterträgt. Gehört für uns heute (noch) besonders auch das gesungene Wort zu den Errungenschaften der Reformation, begleitet durch *das* Kircheninstrument, die Orgel, lässt sich nicht verschweigen, dass viele kirchenassoziierte Menschen diese Worte so nicht mehr singen können oder mögen. Wir laden die Menschen ein, den Chorälen im neuen Gewand auf den Grund zu gehen und sie für ihr

Trompetenengel am Orgelprospekt

Bläserklasse des Domgymnasiums

Leben erfahrbar und fruchtbar zu machen, ganz gemäß dem Motto des Domjubiläums: „Beständig neu".

Die eigentlichen musikalischen Schwerpunktveranstaltungen nehmen ein weiteres Mal den Wandel des Domareals in den letzten Jahrzehnten und Jahren auf. Die Dominsel ist jünger geworden, in die beständig alten Mauern des Domes haben neue Generationen Einzug gehalten. Von der domgemeindeeigenen Kita bis hin zum Domgymnasium wird Kirche hier ganzheitlich ihrem Bildungsauftrag gerecht und schärft diesen in kultureller Dimension. Zahlreiche musikalische Spitzenjugendensembles hinterlassen 2015 ihren musikalischen Fußabdruck im märkischen Sand. So gastieren mit dem Trondheimer Knabenchor und mit dem Staats- und Domchor Berlin Knabenchöre von internationalem Format im Dom.

Regional herausragende Ensembles wie der Landesjugendchor Brandenburg weisen im Konzert vielleicht sogar noch deutlicher den Weg, wie durch Beharrlichkeit und Beständigkeit im Entwickeln und Umsetzen von Konzepten eine gelingende musikalische Arbeit ihre dauerhaften Erfolge feiern kann.

Zuhören bringt Freude, mitmachen bringt noch mehr Freude! Eine Kostprobe des bereits Erreichten bieten Chöre und Ensembles des Domgymnasiums beim alljährlichen Schulkonzert.

Den Eröffnungsgottesdienst gestalten Oberstufenchor und Domchor als Kantatengottesdienst musikalisch gemeinsam, das Schulorchester wird beim Festgottesdienst spielen. Schließlich veranstaltet der Landesmusikrat Brandenburg sein erstes Landeskinder- und Landesjugendchortreffen überhaupt an diesem Ort der Bildung und Kultur. Die singenden Ensembles aus unseren Schulen sind angehalten, sich an dieser Initiative ebenfalls gestalterisch einzubringen. Neben der Musik sind hier Begegnung und das gemeinsame Erleben von Probenarbeit in einem großen Ganzen wichtige persönlichkeitsbildende Schlüsselmomente. Zu nennen ist in diesem Zusammenhang auch der Brandenburger Sommerorgelkurs, der nach einer längeren Pause nun schon zum zweiten Mal durch landeskirchliches Engagement in Brandenburg mit seinen beeindruckenden Kirchen und Orgeln durchgeführt wird.

Die Idee eines kirchenmusikalischen Ausbildungszentrums wird weiterverfolgt, der erste feste Orgelkurs mit dem Ziel der Erlangung des Eignungsnachweises startet im Jubiläumsjahr.

„Beständig neu" bezieht sich mit der Betonung auf „neu" nicht lediglich auf das Alter der Ausführenden. Längst sind „Sacropop"-Angebote in der Kirche salonfähig geworden und brauchen im Niveau ihrer Ausführungen den Vergleich mit der kommerziellen, säkularisierten Musikszene nicht zu scheuen. Herauszuheben sind im Jubiläumsjahr Auftritte der Band „falk and sons", die unter dem Konzerttitel *Toccata* beständige und bekannte Werke aus der klassischen Kirchenmusik im Popgewand eindrucksvoll transferieren und präsentieren. Ebenfalls kirchentagserprobt geht es eher in Richtung Jazz unter dem Titel *Chattin' with Bach* zu. Und: Brandenburg selbst hat eine absolute Institution als Band auf diesem Gebiet zu bieten: „Patchwork" macht „Musik für Kopf und Bauch" – friedensbewegt, sozial engagiert und bei aller Beständigkeit in der Konzerttätigkeit der letzten Jahrzehnte doch auch immer wieder am Puls und den Themen unserer Zeit.

Ob dieses Gesamtprogramm schließlich mit seinen Verflechtungen und Kooperationen in den touristischen, kulturhistorischen und pädagogischen Bereich hinein gelingen wird, hängt nicht nur davon ab, ob die Aufführungen musikalisch herausragend sein werden. Vieles wird dann richtungweisend und nachhaltig, wenn mit Freude musiziert und zugehört wird. Gelingende Arbeit in der Kirche geht von veränderten, weiter gefassten Gemeindebildern aus. Nach über zwei Jahren im Domkantorat scheint mir diese Sichtweise besonders am Brandenburger Dom und in den Stadtgemeinden in Brandenburg angebracht zu sein. Schaffen wir also Profile, wo Ortsgemeinden nicht mehr alles anbieten können und die Bindungen zu diesen ohnehin aufgeweicht sind. In der Kirchenmusik können wir uns dabei glücklich schätzen, dass die Arbeit von Stadt- und Domkantorat schon jetzt segensreich verzahnt ist. Vor der großen Gefahr des richtungslosen Aktionismus möge uns dabei die Kraft des Heiligen Geistes schützen. So erklingt in Gedanken des Tuns und Lassens 2015 die letzte Strophe aus Georg Neumarks Leid *Wer nur den lieben Gott lässt walten* beständig mit:

Sing, bet und geh auf Gottes Wegen,
verricht das Deine nur getreu
und trau des Himmels reichem Segen
so wird er bei dir werden neu.
Denn welcher seine Zuversicht
Auf Gott setzt, den verlässt er nicht.

Lit.: Bergelt 2012

Der Dom und sein Wald – Eine beständig neue Symbiose aus rotem Backstein und märkischem Holz

Friedrich Hinz

Zur Geschichte

Sie gehören zusammen, der alte, ehrwürdige Brandenburger Dom, Wiege der Mark, Bau- und Kulturdenkmal aus rotem ostelbischem Backstein und sein Domstiftswald, um das ehemalige, kleine Vorwerk Seelensdorf gelegen, im natürlichen Grün von Kiefern, Eichen, Erlen, Birken und Buchen. Seit mehr als sechs Jahrhunderten verbindet sie die gemeinsame Geschichte wirtschaftlicher, kultureller und politischer Epochen. „Dort drüben beginnt der Dom“, heißt es im Sprachgebrauch der langjährig ortsansässigen Havelländer. Es klingt respektvoll, fast warnend, doch in jedem Fall unwiderruflich. Nichteingeweihte suchen mitten im Wald vergebens nach einem sakralen Bauwerk, denn gemeint sind die Eigentumsgrenzen des Seelensdorfer Domstiftswaldes. Mit nummerierten Grenzsteinen versehene Hügel, Grenzgräben oder auch mit Birken bepflanzte Waldbrandschutzriegel markieren seit langer Zeit die Grenzen des Domstiftsforstamtes Seelensdorf. Das forstlich geschulte Auge und selbst der ganz normale Waldästhet können ebenfalls am Zustand der Waldbestände eine Art von Bauen und Bewahren erkennen, die im angenehmen Kontrast zu mancher benachbarten Monokultur steht.

Grenzstein Nr. 10

Jubiläumsstein

Der Wald des Brandenburger Domes stellt heute den ältesten und größten kirchlichen Waldbesitz in der Mark Brandenburg dar. Es gleicht einer kleinen geschichtlichen Sensation, dass dieser Grundbesitz nach einer so langen Zeitspanne immer noch Bestand hat. So sind beispielsweise die ursprünglich zum Teil weit größeren Besitzungen des Domstifts zu Havelberg oder der Klosterstifte Heiligengrabe, Marienfließ und Neuzelle im Laufe der Zeit zu Opfern weltlicher Begierde geworden. Die überschaubare Größe des Seelensdorfer Waldes und die Tatsache, dass der liebe Gott dafür Sorge getragen hat, die Bäume hier nicht zu hoch in den Himmel wachsen zu lassen, sind sicherlich mit ein Grund für eine 620-jährige Erfolgsgeschichte von Wald und Dom, deren Geheimnis in Beständigkeit und Erneuerung liegt.

Im Jahre 1393, als die Brösickes Seelensdorf ihrem Lehnsherrn, dem Bischof, zurückgaben, übereignete dieser sein Tafelgut dem Domkapitel zu Brandenburg an der Havel zur Nutzung. Der Bischof hatte zu dieser Zeit seinen Sitz im kleinen Havelstädtchen Pritzerbe längst verlassen und bevorzugte neben seiner Residenz in Brandenburg die Burg Ziesar, zwei Tagesritte vom sicheren Magdeburg entfernt. Die nüchterne Abhandlung der Eigentumsübergabe lässt vermuten, dass ihm der Verlust relativ leicht fiel und es hier eher um eine Umwidmung ging, die das Domkapitel im nahen Brandenburg mit den benötigten Ländereien ausstattete. Zudem übernahm das Domkapitel mit dem bischöflichen Tafelgut einen bereits sterbenden Ort, denn um 1450 wird Seelensdorf nicht mehr erwähnt. Die Entstehung der Wüstung Seelensdorf war kein Einzelfall, ähnlich erging es zum Beispiel den Domstiftsgütern Grabow, Kieck und auch Mötzow. Nach der Rodung des Waldes und der Erstbesiedlung führte die intensive Dreifelderwirtschaft zum schnellen Humusverbrauch und damit zur Unfruchtbarkeit der Böden. Außerdem machten extreme Schwankungen des Grundwasserspiegels die landwirtschaftliche Nutzung dieser Domstiftsgüter immer wieder sehr schwierig. Die Blüte der landwirtschaftlichen Nutzung in und um Seelensdorf lag vielleicht Mitte des 18. bis 19. Jahrhunderts. Neben der sich stetig vergrößernden Ackerbaufläche mit Rinder- und Schweinehaltung ist besonders die zeitweise übermäßige Schafhaltung typisch für den Landwirtschaftsbetrieb. Im Jahre 1748 gab es in Seelensdorf 1 300 Schafe.

Forsthaus

Nach der von König Friedrich II. angeordneten Wiederbesiedlung wüster Feldmarken wurden insgesamt 25 Familien auf den Gütern des Domkapitels, sechs davon in Seelensdorf, angesiedelt. Trotzdem blieb die Landwirtschaft eine Geschichte von Schwierigkeiten und ständigen Rückschlägen. Die teilweise schnelle Folge von Pachtperioden ist dafür ein Beleg. 1873 wurde nach einem Großbrand, der Scheunen und Stallungen vernichtete, das Vorwerk Seelensdorf nicht mehr verpachtet. Das ehemalige Pächterhaus wurde zum Wohnsitz der Domstiftsförster.

Soviel zur landwirtschaftlichen Nutzung. Doch eigentlich ist die Seelensdorfer Geschichte ein ständiger Wechsel zwischen land- und forstwirtschaftlicher Nutzung. Einmal gewinnt die eine Landnutzungsform an Bedeutung, dann wieder die andere. Typisch für Seelensdorf ist auch die zeitweise gemeinsame und sich auf der Fläche oft überlagernde Nutzung. Bis zur Entstehung des heutigen Domstiftsforstamtes mit seinem respektvollen Ruf floss jedoch noch viel Wasser die Havel hinunter. Der Wald, die „große Wildnis", musste zuallererst dem Siedlungsdruck und der Landwirtschaft durch Waldrodung weichen. Der Wald diente als Viehweide, Brenn- und Bauholzlieferant.

Im Domstiftsarchiv lagert ein reicher Fundus der domstiftseigenen Forstgeschichte. Im Jahre 1488 erschienen in den Geldrechnungen erstmals Ausgaben für Seelensdorfer Holzhauer und für den Köhler. Die Teerbrennerei aus Kiefernstubben hatte demnach eine lange Tradition und wurde bis Ende des 18. Jahrhunderts betrieben. Der Teer wurde zum Abdichten von Schiffen oder als Schmierstoff für Wagenräder und Achsen genutzt. Die entstehende Holzkohle wurde für die Schmiede benötigt.

Im Jahre 1549 leistete der Schäfer zu Seelensdorf einen Eid, in dem er sich verpflichtete, auf die Gehölze des Kapitels achtzugeben. Die erste forstliche Aufsicht war geboren und sicherlich auch notwendig. Nachfolger des Schäfers waren der Heidevogt, später der Heideläufer. Ab 1718 wurde ein hauptamtlicher „Jäger und Heyde-Reuter" mit entsprechendem Haferdeputat für das Pferd eingestellt. Bis zum Ende des 18. Jahrhunderts setzte sich immer mehr die Bezeichnung Förster statt Heidereuter durch.

Die forstliche Nutzung war anfangs extensiv und ausschließlich als Plenterhieb auf den einzelnen brauchbaren Stamm gerichtet. Die Zunahme des Holzbedarfs und die extreme Waldweide führten immer mehr zur Verkahlung des Waldes ohne jegliche Laubholzverjüngung. Außer der Beweidung durch den Viehbestand des Seelensdorfer Pächters wurden zusätzliche Waldweiderechte an die umliegenden Dörfer vergeben. Im Jahre 1838 trug der Seelensdorfer Wald zur Ernährung von umgerechnet 2 777 Großvieheinheiten bei.

Im 18. Jahrhundert bahnte sich für das Domkapitel ein einträglicher Handel mit Eichenholz für den Schiffbau an. Innerhalb kurzer Zeit fielen sämtliche autochthonen Eichenbestände diesem Geschäft zum Opfer und hinterließen nicht nur unbestockte Räumden und Blößen, der Viehmast im Walde fehlten nun die notwendigen masttragenden Alteichen.

Der Dom selbst wurde vorrangig mit Brennholz beliefert. Im Jahre 1789 war der jährliche „Holzetat vom Dom zu Brandenburg" auf 2 500 Festmeter Eigenbedarf festgelegt worden, ein Quantum, das den immensen Holzbedarf jener Zeit dokumentiert. Bis auf den heutigen Tag ungeklärt ist die Herkunft der im Dachstuhl des Brandenburger Domes verbauten Kiefernbalken mit größtenteils beeindruckenden Querschnitten und Längen. Es erscheint aus forstgeschichtlicher Sicht recht zweifelhaft, dass solch extrem starkes Bauholz dieser Menge in der ersten Hälfte des 15. Jahrhunderts aus dem Seelensdorfer Wald geliefert werden konnte. Plausibel erscheint daher der Transport des Bauholzes aus entfernteren Waldungen auf dem Wasserweg der Havel zur Baustelle auf die Dominsel. Trotzdem tragen Seelensdorfer Kiefern heute zur Stabilität des Jubilars bei. Die Holzrestaurationsarbeiten am Dachstuhl vor etwa zehn Jahren haben gezeigt, wie schwierig es ist, geeignetes Holz in den benötigten Maßen bereitstellen zu können.

Der desolate Zustand der Seelensdorfer Forsten und das Interesse des Domkapitels an einer nachhaltigen Brennholzversorgung und stabilen Erträgen aus Holzverkäufen führten ab 1803 zu einem Neubeginn im forstlichen Denken und Handeln. Regelmäßige Holzinventuren mit einer daraus resultierenden Nutzungs- und Aufforstungsplanung sollten zu einer Verbesserung der Holzvorratsstruktur führen und zukünftig nachhaltige Holzerträge sichern. Im

Lämmerweide

Theerbrenner

Försteracker

Jahre 1830 wurde vom damaligen Dechanten höchstpersönlich die erste Forstordnung des Domkapitels verfasst. Sämtliche Saaten und Aufforstungen sollten ausschließlich mit der Hauptbaumart Kiefer erfolgen. Dennoch wurden bis 1856 noch einmal etwa 500 Hektar Waldrodungen zugunsten von Ackerfläche vorgenommen. Dieser Verlust an Holzbodenfläche wurde bis 1913 durch Kiefernsaaten und Aufforstungen wieder ausgeglichen. Forsthut ab vor dieser schlichten wie großartigen Rekultivierung ehemaliger Waldböden zum Nutzen späterer Generationen ohne jeglichen medialen Rummel! Ein Zeitzeuge dieses nachhaltigen Handelns ist die kleine Seelensdorfer Darre. Hier wurden Kiefernzapfen getrocknet und so das Saatgut für die Kiefernsaaten gewonnen. Ebenfalls um die Wende vom 19. zum 20. Jahrhundert reichten die Räumlichkeiten des Seelensdorfer Gasthauses nicht mehr aus, um den zahlreich erschienenen Holzkäufern bei Auktionen Platz zu bieten. Um Abhilfe zu schaffen, wurde 1903 der heutige Gemeinderaum als Holzverkaufslokal an das ehemalige Gasthausgebäude angebaut. Etwa um die gleiche Zeit wurden die meisten Waldarbeiterhäuser in einer sehr soliden Bauart errichtet, die noch heute prägend für den kleinen Waldort sind.

Darre

Gemeindesaal

Das Domstift war weiter auf der Suche nach richtungsweisenden Ratgebern für seinen Forstbetrieb. So wurden Anfang des 20. Jahrhunderts zwei hochrangige forstliche Gutachter beauftragt, Konzepte für einen zukünftigen Betrieb zu erstellen. Das Domstift folgte der damaligen forstlichen Mode und entschied sich nach einem Gutachten von Landforstmeister König für das aus heutiger Sicht schlechtere Konzept des „Dauerwaldbetriebs“, welches auf den Kahlschlagbetrieb verzichtete und mit Durchforstungen auf der Gesamtfläche und ohne hohe Kosten für die Wiederaufforstung Holzerträge garantierte. Allerdings wurde bereits um 1930, also zehn Jahre später, das Kahlschlagprinzip wieder eingeführt. Zu gleicher Zeit wurde durch Runderlass des preußischen Ministerpräsidenten aus der ehemaligen Domstiftsoberförsterei das heutige Domstiftsforstamt. Diese Namensänderung ist insofern bemerkenswert, da sie bis heute, also 80 Jahre später und ohne jegliche hoheitliche Funktion, immer noch dazu beiträgt, durch Stempel und Unterschrift so manche bürokratische Hürde zu minimieren oder sogar zu überwinden.

Nach dem Zweiten Weltkrieg, die Seelensdorfer Holzvorräte hatten sich gerade etwas erholt, begann ab 1945 durch Waldbrände und Reparationshiebe ein Jahrzehnt unvergleichbarer Einschlagshöhe in der Geschichte des Domstiftswaldes. Als Folge dieses Raubbaus entstanden riesige Kahlschläge. Von 1949 bis 1951, innerhalb von nur drei Jahren, wurden insgesamt 276 Hektar, also fast ein Fünftel der Holzbodenfläche, aufgeforstet. In der Folge musste notgedrungen auf einen Neuaufbau der Alters- und Vorratsstruktur gewirtschaftet werden.

Einer Phase starker Eingriffe in die betriebliche Substanz folgte von 1960 bis 1990 die wirtschaftlich vielleicht erfolgreichste für den Seelensdorfer Forstbetrieb. Die sozialistische Planwirtschaft machte es möglich, dass für relativ einfache Agrar- und Forstprodukte ein schier unersättlicher und zugleich lukrativer Absatzmarkt vorhanden war. Die Seelensdorfer Erfolgsprodukte hießen Pfefferminze für die Pharmaindustrie, Faschinen und Faschinenpfähle für die Melioration sowie Stapelhölzer für die Stahlindustrie. Ausgesprochen bemerkenswert war neben dem wirtschaftlichen Erfolg dieser Produktpalette die Tatsache, dass mit ihrer Herstellung die Pflege junger Kiefernbestände und die Bildung einer Altholzreserve verbunden waren. Die Einnahmen des Forstbetriebes halfen einerseits dem Domstift in einer insgesamt schwierigen finanziellen Situation und flossen andererseits zur Stabilisierung des Forstes als Investitionen in den Wald zurück. Ein verheerender Orkan am 13. November 1972 machte scheinbar alle forstliche Aufbauarbeit der letzten Jahre wieder zunichte, mehr als 30 000 Festmeter Windwurfholz mussten aufgearbeitet werden. Dem Forstbetrieb stand eine gewaltige Aufforstungsaufgabe bevor. In dieser die Waldbewirtschaftung des Domstiftsforstamtes bis heute prägenden Phase entstand das sogenannte Seelensdorfer Verfahren der natürlichen Verjüngung der Kiefer, welches verständlicherweise erst nach der politischen Wende fachliche Anerkennung erlangte. Nach der Nutzung eines gepachteten Sägewerks in Pritzerbe wurde 1983 in Seelensdorf ein neues Sägewerk zur Herstellung von Schnittholz für kirchliche Bauzwecke errichtet.

Sägewerk

Der wirtschaftliche Erfolg im Dienste der Evangelischen Kirche führte auch dazu, dass Seelensdorf und sein Wald als eine Art „christliche Insel“ zum Lebens- und Arbeitsangebot für Menschen wurde, die mit dem staatlichen Regime gebrochen hatten und deshalb in diesem Land nach einer Alternative suchten. Zu diesen und den Seelensdorfer Urgewächsen gesellten sich Anfang der 1970er-Jahre vier deutsche Aussiedlerfamilien aus Masuren, die in Seelensdorf eine neue Heimat fanden. Der kleine Ort war mit einem Mal gefüllt mit fleißigen, motivierten Menschen und einer Vielfalt an praktischen Fertigkeiten und geistigen Begabungen. Davon profitierte nicht nur Seelensdorf. Das Brandenburger Predigerseminar kam zu Arbeitseinsätzen und Wildschweinessen genauso wie Behinderten- und Konfirmandenrüstzeiten nach Seelensdorf.

Glockenturm

Backofen

Bischof Albrecht Schönherr begründete als Dechant des Domstifts die langjährige Tradition des Seelensdorfer Missionsfestes als einen Sommerhöhepunkt im ländlichen Kirchenkalender. Mit der Seelensdorfer Trophäenschau alljährlich im September entstand ein weiterer Jahreshöhepunkt mit Volksfestcharakter. Die kleine Jagdhütte im Wald war mehrfach Ort für „abhörsichere" Gespräche der Kirchendiplomatie.

Der Fall der Mauer und die deutsche Wiedervereinigung beendeten das kleine Wirtschaftswunder im Seelensdorfer Wald, dennoch überwog die Freude der erfolgreichen friedlichen Revolution. Vergessen war diese Leistung für den Wald nicht, denn der Seelensdorfer Domstiftsforstmeister wurde erster Forstchef des neugegründeten Bundeslandes Brandenburg; im Jahre 1993 ehrte ihn die Albert-Ludwigs-Universität Freiburg i. Br. mit dem Pfeil-Preis.

Die Geschichte des Seelensdorfer Forstes kann nicht nur im Brandenburger Domstiftsarchiv erkundet werden. Im Wald um Seelensdorf findet der interessierte Besucher mittlerweile mehr als 40 Gedenksteine an geschichtsträchtigen Orten mit Inschriften gegen das Vergessen.

Jagdhütte

Das Domstiftsforstamt im Jubiläumsjahr

Das schöne Gleichnis aus der Bergpredigt scheinbar ignorierend, sind Dom und Wald zwar auf Sand gebaut, stehen jedoch trotzdem zum 850. Domjubiläum auf festem Grund. So wie der Brandenburger Dom einer Neugründung seiner Fundamente bedurfte, um das drohende Damoklesschwert der Schinkelschen Prophezeihung abzuwenden und endlich Halt im märkischen Sumpf und Sand zu finden, benötigte auch der Forstbetrieb nach der deutschen Wiedervereinigung eine Sicherung seiner wirtschaftlichen Zukunftsfähigkeit. Das Domstift, mit der Erfahrung einer über Jahrhunderte währenden Waldbewirtschaftung ausgestattet, hat sich bei der Suche nach neuer wirtschaftlicher Stabilität als besonnener Entscheidungsfinder mit waldfreundlicher Gesinnung erwiesen. In der Folge wurden bewährte Säulen des Forstbetriebes ausgebaut und gefestigt sowie neue Felder der wirtschaftlichen Nutzung erschlossen. Das Domstiftsforstamt stellt heute einen vielfältigen Forstbetrieb dar, dessen Aufgaben die eigene Waldbewirtschaftung, der Betrieb eines modernisierten Sägewerks, die Wärmeversorgung des Brandenburger Burghofes und die Betreuung eines christlichen Waldfriedhofs sind.

Grünbaum-Douglasien

Schönherr-Kiefer

Graf Lambsdorff-Eiche

Der Forstbetrieb hat in den zurückliegenden 25 Jahren den Kurs seiner betont nachhaltigen Waldbewirtschaftung fortgesetzt. Die Ergebnisse dieses forstlichen Handelns wurden 2011 durch eine Forstinventur dokumentiert und können sich sehen lassen. Fast 500 000 Festmeter stehender Holzvorrat als nachwachsende Rohstoff- und Energieressource verteilen sich auf eine Gesamtbetriebsfläche von 2 000 Hektar gepflegter, stabiler und gesunder Waldbestände des Domstifts. Das Durchschnittsalter des Domstiftswaldes beträgt 70 Jahre. Neben der quantitativen Mehrung des Holzvorrats ist der qualitative Wertzuwachs in den geasteten und regelmäßig durchforsteten Kiefernbeständen augenscheinlich. Auch hinsichtlich der Baumartenvielfalt trägt der eingeschlagene Weg der natürlichen Verjüngung, unterstützt durch standortgerechte Initialpflanzungen, zur gewünschten Erhöhung des Laubholzanteils im Betrieb sichtbare Früchte. Die derzeit praktizierte Umsetzung eines Intervalljagdkonzepts durch die Seelensdorfer Pächtergemeinschaft ist zum Erreichen dieses Betriebszieles hilfreich.

Das Seelensdorfer Sägewerk wurde im Jahr 2005 modernisiert. Dabei wurde die alte Gattersägewerkstechnik durch eine Zerspaneranlage ersetzt, mit der es möglich ist, Kanthölzer verschiedener Längen und Querschnitte schnell und in guter Qualität herzustellen. Im Zuge des Bearbeitungsprozesses fallen Holzhackschnitzel als Abfall an, der wiederum als Brennstoff für die neue Heizungsanlage am Dom genutzt wird. Der nachwachsende Rohstoff Holz aus dem eigenen Wald hat die fossilen Energieträger Gas, Öl und Kohle abgelöst und dadurch eine gewisse Selbstständigkeit und Unabhängigkeit der Wärmeversorgung am Dom gesichert. Im Vergleich zum Brennholzbedarf des 18. Jahrhunderts benötigt die heutige moderne Hackschnitzelheizung mit einem Leistungsvermögen von einem Megawatt nur etwa 30 Prozent der damaligen Brennholzmenge trotz deutlich gestiegenem beheizten Wohnraum auf dem Burghof.

Ein völlig neues Aufgabenfeld für das Domstiftsforstamt entstand 2008 mit dem Waldfriedhof Seelensdorf im Revierteil Gapel. Ein 150-jähriger, autochthoner Traubeneichenbestand wird seitdem auf einer Fläche von etwa 20 Hektar zur christlichen Urnenbeisetzung im Wald genutzt. Korrekterweise müsste es *wieder* genutzt heißen, denn im Umfeld des heutigen Waldfriedhofes befindet sich ein altes

Buchenunterbau

Waldfriedhof

Gräberfeld aus der Zeit vom 8. Jahrhundert vor bis 4. Jahrhundert nach Christus. Das Angebot der Urnenbeisetzung in diesem wunderschönen Eichenbestand findet reges und ständig steigendes Interesse und wird besonders in der Region dankbar angenommen.

Bleibt noch der kleine Waldort Seelensdorf mit seinen 34 Seelen – wahrlich kein märkischer Siedlungsriese, doch weit entfernt davon, wieder wüst zu fallen. Die einmalige Lage im Grünen macht Seelensdorf zum beliebten Wohnort für Jung und Alt. Im Jahr des 850. Domjubiläums sind Seelensdorf und sein Wald bereit für ein weiteres Kapitel der beständig neuen Geschichte mit dem Dom.

Übrigens brachten die Jubiläumsrecherchen des Domstiftsarchivs einen für Seelensdorf recht bedeutenden Fund zu Tage. Im ältesten Urkundenverzeichnis des Archivs wird der Erwerb des Ortes durch den Bischof auf das Jahr 1319 datiert.

Lit.: Enders 1972; Schößler 1977, 2004; Hinz 1993; Hinz/Brumm 2008

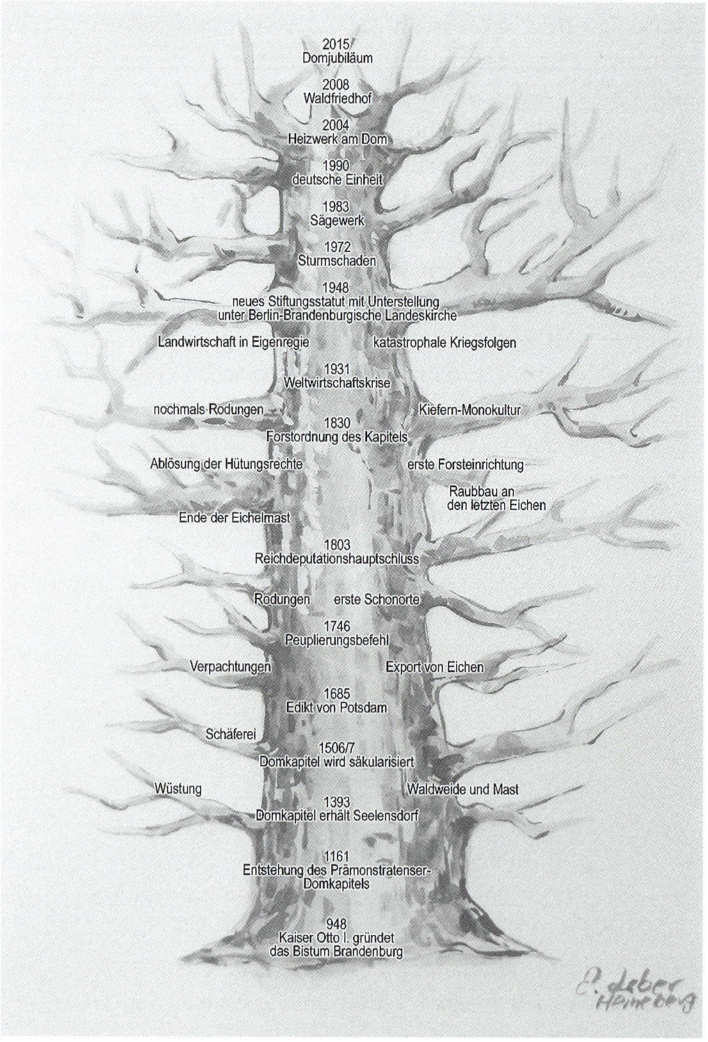

Domstiftseiche im Jubiläumsjahr (Zeichnung von Robert Hinz und Erwin Leber)

Landwirtschaft

Isabel Thiermann

1161 bis 2001 – Einblick in die Geschichte

Eine slawische Siedlung war es, die als „Mukzowe" 1161 zum ersten Mal urkundlich erwähnt wurde. Sie lag südwestlich des heutigen Dorfes Mötzow. Um 1335 gab es nur einen Wirtschaftshof, der vom Brandenburger Domstift schon vor 1204 angelegt worden war. Um 1394 wurde ein neuer Hof zu Mötzow an den Havelbergen errichtet. Ein Hofmeister, zuständig für Mötzow und das ebenfalls zum Domstift gehörende Grabow, wurde 1447 erwähnt. Grabow wurde wie auch Mötzow im 16. Jahrhundert als Schäferei geführt. Um 1656 wurden auf dem Vorwerk Mötzow 900 Schafe, 20 Rinder und 100 Schweine gehalten.

August von Schönborn gilt als der erste Pächter des Domstiftsgutes Mötzow. Von 1717 bis 1729 zahlte er jährlich 1450 Taler an das Domstift. Friedrich Sander und seine Nachkommen pachteten das Gut von 1859 bis 1945. Er war es auch, der 1894 das bis heute bestehende und genutzte Gutshaus errichtete. Die nach Kriegsende von der damaligen Sowjetischen Militäradministration (SMAD) und später der DDR-Regierung verordnete Eigenbewirtschaftung der Kirchenbetriebe endete am 1. Oktober 2001 mit der Verpachtung der Domstiftsgüter Mötzow und Grabow an Heinrich Thiermann.

1946 bis 2001 – Zeit der kircheneigen bewirtschafteten Landwirtschaft
Von ausgeplünderten Höfen zu vorzeigbaren Gütern

Die Domstiftsgüter Mötzow und Grabow werden westlich und nördlich vom Beetzsee, im Süden vom Katharinen- und Landwehrgraben und dem Heerweg und im Osten von der Gemarkung Lünow eingegrenzt. Das ergibt eine zusammenhängende Betriebsfläche von 1 600 Hektar, von denen etwa 1 200 landwirtschaftlich genutzt werden können. Die schwere Aufgabe, das auch zu tun, hatte das Domstift Brandenburg in den Nachkriegswirren des Zweiten Weltkrieges durch den Erlass Nr. 52 der Sowjetischen Militäradministration. Stellvertretend für die Persönlichkeiten der ersten Stunden sei Bischof Albrecht Schönherr genannt. Langsam gelang es, Inventar zu beschaffen, Leute einzustellen, Kriegsschäden zu beseitigen, Häuser und Gebäude um- und auszubauen und erste Bestellungen der Felder und ihre Ernte zu organisieren. Kirchlicher Grundbesitz war als „Eigentum besonderer Art" von der Enteignungspolitik der DDR in der Landwirtschaft ausgenommen. Hilfen der Bundesrepublik und westlicher Gliedkirchen ermöglichten es, den kirchlichen Grundbesitz zu erhalten. Angesichts der Zusammenschlüsse von Betrieben zu Landwirtschaftlichen Produktionsgenossenschaften (LPG) oder volkseigenen Gütern ab den 1950er-Jahren wurden die Kirchenbetriebe plötzlich zu Zwergen. Auch sie mussten ihre Kräfte bündeln. 46 Betriebe gab es auf dem Gebiet der DDR. Es wurden Landwirtschaftsräte und -ämter gegründet, zeitgleich richtete man das Referat Landwirtschaft beim Bund der Evangelischen Kirchen in der DDR ein.

Grabow als Teil des Domstiftsgutes Mötzow

Seit 1970 arbeitete das Domstift Brandenburg mit seinen Gütern Mötzow, Grabow und Kieck eng mit dem Klosterstift Heiligengrabe und Rapshagen im Kreis Pritzwalk zusammen. Kirchlichen Landwirtschaftsrat und -amt (LWA Mitte) hatte das Domstift als größter Anteilseigener zu stellen. Deren Sitz war in Mötzow, die zentrale Buchhaltung in Grabow. Zu diesem Zeitpunkt schrieben alle Mitgliedsbetriebe rote Zahlen. Ständig wiederkehrende Hochwasserschäden machten Meliorationsmaßnahmen in großem Umfang erforderlich. Aus vielen Gründen und nach zähen Verhandlungen stellten sich Mötzow und Grabow auf Rindermast und Schafhaltung ein, die bis zur Wende und darüber hinaus betrieben wurden.

Am 15. Mai 2000 löste das Domkapitel das Landwirtschaftsamt auf. Am 17. März 2001 beschloss es die Verpachtung der Betriebe an Heinrich Thiermann zum 1. Oktober 2001.

Schafhaltung auf dem Domstiftsgut Mötzow, um 1960

Stall und Brennerei in Mötzow, um 1960

Ab 2001 – Verpachtung an Heinrich Thiermann Umfassende Umbaumaßnahmen nach der Übernahme der Güter

In Mötzow entstand ein Vielfruchthof und die Tiergeräusche und -gerüche verschwanden. Bausachverständige, Architekten, Handwerker nahmen die Arbeit auf, zu den langjährigen Mitarbeitern kamen neue hinzu, und ab 2002 rollten die Bagger. Das alte Domstiftsgut Mötzow blieb in seinen Grundformen bestehen, aber die Gebäude erhielten neue Gesichter und Funktionen. Und zeitgleich lief die Vorbereitung der Spargel- und Beerenproduktion an. Es folgten sehr arbeitsreiche und aufregende Jahre.

Die Kuhställe und die Brennerei wurden ausgeräumt, saniert und zu Sortier- und Verarbeitungshallen, Lager- und Wohnräumen sowie zur Mitarbeiterküche umfunktioniert.

Ein Anbau am Pferdestall wurde abgerissen und im ehemaligen Pferdestall entstand ein Hofladen – wie auch im vorderen Teil des Schafstalles, der heute zudem als gastronomische Einrichtung dient. Der Parkplatz wurde befestigt, zudem wurden zusätzlich Busparkplätze geschaffen und die Straßenzufahrt erweitert. Außerdem wurden ein Park angelegt, Rasen gesät und Bewässerungsmöglichkeiten geschaffen. Eine Blumen-

Gutshaus in Mötzow

wiese und ein Kräutergarten folgten. Für die Gäste entstand ein liebevoll gehegter Streichelzoo mit heimischen Tierarten und in der ehemaligen Mühle wurde eine Kunstmühle etabliert. Hier bieten ortsansässige Kunsthandwerker ihre Arbeiten an und in der Galerie werden regelmäßig Ausstellungen mit Fotos oder Bildern von Künstlern der Region präsentiert.

Der Betrieb in Grabow wurde ebenso saniert. Die Werkstatt wurde renoviert und vergrößert. Das Getreidelager erhielt ein neues Dach, eine neue Lagerhalle entstand und das Gutshaus samt Nebengebäuden wurde mit Sanitäreinrichtungen ausgestattet und wieder bewohnbar gemacht. Die Schafzucht in Grabow wurde 2008 wegen Unwirtschaftlichkeit aufgegeben, da der Markt für Wolle zusammengebrochen war. Die ehemaligen Stallungen und Wirtschaftsgebäude dienen heute dem Landwirtschaftsbetrieb als Maschinenhallen und Erntelager.

Das Gutshaus in Mötzow wurde mit viel Hingabe in seinen ursprünglichen Zustand versetzt. Die Sanitäreinbauten und Behelfsräume in den Fluren wurden entfernt, defekte Abwasserrohre und Leitungen erneuert und das Haus vom Keller bis zum Dach saniert.

Das Gutshaus beherbergt im Erdgeschoss die Büroräume sowie Besprechungsräume, Sanitäreinrichtungen und eine Küche. Im Keller befinden sich die Wirtschafts-, Lager- und Serverräume und dazu auch noch Wohnfläche für Mitarbeiter. Das mittlere Geschoss beheimatet die Mitarbeiter- und Betriebsleiterwohnungen und im Obergeschoss befinden sich weitere Wohnräume für Mitarbeiter. Eine Kühlhalle mit Verladerampe wurde 2005 gebaut, die Fertigstellung der Verarbeitungshalle folgte 2009.

Seit 2010 ist das sehenswerte „N'Ostalgiemuseum" von Horst Häger im unteren Bereich der Kunstmühle und in der ehemaligen Werkstatt untergebracht, das vielerlei Gegenstände des täglichen Gebrauchs sowie Autos, Motorräder und Uniformen aus DDR-Zeiten zeigt.

Ein idyllischer Fahrradweg führt seit drei Jahren vom Katharinengraben über Mötzow bis an den Beetzseestrang Richtung Radewege. Die geplante Anbindung vom Katharinengraben bis nach Brandenburg wird hoffentlich bald erfolgen.

Schwerpunktmäßig angebaut werden Spargel, Mais, Roggen, Hafer, Heidelbeeren, Kürbisse und Mairübchen (Kugelrettich); diese sind nicht nur im Berliner Raum eine beliebte Delikatesse.

Gemüse und Sonderkulturen als arbeitsintensive Kulturen erfordern einen hohen Arbeitskräfteeinsatz. So finden jährlich 100 Festangestellte und 1 000 deutsche und polnische Saisonarbeitskräfte auf den Domstiftsgütern Mötzow und Grabow Beschäftigung. In

In Mötzow werden Spargel, Mairübchen und Heidelbeeren angebaut

Staunässe führt zu nachhaltigen Ertragsminderungen und zum Teil zum Totalausfall bei Spargelkulturen

den landwirtschaftlich arbeitsarmen Zeiten wird die umfangreiche Bausubstanz von den Mitarbeitern in Ordnung gehalten. Der erhebliche Reparaturstau bei Pachtbeginn wurde zwar in den ersten zehn Jahren abgearbeitet, aber weiterhin ist ein hoher Grad an Unterhaltung erforderlich, was auch auf den Wegebau in der Feldmark zutrifft.

Spätestens mit dem großen Fest des Spargelanstichs, das im April die ersten Besucher nach Mötzow lockt, zieht alljährlich neues Leben ins Gut ein. Bis in den Herbst hinein gibt es den Verkauf von Spargel, Obst, Beeren, Gemüse und ländlichen Produkten im Hofladen und auf Märkten bis nach Potsdam und Berlin und im Dezember auch einen Weihnachtsbaumverkauf.

Ab Ende Mai 2007 wurde das Jahr durch eine extreme Starkregenphase mit 1 200 mm Niederschlägen und Unwettern mit starken Hagelschäden zum niederschlagsreichsten Jahr seit Beginn der Wetteraufzeichnung von 1923. Diese über Monate anhaltende Staunässe machte die Böden unbefahrbar, die Spargelernte wurde beeinträchtigt und das Getreide konnte nicht überall geerntet werden.

Die Gastronomie dient als Schaufenster gläserner Produktion.

Zur Spargelzeit herrscht Hochbetrieb in der Gastronomie

Erntedankaltar im ehemaligen Schafstall

Der Hof bietet im Sommer Kunden und Gästen Raum zum Verweilen. Überliefertes Brauchtum wird gern gepflegt, jährliche Erntefeste mit Gottesdienst, Jagden mit Bläsergruppen, Erntekronenausstellungen, Kochvorführungen, Themensonntage und Flohmärkte bieten eine interessante Abwechslung. Hier übernimmt der Landfrauenverein Radewege die liebevolle Ausschmückung von Hof und Altarraum.

Der Brandenburger Kulturverein hat sich für seine Veranstaltungen schon mehrfach den Schafstall erwählt und so prominente Gäste wie Frank-Walter Steinmeier, Joachim Gauck und Günter Grass begrüßt.

850 Jahre – Der Dom und seine Gemeinde

Detlef Lippold

Folgt man dem Psalmbeter (Ps 90,4), dann sind vor Gott eintausend Jahre wie ein Tag – so gesehen ist der Dom zu Brandenburg mit seinen 850 Jahren Bestehen nicht einmal einen Tag alt. Jung ist er also, jung geblieben – lebendig! Das hat mit den Menschen zu tun, die im, am und um den Dom herum leben und arbeiten. Er ist jung und lebendig, weil nahezu tausend Jahre gelebter Menschenleben in ihm bewahrt sind und weil er weiterhin – so versteht sich die Gemeinschaft am Dom – ein Lebensort sein will, ein Ort und Hort der Zuversicht und Fröhlichkeit, ein Ort und Raum, da Leben sich ereignen kann.

Insofern ist der Begriff der *Gemeinde* am Brandenburger Dom noch einmal ganz anders zu fassen. Da ist zum einen die Evangelische Domgemeinde Brandenburg, die als Kirchengemeinde des Evangelischen Kirchenkreises Mittelmark-Brandenburg zur Landeskirche Berlin-Brandenburg-schlesische Oberlausitz gehört. Aber unabhängig von Körperschaftsfragen irgendwelcher Art versteht sich die Gemeinschaft glaubender und handelnder Menschen am Dom als *eine Gemeinde*. Das ist ein bunter Strauß an Einrichtungen, die den Burghof beleben. In diesem Reigen versteht sich die Domgemeinde als Wesens- und Lebensäußerung der Gemeinschaft am Dom. Nicht ihre Aufgabe allein, aber vornehme Aufgabe ist es, geistliches Leben zu ermöglichen, zu gestalten und zu begleiten – dieses herrliche Gotteshaus als Glaubens- und Lebensort erfahrbar zu machen und eben nach nahezu tausend Jahren lebendig zu erhalten. Dabei sind die Gottesdienste natürlich die zentralen Feiern der Gemeinde, hier wird im Beten, Singen, Staunen, Freuen Gemeinschaft gelebt. Dazu gehören neben den selbstverständlichen sonntäglichen Gottesdiensten auch herausragende Gestaltungen wie der Hahnenschrei-Gottesdienst im anbrechenden Licht des Ostermorgens, der Biker-Gottesdienst mit und für Motorradfahrende, Erntedank- und Heiligabend-Gottesdienste besonderer Art, Rundfunk- und Fernsehgottesdienste. Oder die

Erntedankaltar im renovierten Dom

Gemeinde geht mit ihrem Gottesdienst auf die grüne Wiese – nach draußen, zeigt sich erkennbar.

Gemeinde kann aber nur in solchem Maße Strahlkraft entwickeln und Gemeinschaft bilden, wie jede, jeder Einzelne sich in freiwilliger Selbstbindung selber als *Kirche* versteht, es als ureigenes Anliegen betrachtet. Davon leben nicht nur die genannten Gottesdienste, sondern – nur exemplarisch – das wochentägliche Mittagsgebet, das auf die Initiative Einzelner zurückgeht, ebenso wie die Abendmahlsvesper jeden Donnerstag; aber auch die Andacht des Domgymnasiums zu Wochenbeginn und zum Wochenschluss, Gottesdienste des Kindergartens, der Evangelischen Grundschule, von Konfirmandinnen und Konfirmanden, des Eine-Welt-Ladens, der Gemeinde-Band, der Weltgebetstag der Frauen oder andere Gottesdienste und Andachten aus unterschiedlichstem Anlass – oft Festgottesdienste und nicht nur im Jubiläumsjahr. Das schließt die Gemeinde Klein Kreutz-Saaringen mit ein, die sich ganz bewusst als Gemeinde an ihrem Ort hält und versteht, der Domgemeinde aber aufs Engste verbunden ist. Viele unterschiedliche ordinierte und nicht ordinierte Menschen sind übers Jahr eingeladen, Gottesdienst zu halten. Und immer wieder finden sich im Dom auch andere Gruppen und Gemeinden ein, um Gemeinschaft und Gottesdienst zu feiern. Weit über Gemeindegrenzen und -zugehörigkeit hinaus ist der Dom gleichermaßen nachgefragt für Trauungen, Taufen oder Gottesdienste zu Jubiläen des persönlichen Lebens – warum wohl?! So zeigt sich, dass Gemeinde unvergleichlich mehr ist als eine definierte Körperschaft öffentlichen Rechts. Kurz: Sie ist lebendig, bunt, beständig neu. Auch nicht-ordinierte Christinnen und Christen nehmen ihre Verantwortung auch für geistliches Leben und Erleben wahr, allein aus dem Grunde, weil sie „Dom sind“.

Neue Wege geht die Gemeinde ebenso mit dem Kindergottesdienst. Tatsächlich ist die Gemeindezahl aufgrund der Wohngegebenheiten mit ca. 530 Gliedern, von denen nur rund die Hälfte im Bereich lebt, relativ gering, mithin auch die Zahl an Kindern und Jugendlichen am Ort. So ist der klassische Kindergottesdienst während oder im Anschluss an den Erwachsenen-Gottesdienst kein passendes Angebot. Stattdessen haben sich das Museum des Domes und die Kindergottesdienst-Verantwortlichen im Projekt der „Kirchenkatze“ (nach einem 500 Jahre alten Relief im nördlichen Querschiff) zusammengetan, um Kindern in thematischen Führungen, im Rumstromern, Entdecken, Gestalten und Fragen Kirche, Glauben und Lebensäußerungen der Menschen heute und über die Jahrhunderte nahezubringen. Strahlende Kinderaugen und die Begeisterung zeigen, dass der Dom damit auf richtigem Weg ist.

Über solche institutionellen Unterschiede hinweg gehen auch die Betrachtungen zur Passion von Museum und Gemeinde, die in Gespräch, Musik und Betrachtung Elemente der Kirche nutzen, um sich in Leben, Sterben und Auferstehen Jesu zu versenken. Musik ist überhaupt ein wichtiger Gesichtspunkt des Lebens am Dom – es würde den Rahmen sprengen, hier alles aufzuzählen, was der Domkantor in eigener Person oder als Impresario zu Leben und Verkündigung am Dom beiträgt. Klar ist nur, dass auch an dieser Stelle keine Trennschärfe der unterschiedlichen Engagements besteht – und das ist gut so.

Zu „bunt und lebendig“ gehören auch das muntere Treiben des mit 60 Kindern kleinen, aber feinen gemeindeeigenen Kindergartens ebenso wie der engagierte Redaktionskreis des Dombriefes, der wiederum in gelungener Weise Auskunft gibt über das rege Leben dieser zahlenmäßig so kleinen, vom Wirkungs- und Erstreckungsbereich aber doch so großen Gemeinde. Eine ganze Reihe von ehrenamtlichen Mitarbeiterinnen und Mitarbeitern sorgt mit Engagement und Herzblut dafür, dass Gemeinde nicht bei sich verbleibt, sich nicht abschottet und sich selbst genügt, sondern offen, offenherzig bleibt. Allen voran ist dies der Besuchsdienstkreis, der ausstrahlt, aber auch der Kreis der Küsterinnen ist getragen von Menschen, die sprach- und auskunftsfähig sind und sich ansprechbar geben. Die „Frauen am Dom“ geben noch einmal ein ganz eigenes fröhliches Gepräge. Gleiches gilt für die Lektorinnen und Lektoren, ohne die ein Gottesdienst nicht vorstellbar ist. Im Falle der Domgemeinde wird dieser Dienst von den Mitgliedern des Gemeindekirchenrates bestritten – anders als bedauerlicherweise andernorts ist hier die Gemeindeleitung auch in Gemeinde und Gottesdienst bekannt und präsent und gestaltet das (geistliche) Leben der Gemeinde nicht nur im Hintergrund, sondern persönlich und unmittelbar. Dies ist atmosphärisch nicht zu unterschätzen und reicht bis in die anderen Bereiche hinein, wie den schon genannten Kindergarten, die Gemeindearbeit mit Kindern, die Kinderbibelwoche, die Christenlehre oder auch die teils schon mehrere Jahrzehnte lang bestehenden gemeindlichen Aktivitäten von Haus- und Ge-

Kinder bei der Erkundung der „Kirchenkatze"

sprächskreisen unterschiedlicher Art. Und gefeiert wird auch.

Wenn man von einem weiter gefassten Selbstverständnis spricht, dürfen auch die nahen Innenstadt-Gemeinden St. Katharinen und St. Gotthardt und Christus nicht unerwähnt bleiben. Gleich dem Dom sehen sie sich in der Verantwortung, sichtbares und unverzichtbares Element im Leben der Stadt Brandenburg zu sein und im gemeinsamen Miteinander für ein freundliches Gesicht von Kirche innerhalb der Gesellschaft einzustehen. Nicht nur gemeinsame Innenstadtgottesdienste, sondern auch engste Zusammenarbeit wie bei Kirchenasyl oder in (gesellschafts-)politischem Engagement tragen das in die Öffentlichkeit. Beispielhafte Innenstadtgottesdienste finden jeweils wechselnd in den beteiligten Kirchen am zweiten Weihnachtsfeiertag, zu Neujahr, am Aschermittwoch, am Ostermontag, zu Himmelfahrt, am Pfingstmontag, am Reformationstag, am vorletzten Sonntag des Kirchenjahres zur Eröffnung der gemeinsamen Friedensdekade sowie am Buß- und Bettag als Schlussakt der Friedensdekade statt.

In diesem Jahr 2015 bieten nicht nur das Jubiläumsgeschehen des Domes, sondern auch die Bundesgartenschau mit unzähligen Besucherinnen und Besuchern aus Fern und Nah hervorragende Gelegenheit, der Aufgabe in der Gesellschaft, in der Öffentlichkeit und dem empfundenen und selbstgewählten Auftrag nachzukommen und sich als offene und öffentliche Kraft zu zeigen. Selbstverständlich ist die Domgemeinde bei den Veranstaltungen von „Buga und Kirche" dabei.

Wenn es einen Ausblick zu wagen gilt, dann ist es dieser, als Gemeinde weiter den eigenen Beitrag dazu zu leisten, dass bei den unterschiedlichen Schwerpunktinteressen allen am Dom das Verbindende und gemeinsam Tragende bewusst ist; dass sich das zeigt an „Grenzen" überschreitenden Aktivitäten und Unternehmungen, die nicht festgeschrieben sind, sondern sich *beständig neu* an den Erfordernissen orientieren. Wir sind Dom – wenn uns das nicht gelingt, haben wir nichts gekonnt. Anderes wird man der Öffentlichkeit auch nicht vermitteln können. Es ist schön, dass die Kirchengemeinde in der Gemeinschaft am Dom mit den vielfältigen Institutionen dazu ungleich mehr und andere Möglichkeiten hat als andere Kirchengemeinden. Dies gilt es gemeinsam zu nutzen. „Der Dom" muss auch in Zukunft eine Größe, eine Stimme – auch eine politische – in Brandenburg an der Havel und darüber hinaus sein, kompetenter Ansprechpartner der Öffentlichkeit und öffentlicher Institutionen in den vielen Belangen des Lebens. Nicht die Anzahl von Gemeindegliedern, sondern die Aussage- und Strahlkraft entscheiden über Größe. Dafür sind dankenswerterweise hervorragende Bedingungen geschaffen. Der Dom selbst ist umfassend und nachhaltig restauriert und erstrahlt in völlig neuem Glanz, viele Bauten sind – wieder – intakt, und es wird weiter daran gearbeitet; der Burghof bietet als offener Platz, der gern

Sommerfest des Kindergartens 2012

und reichlich als Passage zwischen ansonsten getrennten Stadtbereichen angenommen wird, ein tatsächliches Bild des Selbstverständnisses. Da wird durchgegangen, da wird Fahrrad gefahren und gespielt, er dient teilweise als Pausenhof. Der Dom ist „umzingelt" – so die augenzwinkernde Selbstdarstellung – von den Bereichen der Evangelischen Grundschule, und sie liegt tatsächlich rundherum.

Und darum geht es: Wenn das Jubiläum 850 Jahre Dom zu Brandenburg begangen wird, dann feiern wir nicht einfach den Bestand eines alten Gebäudes, sondern wir feiern und ehren auch das Leben, das sich in all den Jahrhunderten ereignet hat – all die Menschen, die im und um den Dom gelebt haben – und das Leben, das sich jetzt und fürderhin am und um den Dom ereignet. Vergangenheit erinnern, Gegenwart verantworten, Zukunft gestalten – immer darauf hoffend, Gottes Willen, seiner Menschen- und Lebensfreundlichkeit Gestalt zu geben. Beständig neu! Schon die alten Psalmbeter wussten: „Wenn Gott nicht das Haus baut, so arbeiten umsonst, die daran bauen." (Psalm 127) In einer anderen Übersetzung (Buber/Rosenzweig) heißt es noch viel stärker: „Will ER ein Haus nicht erbauen, wahnhaft mühn sich dran seine Erbauer".

Der Dom – 850 Jahre jung und beständig neu – ist und darf es sein: ein geistliches Zentrum mit vielen missionarischen Möglichkeiten. Heute würde man vielleicht sagen: ein Kompetenzzentrum, ein Kompetenzzentrum für Leben. Nicht nur im Jubiläumsjahr, sondern alle Tage …

Theologische, gemeinde- und religionspädagogische Bildungsarbeit des Amtes für kirchliche Dienste (AKD) in Brandenburg an der Havel

Matthias Spenn

Der Burghof auf der Dominsel in Brandenburg an der Havel mit dem Dom, der Petrikapelle, dem Tagungshaus Burghof 5 sowie dem Domkonvikt ist für ehrenamtliche und berufliche Mitarbeitende der Evangelischen Kirche Berlin-Brandenburg-schlesische Oberlausitz (EKBO) ein wichtiger und vertrauter Ort. Denn hier finden regelmäßig vielfältige landeskirchliche Fortbildungen für ehrenamtliche und berufliche kirchliche Mitarbeitende, insbesondere für Pfarrerinnen und Pfarrer, Religionslehrkräfte und gemeindepädagogisch Mitarbeitende statt. Viele im aktiven Dienst tätige Pfarrerinnen und Pfarrer besuchten hier das bis vor einigen Jahren in Brandenburg befindliche Predigerseminar der Union Evangelischer Kirchen. Speziell für ordinierte Pfarrerinnen und Pfarrer besteht aktuell die Möglichkeit zur Fortbildung im hier ansässigen Pastoralkolleg.

Seit den 1990er-Jahren werden auch schwerpunktmäßig religionspädagogische sowie gemeindepädagogische Weiterbildungen durchgeführt. Ausgangspunkt dafür war im Jahr 1993 die Gründung des Evangelischen Bildungszentrums Brandenburg. Veranlasst war die Gründung dieser Einrichtung durch den Bedarf an Religionslehrkräften nach der Einführung des evangelischen Religionsunterrichts an öffentlichen Schulen im Land Brandenburg. Zugleich sollte die kirchliche Bildungsarbeit in der Landeskirche unter den veränderten gesellschaftlichen und kirchlichen Bedingungen nach dem Ende der DDR insgesamt durch eine berufsbegleitende Ausbildung von Gemeindepädagoginnen und Gemeindepädagogen gestärkt werden. Das Bildungszentrum ist inzwischen in das Amt für kirchliche Dienste (AKD) in der EKBO übergegangen. Es wurde 2006 aus mehre-

Das frühbarocke Gebäude ist ein Frühwerk von Philipp Gerlach, dem Architekten der Potsdamer Garnisonkirche

ren Bereichen landeskirchlicher Fortbildung für ehrenamtlich und beruflich Mitarbeitende, zu denen nach wie vor schwerpunktmäßig auch die religionspädagogische Qualifizierung, die gemeindepädagogische Ausbildung sowie das Pastoralkolleg gehören, gebildet. Für das Bildungszentrum und in dessen Nachfolge das AKD wurde der Landeskirche durch das Domstift das Gebäude Burghof 5 zur Verfügung gestellt. Es dient bis heute als Tagungsort für die Bildungsangebote, die das AKD in Brandenburg durchführt. Zur Übernachtung dient das Domkonvikt.

Das Amt für kirchliche Dienste (AKD) in der EKBO

Als zentrale landeskirchliche Einrichtung der Evangelischen Kirche Berlin-Brandenburg-schlesische Oberlausitz hat das AKD den Auftrag, ehrenamtlich und beruflich Mitarbeitende bei der Bewältigung ihrer Aufgaben zu unterstützen, sie fortzubilden und bei der Profilierung und konzeptionellen Weiterentwicklung ihrer Praxis situationsgerecht zu begleiten und anzuregen. Das AKD richtet seine Arbeit an Kirchengemeinden, Kirchenkreise, Verbände, Werke und Einrichtungen sowie an andere Akteure auf den unterschiedlichen kirchlichen Handlungsebenen. Sein Sitz ist in der Goethestraße 26–30 in Berlin-Charlottenburg. Weitere Arbeitsorte für bestimmte kursbezogene Angebote sind weiterhin Brandenburg an der Havel sowie Lehnin.

Das AKD hat gegenwärtig etwa 55 Mitarbeitende, davon mehr als die Hälfte Studienleiterinnen und Studienleiter für die unterschiedlichen Inhaltsbereiche kirchlicher Arbeit.

Ein Schwerpunkt des AKD liegt bei der Qualifizierung und Fortbildung ehrenamtlicher und beruflicher Mitarbeiterinnen und Mitarbeiter, insbesondere von Multiplikatorinnen und Multiplikatoren in den vielfältigen kirchlichen Praxisfeldern einschließlich der Unterstützung und Befähigung zur Wahrnehmung der Interessensvertretung in den jeweiligen fachbezogenen und kirchlichen Strukturen. Ein weiterer Schwerpunkt ist die Beratung und Unterstützung der kirchlichen Praxis in Gemeinden, Kirchenkreisen, Werken und Einrichtungen und insbesondere die Begleitung von Praxisentwicklungsprozessen (Konzeptionsentwicklung) in Kirchenkreisen und Bildungseinrichtungen. Nicht zuletzt gehört auch die Vertretung von Arbeitsfeldern, Themen und Akteursgruppen in Gremien und Unterstützungssystemen in landeskirchlichen, gesamtkirchlichen (EKD), landes- sowie bundespolitischen Bezügen zu den zentralen Aufgaben des AKD. Außerdem gehören zu den Angeboten des AKD zentrale Dienstleistungen in Form einer öffentlichen Bibliothek mit vielfältigen Praxismaterialien sowie einem Medienportal für die religionspädagogische und gemeindliche Praxis, Notenverleih für die Kirchenmusik sowie Material- und Technikverleih; das Tagungshaus des AKD in Berlin mit vielfältigen Tagungsmöglichkeiten für eigene Tagesveranstaltungen sowie für die Nutzung von anderen kirchlichen und nichtkirchlichen Gruppen. Für Kirchenkreise, Kirchengemeinden sowie Jugendverbände und andere kirchliche Akteure leistet das AKD darüber hinaus vielfältige Organisations- und Verwaltungsunterstützung in Form von Antragsberatung, Mittelakquise, Mittelvergabe und Abrechnung von Fördermitteln und Kollekten. Auf landeskirchlicher Ebene unterstützt und begleitet das AKD immer wieder strategisch wichtige Entwicklungsprozesse in der EKBO durch fachliche Impulse, insbesondere zu Bildungsfragen und anderen handlungsfeldspezifischen Themenstellungen. Aktuell ist das AKD intensiv eingebunden in den Reformprozess in der EKBO, in die Arbeit zu den Themen der Reformationsdekade und in die Vorbereitungen für das Reformationsjubiläum und den Deutschen Evangelischen Kirchentag 2017.

Angebote des AKD in Brandenburg

Das Amt für kirchliche Dienste führt jährlich etwa 400 Fortbildungsveranstaltungen mit insgesamt etwa 7 500 Teilnehmenden durch. Nahezu ausgeglichen je zur Hälfte finden die Veranstaltungen in Berlin sowie an Orten außerhalb Berlins in der Landeskirche statt. Einen Schwerpunkt bilden dabei Brandenburg an der Havel und Lehnin. Aufgrund sich verändernder Bedarfe und Fortbildungsformate gewinnen zunehmend auch Angebote unmittelbar in konkreten Praxiskontexten in der Landeskirche an Bedeutung.

In Brandenburg an der Havel liegt für das AKD der Schwerpunkt vor allem bei regulären Kursangeboten des Pastoralkollegs (bis zu 15 einwöchige Kursangebote pro Jahr) und bei gemeindepädagogischen Grund- und Aufbaukursen.

Gruppenarbeit bei der Ausbildung in Gemeindepädagogik

Darüber hinaus finden weitere zwei- bis dreitägige Tagungen und Fortbildungsveranstaltungen unterschiedlicher Arbeitsbereiche statt. Dazu gehören unter anderem die Kurswochen im Rahmen des Religionspädagogischen Vikariats für die angehenden Pfarrerinnen und Pfarrer, aber auch Fortbildungsveranstaltungen der gemeindlichen Arbeit mit Kindern, mit Ehrenamtlichen oder EKD-weite religionspädagogische Experten-Fachtagungen wie die des Netzwerks Kindertheologie.

Auch zahlenmäßig stellen der Burghof und das Domkonvikt in Brandenburg für das AKD mit etwa 2 200 bis 2 500 Übernachtungsbuchungen/Teilnehmertagen mehrtägiger Veranstaltungen einen wichtigen Tagungsort dar. Dabei liegen die Anteile grob je zu einem Drittel bei dem Pastoralkolleg, den gemeindepädagogischen Kursen und anderen Tagungen des AKD.

Im Folgenden werden stellvertretend für die Bandbreite der Angebote des AKD in Brandenburg die fortlaufend angebotenen gemeindepädagogischen Qualifizierungskurse sowie ausgewählte Angebote des Pastoralkollegs vorgestellt.

Gemeindepädagogische Qualifizierung

Gemeindepädagoginnen und -pädagogen sind Mitarbeiterinnen und Mitarbeiter, die in der kirchlichen Bildungsarbeit, insbesondere in der evangelischen Arbeit mit Kindern, Jugendlichen, Familien und Erwachsenen sowie Senioren in Kirchengemeinden und Kirchenkreisen tätig sind. Sie begleiten und unterstützen Bildungsprozesse mit den Schwerpunkten religiöser Bildung in Gruppen und mit Einzelnen, und zwar sowohl in kontinuierlichen als auch in projekthaften Formaten. Sie arbeiten in der Regel im Team mit anderen beruflichen und ehrenamtlichen Mitarbeitenden und unterstützen, begleiten und qualifizieren Ehrenamtliche. Es gibt unterschiedliche Profile gemeindepädagogisch Mitarbeitender. Ein Unterscheidungsmerkmal ist das Qualifikationsniveau aufgrund der Ausbildung. So arbeiten in der EKBO Gemeindepädagoginnen und Gemeindepädagogen mit einem Hochschulabschluss, den sie gemeinhin an einer der evangelischen Hochschulen im Studiengang Religionspädagogik erworben haben, und Gemeindepädagoginnen und Gemeindepädagogen mit einem Fachschulabschluss. Für sie bietet das AKD gemeindepädagogische Grund- und Aufbaukurse an. Die Kurse richten sich

Weiterbildung in Kirchengeschichte

vor allem an engagierte Ehrenamtliche in den Kirchengemeinden, die Interesse an einer nebenamtlichen oder auch vollberuflichen Tätigkeit als Gemeindepädagoginnen und Gemeindepädagogen haben und dafür eine entsprechende Qualifizierung benötigen beziehungsweise wünschen. Die berufsbegleitende Qualifizierung besteht aus zwei jeweils zwei Jahre dauernden Abschnitten, dem gemeindepädagogischen Grundkurs für die gemeindliche Arbeit mit Kindern und Familien und dem gemeindepädagogischen Aufbaukurs für die gemeindliche Arbeit mit Jugendlichen/Konfirmanden, Erwachsenen und für die Öffentlichkeitsarbeit. Ein erfolgreicher Abschluss des Aufbaukurses (Fachschulniveau) ermöglicht auch eine entsprechende Anstellung in der Landeskirche. Sowohl Grund- als auch Aufbaukurs beinhalten quer zu handlungsfeldbezogenen Ausbildungsmodulen Grundlagenmodule in Gemeindepädagogik und Theologie. Die theoretische Ausbildung wird ergänzt durch mentorierte Praktika.

Prägend für die Ausbildung ist durchgehend die Verschränkung theologischer und pädagogischer Perspektiven. Ein besonderer Schwerpunkt liegt bei der Einübung in eine gemeindepädagogische Didaktik im Wechselspiel der Lernprozesse der Kursteilnehmenden selbst während ihrer Ausbildung und Lernprozessen der Teilnehmenden in ihrer gemeindlichen Praxis. Die Reflexion in der Gruppe unter Einbeziehung von Sach-, Erlebnis- und Beziehungsebenen ist ein durchtragendes Element.

Die Teilnehmenden wohnen während der Kurswochenenden und Kurswochen im Domkonvikt. Gemeinsame Unterkunft (in Einzelzimmern) und Mahlzeiten, gemeinsames Lernen und gemeinsames geistliches Leben prägen die Arbeit während der Kurszeit und stärken die Teilnehmenden für die eigene Arbeit an weit verstreuten Orten. Die Leitung der gemeindepädagogischen Qualifizierung liegt bei der Studienleiterin Pfarrerin Evamaria Simon. Als Dozentinnen und Dozenten wirken weitere Studienleitende des AKD sowie eine Vielzahl externer Expertinnen und Experten mit.

Pfarrer- und Pfarrerinnenfortbildung im Pastoralkolleg

Das Pastoralkolleg der EKBO, das zum AKD gehört und seinen Arbeitsort auch schwerpunktmäßig in Brandenburg hat, dient mit seinem Fortbildungsangebot dazu, dass ordinierte Mitarbeiterinnen und Mitarbeiter ihre gemeindliche Arbeit theologisch reflektieren und dies mit Impulsen aus aktuellen gesellschaftlichen, kirchlichen und unterschiedlichen wissenschaftlichen Perspektiven verknüpfen. Das Pastoralkolleg bietet feste, wiederkehrende Formate sowie variable Kursangebote. Viele Angebote sind für Interessierte frei ausgeschrieben, manche Formate sind stärker erfahrungsorientiert angelegt, einige sind auf bestimmte Pfarrberufsgruppen zugeschnitten, wieder andere sind darauf gerichtet, konkrete Handlungskompetenzen zur Bewältigung bestimmter beruflicher Aufgaben zu erwerben. Das Pastoralkolleg steht auch Pfarrkonventen aus Kirchenkreisen für eigene Klausurtagungen zur Verfügung. In jedem Fall wird großer Wert auf gemeinsames Lernen und gemeinsames geistliches Leben gelegt.

Den Auftakt im Kalender- und damit Fortbildungsjahr des Pastoralkollegs bildet immer ein sogenannter Schlüsselkurs für die theologischen Referentinnen und Referenten der Kirchenkreise. Das jeweilige Thema des Schlüsselkurses dient den Konventen in den Kirchenkreisen auch als Impuls für ihre Themenplanung für das laufende Jahr. Während der EKD-Reformationsdekade bis zum Reformationsjubiläum im Jahr 2017 sind dies in der Regel die Themen der EKD-Themenjahre.

Ein weiteres regelmäßiges Angebotsformat sind die Fortbildungskurse für Pfarrerinnen und Pfarrer in den ersten Amtsjahren (FEA-Kurse). Sie sind für Berufseinsteigerinnen und Berufseinsteiger verbindlich, wobei die Themen durch die Teilnehmenden gemeinsam mit der Kursleitung festgelegt werden. Relativ neu in der EKBO ist das kollegiale Fortbildungsmodell „Theologie im Pfarramt"; es findet im Jahr 2015 zum zweiten Mal statt. Hierbei werden von einem kleinen Leitungsteam und weiteren Teilnehmenden theologische Themen ausgewählt und in mehreren Kursteilen gestaltet. Damit wird weitgehend selbstgesteuert, inhaltlich, konzeptionell und organisatorisch unterstützt durch das Pastoralkolleg, die eigene wissenschaftliche theologische Reflexion mit aktuellen Praxisherausforderungen der Teilnehmenden auf je eigene Weise verknüpft. Das übergreifende Thema des Kurses ist im Jahr 2015 „Transzendenz".

Daneben findet jährlich eine Vielzahl thematischer Kurse statt. Aktuelle Themen im Jahr 2015 sind etwa die Arbeit mit Ehrenamtlichen, Bildungskonzepte in, für und aus der Gemeinde, systemische Methoden für Einzelberatung, Coaching und Organisationsberatung, Teamwork und die pastorale Rolle oder „Gut vernetzt – Netzwerktheorien und die theologische Praxis". Regelmäßig werden in Zusammenarbeit mit der Frauenarbeit in der EKBO feministische Pastoralkollegs durchgeführt, und in Vorbereitung auf das Reformationsjubiläum geht es auch immer um reformationstheologische Themen sowie um kritische Reflexionen der Jubiläumskonzepte. Die Leitung des Pastoralkollegs im AKD liegt bei Pfarrer Peter Martins.

Entwicklungsperspektiven

Das AKD ist sehr daran interessiert, die landeskirchliche Fortbildungsarbeit in Kooperation mit dem Domstift Brandenburg zu intensivieren und auszubauen. Aktuell und zukünftig sollen die Kursangebote des Pastoralkollegs und der Gemeindepädagogik weitergeführt werden. Perspektivisch soll darüber hinaus die Tagungsarbeit in Form von mehrtägigen Tagungen, Kursen und Konferenzen auch anderer Arbeitsbereiche des AKD verstärkt in Brandenburg stattfinden. Dazu gehören beispielsweise Konferenzen für Kirchenkreisbeauftragte in der Arbeit mit Kindern, der Jugendarbeit und anderer Arbeitsfelder, Qualifizierungskurse für ehrenamtlich und beruflich Mitarbeitende in den unterschiedlichen kirchlichen Arbeitsfeldern und auch Tagungen, die das AKD in Kooperation mit landeskirchenübergreifenden Kooperationspartnern durchführt. Der Burghof Brandenburg bietet dafür in mehreren Hinsichten ein großes Potenzial: als historischer und aktueller Bildungsort, als geistlicher Ort mit Räumlichkeiten in einzigartiger Architektur in der Verknüpfung von christlicher Spiritualität und Ästhetik, als Ort von Kunst und Kultur und nicht zuletzt als Begegnungsort für unterschiedliche kirchliche und gesellschaftliche Akteure. Das AKD und das Domstift, unterstützt durch die Landeskirche, arbeiten gemeinsam an der Weiterentwicklung der Arbeitsmöglichkeiten in Brandenburg, um die Potenziale möglichst vielen ehrenamtlich und beruflich Mitarbeitenden in den unterschiedlichen kirchlichen Arbeitsfeldern sowie Gemeindemitgliedern und anderen Interessierten zu erschließen.

Der Dom in Kinderaugen – Kinder der Evangelischen Grundschule und des Evangelischen Domgymnasiums

Karen Strupp

Seit 1945 besteht der evangelische Kindergarten, seit dem Jahr 2000 eine evangelische Grundschule und seit 2006 ein evangelisches Gymnasium. Das prägende Merkmal des modernen Domes sind Kindergarten- und Schulkinder, die mit und um den Dom herum leben und lernen. Kinder der beiden Schulen zeigen und beschreiben ihren Dom aus ihrer Sicht: der Dom in Kinderaugen.

Jeden Monat führt sie Kinder durch den Dom: die Kirchenkatze. Hoch oben auf einer Säule im Hauptschiff hat sie über die Jahrhunderte hinweg einen guten Überblick über die Schätze und Dinge, die im Dom sehenswert sind. Und was finden Kinder besonders schön im Dom? Das haben Schülerinnen und Schüler der Evangelischen Grundschule und des Evangelischen Domgymnasiums zusammengestellt. Am Anfang des Projekts sind sie mit dieser Frage durch den Dom gegangen. Dass sich ihre Antworten von denen der Erwachsenen unterscheiden, liegt auf der Hand. So ist eine Kinderführung entstanden, die mit der Gründungsgeschichte des Domes beginnt und insgesamt zehn Stationen umfasst: unter anderem die Geschichte „Reineke Fuchs predigt den Gänsen“ als Steinfries am Hauptportal, das Leben der Prämonstratenser, erzählt im nördlichen Querhaus und auf dem Hohen Chor, der rätselhafte alte Taufstein, die lustigen Drolerien im Kirchengewölbe, der goldene Böhmische Altar oder die strahlende Schinkel-Rosette. Die Schülerinnen und Schüler haben Texte für eine Hörführung und ein Dombuch für Kinder verfasst. Letzteres ist als Mitmach-Buch konzipiert, mit vielen Kinderbildern und Rätseln. Geschärft wird der Blick für die kleinen Details. Und es werden Fragen beantwortet, die die Kinder gestellt haben: Warum hat der Dom nur einen Turm? Wie kommt das Gold auf den Böhmischen Altar? Warum leuchtet die Rosette so schön?

Kirchenkatze

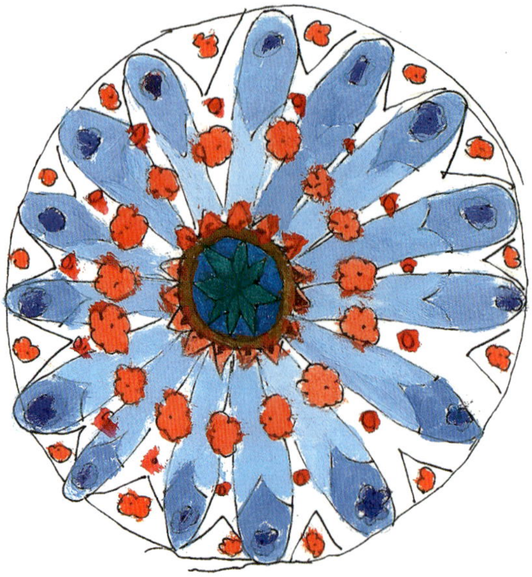

Helen, 6. Klasse

Emilia, 6. Klasse

Schau dir einmal dieses schöne kreisrunde Kirchenfenster unter der Orgel genau an. Es sieht aus wie eine Blume. Man nennt so ein Kirchenfenster Rosette oder Fensterrose. Es gibt sie nicht nur hier im Dom, sondern auch in vielen großen Kathedralen in ganz Europa, wie zum Beispiel in Notre-Dame de Paris. Sie besteht aus buntem Fensterglas, vom Mittelpunkt gehen radförmig Strahlen in Form von Mustern oder Blüten ab. Sie leuchtet am schönsten, wenn die Sonne spätnachmittags auf den Dom scheint. Es sieht aus, als würde sie von einer hellen Lampe beschienen. Sie bezieht also Licht, das von außen in den Dom scheint. Aber im Gegensatz zu vielen anderen Kathedralen, die eine Rosette in der Außenfassade haben, befindet sich diese nicht in der Außenwand. Woher kommt also das Licht? Um herauszukriegen, wie der berühmte preußische Architekt Karl Friedrich Schinkel sich das ausgedacht hat, musst du in Richtung Rosette gehen. Ganz langsam und betrachte sie genau! Die Rosette verliert ihre Strahlkraft und wird von einer Seite immer grauer. Wenn du vorne an der Zwischentür angekommen bist, schau auf die Außentür des Domes. Dort gibt es auch ein rundes Kirchenfenster, allerdings ohne farbiges Glas. Das Licht muss also erst durch dieses Fenster dringen, um die Rosette im Dom zum Leuchten zu bringen.

Das Licht spielt in den sogenannten gotischen Kirchen eine sehr wichtige Rolle. In der Bibel, genauer gesagt im Johannes-Evangelium, steht, dass Jesus spricht: „Ich bin das Licht der Welt. Wer mir nachfolgt, der wird nicht wandeln in der Finsternis, sondern wird das Licht des Lebens haben." Das sind Worte, die viel Trost und Ermutigung bedeuten, gerade dann, wenn man sehr traurig oder ängstlich ist. Lichtdurchflutete Kirchen wie der Brandenburger Dom mit seiner schönen Rosette, den großen Fenstern und dem hohen Kirchenschiff waren für ihre Erbauer und die Menschen, die sie besuchten, ein Abbild für das Himmelreich.

Du siehst hier den schönen alten Taufstein des Domes. Er stammt aus der zweiten Hälfte des 14. Jahrhunderts. Hier werden auch heute noch kleine und große Kinder und Erwachsene getauft. Zu der Gelegenheit wird der Taufstein mit Blumen geschmückt und mit Wasser gefüllt. Jetzt schau ihn dir mal genauer an. Im unteren Relief kannst Du Tiere erkennen: einen Eber, der von einem Jäger verfolgt wird, einen Bären, ein Kamel, einen Wolf mit einem Vogel im Maul, einen Hasen, einen Hund. Wir wissen nicht genau, was diese Tiere bedeuten. Der Taufstein gibt uns in vielerlei Hinsicht noch Rätsel auf. Auch im oberen Relief findest du Szenen, die man nicht alle richtig deuten kann. Neben dem Bild mit den Heiligen Drei Königen erkennen wir weitere Geschichten aus der Bibel: Als der Erzengel Gabriel Maria die Geburt Jesu verkündet oder die Flucht nach Ägypten. Aber es gibt auch eine Szene, in der eine Mutter einem Kind die Füße behandelt. Früher war der Taufstein mit bunten Farben bemalt und man konnte die Szenen vielleicht besser erkennen.

Er besteht übrigens aus Sandstein und wiegt mehr als eine Tonne. Er ist also richtig schwer. Warum erzählen wir dir das? Der Taufstein ist mal umgezogen. Er wurde erst im 19. Jahrhundert hier auf den Hohen Chor hochgebracht. Der Taufstein stand lange links in dem zweiten Arkadenbogen, also direkt im Eingangsbereich. Dafür gab es einen Grund. Der Taufstein war wie eine Grenze. In den alten Kirchen durften die „Nichtgetauften“ nur im Eingangsbereich stehen. Sie warteten dort auf ihre Taufe. Du findest es vielleicht eigenartig, aber so waren die Vorstellungen damals. In den Hauptraum kamen die getauften Christen. Und hier oben auf dem Hohen Chor, wo du jetzt stehst, durften sich sogar nur die Chorherren aufhalten. Es bedeutet, dass du hier sozusagen im Himmel bist.

Carla, 5. Klasse

Agnes, 6. Klasse

Anhang

Zeitleiste

928/29	Eroberung der Brandenburg durch Heinrich I.
948	Gründung des Bistums Brandenburg durch Otto I.
983	Slawenaufstand, Zerstörung des ottonischen Domes
1150	Tod des letzten Hevellerfürsten Pribislav/Heinrich
1157	Rückeroberung der Brandenburg durch den Askanier Albrecht den Bären (erster Markgraf von Brandenburg)
1161	Gründung des Domkapitels durch Bischof Wilmar
1165	Fundamentweihe des Domes, geweiht dem Apostel Paulus, später auch Petrus
1. Hälfte 13. Jh.	Frühgotische An- und Umbauten, Errichtung des Kreuzganges
1296	Papst Bonifaz VIII. gestattet den Prämonstratenserdomherren, erbliches Eigentum zu besitzen
Anfang 14. Jh.	gotische Einwölbung der Krypta
Um 1375	Böhmischer Altar
1377–1389	Westfassade als Kathedralfassade
1426–1460	Umbau des Domes zur gotischen Basilika, der Südturm wird aufgegeben, der Nordturm aus Holz weitergeführt
1507	Aufhebung der Prämonstratenserregel und Aufteilung der Einkünfte auf 16 Domherren
1539	Reformation in der Kurmark
1544	Reformation des Domkapitels durch den Landesherrn
1568	Reduzierung der Domherrenstellen von 16 auf 7
1588	Ausschluss des Bürgertums vom Domkapitel durch ein neues Statut
1648	Vermauerung der Krypta und Verbindung des Hohen Chores mit dem Laienschiff durch eine Holztreppe
1670	Der hölzerne Turm wird durch einen Massivbau ersetzt
1705	Gründung der Ritterakademie
1723	Entfernung der Nebenaltäre aus dem Dom; Wagner-Orgel im Dom
1755	Das Domkapitel erkauft sich Domherrenorden
1809	Einstellung der Stundengebete
1834–1836	Restaurierung unter Karl Friedrich Schinkel
1848/49	Preußische Nationalversammlung im Dom
1869–1871	Neubau des Westflügels als Schulhaus für die Ritterakademie
1930	Umwandlung des Domstifts in eine Stiftung; Aufhebung des Domkapitels
1935	Wiederherstellung des Domkapitels im Rahmen der NS-Kirchenpolitik
1945	Ende der staatlichen Aufsicht über das Domstift, Land- und Forstbesitz wieder in eigener Bewirtschaftung, Ende der Ritterakademie
1946	Bischof Dibelius unterstellt das Domstift der Aufsicht der Evangelischen Landeskirche, Albrecht Schönherr Domdechant
1962–1965	Umfangreiche Restaurierung des Domes
Seit 1996	Umfangreiche Sanierung an Dom, Klausur, Kurien und Nebengebäuden
2013/14	Renovierung des Dominneren
2015	850 Jahre Grundsteinlegung des Domes

Quellen- und Literaturverzeichnis

Quellenausgaben

Krabbo/Winter 1910-1955
Regesten der Markgrafen von Brandenburg aus askanischem Hause, bearbeitet von Hermann Krabbo und Georg Winter, Leipzig/Berlin 1910-1955.

Riedel 1847
Adolph Friedrich Riedel: Codex Diplomaticus Brandenburgensis, 1. Hauptteil, Bd. 8, Berlin 1847.

Satzung für das Predigerseminar bei dem Domstift in Brandenburg/Havel vom 20. Juni 1957, in: *Kirchliches Amtsblatt der Evangelischen Kirche in Berlin-Brandenburg* 1957, S. 27 f.

Schößler Regesten 1998
Wolfgang Schößler: Regesten der Urkunden und Aufzeichnungen im Domstiftsarchiv Brandenburg, Teil 1: 948–1487, Weimar 1998.

Sello 1888
Georg Sello: Heinrici de Antwerpe, can. Brandenb., Tractatus de urbe Brandenburg, in: Jahresbericht des Altmärkischen Vereins für Vaterländische Geschichte und Industrie zu Salzwedel, Abtheilung für Geschichte, Jg. 22, H. 1, 1888, S. 1–33.

Wentz 1929
Das Bistum Brandenburg, Teil 1, bearbeitet von Gustav Abb und Gottfried Wentz, Berlin 1929/Nachdruck 1963 (Germania Sacra I, 1, 1).

Ungedruckte Quellen

Schlieben 1648
Brief des Domdechanten Maximilian von Schlieben an das Domkapitel vom 13. April 1648; Domstiftsarchiv Brandenburg BDK 4160/2101 Bl. 8–10.

Vignoles 1703
Die in den Gewölben des Domes befindlichen Särge und Grabdenkmäler, enth. Verzeichnis der Grabdenkmäler mit Wiedergabe der Inschriften von A. des Vignoles 1703, Protokoll über die Öffnung der Gräber und den Fund des Bischofsstabes 1834; Domstiftsarchiv Brandenburg BDK 4338/2151, als Kopie in BDK 4338,1/6401.

Literatur

Adler 1862
Friedrich Adler: Die mittelalterlichen Backsteinbauwerke des Preußischen Staates, Bd. 1, Berlin 1862.

Assing 2002/2003
Helmut Assing: Zum Streit um die Gründungsurkunde des Bistums Brandenburg, in: 12. Jahresbericht (2002–2003) des Historischen Vereins Brandenburg (Havel), S. 17–29.

Badstübner 2006
Ernst Badstübner: Spätromanische Bauornamentik und Kapitellplastik im Brandenburger Dom, in: Katja Bernhardt/Piotr Piotrowski (Hg.): Grenzen überwindend. Festschrift für Adam S. Labuda zum 60. Geburtstag, Berlin 2006, S. 199–211.

Bentzinger/Meckelnborg 2001
Rudolf Bentzinger/Christina Meckelnborg u. a.: Der Gute Gerhart Rudolfs von Ems in einer anonymen Prosaauflösung und die lateinische und deutsche Fassung der Gerold-Legende Albrechts von Bonstetten (Deutsche Texte des Mittelalters, Bd. 81), Berlin 2001.

Bergau 1885
Rudolf Bergau: Inventar der Bau- und Kunstdenkmäler der Provinz Brandenburg, Berlin 1885.

Bergelt 2012
Wolf Bergelt: Joachim Wagner (1690–1749). Orgelmacher, Regensburg 2012.

Bergstedt/Heimann 2005
Clemens Bergstedt/Heinz-Dieter Heimann (Hg.): Wege in die Himmelsstadt. Bischof – Glaube – Herrschaft 800–1550 (Veröffentlichungen des Museums für brandenburgische Kirchen- und Kulturgeschichte, Bd. 2), Berlin 2005.

Bergstedt/Heimann/Müller 2001
Clemens Bergstedt/Heinz-Dieter Heimann/Mario Müller u. a. (Hg.): Im Dialog mit Raubrittern und Schönen Madonnen. Die Mark Brandenburg im späten Mittelalter (Studien zur brandenburgischen und vergleichenden Landesgeschichte, Bd. 6), Berlin 2011.

Bonhoeffer 1998
Dietrich Bonhoeffer: Entwurf für eine Arbeit, in: Ders.: Widerstand und Ergebung. Briefe und Aufzeichnungen aus der Haft (Werke, Bd. 8), Gütersloh 1998, S. 556–561.

Bowitz/Ehling 2013
Jörg Bowitz/Angela Ehling: Bau- und Skulpturgesteine des Mittelalters in der Mark Brandenburg, in: *Brandenburgische Geowissenschaftliche Beiträge*, Jg. 20 (2013), H. 1/2, S. 135–139.

Buchinger und Cante 2000
Denkmale in Brandenburg, Bd. 17.1.: Landkreis Teltow-Fläming, Teil 1: Stadt Jüterbog mit Kloster Zinna und Gemeinde Niedergörsdorf, bearbeitet von Marlies Buchinger und Marcus Cante, Worms 2000.

Büsching 1817
Johann Gustav Büsching: Reise durch einige Münster und Kirchen des nördlichen Deutschlands im Spätjahr 1817, Leipzig 1819.

Bussche 1989
Albrecht von dem Bussche: Die Ritterakademie zu Brandenburg, Frankfurt a. M. 1989.

Cante A. 1998
Andreas Cante: Der Brandenburger Dom von der Reformationszeit bis um 1930, in: Dom zu Brandenburg (*ICOMOS – Hefte des Deutschen Nationalkomitees*, Bd. XXV) München 1998, S. 45 ff.

Cante M. 2005
Marcus Cante: Brandenburg an der Havel. Die Restaurierung 1961–65, in: *Brandenburgische Denkmalpflege*, Jg. 14 (2005), H. 1, S. 39 ff.

Cante M. 1994
Denkmale in Brandenburg, Bd. 1.1.: Stadt Brandenburg an der Havel, Dominsel – Altstadt – Neustadt, bearbeitet von Marcus Cante, Worms 1994.

Cante u. a. 2007
Marcus Cante/Dietrich Kurze/Gregor Seebacher/Wolfgang Schößler: Prämonstratenser-Domkapitel Peter und Paul, in: Heimann u. a. (Hg.): Brandenburgisches Klosterbuch, Bd. 1, Berlin 2007.

Dammeier 1921
[Conrad] Dammeier: Mittelalterliche Heizanlage im Domkloster in Brandenburg a. d. Havel, in: *Die Denkmalpflege*, Jg. 23 (1921), S. 64 f.

Dehio 2012
Georg Dehio: Handbuch der Deutschen Kunstdenkmäler: Brandenburg, Berlin/München 2012.

Dehio 2002
Georg Dehio: Handbuch der Deutschen Kunstdenkmäler: Sachsen Anhalt I, Berlin/München 2002.

Dehio 2000
Georg Dehio: Handbuch der Deutschen Kunstdenkmäler: Brandenburg, Berlin/München 2000.

Dehio 1906
Georg Dehio: Handbuch der Deutschen Kunstdenkmäler, Bd. 2: Nordostdeutschland, Berlin 1906.

Deiters 2006
Maria Deiters: Kunst im Erzstift Magdeburg um 1400. Studien zur Rekonstruktion eines verlorenen Zentrums, Berlin 2006.

Ehling 2011
Angela Ehling (Hg.): Bausandsteine in Deutschland, Bd. 2: Sachsen-Anhalt, Sachsen und Schlesien (Polen), Hannover 2011.

Eichholz 1912
Paul Eichholz: Die Kunstdenkmäler von Stadt und Dom Brandenburg, in: Die Kunstdenkmäler der Provinz Brandenburg, hg. vom Brandenburgischen Provinzialverbande, Bd. II, Teil 3: Stadt und Dom Brandenburg, Berlin 1912, S. 349.

Enders 1972
Lieselott Enders: Historisches Ortslexikon für Brandenburg, Teil III: Havelland, Weimar 1972.

Fait 1965
Joachim Fait: Die Baugeschichte des Domes und seine Kunstschätze, in: Jürgen Henkys (Hg.): 800 Jahre Dom zu Brandenburg, Berlin 1965, S. 20–48.

Fajt 2008
Jiří Fajt: Brandenburg wird Böhmisch. Kunst als Herrschaftsinstrument, in: Ernst Badstübner u. a. (Hg.): Tradition – Transformation – Innovation. Die Bildende Kunst des Mittelalters in der Mark Brandenburg, Berlin 2008, S. 202–251.

Fillitz 1998
Hermann Fillitz (Hg.): Früh- und Hochmittelalter (Geschichte der Bildenden Kunst in Österreich, Bd. 1), München/New York 1998.

Gebauer 1907
J[ohannes] H[einrich] Gebauer: Die Entstehung der Diözese Dom-Brandenburg, in: *Jahrbuch für brandenburgische Kirchengeschichte*, Jg. 4 (1907), S. 110–126.

Gebauer 1906
J[ohannes] H[einrich] Gebauer, Die evangelischen Pfarrer der dem Patronat des Brandenburger Domkapitels unterstehenden Gemeinden im 16. und 17. Jahrhundert, in: *Jahrbuch für brandenburgische Kirchengeschichte*, Jg. 2/3 (1906), S. 30–67.

Gertler 2011
Carljürgen Gertler: Die frühe Baugeschichte des Brandenburger Doms im Lichte ihrer Befunde, in: Tobias Kunz/Dirk Schumann (Hg.): Werk und Rezeption. Ernst Badstübner zum 80. Geburtstag (Studien zur Backsteinarchitektur, Bd. 10), Berlin 2011, S. 249–270.

Gertler 2009
Carljürgen Gertler: Brandenburg an der Havel. Der Dom, 6., neu bearb. Aufl. (Schnell-Kunstführer, Nr. 1920), Regensburg 2009.

Gertler 2008
Carljürgen Gertler: Neue Bauforschung im Brandenburger Dom. Vortrag am 10. April 2008 im Historischen Verein Brandenburg (Havel), in: 17. Jahresbericht (2007–2008) des Historischen Vereins Brandenburg (Havel), Brandenburg an der Havel 2008, S. 79–92.

Gertler 2005
Carljürgen Gertler: Zur Konzeption und relativen Baufolge der spätgotischen Umgestaltung des Brandenburger Domlanghauses, in: Johannes Cramer/Peter Goralczyk/Dirk Schumann (Hg.): Bauforschung – eine kritische Revision. Historische Bauforschung zwischen Marketing und öffentlichem Abseits, Berlin 2005, S. 173–204.

Gertler 2002
Carljürgen Gertler: Mehr Anstand, Würde und Zweckmäßigkeit. Der Brandenburger Dom in der Romantik, Brandenburg an der Havel 2002, S. 31 ff.

Gertler 1998 a
Carljürgen Gertler: Die Urkunde von 1426 und die erste Periode des spätgotischen Domumbaus, in: 1050 Jahre Brandenburg. Beiträge zur Geschichte und Kultur, hg. vom Domstift und vom Historischen Verein Brandenburg (Havel), Brandenburg an der Havel o. J. (1998), S. 66–78.

Gertler 1998 b
Carljürgen Gertler: Zur Frage der Herkunft und Bedeutung des einschiffigen Urbaus des Brandenburger Doms, in: Dom zu Brandenburg. Eine Tagung des Deutschen Nationalkomitees von ICOMOS und des Brandenburgischen Landesamtes für Denkmalpflege, Brandenburg 2.–3.12.1996 (*ICOMOS – Hefte des Deutschen Nationalkomitees*, Bd. XXV), München 1998, S. 35–43.

Giese 1996
Horst Giese: Brandenburg, Dom, Schadensanalyse, Bde. 1–4, Hannover 1996.

Goldscheider 1998
Michael Goldscheider: Dom zu Brandenburg. Geotechnische Stellungnahme zur Erhaltung bzw. denkmalschonenden Sanierung der Gründung, Stand Juni 1998, Karlsruhe 1998.

Grebe 1965
Klaus Grebe: Untersuchungen im Dom zu Brandenburg (Havel), in: *Ausgrabungen und Funde. Nachrichtenblatt für Vor- und Frühgeschichte*, Bd. 10, 1965, S. 145–150.

Grünbaum 1965
Kurt Grünbaum: Domstift und Domkapitel seit 1946, in: Jürgen Henkys (Hg.): 800 Jahre Dom zu Brandenburg, Berlin 1965, S. 94–100.

Grünbaum 1948
Kurt Grünbaum: Bistum und Domstift Brandenburg in Geschichte und Gegenwart, in: 1000 Jahre Domstift Brandenburg (Havel), Brandenburg an der Havel 1948.

Heckel 1924
Johannes Heckel: Die evangelischen Dom- und Kollegiatstifte Preußens, Stuttgart 1924.

Heinrich 1999
Gerd Heinrich (Hg.): Tausend Jahre Kirche in Berlin-Brandenburg, Berlin 1999.

Hellberg/Malter 2011
Lennart Hellberg/Birgit Malter: Zwischen Bewahren und Verändern. Bauen am Dom, in: Rüdiger von Schnurbein (Hg.): 850 Jahre Domkapitel Brandenburg, Regensburg 2011, S. 137–150.

Helle 2005
Matthias Helle: Die Dompropstei zu Brandenburg/Havel. Ein „neu entdeckter“ Gerlach-Bau, in: *Mitteilungsblatt der Landesgeschichtlichen Vereinigung für die Mark Brandenburg e. V.*, Jg. 106, Bl. Nr. 3 (September 2005), S. 65–69.

Henkys 1959
Jürgen Henkys: An unsere Brüder im Amt mit Erläuterungen, in: *Die Zeichen der Zeit*, Jg. 13 (1959), S. 220 f.

Herold 1927
Victor Herold: Zur ersten lutherischen Kirchenvisitation, III. Teil, in: *Jahrbuch für brandenburgische Kirchengeschichte*, Bd. 22, Berlin 1927, S. 25–137.

Heußner/Schöfbeck 2008
Karl-Uwe Heußner/Tilo Schöfbeck: Dendrochronologische Untersuchungen an märkischen Kunstobjekten, in: Ernst Badstübner u. a. (Hg.): Tradition – Transformation – Innovation. Die Bildende Kunst des Mittelalters in der Mark Brandenburg, Berlin 2008, S. 172–187.

Hinz 2011
Robert Hinz: Das Domstiftsforstamt Seelensdorf in der sowjetisch besetzten Zone und in der DDR bis zur friedlichen Revolution, in: Rüdiger von Schnurbein (Hg.): 850 Jahre Domkapitel Brandenburg, Regensburg 2011, S. 137–150.

Hinz 1993
Robert Hinz: 600 Jahre Domstiftsforstamt Seelensdorf, in: Stiftung f. V. S. zu Hamburg: Verleihung des Wilhelm-Leopold-Pfeil-Preises 1993 durch die Albert-Ludwigs-Universität Freiburg i. Br. an Oberlandforstmeister Robert Hinz, Hamburg 1993, S. 19–52.

Hinz/Brumm 2008
Robert Hinz/Peter Brumm: Steine im Domstiftswald Seelensdorf und Umgebung, Grebs 2008.

Jordan 1979
Karl Jordan: Heinrich der Löwe, München 1979 (TB-Ausgabe 1993), S. 114–120.

Kahl 1964
Hans-Dietrich Kahl: Slawen und Deutsche in der brandenburgischen Geschichte des zwölften Jahrhunderts. Die letzten Jahrzehnte des Landes Stodor, 1. Halbbd.: Darlegungen, 2. Halbbd.: Materialien (Mitteldeutsche Forschungen, Bd. 30), Köln/Graz 1964.

Kähler/Passauer/Kasparick
Reinhard Kähler/Matthias Passauer/Siegfried T. Kasparick (Hg.): Predigerseminar beim Domstift zu Brandenburg an der Havel. Albrecht Schönherr zum 90. Geburtstag, Brandenburg an der Havel 2001.

Knüvener 2011
Peter Knüvener: Die spätmittelalterliche Malerei und Skulptur in der Mark Brandenburg (Forschungen und Beiträge zur Denkmalpflege im Land Brandenburg, Bd. 14), Worms 2011.

Knüvener 2009
Peter Knüvener: Unbekannte Retabel und Skulpturen des frühen 14. Jahrhunderts in Brandenburg und benachbarten Gebieten, in: Jiří Fajt/Andrea Langer (Hg.): Kunst als Herrschaftsinstrument. Böhmen und das böhmische Reich unter den Luxemburgern im Europäischen Kontext, Berlin/München 2009, S. 495–515.

Köpping 2001
Günter Köpping: Die Restaurierungsgeschichte des Brandenburger Doms 1945–1999, in: Denkmalpflege im Land Brandenburg 1990–2000, Worms 2001, S. 702 ff.

Krohm 2005
Hartmut Krohm: Den Himmel zu Hause (I). Die Kapelle der Bischofsresidenz Ziesar, in: Clemens Bergstedt/Heinz-Dieter Heimann (Hg.): Wege in die Himmelsstadt. Bischof – Glaube – Herrschaft 800–1550, Berlin 2005, S. 161–194.

Kuhn 2011
Günter Kuhn: Distanz und Nähe – Der Direktor des Predigerseminars, in: Joachim Heise/Johannes Gruhn (Hg.): Horizont und Mitte. Albrecht Schönherr – Pfarrer und Bischof in zwei Diktaturen. Zum 100. Geburtstag, Berlin 2011, S. 98 ff.

Lehmann/Schubert 1983
Edgar Lehmann/Ernst Schubert: Brandenburg, Domstift und Dom St. Peter und Paul, in: Bezirke Berlin/DDR und Potsdam, bearbeitet von der Abteilung Forschung des Instituts für Denkmalpflege (Georg Dehio, Handbuch der Deutschen Kunstdenkmäler), Berlin 1983, S. 143 ff.

Lobbedey 1999
Uwe Lobbedey: Romanik in Westfalen, Würzburg 1999.

Meckelnborg 2015
Christina Meckelnborg: Tractatus de urbe Brandenburg. Das älteste Zeugnis brandenburgischer Geschichtsschreibung. Textanalyse und Edition (Schriften der Landesgeschichtlichen Vereinigung für die Mark Brandenburg. Neue Folge, Bd. 7), Berlin 2015.

Meckelnborg/Riecke 2011
Christina Meckelnborg/Anne-Beate Riecke: Georg Spalatins Chronik der Sachsen und Thüringer. Ein historiographisches Großprojekt der Frühen Neuzeit (Schriften des Thüringischen Hauptstaatsarchivs Weimar, Bd. 4), Köln/Weimar/Wien 2011.

Müller H. 2011
Hans Müller: Von ausgeplünderten Höfen zu vorzeigbaren Gütern, in: Rüdiger von Schnurbein (Hg.): 850 Jahre Domkapitel Brandenburg, Regensburg 2011, S. 123–136.

Müller J. 2014
Joachim Müller: Resterampe oder Spitzenwerk? Die Bauplastik in der Krypta des Brandenburger Doms, in: Ulrich Klein/Matthias Untermann (Hg.): Vom Schicksal der Dinge. Spolie – Wiederverwendung – Recycling, Paderborn 2014, S. 59–72.

Müller M. 2012
Mario Müller: Dietrich von Stechow. Bischof von Brandenburg und Freund Kurfürst Friedrichs II., hg. von Friedrich-Leopold von Stechow, Berlin 2012.

Müller M. 2005
Mario Müller: Bischof Dietrich von Stechow: „Zur Förderung der Frömmigkeit", in: Clemens Bergstedt/Heinz-Dieter Heimann (Hg.): Wege in die Himmelsstadt. Bischof – Glaube – Herrschaft 800-1550, Berlin 2005, S. 18–23.

Müller/Neitmann/Schopper 2009
Joachim Müller/Klaus Neitmann/Franz Schopper (Hg.): Wie die Mark entstand. 850 Jahre Mark Brandenburg. Fachtagung … vom 20. bis 22. Juni 2007 in Brandenburg an der Havel, veranstaltet durch das Brandenburgische Landesamt für Denkmalpflege, das Archäologische Landesmuseum, das Brandenburgische Landeshauptarchiv, die Brandenburgische Historische Kommission, die Stadt Brandenburg an der Havel und den Historischen Verein Brandenburg (Havel) (Forschungen zur Archäologie im Land Brandenburg, Bd. 11 = Einzelveröffentlichung des Brandenburgischen Landeshauptarchivs, Bd. 9), Wünsdorf 2009.

Nissen 1929
Robert Nissen: Die Plastik in Brandenburg a. H. von ca. 1350 bis ca. 1450, in: Jahrbuch für Kunstwissenschaft 1929, S. 61–99.

Partenheimer 2007
Lutz Partenheimer: Die Entstehung der Mark Brandenburg. Mit einem lateinisch-deutschen Quellenanhang, Köln/Weimar/Wien 2007.

Partenheimer/Stellmacher 2014
Lutz Partenheimer/André Stellmacher: Die Unterwerfung der Quitzows und der Beginn der Hohenzollernherrschaft über Brandenburg, Potsdam 2014.

Ramm 1984
Peter Ramm: Die Klosterkirche Jerichow, in: Friedrich Möbius/Ernst Schubert (Hg.): Architektur des Mittelalters. Funktion und Gestalt, Weimar 1984, S. 141–159.

Reihlen 2004
Helmut Reihlen (Hg.): Liturgische Gewänder und andere Paramente im Dom zu Brandenburg, Regensburg 2004.

Rümelin 2003
Hansjörg Rümelin: Ziegelstempel. Zur Bedeutung eines spätmittelalterlichen Details der Baustoffproduktion in der Altmark, in: Ernst Badstübner/Dirk Schumann (Hg.): Backsteintechnologien im Mittelalter und der frühen Neuzeit, Berlin 2003, S. 129–178.

Sachs/Kunze 1987
Hannelore Sachs/Wolf-Dieter Kunze: Der Böhmische Altar im Dom zu Brandenburg, in: Ernst Badstübner/Hannelore Sachs (Hg.): Denkmale in Berlin und Brandenburg, Berlin 1987, S. 171–187.

Schich/Strzelczyk 1997
Winfried Schich/Jerzy Strzelczyk: Slawen und Deutsche an Havel und Spree. Zu den Anfängen der Mark Brandenburg (Studien zur internationalen Schulbuchforschung, Bd. 82: Deutsche und Polen – Geschichte einer Nachbarschaft Teil B/IV), Hannover 1997.

Schmidt 1973
Eberhard Schmidt: Die Mark Brandenburg unter den Askaniern 1134–1320 (Mitteldeutsche Forschungen, Bd. 71), Köln/Wien 1973.

Schönherr 1965
Albrecht Schönherr: Innerste Konzentration für den Dienst nach außen, in: Jürgen Henkys (Hg.): 800 Jahre Dom zu Brandenburg, Berlin 1965, S. 91–93.

Schönherr 1961
Albrecht Schönherr: Konzentration für den Dienst. Zehn Jahre Predigerseminar am Dom zu Brandenburg/Havel, in: *Potsdamer Kirche* Nr. 46 vom 12.11.1961, S. 1 f.

Schößler 2011
Wolfgang Schößler: Überblick über die Geschichte des Hoch- und Domstifts Brandenburg, in: Rüdiger von Schnurbein (Hg.): 850 Jahre Domkapitel Brandenburg, Regensburg 2011, S. 9–28.

Schößler 2004
Wolfgang Schößler: Dorf und Forst Seelensdorf, in: Domstift Brandenburg (Hg.): Der Brandenburger Dom und die Dörfer, Berlin 2004, S. 75–97.

Schößler 1998
Wolfgang Schößler: Das Domstiftsarchiv Brandenburg, in: 1050 Jahre Brandenburg – Beiträge zur Geschichte und Kultur, hg. vom Domstift und vom Historischen Verein Brandenburg (Havel), Brandenburg an der Havel o. J. (1998), S. 97–117.

Schößler 1988
Wolfgang Schößler: Die Reformation im Domstift Brandenburg, in: Hans-Ulrich Delius (Hg.): Dem Wort nicht entgegen. Aspekte der Reformation in der Mark Brandenburg, Berlin 1988, S. 49–62.

Schößler 1977
Wolfgang Schößler: Zur Geschichte von Seelensdorf, in: *Rathenower Heimatkalender*, 21 (1977), S. 42–59.

Schrader 1973
Franz Schrader: Spätmittelalterliche Regesten der Urkunden des Zisterzienserinnenklosters Meyendorf, in: Reformation und katholische Klöster. Beiträge zur Reformation und zur Geschichte der klösterlichen Restbestände in den ehemaligen Bistümern Magdeburg und Halberstadt (Studien zur katholischen Bistums- und Klostergeschichte, Bd. 13), Leipzig 1973.

Schulenburg 2011
Johann-Matthias Graf von der Schulenburg: Gründung und Frühzeit der Ritterakademie zu Brandenburg, in: Rüdiger von Schnurbein (Hg.): 850 Jahre Domkapitel Brandenburg, Regensburg 2011, S. 91–102.

Schultze 1836
Hans Wilhelm Schultze: Einige Notizen über das Alter, die historische Bedeutung und die gegenwärtige Restauration der bischöflichen Stifts- und Dom-Kirche zu Burg Brandenburg, wie auch über mehrere in derselben vorhandene Merkwürdigkeiten, Brandenburg 1836.

Schultze 1961
Johannes Schultze: Die Mark Brandenburg, 1. Bd.: Entstehung und Entwicklung unter den askanischen Markgrafen (bis 1319), Berlin 1961, 4. Aufl. 2011.

Schumann 2011
Dirk Schumann: Die mittelalterliche Bauskulptur im Märkischen Museum, in: Mittelalterliche Kunst aus Berlin und Brandenburg im Stadtmuseum Berlin, bearbeitet von Peter Knüvener, Berlin 2011, S. 36–46.

Schumann 2010
Dirk Schumann: Die Architektur des Hinrich Brunsberg – Überlegungen zu einer norddeutschen „Werkmeisterpersönlichkeit", in: Stefan Bürger/Bruno Klein (Hg.): Werkmeister der Spätgotik. Personen, Amt und Image, Darmstadt 2010, S. 122–161.

Schwarz 1998
Mario Schwarz: Seckau (Stmk). Benediktinerkloster und Pfarrkirche, in: Hermann Fillitz (Hg.): Früh- und Hochmittelalter (Geschichte der Bildenden Kunst in Österreich, Bd. 1), München/New York 1998, S. 246–249.

Sehling 1909
Emil Sehling: Die evangelischen Kirchenordnungen des 16. Jahrhunderts, Bd. 3, Leipzig 1909.

Stolpe 2011
Manfred Stolpe: Wiedererstehung und Bewahrung, in: Rüdiger von Schnurbein (Hg.): 850 Jahre Domkapitel Brandenburg, Regensburg 2011, S. 113–122.

Thümmler 1998
Hans Thümmler: Zur Architektur und Skulptur des Mittelalters. Gesammelte Aufsätze (Beiträge zur Kunstgeschichte des Mittelalters und der Renaissance, Bd. 7), Münster 1998.

Tonezzer 2002
Lucia Tonezzer: Mittelalterliche Ziegelbrennöfen, in: Landesdenkmalamt Baden-Würtemberg (Hg.): Mittelalterliche Öfen und Feuerungsanlagen. Beiträge des 3. Kolloquiums des Arbeitskreises zur archäologischen Erforschung des mittelalterlichen Handwerks, zusammengestellt von Ralph Röber, Stuttgart 2002.

Vinken u. a. 2000
Gerhard Vinken u. a.: Brandenburg (Georg Dehio, Handbuch der deutschen Kunstdenkmäler), Berlin/München 2000.

Weis 1994
Markus Weis: Bergen. Die ehemalige Klosterkirche Heilig Kreuz, in: Richard Strobel/Markus Weis (Hg.): Romanik in Altbayern, Würzburg 1994, S. 249–252.

Wenzel 1998
Fritz Wenzel: Dom zu Brandenburg. Kurzbericht über Untersuchungen zum baulichen Zustand, Karlsruhe 1998.

Wetter 2005
Evelin Wetter: Herrschaftswechsel in der Mark Brandenburg und kunstlandschaftliche Entwicklungen, in: Helmut Reihlen (Hg.): Heilige Gewänder – Textile Kunstwerke. Die Gewänder des Doms zu Brandenburg im mittelalterlichen und lutherischen Gottesdienst, Regensburg 2005, S. 42–66.

Wigger 1992
Annette Wigger: Stephan Bodeker O. Praem., Bischof von Brandenburg (1421–1459). Leben, Wirken und ausgewählte Werke, Frankfurt a. M. u. a. 1992.

Winterhager 2013
Wilhelm Winterhager: Luthers „gnädiger Bischof". Hieronymus Schulz, Bischof von Brandenburg (1507–1521) und Havelberg (1521/22), in: *Jahrbuch für Berlin-Brandenburgische Kirchengeschichte*, Bd. 69, Berlin 2013, S. 87–117.

Zuchold 1993
Gerd-H. Zuchold: Die von Friedrich Wilhelm III. und Friedrich Wilhelm IV. veranlaßten Restaurierungen des Brandenburger Domes. Intentionen und Ergebnisse, in: Winfried Schich (Hg.): Beiträge zur Entstehung und Entwicklung der Stadt Brandenburg im Mittelalter (Veröffentlichungen der Historischen Kommission zu Berlin, Bd. 84), Berlin/New York 1993, S. 333–368.

Bildnachweis

Thomas Bartel: S. 53 (r.)
Peter Bartram: S. 81–85, 87 ff., 91
Bischofsresidenz Burg Ziesar, Museum für brandenburgische Kirchen- und Kulturgeschichte des Mittelalters: S. 78 (l.), 132, 136 f.
Brandenburgisches Landesamt für Denkmalpflege und Archäologisches Landesmuseum: S. 27, 61 (r.), 92, 94, 97 f., 100 ff.
Domgemeinde Brandenburg: S. 12, 215
Domgymnasium Brandenburg: S. 21 (o.)
Dommuseum Brandenburg: S. 18, 21 (u.), 121, 125, 133 (u.), 138, 147, 149 f., 157, 159, 175, 177 (l.), 180, 197 (r.), 214, 221, 222 (l.), 223 (l.)
Domstiftsarchiv Brandenburg: S. 10 f., 19, 31 ff., 77 (o.), 99 (BKD 4380/P 525 A2), 122, 139, 153, 158, 161, 174 (BR 306/B 9 A 2), 186 (BR 228/323, Bl. 2v), 188 (Pb 2/511), 190 (BEN 235/209), 192 (BDK 2478/U.527), 208
Domstiftsforstamt: S. 22
Domstiftsgut Mötzow: S. 209 ff.
Udo Drott: S. 111 f.
Angela Ehling: S. 65
Michael Ernst: S. 197 (l.), 212
Carljürgen Gertler: S. 56 (l.), 57 (u.), 58 f., 61 (l.), 62, 64
Harms Wulf Freiraumplanung: S. 96, 113
Friedrich Hinz: S. 199 ff., 202 (o.), 203 (u.), 204 (u.), 205 f.
Peter Knüvener: S. 118, 120, 128 f.
Landeshauptarchiv Sachsen-Anhalt, Abteilung Magdeburg: S. 24/39 (Cop., Nr. 390, Blatt 60v), 30 (H 9 – 2, 3 Fach 10, Nr. 2)
Peter Martins: S. 216
Stefan Melchior: S. 17
Christian Muhrbeck: S. 8, 71, 105 ff., 116, 119 (o.), 124 (u.), 130, 172, 194, 239
pmp Architekten, Brandenburg: S. 103 f., 108, 110, 115
Christian Radeke: S. 74 (l.)
Dietmar Rathert: S. 44 f., 48 (r.), 50, 51 (u.), 52, 53 (l.)
Hans-Uwe Salge: S. 20, 42, 56 (r.o./r.u.), 60, 63, 67 ff., 76 (l.), 119 (u.), 124 (o.), 126 f., 160, 178 f., 181 f., 196, 224
Rüdiger von Schnurbein: S. 47, 48 (l.), 49, 72 (r.), 76 (r.), 162, 183, 202 (u.), 203 (o.), 204 (o.)
Janine Schulz: S. 177 (r.)
Dirk Schumann: S. 72 (l.), 73, 74 (r.), 75, 77 (u.), 78 (r.), 79
Evamaria Simon: S. 218 f.
Staatsbibliothek zu Berlin – Preußischer Kulturbesitz: S. 142 (Ms. germ. fol 284 Bl. 7r), 145 (Ms. Theol. lat. fol. 118 Bl. 5v), 146 (Ms. Theol. lat. fol. 118 Bl. 301r)
Julian Stähle: S. 195
Thüringisches Hauptstaatsarchiv, Weimar: S. 36 (EGA, Reg. O 157, Blatt 281r)

Autorinnen und Autoren

Prof. Peter Bartram
1941 geboren; von 1963 bis 1969 Studium des Bauingenieurwesens an der RWTH Aachen; seit 1979 freischaffend im Bereich Tragwerksplanung und Bauphysik tätig; bis 1999 Professor für Tragwerkslehre an der Hochschule Bremen; Büros in Ottersberg-Fischerhude und Brandenburg an der Havel

Dr. Jörg Bowitz
Studium der Geologie und Promotion an der Technischen Universität Berlin; Tätigkeit in Forschung und Lehre an der Technischen Universität Berlin und der Somali National University in Mogadishu; seit 1992 als freiberuflicher Geologe tätig mit dem Schwerpunkt Analytik (IR-Spektroskopie) und Gutachten im Bereich Naturwerksteine

Prof. em. Dr. Knud Caesar
von 1939 bis 1943 Schüler an der Ritterakademie zu Brandenburg an der Havel; nach Jahren in der landwirtschaftlichen Entwicklungshilfe in Asien Professor für Tropischen und Subtropischen Pflanzenbau am Fachbereich Internationale Agrarentwicklung der Technischen Universität Berlin von 1967 bis 1988; nach der Wende Gründung des Fördervereins Dom zu Brandenburg – gemeinsam mit seinem Schulkameraden Otto Graf Lambsdorff; gehört seit 1997 dem Domkapitel Brandenburg an

Dr. Uwe Czubatynski
1965 geboren; nach Theologiestudium in Berlin und Erfurt zunächst Vikar in Belzig und Assistent für Kirchengeschichte am Sprachenkonvikt Berlin; postgraduales Studium der Bibliothekswissenschaft in Berlin; Stipendiat an der Herzog August Bibliothek Wolfenbüttel; Promotion an der Humboldt-Universität Berlin; von 1994 bis 2000 Pfarrer in Bad Wilsnack, von 2000 bis 2007 Pfarrer in Rühstädt; Vorsitzender des Vereins für Geschichte der Prignitz; seit 2007 Domstiftsarchivar in Brandenburg

Dr. Angela Ehling
Studium an der Universität Greifswald und der Bergakademie St. Petersburg; seit 1990 Wissenschaftliche Angestellte an der Bundesanstalt für Geowissenschaften und Rohstoffe (BGR); Betreuung der Geowissenschaftlichen Sammlungen der BGR und Untersuchung von Naturwerksteinen

Marcell Fladerer-Armbrecht
Studium der Kirchenmusik und Orgel in Detmold und Berlin; 2008 Abschluss der Kirchenmusikstudien mit A-Diplom, 2010 Konzertexamen; seit Oktober 2012 Kantor am Dom zu Brandenburg

Carljürgen Gertler
1933 geboren; Kunsthistoriker und Denkmalpfleger im Ruhestand; Forschungsschwerpunkt: Mittelalterliche Baugeschichte des Brandenburger Domes

Dr. Cord-Georg Hasselmann
1956 geboren; Studium an den Universitäten München, Hamburg (Dr. iur.) und Georgetown University, Washington D.C. (LL.M.); Rechtsanwalt und Notar in Berlin; Kurator des Domstifts

Lennart Hellberg
1963 geboren; Dipl.-Ing. Architekt; seit 1993 Partner im Büro pmp Architekten Padberg & Partner (Büro des Dombaumeisters); Arbeitsschwerpunkte: Bauen im denkmalgeschützten Bestand, historische Bauforschung (unter anderem Schloss Wörlitz, Schloss Oranienbaum, Rathaus Lüneburg, Erbhof Thedinghausen, Burg Brome); seit 1996 betreut das Büro sämtliche Bauarbeiten am Dom zu Brandenburg als Generalplaner

Friedrich Hinz
1959 geboren; 1981 bis 1986 Studium der Forstwissenschaften an der Sektion Forstwirtschaft der Technischen Universität Dresden in Tharandt; 1986 bis 1990 Tätigkeit als Wissenschaftlicher Assistent im Bereich Forsteinrichtung an der Technischen Universität Dresden; seit 1991 Leiter des Domstiftsforstamtes Seelensdorf; Vorsitzender der Hegegemeinschaft „Westhavelland" und Jagdberater des Landkreises

Prof. Dr. Dres. h.c. Wolfgang Huber
1942 geboren; 1994 bis 2009 Bischof der Evangelischen Kirche Berlin-Brandenburg-schlesische Oberlausitz; 2003 bis 2009 Ratsvorsitzender der Evangelischen Kirche in Deutschland; Honorarprofessor für Systematische

Theologie in Berlin, Heidelberg und Stellenbosch (Südafrika); Dechant des Domstifts Brandenburg und Ehrenbürger der Stadt Brandenburg an der Havel

Dr. Reinhard Kähler
Dozent am Theologischen Seminar Paulinum Berlin und am Predigerseminar Brandenburg an der Havel; Gemeindepfarrer in Berlin

Dr. Peter Knüvener
1976 geboren; Studium der Kunstgeschichte, Klassischen Archäologie und Mittelalterlichen Geschichte in Münster, Freiburg, Bologna und Berlin (dort auch Promotion); 2007–2011 Volontariat und Katalogprojekt zur Sammlung der Mittelalterlichen Kunst des Märkischen Museums bei der Stiftung Stadtmuseum Berlin; 2011/12 Ausstellungskurator am Haus der Brandenburgisch-Preußischen Geschichte Potsdam; 2013/2014 Wissenschaftlicher Mitarbeiter am Stadt- und Regionalmuseum Perleberg; seit 2014 Wissenschaftlicher Mitarbeiter am Niedersächsischen Landesmuseum Hannover

Detlef Lippold
Theologische Examen an der Kirchlichen Hochschule Berlin; zunächst im Gemeindedienst, über zwölf Jahre lang in der Mutterhaus-Diakonie tätig; seit Oktober 2014 Dompfarrer am Dom zu Brandenburg

Birgit Malter
1958 geboren; Diplom-Restauratorin; seit 2001 Mitarbeiterin im Büro pmp Architekten Padberg & Partner (Büro des Dombaumeisters); Arbeitsschwerpunkte: restauratorische und bauhistorische Untersuchungen, Erstellung von Restaurierungskonzepten und -planungen; seit 1998 restauratorische und bauhistorische Begleitung sämtlicher Bau- und Restaurierungsmaßnahmen am Dom zu Brandenburg als leitende Restauratorin

Prof. Dr. Christina Meckelnborg
1956 geboren; Studium der Klassischen und Mittellateinischen Philologie an der Freien Universität Berlin und der Universität Regensburg; Promotion an der Freien Universität Berlin 1982; seit 1991 Professorin für Klassische Philologie und Mittellatein an der Universität Osnabrück; Publikation zahlreicher Editionen, Übersetzungen und Kommentare antiker, mittel- und neulateinischer Werke, Handschriftenkataloge und einer Lateinischen Phraseologie

PD Dr. Mario Müller
1976 geboren; 1997 bis 2002 Studium der Geschichte und Germanistik in Dresden und Potsdam; 2008 Promotion an den Universitäten Innsbruck und Frankfurt am Main; 2013 Habilitation an der Philosophischen Fakultät der Technischen Universität Chemnitz; seit 2014 Editorial Director Print & Digital Publishing des Universitätsverlags Hildesheim und Lehrbeauftragter am Institut für Evangelische Theologie der Stiftung Universität Hildesheim

Prof. Dr. Eef Overgaauw
1957 geboren; Studium der niederländischen Philologie, Paläographie und Mittelalterlichen Geschichte in Leiden und Paris; Promotion 1990 an der Universität Leiden; von 1990 bis 2000 Wissenschaftlicher Angestellter an der Universitäts- und Landesbibliothek Münster, am Landeshauptarchiv Koblenz und an der Universitäts- und Landesbibliothek Düsseldorf, jeweils zuständig für die Katalogisierung der mittelalterlichen Handschriften; seit 2000 Leiter der Handschriftenabteilung der Staatsbibliothek zu Berlin; seit 2004 Honorarprofessor für Paläographie und Kodikologie des Mittelalters und der Frühen Neuzeit an der Freien Universität Berlin

Dr. Lutz Partenheimer
1957 geboren; Studium und Promotion an der Pädagogischen Hochschule Potsdam; dort (ab 1991 Universität Potsdam) seit 1986 Wissenschaftlicher Mitarbeiter am Lehrstuhl für Geschichte des Mittelalters; Forschungsschwerpunkte: Mittelalterliche Geschichte Brandenburgs und Anhalts

Dietmar Rathert
1960 geboren; seit 2003 als freiberuflicher Archäologe Mitarbeiter im Büro pmp Architekten Padberg & Partner (Büro des Dombaumeisters); Arbeitsschwerpunkte: archäologische Ausgrabungen und Dokumentationen in den Ländern Brandenburg und Niedersachsen (unter anderem Dominikanerkloster St. Paulus, Franziskanerkloster St. Johannis, Gotisches Haus in Brandenburg an der Havel, Rathaus Lüneburg, Schloss Fallersleben, Burg Brome); seit 2001 archäologische Begleitung sämt-

licher Bau- und Sanierungsmaßnahmen am Dom zu Brandenburg

Roland Schneider

1973 bis 1978 Architekturstudium an der Technischen Universität Dresden; anschließend Tätigkeit als Denkmalpfleger im Institut für Denkmalpflege der DDR; 1990 bis 1992 Denkmalpfleger in der Stabsstelle für Denkmalschutz beim Senat von Berlin; seit 1992 Gebietsreferent im Brandenburgischen Landesamt für Denkmalpflege und Archäologischen Landesmuseum mit den Arbeitsgebieten Uckermark und Brandenburg an der Havel

Dr. Rüdiger von Schnurbein

1971 geboren; Studium der Vor- und Frühgeschichte, Mittelalterlichen und Neueren Geschichte sowie christlichen Archäologie in Tübingen, Berlin, Bonn und Kiel; nach seiner Promotion mit einer Arbeit zur slawischen Archäologie und einem Volontariat bei den Staatlichen Museen zu Berlin – Preußischer Kulturbesitz seit 2005 Leiter des Dommuseums Brandenburg an der Havel

Dirk Schumann

Freiberuflicher Kunsthistoriker und Bauarchäologe mit Schwerpunkt mittelalterlicher Backsteinbau; wissenschaftlicher Mitarbeiter an Ausstellungen und Forschungsprojekten sowie Mitherausgeber der Reihe *Studien zur Backsteinarchitektur*; Lehraufträge an der Humboldt-Universität zu Berlin, der Universität Potsdam, der Leuphana Universität Lüneburg sowie der Ernst-Moritz-Arndt-Universität Greifswald

Matthias Spenn

nach Studium der Evangelischen Theologie an der Martin-Luther-Universität Halle-Wittenberg und theologisch-pädagogischem Studium am Katechetischen Oberseminar Naumburg von 1986 bis 1997 Gemeindepfarrer in Bitterfeld; von 1997 bis 2003 Provinzialpfarrer für Kinder- und Jugendarbeit (Landesjugendpfarrer) in der Evangelischen Kirche der Kirchenprovinz Sachsen (Magdeburg); 2003 bis 2012 Wissenschaftlicher Mitarbeiter im Comenius-Institut, Evangelische Arbeitsstätte für Erziehungswissenschaft e. V. (Münster), seit 2012 Direktor des Amts für kirchliche Dienste in der Evangelischen Kirche Berlin-Brandenburg-schlesische Oberlausitz

Prof. em. Dr. Gerlinde Strohmaier-Wiederanders

1941 geboren; emeritierte Professorin für Christliche Archäologie, Denkmalkunde und Kulturgeschichte an der Theologischen Fakultät der Humboldt-Universität zu Berlin; Mitglied im Kulturbeirat des Domstifts Brandenburg und des Vorstandes des Vereins für Berlin-Brandenburgische Kirchengeschichte

Karen Strupp

1964 geboren; Studium der Geschichte und Französisch an der Universität Münster; Fremdsprachenassistentin in Toulouse (Frankreich); Chefin vom Dienst und Redakteurin bei arte journal, der Nachrichtensendung des europäischen Kultursenders ARTE; ehrenamtliche Tätigkeit als Medienpädagogin an der Evangelischen Grundschule und am Evangelischen Domgymnasium in Brandenburg an der Havel

Isabel Thiermann

1988 geboren; nach Studium der Betriebswirtschaftslehre an der Universität Münster zunächst Projektcontrollerin in Hamburg; seit 2014 in der Unternehmensleitung des Domstiftsguts Mötzow tätig, das die Familie Thiermann seit 2001 vom Domstift Brandenburg gepachtet hat